4차산업혁명 핵심

인공지능 AI

최 성 지음, 정석찬 감수

光 文 閣

www.kwangmoonkag.co.kr

교육용 웹사이트

교육기관	웹사이트
테드(TED)	http://www.ted.com
무크(MOOC)	http://www.mooc.com
칸아카데미(Khan Academy)	http://www.academy.org
MIT OCW(MIT대학)	http://ocw.mit.org
코세라(Coursera: 유다시티)	http://www.coursera.org
숙명여대(SNOW)	http://www.snow.or.kr
국내 대학교육(K-MOOC)	http://www.k-mooc.or.kr
고등교육 교수학습자료 공동활용 체제(KERIS)	http://www.kocw.net

초지능·초연결·초융합으로 요약되는 4차 산업혁명 시대에는 기존 산업 간 장벽이 허물어지고 기술 혁신을 통해 신시장과 신산업이 창출된다. 이러한 변화는 양날의 검과 같이 단순 일자리는 사라지지만, 4차산업 혁명이 변화를 선도하면, 신성장 동력으로 확보한 경제가 성장하면서 대규모 일자리가 창출된다. 여기서 확보된 부의 여력으로 복지를 확충하고 미래를 준비하는 선순환 구조로 가야 한다. 그래서 우리 사회의 미래는 4차 산업혁명 시대를 선도하기 위한 기술 혁신은 필수이며, 이는 후배들이 지속적인 도전정신이 살아있을 때 가능하다.

또한, 4차 산업혁명의 핵심인 인공지능(AI: Artificial Intelligence)을 전기처럼 누구나 사용해야 하는 기술 시대가 도래하고 있다. 클라우드 기반 환경의 급속한 발전과 빅데이터가 뒷받침되어 인공지능이 구현되는 극적인 돌파구가 열리면서 전환기를 맞이하였다. 급속한 적용으로 비즈니스 경영이 바뀌고 나아가 국가 경쟁력도 새로운 혁신 가치를 실현하는데 중요한 계기가 되고 있다. 이러한 시기에 인공지능/빅데이터는 핵심 요소((KeyWord)로서 기업 생산성 향상과 경쟁력을 강화를 위하여, 사회가 필요로 하는 새로운 비즈니스 모델과 역량을 지속 개발해야 한다.

앞으로 인공지능 기술을 선점하는 기업은 시장에 대한 선자(先者) 독식 구조가 강해진다. 지능 기술로 생산성 증대 효과는 혁명적 수준으로 변화할 것으로 예측된다. 새로운 분야의 인재 수요 증가할 것이며, 직업의 고용 구조가 변화한다. 그러므로 세계 각 국가 간 경쟁에서 뒤처지지 않기 위해 인공지능 분야에서의 우수한 인재 양성을 통한 확보에 노력을 기울여야 한다. 그동안의 산업혁명은 인간의 육체노동을 대체했다면, 지능 기술의 발전은 인간의 지적 노동까지 대체하게 된다.

4차산업 인공지능 시대와 동시에 우주 개척 시대가 열리고 있다. 아름다운 지구는 자연 그대로 두고, 우주를 개척하여 자원을 확보해야 한다. 이에 인간의 모든 지식역량을 발휘하여 우주 개척을 위한 AiRobot 동반자를 개발해야 한다.

현재 국제무역기구에서는 상품과 서비스를 분리하여 무역 규범(GATT와 GATS)이 양·다자 간 자유무역협정(FTA) 전환으로 상품·서비스를 동시 소비·공급되는 초국경이 특징인 디지털 무역으로 전환을 준비하고 있다. 이 디지털 무역은 디지털 기술과 데이터가 비교우위인 국가가 서비스 분업, 상품·서비스가 결합된 GVC(Global Value Chain)로 세계 경제를 주도할 것이다. 주요 국가들이 서둘러 AI소프트웨어(SW) 교육에 집중하는 이유이기도 하다. 현재 대학생들이 경제 주역이 될 10년 내 디지털 무역 규범이 지배할 것이다. 이는 국가 간 데이터 이전 자유화, 공공 데이터 상호 접근 보장, 소스 코드 및 알고리즘 공개 강제 금지, 데이터 저장 장소 제한 금지 등과 같은 조건에서 오로지 디지털 실력으로 글로벌 경쟁에서 이겨야 한다. 밀리는 국가는 디지털 식민지로 전락할 것이다. 그러므로 수출로 살아가는 우리로서는 국가 생존 전략으로 AI 중심 디지털 전환(DT: Digital Transformation)이 시급한 상황이다.

AI는 미래 혁신 기술이 아닌 보편 기술화되고 있다. 이제 누구나 개발이 가능하며, 일상생활뿐 아니라 모든 비즈니스 모델에 'AI(인공지능)'이 적용된다.

ICT 기반의 클라우드, 빅데이터, 블록체인, 사물인터넷(IoT), 3D프린터, 메타버스(VR/AR), 자율자동차, 5G 등이 경영 혁신의 주역으로 신기술 시장을 이끌어 갈 것이다. 혁신 기업의 경영은 방대한 고객의 데이터 기반 AI(머신러닝과 딥러닝) 시스템을 활용하여 기획에서 생산라인과 유통 서비스까지 사회적 요구에 부응할 줄 아는 경영자(Entrepreneur)가 되어야 한다.

이 저서는 클라우드·빅데이터(BigData) 기반 인공지능(AI) 비즈니스 모델을 창출하기 위한 AI 경영전략(기획, 개발, 기술경영)서로서 집필되었다. 그래서 대학생이면 반드시 학습해야 하는 교양서이며, AI 대학원 수업 교재와 AI 창업 가이드로써 경영(정보)학 및 컴퓨터전공 강의 필수교재이다.

한반도 공영 실천을 꿈꾸며
저자 최 성 교수 드림

CONTENTS

제1부

4차 산업혁명과
인공지능

4차 산업혁명 정의와 혁신 기술

 학습주제

2016년 1월 스위스 다보스포럼에서 세계 정치·경제 지도자들이 인류를 위한 '4차 산업혁명'을 주요 의제로 다루었다. 이로써 전 세계 국가들이 신(新)성장 동력으로 인공지능 SW 기술을 국가·기업·개인의 경쟁력 도구로 선언하였다. 현재 선진국들은 정치·경제·사회·문화 등 전 분야에서 인공지능(AI) 기술로 인한 변화를 경험하고 있다. 인공지능이 촉발시킨 4차 산업혁명의 대응은 우리의 미래를 좌우할 것이다. 클라우드, 빅데이터, 사물인터넷(IoT), 메타버스(Metaverse) 등과 함께 현실(offline)과 가상세계(online)의 기술 융합에 의한 O2O(online to offline)에 달려 있다는 뜻이다. 3차 산업혁명은 정보화 사회 기반인 인터넷이 연결 비용을 줄였다면, 4차 산업혁명은 인공지능으로 초연결 사회로 극대화시키고 있다. 이는 기존 직업에는 위협이 되지만, 개인 감성을 수요로 하는 새로운 직업이 출현하게 된다. 이 장에서는 4차 산업혁명 기술에 대해 컴퓨터 관련 전공자를 비롯한 경영·과학·인문·사회·예체능 등 전공자도 이해할 수 있도록 하였다.

(웹사이트) 4차 산업혁명위원회 https://www.4th-ir.go.kr/
중소기업정보화진흥원 https://smroadmap.smtech.go.kr

제1절. 4차 산업혁명 등장

1. 4차 산업혁명으로 전환

세상은 '석유'의 시대가 끝나고 '데이터' 시대로 대전환하고 있다. 인간이 만든 디지털 데이터가 새로운 석유, 한계 없는 무한히 팽창하는 '자원'에 해당하는 시대로 진입하고 있다. 몇 년 후(2020년대 중반)가 되면 연간 데이터 생산량은 미 의회도서

관 장서에 해당하는 분량으로 증가할 전망이다.

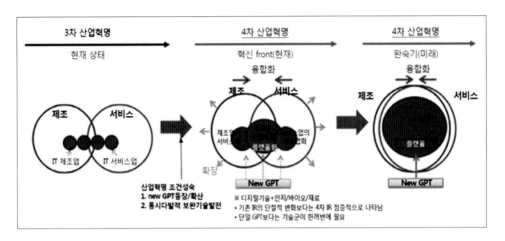

[그림 1-1] 4차 산업혁명과 산업의 변화

(출처: 4차 산업혁명이 한국 제조업에 미치는 영향, 산업연구원, 2017)

이로써 데이터 독과점 플랫폼 기업들의 매출은 10여 년간 7배 증가하고, GAFA(Google, Apple, Facebook, Amazon)는 거대 IT 기업으로 성장하였다. ABC(AI, BigData, Cloud)를 활용하는 기업은 소프트웨어와 온라인 비즈니스 플랫폼을 결합시켜 부가가치를 창출하고 있다.

국내에도 데이터를 활용하는 비즈니스 모델이 등장하기 시작하였으며, 획기적인 산업의 변화가 예상된다. 여기에 공공 서비스의 다양한 데이터 활용 대국민 서비스가 활성화되고 있다. 대표적 사례로서 서울시와 KT의 '서울 올빼미버스(심야버스)'는 빅데이터를 활용해 이용객 수와 유동인구를 분석하여 효율적인 운행 실적과 운영 수익을 극대화하고 있다.

2. 4차 산업혁명 정의

2010년대 중반 이후 4차 산업은 제3차 산업을 주도한 ICT(Information Communication Technology) 기술을 기반으로 물리·생물학 분야 기술과 상호 융합하면서 사회·경제 혁명적 변화를 가져오고 있다. 핵심 기술과 신산업 분야는 기존 제조업과 서비스업의 구조와 범위에 영향을 미치며 변혁을 이루고 있다.

2016년 다보스포럼에서 클라우스 슈밥은 "4차 산업혁명의 특징으로 속도 (velocity), 범위와 깊이(breadth & depth), 시스템적 충격(system impact) 측면에서 종전 산업혁명과는 확연히 구분되며, 근본적으로 그 궤를 달리 한다."라고 하였다.

4차 산업혁명은 ICBM(인터넷, 클라우드, 빅데이터, 모바일)과 블록체인, 사물인터넷, 인공지능 등의 정보처리 기술이 만들어 낸 초연결 기반 지능화 혁명이다.[1]

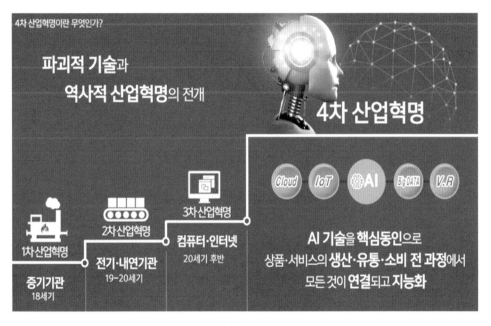

[그림 1-2] 산업혁명 기반 기술[출처: 다보스포럼(2016)]

대통령직속 4차 산업혁명위원회는 〈국가기본정책〉에서 "4차 산업혁명은 인공지능·빅데이터·네트워크의 디지털 기술로 촉발되는 초연결 기반 지능화 혁명"이라고 정의하였다. 한국전자통신연구원(ETRI)도 "초연결·초지능·초실감의 ICT 기술과 다양한 과학기술 융합에 기반한 차세대 산업혁명"이라고 정의하고 있다.

---

[1] 4차 산업혁명은 이전의 산업혁명과는 다르게 전략적 지향점이 사전에 제시되고 있다는 점에서 정의나 개념이 다소 모호하며 현재 진행 중.

[표 1-1] 4차 산업혁명 핵심 키워드(출처: 4차 산업혁명위원회)

핵심 키워드	'융합'과 '연결'
초연결성	– 사람과 사물, 사물과 사물이 인터넷을 통해 연결
초지능성	– 정보 데이터를 분석하여 패턴을 파악
예측가능성	– 분석 결과를 토대로 인간의 행동을 예측

4차 산업혁명은 1~3차 산업혁명 기술과는 달리 특정 시점에 출현했다 사라지는 것이 아니라 범용 기술(general purpose technology)화되어서 지속적으로 영향력을 발휘하게 된다. 다양한 분야의 기술 혁신을 유발하여 기존 생산 양식을 변화시키며, 새로운 기술을 이용하는 보완적 발명과 혁신이 장기간에 걸쳐 연쇄적으로 나타나게 된다.

[표 1-2] 4차 산업 주도 기술의 변화(출처: 4차 산업혁명위원회)

기술	변화 내용
주도 기술	– 1~3차 산업혁명은 핵심 범용 기술 출현과 함께 시작되어 당시 산업구조 혁신적 변화를 가져옴 – 이는 1차 산업은 증기기관, 2차 산업은 전기기술, 3차 산업은 ICT 기술이 혁신 성장을 주도한 것으로 평가
핵심 주도 유력 후보 기술	– 지능정보 기술은 AI, IoT, 클라우드, 빅데이터, 모바일 등 데이터 활용 기술과 융합하여 기계에 인간의 인지·학습·추론 능력을 구현하는 기술을 지칭
기술 특징	– 물리적(physical), 디지털(digital), 생물학(biological)이 융합되면서, 산업과 경제뿐만 아니라 사회생활 전반에 걸쳐 혁명적 변화
초연결, 지능화, 구조 변화 관계	– 디지털 데이터 경제의 도래와 전환의 가속화로 초연결·지능화·플랫폼화가 병행, 상호 상승작용을 일으키면서 산업, 경제, 사회 구조 변화 초래

4차 산업혁명을 구체적으로 표현하면 데이터 수집, 전송, 저장, 분석 및 처리와 관련되는 '디지털 데이터 경제 시대 도래'이다. 디지털 기술의 선도로 물리 및 생물 기술과 결합하여 경제와 사회 전반의 변화를 가속화하는 '디지털 전환(Digital Transformation)'이 전개되고 있다. 이 전환은 velocity, scope, and systems impact

면에서 전례 없이 빠르고 범위가 넓으며 영향력이 크게 작용하고 있다.

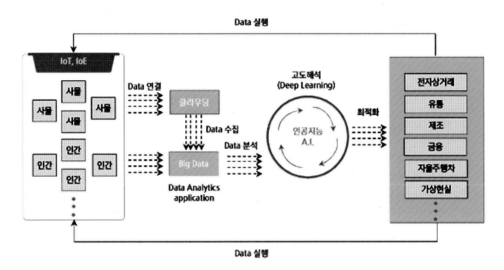

[그림 1-3] 디지털 전환(Digital Transformation) 개념(출처: 4차 산업혁명위원회)

[표 1-3] 4차 산업혁명 유형별 분류 정의

종류(혁명)	유형별 정의
현실 세계 전반을 네트워크화·자동화하는 **초연결 혁명**	– 지금까지 경직된 자동화와 달리 각종 사물이 인터넷으로 연결되어 이용자 요구와 상황 변화에 유연하게 대응하는 자동화를 실현 – 스마트공장, 스마트팜 등 생산 시설보다 스마트시티, 스마트홈, 무인 자동차 등 생활 공간이 초연결 혁명을 주도 – Gartner에 의하면 2020년 기준 IoT의 64%가 소비부문에서 발생
사불과 서비스에 지능을 입히는 **지능화 혁명**	– 인공지능과 융합하여 자농차, 인터넷 능 각종 사불과 서비스가 스스로 의사 결정하고 행동할 수 있는 능력 보유 – 인공지능이 제품과 서비스의 가치를 결정하는 최대 변수로 등장
산업의 영역 간 경계를 뛰어넘는 **플랫폼 혁명**	– 스마트시티, 스마트홈, 전기자동차처럼 공통의 플랫폼을 발전시켜 다양한 영역의 서비스가 자유로이 융·복합할 수 있는 새로운 환경 조성 – 독일 Industry 4.0이 대표적 사례로 산업, 기업, 제품 간의 경계를 넘는 개방적이고 유연한 생산 체계 지향

사회 구조를 뒤바꾸는 **지능사회 혁명**	- 생산·산업·노동 구조가 바뀜에 따라 생활방식, 직업, 교육 등 사회 전반의 구성과 운영 방식도 전면 재설계 - 과거 소수만 독점하는 지능 혹은 문제 해결 역량을 대중이 공유할 수 있고, 데이터 기반 객관적 의사 결정이 정치적 결정을 대신

[표 1-4] 4차 산업혁명의 특성(출처: 4차 산업혁명위원회)

1. 데이터 초연결성(Hyper Connect), 초연결 사회로 진입

- ICT 기술 발달로 사물인터넷 활용은 데이터로 표현
- 센서를 통해 수집되고 인터넷을 통해 연계
- 인간과 인간, 사물과 인간, 사물 간 연계 기하급수 확대
- 현실/사이버 세계가 네트워크 연계로 초연결 혁명

↓

2. 데이터 연결과 축적은 사회·경제 초지능화를 촉진

- 파편화된 데이터가 집적되어 새로운 가치 창출: (양적 축적 → 질적 축적)
- 사이버 물리 시스템, 빅데이터, 인공지능 등 신기술로 인지·분석·판단의 지능 적용으로 상호작용하여 지적 혁신 초래

→

3. 경제사회 전반에 걸쳐 구조적 변화

- 현대 사회의 석유와 같이 데이터는 미래 경제적 자원이며 권력의 원천
- 데이터가 개방형 네트워크를 통해 공유되고 지능적으로 처리되면서 노동, 산업, 사회 전반의 지각 변동

3. 4차 산업혁명에 의한 변혁[2]

이 혁명은 초지능·초연결·초실감 특성을 갖는 사이버 물리 시스템(CPS: Cyber Physical System) 기반을 통해 기존 하드웨어 제품 중심의 제조 및 조립 위주 생산방식의 변화이다. 제품과 장비에 소프트웨어와 통신 시스템이 탑재되면서 제품의 스마트화·커넥티드화·시스템화가 빠르게 진행되고 있다. 제품 및 제조공정 혁신 외에도 제품 기획·연구개발(R&D)·시제품 제작·공급 사슬망 관리·서비스·유통·물

---

2) 산업연구원(2017): 4차 산업혁명이 제조업에 미치는 영향 참조

류·고객관리 등 가치사슬 전반에서 획기적 비용 절감에 있다. 그리고 고부가가치화, 상호 연계와 융합으로 제조업과 서비스 간 융합이 급속히 이루어진다.

[표 1-5] 4차 산업혁명 주요 기술 정의 및 역할

성격	기술	정의	역할
초지능	인공지능 (AI)	– 인간의 인지 능력(언어·음성·시각·감성 등)과 컴퓨터 기술을 통해 학습·추론 등 지능을 구현하는 기술	판단 및 추론
초연결	사물인터넷 (IoT)	– 인터넷 기반으로 사람–사물 혹은 사물–사물 사이의 모든 정보와 상호작용하는 서비스	정보 취합 개체 간 연결
	모바일 (Mobile)	– 각 개체에서 수집된 정보 교환을 위한 무선 네트워크	전송
	클라우드 컴퓨팅	– 인터넷상 서버를 통해 IT 관련 서비스(데이터 저장, SW 사용, 네트워크, 콘텐츠 사용 등)를 한 번에 사용하는 정보 처리 환경	데이터 저장 및 정보처리
	빅데이터 (BigData)	– 차원이 다른 대규모 데이터를 수집·저장·관리·분석하는 기술	데이터 축적 및 분석
초실감	가상· 증강현실 XR (AR·VR· MetaVerse)	– 가상현실(VR)은 자신과 배경 환경 모두 현실이 아닌 가상의 이미지를 사용하는 기술 – 증강현실(AR)은 현실 이미지에 3차원 가상 이미지를 겹쳐 하나의 이미지로 구현하는 기술 – Metaverse는 가상현실에서 발전되어 인간과 상호작용이 가능하며, 다른 가상세계를 열어 주는 기술 (세컨드 라이프 구축)	실세계와 사이버 세계의 연계

(출처: 산업연구원(2017)

1) IoT, 클라우드, 모바일 기술 등과의 융합으로 초연결성 기반의 플랫폼이 발전하고 O2O(online to offline), **공유경제**와 같은 신 비즈니스 모델이 등장한다. 산업의 디지털 전환, 공유경제 및 온디맨드 경제 등 신경제에서는 소비자 경험과 데이터 중심 서비스는 소프트웨어, AI, 빅데이터로 기업 간 다양한 형태의 협업이 이루어진다. 제조업, 서비스, IT 경제의 구분과 경계는 모호해지고 장기적으로는 이들 세 영역이 융합된다.

2) 제조업은 스마트 시스템과 연계된 플랫폼 기반 비즈니스 영역으로 변모할 가능성까지 대두되고 있다.

3) 자동차 산업에서는 기존 파워트레인을 중심으로 하던 제품 구조가 전기 동력차·자율주행차·커넥티드카로 변화한다. 이 경쟁력은 전장 부품, 차량 반도체, 보안 및 자율주행 솔루션 등 네트워크 플랫폼의 완성도로 변화하고 있다.

[표 1-6] 4차 산업혁명 전개에 따른 유망 제품의 변화

산업	주요 내용
자동차	– 자율주행차, 커넥티드카, 차량 반도체·시스템, 전기 동력차 및 전장 부품
조선	– 원격 제어 선박(2025년), 초기 자율 운항 선박(2030년)
로봇	– 소셜 로봇, 협업 로봇, 생활지원 로봇, 첨단 제조 로봇
기계	– 원격 제어, 무인화 기계
엔지니어링	– 엔지니어링 SW, 시뮬레이션 SW
철강	– 특수 합금강, 3D 프린터용 금속 분말, 이종 접합 소재
화학	– 4D 프린팅용 프로그래머블 원료
섬유	– AI, 빅데이터 이용 스마트 의류, 웨어러블 패션, 스마트 기능 첨단 소재 – 포털 진입으로 디자인, 패션, 상품 제작 확대
식품	– 간편식, 기능식, 개인용 맞춤 제품
통신기기	– 5G 이동통신 서비스 – AI 기반 스마트폰, 핵심 통신장비, 초지능형 차세대 단말기, 웨어러블 기기
가전	– AI 가전, IoT 가전, 무전원 가전
반도체	– 초저전력 반도체, AI 반도체, 자동차 반도체

디스플레이	– 대형 OLED 패널, 플렉서블 디스플레이, 투명 디스플레이, 공간 디스플레이, 차량용 디스플레이
스마트 그리드	– 에너지 저장 장치(ESS), ICT 기반 에너지 인프라 솔루션
바이오헬스	– IoT 기반 실시간 의료용 모바일 기기, 3D 프린팅 기반 개인 맞춤형 의료기기와 의약품
3D프린팅	– 항공, 로켓 부품, 의료 보형물

(출처: 산업연구원, 제4차 산업혁명이 주력 산업에 미치는 영향, 2017)

4) 조선 산업의 원격 제어 선박이 2025년경이면 출시되며, 초기 수준 자율 운항 선박이 2030년경에 출현한다. 조선 산업도 엔진, 추진 장치 등에 대한 제조 경쟁력에서 Condition Monitoring, Self Diagnositics, Smart Maintenance, 에너지 최적화, 운항 자동화, 무인화 등 서비스 경쟁력의 중요성이 높아질 전망이다.

5) 일반 기계는 설계, 생산 공정, 제조 과정에 Sensing, Actuating, Networking 등의 IT 기술을 결합하고 내재화하면서 원격 제어와 무인화 기계가 등장한다.

6) 소재 산업은 최종재 산업의 변화에 대응하여 제품 구조가 급속히 변화하는 동시에 소재 산업 변화도 속도에 미치는 영향은 커진다. 예컨대 기계·시스템 산업 군에서 자율주행 자동차, 지능형 로봇, 스마트 설비 생산이 늘어나면서 초경량·고강도 소재에 대한 수요가 확대된다. 가공 용이성과 기능성이 높은 신소재에 대한 수요도 빠르게 늘어난다. 다른 한편으로 소재 산업은 신제품의 발전으로 수요 산업군에서의 성장을 견인하는 역할도 기대되는데, 예컨대 금속 분말 소재 기술이 발전하면서 3D 프린팅의 활성화가 진행된다.

7) 사물인터넷(IoT)은 센서를 내장하고 있는 사물들이 서로 연결되어 각각의 사물들이 제공하던 것 이상의 새로운 가치를 제공하는 방식이다. 사물이 인터넷에 연결되어 그 정보를 활용하여 사물 본연의 기능을 더 충실히 행하는 기술이다.

8) 가전제품의 경우 IoT 가전, 무전원 가전에 이어 AI 가전으로 발전하게 되면서 스마트홈 연계 생활 서비스, 사전 보안 서비스와 같은 새로운 사업 영역이 출현된다. 통신기기에서도 5G 서비스가 본격화되면 AI 기반 통신기기가 출현하고,

이를 통한 통신·금융·엔터테인먼트 등 새로운 서비스 산업과의 융합이 전개된다. 반도체·디스플레이는 네트워크화, 빅데이터화, 원격화, 만물화 추세에 따라 초저전력 반도체, AI 반도체, 플랙서블 디스플레이 등이 출현되며, 가상현실 시스템은 현실화를 촉진하는 기술 산업이 된다.

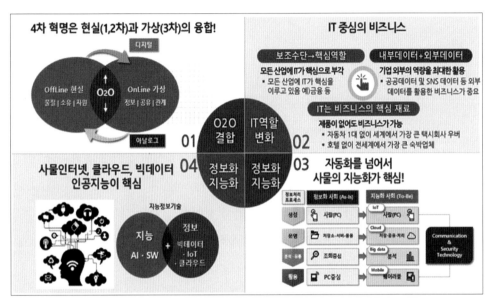

[그림 1-4] 4차 산업혁명 특징(출처: 4차 산업혁명위원회)

9) 바이오헬스는 IoT 기반 실시간 의료용 모바일 기기와 의약품으로 전환되면서 소비자 안전성에 대한 중요성은 더욱 커질 것이다. IT 기업과의 융합을 통한 새로운 사업 추진 및 제품-서비스 융합이 확대된다.

[표 1-7] 4차 산업혁명 기술이 산업에 미치는 영향(출처: 4차 산업혁명위원회)

구분	4차 산업혁명 이전	4차 산업혁명 이후
생산 방식	· 소품종 다량 생산 품목 위주 교역	· 유연 생산(Production Flexibility) · 다품종 소량 생산 품목의 교역 활성화
거래 방식	· Offline 위주의 물류가 주도	· IoT에 따라 디지털 무역(Digital Trade) 주도

국제 무역	· 제조업 위주의 무역 거래 · 자본과 노동의 비교우위 원천 · 안정적인 비교우위 구조	· 서비스 무역 확대 · 입지(Location)가 비교우위 원천으로 부각 · 제품 수명 주기에 따른 비교우위의 변화
가치사슬	· 생산·조립 단계의 가치사슬 주도 · 생산 과정 국제 분할(snake유형)	· 제품 개발 및 관리 단계의 가치사슬 주도 → 스마일커브(Smile Curve) 변화 · 생산 과정의 복합화(Spider 유형)

해외 투자	· 생산비 절감과 시장 진출 위한
	  Offshoring 활성화
		· 품질관리 및 유연생산이 요구되는 산업의
		  Reshoring 확대

고용 효과	· 제조업 무역은 고용 창출 기여	· 서비스 무역에 따른 고용 유발 효과 증대

제2절. 4차 산업혁명 발전사

1. 4차 산업혁명 시대의 도래

18세기 영국에서 시작된 산업혁명을 이끈 대표적인 기술은 증기기관이었다. 증기기관을 통해 면직물 생산을 간이 자동화(Low Cost Automation: 기계 자동화)하여 대량생산의 기틀을 마련하게 되었다. 이를 통해 농축산어업 중심이었던 인류의 산업 구조는 중공업 중심으로 새롭게 변모하게 되었다.

4차 산업은 IT(Information Technology) 기반이 되는 산업 구조로 인공지능, 빅데이터, 가상현실/증강현실/메타버스, 사물인터넷, 로봇, 3D 프린터 등 기술을 주축으로 향후 인류의 미래를 이끌어갈 것이다.

2. 산업계와 생산 체계의 변화 모습

3D 프린팅을 통한 제조업의 디지털화는 제조 기술에 대한 진입 장벽을 완화시키고, 생산비용 절감을 가져오며, 제조업 진입 장벽이 낮아진다. 이에 선진 각국에서는 3D 프린팅, 클라우드, 빅데이터 기술의 발전으로 디지털 제조 공정이 가능해짐

에 따라 해외 생산공장이 국내로 회귀하는 리쇼어링 현상이 발생하게 된다.[3]

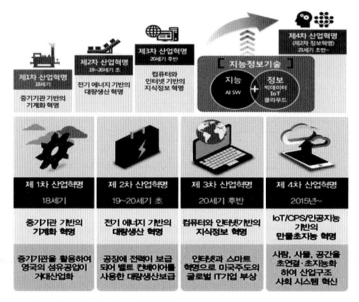

[그림 1-5] 제4차 산업혁명의 부상(출처: 4차 산업혁명위원회)
(Source:ʼThe Fourth Industrial Revolution: what it means, how to respond' KlausSchwab)

디지털화(Digitalization)는 상품과 서비스에 대한 접근, 유통비용 절감, 지리적 장벽을 낮춰 소규모 다국적 기업, 마이크로 공급망 기업의 성장을 촉진시키고 있다.

비즈니스는 수직적·경직적 경제 시스템에서 수평적·개방적 네트워크 구조로 생태계가 변화하고 있다. 또한, 가치사슬상의 플레이어들을 수평으로 나열하고 이를 중개하여 네트워크 효과를 통해 이득을 얻는 플랫폼 비즈니스가 부상하고 있다. 우리 기업의 수직적 비즈니스 모델은 변화가 있어야 한다. 이는 기술 융합·서비스 모델·비즈니스 모델 등에서 기업 간 수평적인 협업 관계 생태계 형성이 필요하다는 것이다. 지능화로의 전이는 빅데이터와 인공지능의 연계·융합체인 지능정보 기술이 제조업과 서비스, 사회에 체화됨으로써 지능화되어 가고 있다.

---

3) 미국 기업의 리쇼어링(Reshoring): 오바마 정부는 디지털 기술로 인해 '제조업 고용 100만 명 창출' 공약 달성
   이 기시화퇴있고, 각종 세제 혜택 등을 통해 리쇼어링 촉진하면서, 미국의 제조업 경쟁력 강화됨.

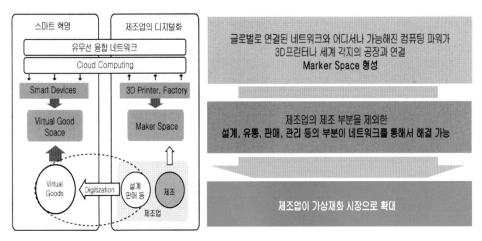

[그림 1-6] 스마트혁명과 제조업의 디지털화(출처: 4차 산업혁명위원회)

제3절. 4차 산업혁명 혁신 기술과 산업

[표 1-8] 4차 산업혁명 인프라, 제조, 서비스 혁신 산업 분류

대분류	중분류	소분류 (예시)
인프라 혁신 산업	클라우드 컴퓨팅	• 컴퓨팅 자원을 공공재와 같이 사용할 수 있으며 빅데이터 및 블록체인 구축으로 IoT, AI 실현 지원
	빅데이터	• 기반 데이터셋 구축으로 정보관리 서비스(수집·분석·가공·유통 등) 제공
	블록체인	• 문서의 진위를 판별할 수 있으므로 가상화폐 요금 결제·P2P 마켓(이커머스 시장), 데이터 보안, 공급망(물류)관리, 저작권관리에 사용
	지능형 반도체	• 시스템 반도체(AI 반도체·통신 반도체 등), IoT용 반도체(센서 등)
	사물인터넷 (IoT)	• 인간, 차량, 각종 전자기기, 교량, 시설물, 안경, 시계, 의류, 동식물 등을 포함하여 자연 환경에 존재하는 모든 물리적 개체 관리

인프라 혁신 산업	에너지 저장 시스템	· 배터리, 에너지 저장 장치 관련 서비스(에너지 확보 · 저장 · 전송 등)
	양자컴퓨터	· 동시에 여러 프로세스를 모든 상태에 작용 가능하며, 한 개의 처리 장치로 동시에 수많은 계산을 수행
	5G 이동통신	· 이동통신 네트워크, 서비스, 단말기, 장비(4G보다 100배 빠름)

제조 혁신 산업	자율주행차	· 자동차, 자율운행 시스템(외장, 전장부품 등), 카네비게이션 등
	드론	· 무인기, 무인조종 시스템, 무인운행 시스템
	지능형 로봇	· 로봇, 지능화 시스템, 전문 서비스 프로그램
	정밀 의료	· 바이오의약, 맞춤형 진단/치료제, 맞춤형 의료 서비스
	적층가공	· 장비(3D 프린터, 3D 스캐너 등), 운영/설계 프로그램, 소재(수지, 금속 등) 관련 서비스(설계, 제작 대행 등)
	스마트팩토리	· '스마트 제조'는 제조 과정의 생산 시스템에 디지털 기술을 적용하여 완전 자동화하는 첨단 시스템

서비스 혁신 산업	실감형 콘텐츠	· AR/VR 기기(게임기 등), 콘텐츠, 관련 서비스(교육, 관광, 의료, 오락, 테마파크 등)
	메타버스	· 가상과 현실 세계를 이어주므로, 원격 물리 제어가 가능한 시스템
	핀테크 (스마트금융)	· 스마트 금융 서비스(인증, 거래 등) 및 무인 자동 서비스
	스마트홈	· 가전, 부가 서비스 프로그램, 플랫폼 시스템 관련 가정용 서비스(엔터테인먼트, 보안 등)
	스마트 헬스케어	· 스마트 기기+헬스케어(건강관리)로, 스마트 기기(스마트폰, 스마트워치)를 이용하여 건강관리
	스마트시티	· 플랫폼은 5G 무선 통신이 이동형 CCTV 및 센서 기반 상황 판단 대응
	스마트보안	· 네트워크상의 사이버 위협으로부터 기밀성 · 무결성 · 가용성의 정보보호 및 보안관리

1. 인프라 혁신 산업

1.1. 클라우드 컴퓨팅(Cloud Computing Service)

클라우드 컴퓨팅은 데이터센터 속에 구축되어 있는 대규모 컴퓨팅 자원을 네트워크를 통해 제공받은 후 이를 토대로 한 애플리케이션이나 서비스 개발을 의미한다. 클라우드 컴퓨팅은 1965년 미국의 컴퓨터 학자인 존 매카시가 제시하였으며, "컴퓨팅 환경은 공공 시설을 쓰는 것과도 같다."라고 정의하였다. 클라우드는 IoT 기반 센서로부터 수집된 막대한 정보를 빅데이터를 통해 수집되는 공간이자 분석할 수 있는 컴퓨팅 및 SW 등을 제공하는 플랫폼 혹은 SW 서비스이다.

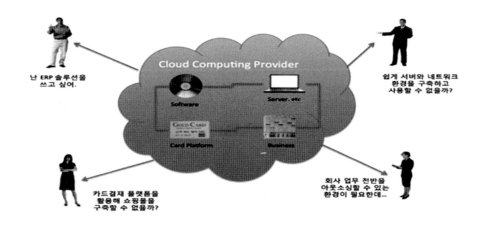

[그림 1-7] 클라우드 컴퓨팅 개념도(출처: NIA)

사용자는 IT 자원(SW, 스토리지, 서버, DB 등)을 필요한 만큼 빌려 사용하며, 이용한 만큼 비용을 지급하면 된다. 그러므로 클라우드 컴퓨팅은 대규모 데이터, 고성능 분석 툴(tool), 무한 확장성 등을 요구하는 현재 ICT 환경에서 '가볍고 유연하고 신속한' 시스템 구축이 가능한 유일한 수단이다.

[표 1-9] 클라우드 서비스 종류(출처: NIA)

서비스 종류	내용
IaaS (Infrastructure as a Service)	• 서버, 스토리지, 네트워크 등 물리적인 자원 서비스 제공 AWS(Amazon Web Services)가 대표적
SaaS (Software as a Service)	• ERP, CRM, SCM, BPM 등 응용 소프트웨어를 공용으로 활용할 수 있는 그룹웨어를 의미 • 사용자는 서비스 제공자가 단독으로 제공·관리하는 서비스를 이용하거나 일부 커스터마이징으로 사용
PaaS (Platform as a Service)	• 운영관리를 위한 Platform, 개발 환경(Development Environment) 제공

클라우드는 초기 스토리지 역할에서 시스템 전반에 걸쳐 네트워크, 서버, 애플리케이션 등으로 다양하게 확장되고 있다. 4차 산업혁명의 핵심 기술인 인공지능은 대규모 컴퓨팅 파워와 빅데이터 축적을 기반으로 작동하는데 이는 모두 클라우드를 통해 실현 가능하다. 클라우드 내에서 현실 세계와 가상세계 간 결합이 발생하며 IoT, 빅데이터, AI 실현을 지원한다. 유연성, 가변성, 신속성이 극대화된 클라우드를 통해 이미 여러 글로벌 혁신 기업이 클라우드 기반 비즈니스 모델을 창출하고 있다.

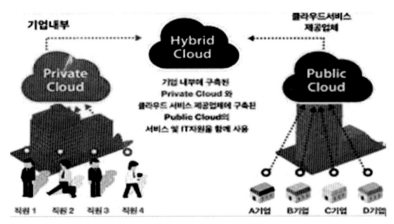

[그림 1-8] 클라우드 서비스 대상(출처: NIA)

클라우드 컴퓨팅 서비스 대상에는 퍼블릭 클라우드(Public cloud), 프라이빗 클라우드(Private Cloud), 하이브리드 클라우드(Hybrid Cloud)로 구성되며, 기타 클라우드 종류에는 엣지클라우드(Edge Cloud), 커뮤니티 클라우드, 분산형 클라우드, 인터 클라우드, 멀티 클라우드가 있다.

클라우드 컴퓨팅은 IT 예산 절감, 효율성 향상, 신산업 창출 핵심 원천으로 주목되고 있다. 아이디어의 신속한 사업화가 핵심 요소인 IT 산업 환경에서 클라우드는 초기 ICT 인프라 구축 비용(시간과 자금)이 크게 경감된다. 그래서 초기 자금이 부족한 다수 신생 기업((Startup)에도 기회가 제공된다. 그리고 급격한 사용 증가에 대해서도 서비스 중단 없는 신속한 확장도 가능하다.

1.2. 빅데이터(Big Data)

4차 산업혁명의 핵심 동력 '데이터 기반 혁신'(data-driven innovation)은 빅데이터 기반 지능정보 기술이 성장 동력으로 급부상하고 있다.

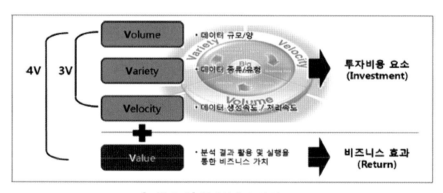

[그림 1-9] 빅데이터 4V(출처: NIA)

빅데이터의 특성은 큰 용량(Volume), 빠른 속도(Velocity) 그리고 높은 다양성(Variety)을 갖는 정보 자산으로 이를 통해 의사 결정 및 프로세스 최적화를 향상시키기 위해 새로운 형태의 처리 방식을 필요로 한다. IBM에서는 여기에 정확성(Veracity)이라는 요소를 추가하여 4V를 정의하였으며, 브라이언 홉킨스(Dr. Brian Hopkins)는 가변성(Variability)을 추가하여 5V를 정의하였다.

[표 1-10] 빅데이터 기능

기능	내용
빅데이터(Big Data)	· 수많은 데이터에서 새로운 사실 발견 · 2006년 하둡 등장 이후 데이터 분석 산업의 급속한 성장 · BI 등 근거 기반 의사 결정 보편화
빅데이터 분석 기술	· 데이터 마이닝, 오피니언 마이닝 · 소셜 네트워크 분석, 군집 분석
대규모 정형/ 비정형 데이터 처리	· Hadoop, NoSQL
빅데이터 표현 기법	· 프로그램 언어 "R"

이로써 빅데이터는 인공지능 발전과 더불어 데이터가 최대 부가가치 원천으로 만들어지고 있다. 데이터 용량은 매년 테라바이트 (TB=10^{12})⇒ 페타바이트(PB=10^{15})⇒ 엑사바이트(EX=10^{18})로 증가할 것이다. 10년 내 무인자동차, 인공지능 비서 등 지능 제품과 서비스가 본격 출시되면 큰 성장 산업이 될 전망이다.

1.3. 블록체인(BlockChain)

관리 대상 데이터를 '블록(Block)'이라고 하는 소규모 데이터들이 P2P 방식을 기반으로 하여 만들어져 생성된 체인(Chain) 형태의 연결고리 기반으로 분산 데이터 저장 환경에 저장되어, 임의로 관련 데이터를 수정할 수 없고, 누구나 해당 데이터의 변경 결과를 열람할 수 있도록 한 분산 컴퓨팅 기술 기반의 데이터 위·변조 방지 기술이다. 블록은 발견된 날짜와 이전 블록에 대한 연결고리를 가진 블록들의 집합을 의미한다.

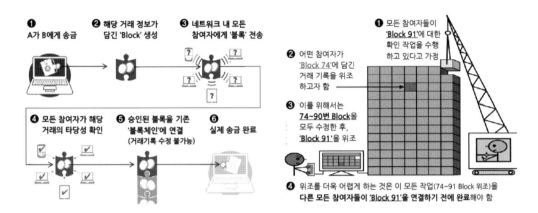

[그림 1-10] 금융IT 블록체인 구성(출처: 저서 핀테크보안경영)

데이터 분산 저장 기술의 일종으로서, block 단위의 데이터를 chain처럼 연결하여 저장한다. 저장된 데이터를 모든 사용자에게 분산하여 저장한다. 이러한 분산 저장 특성 때문에 분산원장기술(분산장부기술, Distributed Ledger Technology)이라고 하며, 블록은 블록헤더와 거래 정보, 기타 정보로 구성된다.

[표 1-11] 블록체인 특성(출처: NCS)

특 징	설 명
제3자 보증 없이 신뢰성 보장	• 블록체인 시스템 자체가 내부 기록의 무결성을 증명 및 보증 • 신뢰성을 담보할 중앙 집중 조직 또는 제3자 불필요
향상된 보안성	• 분산 구조로 중앙 집중보다 상대적으로 높은 보안성 보장
거래 투명성	• 공개라는 특성으로 투명성이 중요한 각종 거래에 대해 원장을 공유 • 참여자 모두에게 모든 거래 기록이 투명하게 공개
안정성	• 분산 구조로 중앙 집중의 잠재적 위험 회피 가능 • 전체 네트워크에 대한 일부 시스템의 오류/성능 저하 영향 미미
경제성	• 중앙 집중 조직이 불필요하므로 거래 비용 절감 • 거래 기록 관리 및 추적이 용이하여 다수 기관이 참여하더라도 효과적

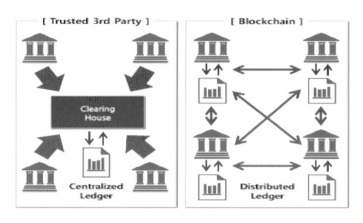

[그림 1-11] 공인된 제3자 공인 vs. 블록체인 기술 (저서: 핀테크 보안경영)

블록체인 사용자 관리 접근 제어 모듈 기술에는 블록체인 사용자 개인정보 관리 기술, 블록체인 사용자 접근 권한 관리 기술, 블록체인 사용자 접근 제어 기술이 있어야 한다.

[표 1-12] 블록체인 사용 용도(출처: NIA)

사용 종류	용도
디지털 화폐 요금 결제	• 디지털 화폐(Digital Coin)를 통한 상품 대금 결제 기능
P2P 마켓	• P2P 거래의 신뢰성을 블록체인이 부여, 기존 P2P 거래의 경우 거래의 신뢰성을 부여하기 위해 공증 기관을 이용하여 불필요한 비용과 시간이 소모되었는데 스마트 컨트랙트를 통해 해결
데이터 보안	• 분산 네트워크를 활용하여 인증 데이터 관리에 사용 • 개인정보의 활용을 최소화로 인증의 안전성을 높임 • 민감한 정보의 활용으로 일어나는 문제를 유연하게 대처
공급망(물류)	• 물품의 추적 및 검수를 실시간으로 가능 • 실제 물류 업계에는 은행, 선주, 관세청 등 많은 계약 당사자가 존재하는데, 이들이 계약을 맺을 때 아직까지도 종이가 사용되고, 변호사가 계약 내용을 보증한 뒤 계약이 활성화 가능
저작권 관리	• 기존의 디지털 창작물의 경우 원출처를 확인·보증하거나 확산 상태의 저작자 관찰이 어려웠으나 블록체인 이용 시 디지털 창작물 흐름 파악

1.4. 지능형 반도체(AI 반도체: PIM)

자율주행차, 사물인터넷, 착용형 스마트 디바이스 등 IT 융합 제품의 연산, 제어, 전송, 변환 기능 등 지능형 서비스를 수행하는 SW와 SoC가 융합된 AI 반도체이다.

[그림 1-12] AI 지능형 반도체(출처: 4차 산업혁명위원회)

지능형 서비스는 IT 기술을 기반으로 제품의 자율성 기능성을 개선하여 인간 삶의 질과 사회 안전성 등을 향상시키는 고부가 서비스(예, 자율주행차의 안전 주행 및 자율주행 기능)이다. 지능형 반도체의 핵심 기술은 IP 설계 기술, SoC 설계 기술, SW 기술, 플랫폼 기술, 공정 기술, 소자 기술로 구분된다.

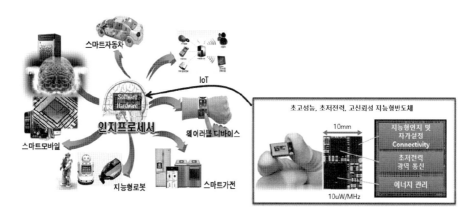

[그림 1-13] 지능형 반도체의 개념도 및 주요 제품 분야(PIM: Process in Memory)
(출처: 미래성장동력 종합육성계획, 2016)

지능형 반도체는 각종 전자기기에서 영상·음성 등 신호처리, 중앙 제어 등 정보를 제어·처리하는 데 필요한 디지털과 아날로그 칩, 전력을 제어하는 전력 칩, 외부 정보를 획득하는 센서 칩 등에 사용된다. 주요 제품 분야로는 뉴로모픽 컴퓨팅 지능형 반도체, 스마트 융합 기기용 지능형 반도체, 스마트 통신용 지능형 반도체, 초소형 초저전력 IoT 반도체, 웰니스케어 지능형 반도체 등이다.

1.5. 사물인터넷(IoT)

세상 모든 사물이 무선 인터넷을 이용하여 '사물 간에 주체적으로 정보를 교환하고 상호 소통하는 인프라 서비스'이다. 사물은 인간, 차량, 각종 전자기기, 교량, 시설물, 안경, 시계, 의류, 동식물 등을 포함하여 자연환경에 존재하는 모든 물리적 객체이다. 1999년 MIT Auto-ID Center 소장 캐빈 애시톤(Kevin Ashton)이 제안하여 "사물 간에 통신을 주고받는 것"으로 개념 정의를 하였다.

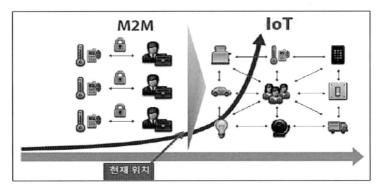

[그림 1-14] 사물인터넷(IoT) 체계도(출처: 4차 산업혁명위원회)

모든 사물에 네트워크 연결을 제공하는 네트워크(ITU, 2005), 모든 장비(Objects) 간에 통신 가능한 네트워크와 이를 통한 서비스(EU policy Outlook RFID, 2007) 표준화된 통신 프로토콜에 기반하여 독자적이고, 자체 주소를 갖는 상호 연결된 장비들 간의 네트워크(EU IoT in 2020, 2008)이다. 데이터를 수집·통신할 수 있는 능력을 가진 물리적 가상장비들을 연결하는 네트워크(CASAGRAS Final Report, 2009)라고 한다.

[표 1-13] 사물인터넷(IoT) 기술 개발(출처: 4차 산업혁명위원회)

동향	서비스 기술 개발
해외 동향	• IBM은 스마트 그리드 서비스와 관리 플랫폼 분야 • 인텔은 GE와 스마트 그리드 표준화 분야 개발 • 시스코는 보안 통신 인프라 분야 개발 • 구글은 GE와 스마트미터 협업을 통한 Power Meter 서비스 및 웹-에너지 IoT 정보 플랫폼 개발
국내 동향	• KT가 M2M 플랫폼(2010년) 개발 • 전자부품연구원 오픈 웹 기반 기술 중심 WoT(Web to Things: 2012년) 개발 • SKT는 플랫폼 개발 및 상용화 서비스(2012년) 제공 • 국책 연구소 및 학교, 이동통신사업자(KT, SKT, LG U+), 삼성, LG 등 개발 중 • 정보통신기술협회(TTA) 이동통신위원회(TC7) 사물지능통신프로젝트그룹(PG708)

1.6. 5G 이동통신

5G 이동통신은 현존 4G LTE와 비교하여 초고속, 초연결 및 저지연 환경을 제공하는 차세대 통신 기술 및 서비스라고 정의한다. 사람, 사물, 정보가 언제 어디서나 유기적으로 연결되도록 최대 20Gbps급 전송 속도를 제공하며, 1ms 이하의 지연 단축 기술 등을 통해 수많은 주변 디바이스와 소통이 가능해진다.

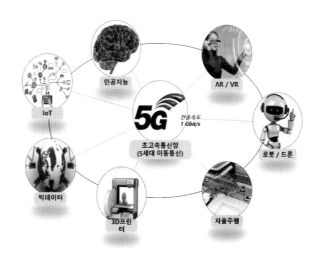

[그림 1-15] 5G 통신망에 의한 초연결 사회(출처: 4차 산업혁명위원회)

1Gbps급의 4G LTE 대비 20배 정도 전송 속도가 높으며 데이터 처리 용량은 100배, 지연 시간은 10배 이상 줄어들어 실시간 원격 수술과 로봇 원격 조정, 자율주행, 가상증강현실 일상화 등의 실현이 가능하다.

5G 이동통신은 4차 산업혁명의 초고속·초연결·초실감 서비스 실현을 위한 핵심 기반이며, 사물, 사람 등 모든 것이 초연결되는 사물인터넷(IoT) 환경에도 필수 인프라 기술이다. 기술의 범위는 무엇을 원하는지 알아서 이해하는 모바일 서비스, 언제나 함께하는 디바이스, 어디서나 따라다니는 이동통신 네트워크가 가능하다.

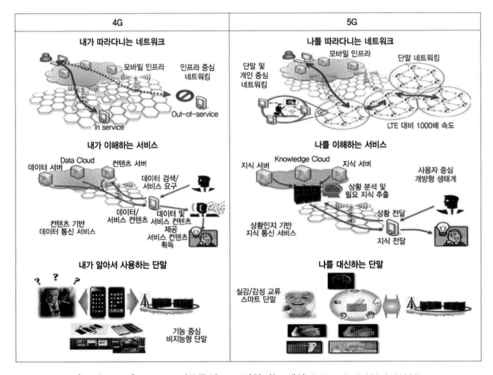

[그림 1-16] 4G, 5G 이동통신으로 변화되는 세상(출처: 4차 산업혁명위원회)

주요 제품과 서비스로는 5G 기반 모바일 실감형 영상 서비스, 서비스 플랫폼, 5G 이동통신 기지국 장비 및 단말, 밀리미터파 기반 광대역 통신 부품 등 주요 부품 등이 해당한다.

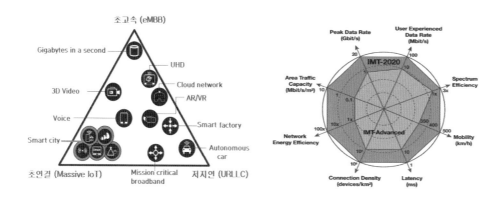

[그림 1-17] 5G 실현의 3 기술 축과 주요 응용 분야(출처: ITU-R 참조)

이동통신은 전후방 연관 분야(네트워크-단말기-콘텐츠-플랫폼-서비스)의 파급 효과가 크며, 자율주행, 실감형 콘텐츠(AR·VR), 사물인터넷, 스마트홈, 스마트도시 등 신성장 동력 산업 분야에 적용된다.

1.7. 양자컴퓨터(Quantum Computing)

양자(量子, quantum)는 더 이상 나눌 수 없는 에너지와 같은 물리적 독립체의 최소 단위를 의미하며, 양을 의미하는 quantity에서 유래되었다. 이는 연속적이지 않고 띄엄띄엄 존재하는 양을 말하며, 양자역학은 분자, 원자, 전자와 같이 미세 물리학을 연구하는 분야로서 1900년 막스 플랑크가 흑체 복사 문제를 해결하기 위해 양자 개념을 도입하면서 시작되었다. 하나가 동시에 두 상태를 가질 수(superposition) 있는 한 비트가 0과 1을 동시에 가진다.

그러므로 n개의 비트가 한 순간 최대 2n개 상태를 가질 수 있다. 완벽한 블랙박스 양자 데이터는 박스 안에 외부로 연산 함수만 보내 준다. 외부에서 결과를 보는 순간 중첩은 사라진다. 두 개가 완벽히 엮일 수(entanglement) 있는 비트가 0으로 관찰되면 다른 하나는 반드시 1로 관찰되며, 그 반대로도 가능하다.

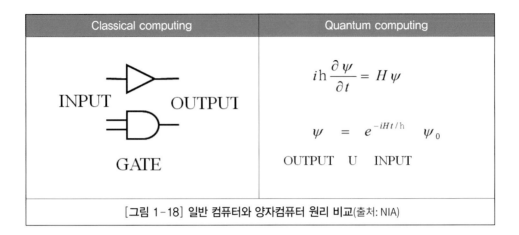

[그림 1-18] 일반 컴퓨터와 양자컴퓨터 원리 비교(출처: NIA)

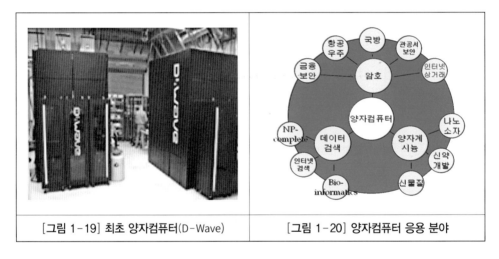

[그림 1-19] 최초 양자컴퓨터(D-Wave)   [그림 1-20] 양자컴퓨터 응용 분야

디지털 컴퓨터는 비트를 정보 처리 단위로 사용되며, 양자 정보의 기본 단위는 양자역학의 중첩 현상으로 인해 0과 1 두 개의 상태를 동시에 가질 수 있는 'quantum bit'(큐비트, qubit)이다. 양자컴퓨터는 동시에 여러 개의 상태에서 작용할 수 있으므로 한 개의 처리 장치로 동시에 수많은 계산을 수행한다.

1.8. 에너지 저장 시스템(ESS: Energy Storage System)

ESS는 생산된 잉여 에너지를 그 자체로 또는 변환하여 저장하고 필요할 때 사용할 수 있는 장치 또는 시스템을 의미한다. 이차전지 중심으로 ESS는 저장 장치(저수지, 압축 공기 저장소, 배터리 등), 전력 변환 장치(PCS, 압축기/팽창기, 발전기 등), 제어 장치로 구성된다.

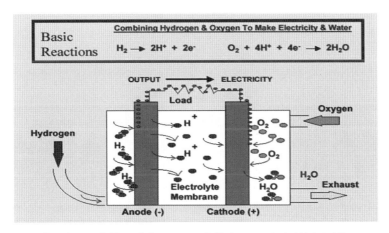

[그림 1-21] 원료 전지(FUEL CELL) 원리(출처: 4차 산업혁명위원회)

배터리 ESS는 이차전지 시스템과 배터리의 충·방전 상태 관리 및 제어를 위한 배터리 관리 시스템(BMS, Battery Management System)을 기본으로 에너지 저장 장치 기술 완성도 및 리튬 이온 전지 제조는 우리가 세계 최고 기술 수준이다.

[그림 1-22] 이차전지 응용 분야(출처: 4차 산업혁명위원회)

더 많은 재생 에너지와 더 적은 화석 연료를 활용하기 위해 스마트(전력 에너지) 그리드와 결합한 에너지 저장 장치가 필수적이다. 이 장치는 스마트그리드, 전기차, 신재생 에너지 등의 차세대 기술 성장 동력의 핵심 산업이다.

2. 제조 혁신 산업 기술

2.1. 자율주행차(Autonomous Vehicle)

운전자의 개입 없이 주변 환경을 스스로 인식하고 주행 상황을 판단해 차량을 제어함으로써 스스로 정해진 목적지까지 주행하는 자동차라고 정의한다.

[그림 1-23] **자율주행 자동차**(출처: 4차 산업혁명위원회)

[표 1-14] **자율주행**(자동화) **단계** [4]

시스템이 일부 주행 수행			시스템이 전체 주행 수행		
Level 0 (비자동화)	Hands On	운전자 항시 운행 긴급 상황 시스템 보호	Level 3 (조건부 자동화)	Eyes Off	위험 시 운전자 개입
Level 1 (운전자 지원)	Hands On	시스템이 조향 또는 감·가속 보조	Level 4 (고도 자동화)	Mind Off	운전자 개입 불필요
Level 2 (부분 자동화)	Hands On	시스템이 조향 및 감·가속 수행	Level 5 (완전 자동화)	Driver Off	운전자 불필요

---

4) 4단계는 제한된 구간에서만 완전 자율주행을 제공하고, 5단계는 골목길까지도 포함하는 모든 구간에서 자율주행을 제공하는 단계

자율차(센서, 차량 정보 등), 교통류(속도, 교통량, 밀도 등), 인프라(기상 정보, 노면 상태 등) 데이터 등을 효율적으로 수집·통합·관리하는 자동차 인프라 통합 제어로 구성된다.

[표 1-15] 자율주행 자동차 기술 분야

기술	분야
자율주행 기술	• 자동차 부품·시스템 및 반도체 분야 등이 해당되며, 교통사고를 획기적으로 저감하고 운전자의 조작 부담을 최소화하는 시스템 • 주변 환경을 인지, 위험 상황을 판단, 주행 경로를 제어
서비스 기술	• ICT, 플랫폼, 콘텐츠 분야 등이 해당되며, 자동차-도로-ICT 인프라와 연계하여, 탑승자의 만족을 극대화하는 다양한 사업 모델 • 안전 운전 정보 제공 및 사용자의 다양한 요구를 반영한 서비스 분야

2.2. 지능형 로봇(Intelligent Robot)

사람을 대신하여 동작을 하는 기계, 인조인간이라고도 한다. 로봇이라는 말은 체코어의 '일한다(robota)'라는 뜻으로, 1920년 체코슬로바키아의 작가 K. 차페크가 희곡 《로섬의 인조인간: Rossum's Universal Robots》에서 유래되었다.

[표 1-16] 로봇의 종류(출처: 4차 산업혁명위원회)

종류	분류
조종형	• 사람의 손발에 해당하는 기능을 가진 기계를 원격 조종과 자동 제어하는 원격운전 시스템(Teleoperator System) • 원자로 안의 매니퓰레이터(Manipulator: Magic Hand), 우주나 해저, 고온이나 저온 등 이상 환경, 위험 환경에서의 작업, 소방화재, 불발탄 제거, 의료(진단, 치료, 수술, 재활의학), 단조로운 작업을 로봇 응용 분야로 확대
자동형	• 보통 산업 로봇으로서 순서를 가르쳐 주면 기억하고 있어서 반복하는 로봇
자율형	• 로봇 스스로 현 환경 상태를 인지하고 명령에 따라서 자율 행동
지능형	• 인간처럼 감각을 가지고 있는 로봇(Intelligence Robot)

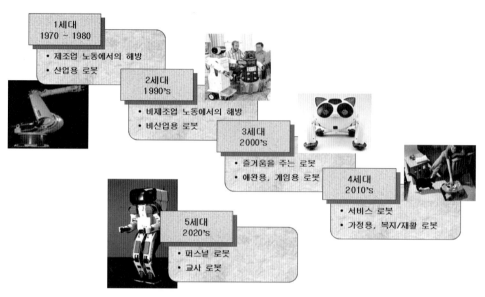

[그림 1-24] 지능 로봇의 세대별 분류(출처: 4차 산업혁명위원회)

미국 로봇제조자협회(RIA, Robot Industries Association)의 정의는 "물품, 부품, 특수 장치 등 프로그램된 동작으로 운반 및 다양한 작업을 수행할 수 있고 재프로그래밍이 가능한 다목적용 작동 장치(manipulator)"이다. 사용 예로는 주물공장, 단조공장(나쁜 작업 환경), 원자력 발전소나 탄광 채탄 작업(위험한 곳), 단조로운 반복 조립 작업(권태, 부주의), 용접·도정 작업(숙련도), 반도체 소재 등 극소 정밀도 가공(인간 능력 초월)에 사용된다.

[표 1-17] 로봇의 분류

분류	형식	내용
산업용 로봇 기술	기계식	· 1~2 자유도 동작으로 단순 반복 작업용
	전자식	· 전자 제어로 3자 유도 이상 동작 · 산업용 로봇의 근본 기술로서 기계전자공학(mechatronics)
작업 지시 분류	수동형 로봇	· (manual manipulator)
	축차형 로봇	· 한두 가지 작업 내용을 반복 수행. 고정형과 가변형이 있음
	반복형 로봇	· 작업 내용을 기억해 두었다가 필요시 언제든지 반복 작업 가능

[그림 1-25] 서울 방문 지능형 로봇 '소피아'(2017년)와 다양한 지능 로봇(출처: NIA)

[표 1-18] 로봇의 분류별 소프트웨어 기업군

	부품	소프트웨어	제품
주요 품목	센서, 모터, 감속기, 제어기	로봇용·OS 및 디바이스 드라 이버, 로봇용·시뮬레이터	제조용 로봇, 협동 로봇, 서 비스용 로봇 등
기업 구성	중소기업 위주	중소기업 위주	제조용·서비스용 중소·중견기 업, 스타트업 위주의 생태계
주요 기업	(세계) 하모닉드라이브시 스템, 마부치모터, 파나 소닉 (국내) 삼익 THK, 쎄네스 테크놀로지, 로보티즈, 디에스티, 마이크로인피 니티	(세계) 지멘스, 다쏘시스 템, 소프트뱅크 (국내) LG CNS, LGU+, 라스테크, 이지로보틱스, 원익로보틱스, 스페이스 로루션	(세계) 화낙(FANUC), 야스카 와(YASKAWA), ABB, 쿠카 (KUKA), 사이버다인, 소프트 뱅크, 구글 (국내) 현대로보틱스, 두사로 보틱스, 유진로봇, 로보스타, 현대차
특징	기술 수준 및 신뢰성 부 족으로 핵심 부품의 대부 분을 해외에 의존	HW 중심의 R&D 및 로봇 시장 형성으로 SW 및 플 랫폼 시장 기반 취약	화낙, 야스카와, ABB, 쿠카 4 대 기업이 세계 제조용 로봇의 60% 이상 선점: 절대적 기술 격차

2.3. 드론(Drone) 및 UAM

드론은 지상에서 원격 조종(Remote piloted)하거나, 사전 프로그램된 경로에 따라 자동 또는 반자동 형식으로 자율 비행하거나 인공지능을 탑재하여 자체 환경 판단에 따라 임무를 수행하는 소형 무인 비행체를 의미한다. 드론 본체 외에 지상 통제 장비(GCS: Ground Control Station/System), 통신 장비, 지원 장비 등을 아우르는 전체 시스템을 통칭한다.

[그림 1-26] 도심항공 모빌리티(UAM: Urban Air Mobility)(출처:KPMG)

드론은 군사용 무기로 시작되었으나 현재는 건설, 에너지, 물류, 재난 구조, 교통 관측, 과학 연구, 농업, 환경오염 제거, 취재, 취미 등 다양한 분야에서 이용된다. 시설물 안전관리, 국토 조사, 하천 측량·조사, 도로·철도, 전력·에너지, 산간·도시지 배송, 해양시설 관리, 실종자 수색, 재난 대응, 산불 감시 등에도 활용된다.

[그림 1-27] 현대자동차의 도심항공허브(Hub) 콘셉트(출처: 항공우주연구원, 2019)

UAM은 새로운 모빌리티 가치와 시장을 창출하면서 재편된다. 이 파괴적 혁신 (Disruptive Innovation) 속도는 빠르게 진행되며, 변화에 민첩하게 대응하는 기업들은 새로운 생태계를 열어 간다. 기업들은 UAM 시장에 대한 모니터링을 강화하고, 다양한 시나리오를 통해 미래 사업 구조 재편 방향을 선제적으로 구축해 나가야 한다.

2.4. 3D 적층 가공(3D Printer)

3차원 설계 데이터에 따라 액체·가루 형태의 다양한 재료를 응용 레이저 등으로 적층 가공하여 입체물을 제조하는 기술이라고 정의한다.

적층 가공(Additive Manufacturing)이란 재료를 층층이 쌓아 압출, 분사, 광경화, 파우더 소결, 시트 접합 등을 하는 방법으로 깎거나 다듬어서 만드는 전통 제조 기술과 근본적으로 다르다. 3D 프린팅은 입체적으로 형성된 3D 디지털 설계도나 모델에 원료를 층층히 겹쳐 쌓아 유형의 물체를 만드는 기술이다.

[그림 1-28] 3D 프린팅 작업(출처: 4차 산업혁명위원회)

산업에서 정의는 '3차원 디지털 설계도에 따라 금속, 플라스틱제 등의 액체, 가루 분말, 필라멘트사, 박판 등을 재료로 한 층씩 쌓아올리는 적층 방식의 성형기계(3D 프린터)를 제조하는 산업 활동'이다.

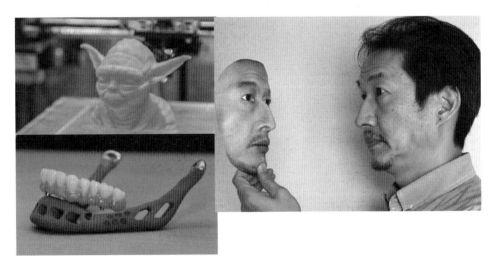

[그림 1-29] 적층 가공 기술로 출력(출처: SPRi)

2.5. 정밀 의료 및 바이오 산업(Bio Informatics)

정밀 의료 분야는 유전자 정보를 포함한 각 개인의 건강 및 질병 정보를 바탕으로 질병의 탐지·예방·치료 등을 개인의 건강 상태 및 유전자 정보에 맞도록 맞춤형으로 제공하는 산업이다. 유전 정보, 생활습관 등 개인화된 정보에 따라 특정 질병의 발현 가능성, 특정 치료 방식의 수용성 등 의학적 카테고리로 분류하고, 각 개인에 최적화된 진단 및 치료를 적용하며, 질병을 사전에 관리하는 영역이 포함된다. 기술 측면은 유전체 해독 기술, 유전자 편집 기술, 빅데이터 기술, 웨어러블 디바이스, 표적 치료제 등도 포함한다.

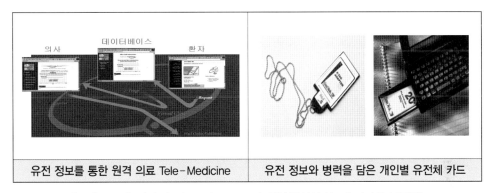

유전 정보를 통한 원격 의료 Tele-Medicine | 유전 정보와 병력을 담은 개인별 유전체 카드

[그림 1-30] 정밀 의료(의료정보. Bio-IT) 산업 구성(출처: 4차 산업혁명위원회)

특히 바이오 산업은 인간의 생명·건강과 직결되고, 삶의 질 향상을 위한 필수 분야로 지식 및 기술 집약적 산업이다. 신약 개발에는 10~15년에 걸쳐 13억 달러가 소요되는 고비용·고위험 과정이 수반된다. 이 고부가가치 산업은 연구-개발-의료 서비스 산업 성장을 견인하므로 경제적 파급 효과가 크다.

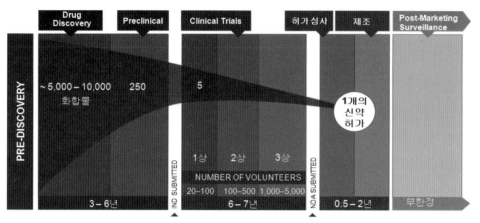

[그림 1-31] 바이오 의약품 연구개발 과정(출처: 4차 산업혁명위원회)

2.6. 스마트팩토리(Smart Factory)

'스마트 제조'는 제조 과정에서 생산 시스템에 디지털 기술을 적용하는 것으로 정보 활용, 자동화, 모니터링, 센싱, 모델링, 네트워킹 분야에 걸친 다양한 첨단 기술들의 활용 가능성을 포함하는 개념(KIAT, 2017)이다. 스마트 제조의 핵심 기술로 언급되는 AI, IoT, 로봇 기술 등은 사이버 네트워크(가상세계)와 물리적 공간(현실 세계)을 결합시킴으로써 초연결화, 초지능화를 통해 제조업의 혁신이 오고 있다.

[그림 1-32] 스마트팩토리(출처: 4차 산업혁명위원회)

생산 방식 변화로 제조 현장에서 디지털화 진행으로 생산 과정의 가시성이 확대되어 기존의 사후 대응 체계에서 실시간 대응 체계로 변화한다. 이는 AI의 융합으로서 제조 관련 데이터를 AI로 분석하는 AI 기반 데이터 분석과 제품 혁신으로서 제조 과정에서 AI 적용을 통한 자동화를 실현하는 '공정 혁신'으로 구분된다.

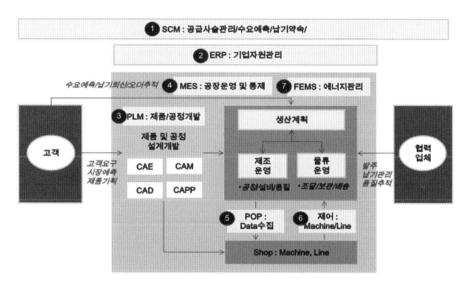

[그림 1-33] 스마트팩토리 구성 7요소(출처: 4차 산업혁명위원회)

제조업 분야에서 AI의 적용은 경영의 지능화, 제품의 개인 맞춤형 서비스화, 공장 생산 체계 및 품질 극대화 등 부가가치 창출에 기여하게 된다.

3. 서비스 혁신 산업

3.1. 실감형 콘텐츠(XR(VR/AR/MR))

가상현실(Virtual Reality: VR)은 컴퓨터 등을 사용하여 인공적인 기술로 만들어 낸 실제와 유사하지만 실제가 아닌 어떤 특정한 환경이나 상황 혹은 그 기술 자체를 의미한다. 사용자의 오감(시각, 청각, 미각, 후각 그리고 촉각)을 자극하며, 실제하는 장치나 디바이스를 이용하여 가상현실 속에 구현된 것들과 상호작용이 가능하다.

이는 프랑스의 극작가이자 시인, 배우이며 연출가인 앙토냉 아르토(Antonin Artaud)의 저서에서 '버추얼 리얼리티(가상현실의 영문 표기)'를 사용한 데서 유래하였다.

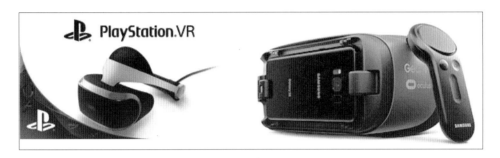

[그림 1-34] 가상현실(VR) 체험을 위한 기기들(출처: SONY PlayStationVR, 삼성기어 VR SM-R325)

실감형 콘텐츠(AR/VR)는 가상현실(Virtual Reality: VR)상에서 사람들이 직접 체험하지 않고서도 실제와 같은 주변 상황을 만들어 상호작용을 가능하게 만들어 주는 과학기술이다. 증강현실은 현실 세계의 환경 위에 가상 물체를 겹쳐 보여주는 기술로 현실 세계와 가상세계를 합쳐 하나의 영상으로 보여 주는 혼합현실(Mixed Reality, MR)이다.

기술	체험
출력 기술	영상과 같은 시각 정보를 체험
음향 기술	오디오와 같은 청각 정보를 체험
오감 기술	느낌, 냄새, 맛과 같은 촉각, 후각, 미각 정보를 체험
모션 기술	움직임과 같은 사실적인 체험을 극대화
입력 기술	사용자가 체험을 이끌어갈 수 있게 상호작용을 확대

[그림 1-35] 3D 교통운전 시뮬레이션 시스템과 가상현실 요소 기술
(출처: 4차 산업혁명위원회)

[표 1-19] **가상현실 분류**(출처: 4차 산업혁명위원회)

분류		내용
제시 방식	컴퓨터 등이 만들어 낸 가상의 세계를 제시하는 타입 3D 컴퓨터 게임이 대표적인 예	
	현실의 세계를 제시하는 타입 현실 세계의 정보가 가상현실 시스템 기기를 통해 전달되는 경우, 증강현실(Augmented Reality, AR), 복합현실(Mixed Reality, MR)이 대표적	
시스템 환경	몰입형 가상현실 (Immersive VR)	• HMD(Head Mounted Display), 데이터 장갑(Data Glove), 데이터 의류(Data Suit) 등의 특수 장비를 통해 사용자가 실제로 보고, 만지는 것과 같은 감각적인 효과를 느낄 수 있게 하여 환경에 몰입하도록 하는 시스템
	원거리 로보틱스 (Tele-Robotics)	• 몰입형 가상현실 시스템+로봇의 형태로서, 로봇을 이용하여 원거리에 있는 공간에 사용자가 존재하는 듯한 효과를 주는 시스템
	데스크톱 가상현실 (Desktop VR)	• 일반 컴퓨터 모니터에 간단한 입체 안경, 소이스틱 등만 갖추면 책상 위에서 쉽게 만날 수 있는 가상현실 시스템
	삼인칭 가상현실 (Third Person VR)	• 비디오 카메라로 촬영된 자신의 모습을 컴퓨터가 만들어 낸 가상의 공간에 나타나게 하여 자신이 직접 그 공간에 존재하는 것처럼 느끼게 하는 시스템으로 주로 오락용으로 많이 적용하고 있으며 Xbox, 키넥트(KINECT)가 대표적

증강현실(Augment Reality: AR)이 교육에 도입되면 실제와 가상 환경에서 학습 객체에 대한 실제적인 조작 활동을 수반하고, 조작 활동은 학습자의 경험을 증진시

키며 학습 장면에 몰입할 수 있게 하여 학습 과정을 촉진시킬 수 있다.

3.2. 메타버스(Metaverse: Meta Universe - 새로운 가상공간)

메타버스란 가상(Meta)과 우주(Universe)의 합성어로 현실과 가상의 경계를 넘은 새로운 미래 공간이라 정의한다. '사물 제어를 위한 동적 디바이스 가상화 기술'로서, 가상세계인 메타버스에 접속하여 다른 사용자들의 사회, 경제, 문화 활동까지 공유하며, 현실 세계 서비스와의 연동이 가능한 기술이다. 이는 원격의 물리 디바이스를 가상화하고 메타버스 공간 내에서 제어하는 XR 서비스 제공 기술이다.

[그림 1-36] 메타버스 서비스 플랫폼(출처: SPRi)

사용자가 원하는 환경에서 마치 원격지 디바이스를 제어하고 서비스할 수 있는 환경을 제공하는 기술로 원격지에서의 특정 디바이스를 제어하는 응용 서비스 분야에 활용한다.

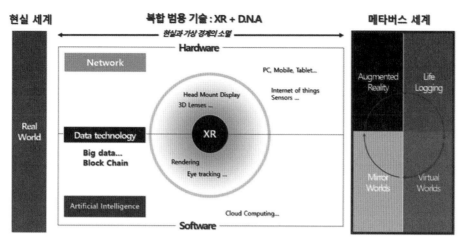

[그림 1-37] 가상과 현실 세계를 연결하는 메타버스 범용 기술(출처: SPRi)

가상화 기술은 메타버스(Second Life와 유사한 서비스 개념)와 같은 가상공간에서 아바타를 이용한 사물 제어가 필요할 경우 실세계의 사물 정보를 수집하고 이를 제어하고자 할 경우 가상 드라이브를 생성하여 보다 용이하게 가상공간에서 사물 제어가 가능한 서비스에 활용되고 있다.

3.3. 스마트금융(Fintech)

화폐, 즉 돈 관리가 인터넷과 결합되어서 핀테크(FinTech)의 열풍이 일어나고 있다. 핀테크는 금융(Finance)과 기술(Technology)의 합성어이다. 핀테크(Fintech)는 크게 2가지로 구분할 수 있다. 전형적인 금융 관련 IT 기술 서비스를 다루는 Traditional Fintech가 있고, 새롭게 금융 서비스의 패러다임을 개척해 나가는 Emergent Fintech가 있다.

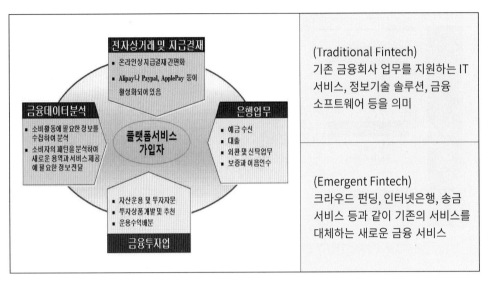

[그림 1-38] 핀테크 영역의 융합 서비스 제공 분야(출처: 한국경제연구원)

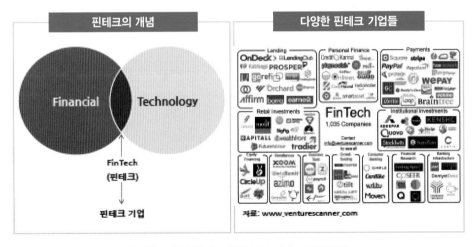

[그림 1-39] 핀테크 산업(저서: 핀테크 보안경영)

3.4. 스마트홈(Smart Home)

유무선 홈 네트워크와 사물인터넷, 스마트 기기를 기반으로 다양한 지능형 서비스를 제공하는 산업이다. 자동화를 지원하는 개인용 주택에 무선 인터넷(Wi-Fi)을 주 통신 수단으로 원격 모니터링 및 제어, 난방, 환기 및 공조, 조명 제어, 거주자 인식 제어, 보안, 누출 감지, 애완동물 관리 등을 지원한다.

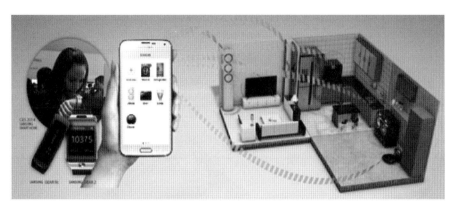

[그림 1-40] 삼성 스마트홈 구성도(출처: 삼성전자)

[표 1-20] **스마트홈 산업의 범위**(분류 체계)(출처: 홈 IoT 분석, NIA, 2016)

대분류	중분류
스마트 융합 가전	생활가전, 조명 기기, 주방 기기 헬스케어/웰니스, 기타 융합 가전
홈 오토메이션	주택단지 공용부 기기, 집안 기기 스마트홈 단지 운영 관리 서비스
스마트홈 시큐리티	보안 영상 및 저장 장치, 기타 홈 시큐리티 기기, 홈 시큐리티 서비스
스마트 그린홈	가정용 에너지 절약 기기/솔루션 가정용 에너지 절약 서비스
스마트TV & 홈 엔터테인먼트	스마트TV 및 서비스, 앱/주변 기기 스마트 미디어 서비스, 게임 콘솔 오디오 등 기타 홈 엔터테인먼트 기기 기타 융복합 기기 및 서비스

한국스마트홈산업협회는 "인간이 거주 생활하는 공간 및 기기에 ICT를 접목하여 편리, 안전, 즐거움, 경제 등의 가치를 제공해 주는 기술 및 서비스 환경"으로 정의하였다. 스마트홈은 스마트 가전과 조명, 홈케어, 냉난방, 보안, 엔터테인먼트 등 집안의 다양한 기기와 서비스를 포함한다.

3.5. 스마트시티(Smart City)

U-City(유비쿼터스 도시) 건설에 활용되며, 도시의 경쟁력과 삶의 질 향상을 위하여 건설된 '언제, 어디서나 U-City 서비스가 제공되는' 도시 구현 기술이다.

정보 수집, 가공, 활용 기술 센터는 도시 내 통합 관제센터에서 운영되고 있다.

경쟁 기술의 한계	핵심 요소/차별성
영상 전송용 유선 CCTV 연계 스마트시티 플랫폼만 존재 수신 영상 기반 관제사의 수동 관제만 가능 영상 분석에 따른 즉시 대응이 불가능	영상/메타데이터 생성 5G 지능형 CCTV 연계 스마트시티 플랫폼 핵심 기능 제공 Edge-Core 2단계 심층 분석을 할 수 있는 이중화 구조 제공 CKAN 및 DCAT 기반 데이터 카탈로그 제공 및 연동 가능
 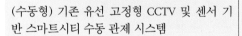	
(수동형) 기존 유선 고정형 CCTV 및 센서 기반 스마트시티 수동 관제 시스템	5G 지능형 CCTV 기반 스마트시티 능동 관제 지원 플랫폼

[그림 1-41] 5G 스마트시티 관제 시스템 비교
(출처: ETRI지능화융합연구소/도시·교통ICT연구단)

5G 스마트시티 융합 서비스 플랫폼 기반 데이터 처리 기술에 의한 응용 제품 및 서비스이다. 이 플랫폼은 5G 무선 통신이 신규 통신 서비스 시장에 진입함에 따라 이동형 CCTV 및 센서 기반 상황 판단 대응 요구가 증가하고 있다. 스마트시티 플랫폼은 정보 수집 장치·네트워크·관제 시스템 등을 통합한 시장이 형성되어 있고 이러한 통합 환경에서 영상 인식 및 분석 분야에서 발달하고 있다.

[그림 1-42] 대표 U-City인 인천 송도국제도시 및 관제센터 전경(출처: 4차 산업혁명위원회)

3.6. 스마트 헬스케어(Smart Healthcare)

스마트 기기(스마트폰, 스마트워치)를 이용하여 건강을 관리하는 분야로서 의료 IT와 건강 관련 서비스가 융합된 분야이다.

[표 1-21] 웨어러블 컴퓨터의 유형

유형	도구
액세서리형	시계 및 안경형
의류 일체형	신발, 모자, 옷 등
신체 부착형/생체 인식형	피부에 부착·이식하여 생체 신호 측정

웨어러블 컴퓨터의 적용 분야는 빅데이터 기술과 융합한 피트니스, 웰빙, 금융 핀테크 등과 생체 빅데이터를 이용한 헬스케어, 의료, 엔터테인먼트 등이 있다. 산업 및 군사 분야에도 응용될 예정이나 현재 많이 활용되는 분야가 헬스케어 분야이다.

| 삼성 갤럭시워치[액티브2(2019)] | 인공지능 심장세동 진단 시스템 |

[그림 1-43] 개인용 스마트 헬스케어 장치

　　헬스케어 시스템의 구성은 웨어러블 기기를 사용하여, 4P[맞춤(Personalized), 예방(Preventive), 예측(Predictive), 참여(Participatory)]를 실현한다. 헬스케어 시스템의 구성 요소로는 센서(각종 생체 정보를 수집), 밴드, 렌즈, 캡슐 형태 등에서 획득한 데이터를 저장 및 관리, 인체 데이터 분석이 있다. 구글, IBM 등은 인공지능 헬스케어 최우선 활용 분야로 생태계를 구축 중이다.

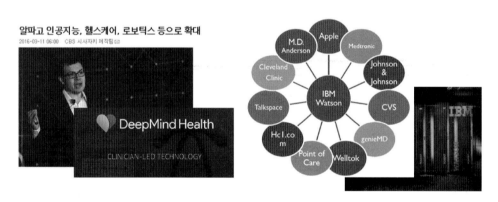

[그림 1-44] 미국 기업의 헬스케어 산업(출처: 4차 산업혁명위원회)

3.7. 스마트 보안(Smart Security)

IT 산업 발전으로 사회 전반에 ICT 의존도는 급속히 증가하고 있다. 동시에 IT 위험성과 더불어 사이버 위협의 영향도 커지고 있다. 전 사회 분야에 걸쳐 정보 보호와 보안의 필요성이 강조되고 있다.

[표 1-22] **보호해야 할 가치가 있는 대상**(출처: 정보보안개론)

유형	내용
정보	컴퓨터에 저장, 처리, 연산되어 있는 업무와 관련된 전자적 자산
문서	종이 또는 기타 출력물로 보관되어 있는 업무와 관련된 문서 형태의 자산
서버	서비스를 제공하기 위해 정보 자산 및 S/W가 탑재되어 있는 시스템
소프트웨어 (애플리케이션)	데이터를 서로 다른 시스템 간에 공유하는 네트워킹 기능을 제공할 수 있는 소프트웨어 자산 또는 정보 시스템을 문서편집, 정보처리, 계산 등 사용자가 필요한 특정 분야에 사용하기 위해 작성된 소프트웨어 자산
네트워크	서로 다른 시스템 간에 네트워킹 기능을 제공하는 하드웨어 자산(Router, Switch 등)
보안 시스템	정보 자산을 보호하기 위한 침입 차단 및 침입 방지 시스템 등의 보안 시스템
단말장비	개인들이 사용하는 업무용 PC, 노트북, PDA, 이동 저장 장치 등
물리적 시설	업무 수행 및 전산 장비 보호 등을 위한 물리적 시설 및 장비

[표 1-23] **보안의 3대 기본 목표**(출처: 정보보안개론)

목표	내용	
기밀성 (Confidentiality)	인가된 사용자만 정보 자산에 접근할 수 있는 것으로, 방화벽, 암호, 패스워드 등이 대표적인 예	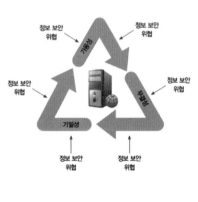
무결성 (Integrity)	적절한 권한을 가진 사용자가 인가한 방법으로만 정보를 변경할 수 있도록 하는 것	
가용성 (Availability)	필요한 시점에 정보 자산에 대한 접근이 가능하도록 하는 것	

Operation Flow	보안 기술 비교
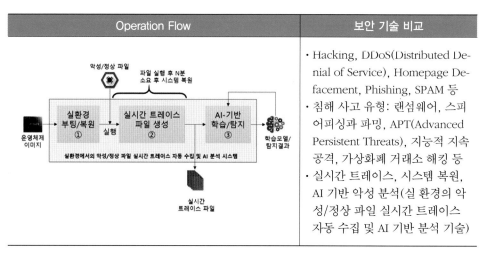	• Hacking, DDoS(Distributed De-nial of Service), Homepage De-facement, Phishing, SPAM 등 • 침해 사고 유형: 랜섬웨어, 스피어피싱과 파밍, APT(Advanced Persistent Threats), 지능적 지속 공격, 가상화폐 거래소 해킹 등 • 실시간 트레이스, 시스템 복원, AI 기반 악성 분석(실 환경의 악성/정상 파일 실시간 트레이스 자동 수집 및 AI 기반 분석 기술)

[그림 1-45] 보안 기술 운영도 및 보안 유형 비교(출처: ETRI)

0. 3인 1조로 학습 팀을 구성하시오.

> **4차 산업혁명에 대비하여 우리가 해야 할 일들을 토론해 보시오.**
> **<Brain Storming 후 반드시 Brain Writing을 하시오.>**

1. 왜 우리는 4차 산업혁명을 해야만 하는가?

2. 4차 산업혁명의 등장 배경, 과학기술, 영향력을 차례대로 토론해 보시오.

3. 교재의 사진을 참고하여, 우리가 실생활에서 접할 수 있는 4차 산업혁명의 영향을 받은 것들을 찾아보고 토론해 보시오.

4. 4차 산업혁명과 관련된 영화를 조사(유튜브: Youtube.com)하고, 시청해 보시오. 그리고 과연 영화 속 4차 산업혁명의 워크시트를 작성해 보고, 미래가 오고 있는 것을 토론해 보시오.

5. 4차 산업혁명은 초연결 사회가 되는 공간 확장의 시대이다. 기술적으로 VR/AR을 연계 확장한 Metaverse로 어떤 플랫폼 개발이 가능한가?

6. 왜 반도체가 4차 산업혁명에서 '산업의 쌀'인지 설명하고, 또 왜 비즈니스의 중심이 되고 있는지를 토론해 보시오.

7. 우리는 반도체 생산 세계 1위 국가다. 메모리는 1위이지만 비메모리는 뒤처져 있다. 비메모리를 성장시키려면 어떤 산업 전략이 필요한가?

8. 고객이 원하는 물품이 미리 준비되어 있다. 준비된 물품을 Drone을 통해 빠르게 고객에게 배달하려고 한다. 배달 Drone을 어떻게 만들어야 할까요? 팀별로 기준에 만족하는 Drone을 설계해 보시오.

9. 선진국 및 국내외 4차 산업혁명 실현 가능성 조사해 보고 토론해 보시오.

   – (민간 분야) 의료, 자율주행, 무인 장비, 양자컴퓨터 등
   – (국방 분야) 감시 및 탐지, 무인 로봇 및 드론, C^4i 분야 등
   – (국내 기술) 선진국 대비 기술 수준, 전문가, 활용 능력, 실현 가능성

10. 국내외에서 본인이 참여할 4차 산업혁명 시대의 유망 산업을 조사하여 발표하시오.

인공지능 정의와 발전사, 기술 분류

 학습주제

지능 기능을 갖춘 컴퓨터 시스템으로써 인간의 지능을 기계 등에 인공적으로 구현한 것이다.

이는 지능을 만들 수 있는 방법론이나 실현 가능성 등을 연구하는 과학 분야를 지칭하기도 한다.

상당수 인공지능 연구 본래의 목적은 심리학에 대한 실험적인 접근이었고, 언어 지능(linguistic intelligence)이 무엇인지를 밝혀내는 것이 주목표였다.

언어 지능을 제외한 인공지능에 대한 시도들은 로보틱스와 집합적 지식을 포함한다. 이들은 환경에 대한 처리, 의사 결정을 일치시키는 것에 중심을 두며 어떻게 지능적 행동이 구성되는 것인가를 찾을 때 생물학과 인지과학으로부터 이끌어낸다.

사회적 계획성과 인지성의 능력은 떨어지지만 인간과 유사한 유인원을 포함한 복잡한 인식 방법을 가진 동물뿐만 아니라, 특히 곤충들(로봇들로 모방하기 쉬운)까지 포함한 동물학으로부터 인공지능 과학은 시작된다. 여러 가지 생명체들의 모든 논리 구조를 가져온다는 것은 이론적으로는 가능하지만 수치화, 기계화는 아직 많은 발전이 있어야 한다. 앞으로 인간만이 가지고 있는 지능(natural intelligence)을 연구하는 것이다. 우선 해결해야 할 인공지능(AI: Artificial Intelligence)은 인간의 학습 능력, 추론 능력, 지각 능력, 논증 능력, 자연 언어의 이해 능력 등을 인공적으로 구현한 컴퓨터 프로그램 시스템이다.

제1절. 인공지능 정의와 발전사

1. 인공지능 정의

인공지능(AI)는 인간의 학습 능력, 추론 능력, 지각 능력, 그 외에 인공적으로 구현한 컴퓨터 프로그램, 또는 이를 포함한 컴퓨터 시스템으로 정의한다. 인공지능은 인프라 기술로서 인간을 포함한 동물이 갖고 있는 지능(natural intelligence)과는 다른 개념이다.

지능을 갖고 있는 기능을 갖춘 컴퓨터 시스템으로서 인간의 지능을 기계 등에 인공적으로 시연(구현)하는 것이다. 이는 인간과 같은 지능을 만들 수 있는 방법론이나 실현 가능성을 연구하는 과학 분야를 의미한다.

1.1. 초창기 인공지능 이론

영국 수학자 앨런 튜링(Alan Turing)은 1950년 《계산 기계와 지성(Computing Machinery and Intelligence)》이라는 논문집에서 〈생각하는 기계의 구현 가능성에 대한 분석〉이라는 제목의 논문을 발표하였다. 그는 논문에서 인간인 자신과 컴퓨터인 기계와 질의응답이 가능하면 컴퓨터가 지능을 갖고 있다고 정의하였다.

[그림 2-1] 인간과 인간, 그리고 기계와 대화(출처: NIA)

1.2. 강 인공지능(strong AI), 범용 인공지능(AGI)과 약 인공지능(weak AI)

초기 인공지능 연구에 대한 대표적인 정의는 1956년 다트머스회의(Dartmouth Conference)에서 다트머스대학의 수학자이자 컴퓨터과학자인 존 매커시(John

McCarthy)가 '인공지능 하계 연구 프로젝트'를 기획했다. 그는 인공지능학에 대해 "기계를 인간 행동의 지식에서와 같이 행동하게 만드는 것"이라고 정의하였다.

[표 2-1] 인간지능 학문(인간의 본질과 인공적 재현하려는 기술/학문)

인공지능 분류	내용
강(强)한 인공지능 (strong AI)	– 인간의 지능을 구현하는 기술/학문 – 사람처럼 생각하는 기계를 만드는 기술 – 창의/사고/감정
약(弱)한 인공지능 (weak AI)	– 인간의 지능을 모방하여 특정한 문제를 푸는 기술/학문 – 주어진 문제를 사람처럼 풀기 위한 기술 – 편견 없이 지치지 않고 대용량 자료 처리

그러나 이 정의는 범용 인공지능(AGI, 강한 인공지능)에 대한 고려를 하지 못하였었다. 인공지능의 또 다른 정의는 인공적인 장치들이 가지는 지능이다. 대부분 정의들이 인간처럼 사고하는 시스템, 인간처럼 행동하는 시스템, 이성적으로 사고하는 시스템 그리고 이성적으로 행동하는 시스템이라고 분류한다.

1.3. 강 인공지능(Strong AI: 범용 인공지능)

강한 인공지능은 어떤 문제를 실제로 사고하고 해결할 수 있는 컴퓨터 기반의 인공적인 지능을 만들어 내는 것에서 지능적인 행동을 보이고 있다. 최근 이 분야의 연구는 주로 미리 정의된 규칙의 모음을 이용해서 지능을 흉내 내는 컴퓨터 프로그램을 개발하는 것에 맞추어져 있다. 약한 인공지능 분야는 비약적인 발전이 이루어지고 있으며, 강한 인공지능 분야도 미약하게나마 발전하고 있다. 앞으로 추진 목표에 따라 많은 개발이 이루어질 것이다.

[표 2-2] 컴퓨터 vs 신경망 vs 인간 두뇌 분류

분류	일반 컴퓨터	신경망 인공지능	인간 두뇌
구분			
	입력 정보가 완전하지 않으면 결과가 나오지 않음	부족한 입력 정보로도 출력 생성 가능	
진화	종족의 급격한 진화 개체 능력은 변화하지 않음	적응적 변화가 가능한 프로그램	종족의 완만한 진화 개체 능력의 급속한 발달
성능	속도 빠름(ns, ps) GB의 기억 용량	컴퓨터보다 느린 처리 속도, 사람보다 작은 기억 용량	느린 처리 속도(ms) 큰 기억 용량 (4x1010GB)
신호	전기	전기	화학 반응에 의한 전기
데이터	디지털	아날로그, 디지털	아날로그
작동	기정화된 알고리즘에 의한 최적의 결과 목표	학습할 수 있는 적응적 알고리즘	적응적이며 휴리스틱한 유형기정의 알고리즘은 없음
결함 허용성	조금의 결함이라도 시스템의 작동에 치명적임	다수의 병렬 연결 구조는 경미한 결함을 허용함	경미한 손상은 전체적으로 별다른 영향을 미치지 않음
비교적 우위	계산과 자료의 저장	컴퓨터를 이용한 판단과 인식	판단과 인식
추론 기능	없음	있음	
설명 기능	없음	있음	
데이터	자료나 정보를 사용	자료, 정보, 지식 사용	

2. 인공지능 발전사

2.1. 인공지능의 탄생

앨런 튜링(1950년)은 '생각'을 정의하기 어려움에 주목하여 '튜링 테스트'를 고안하였다. 텔레프린터를 통한 대화에서 기계가 사람인지 기계인지 구별할 수 없을 정도로 대화를 잘 이끌어 간다면, 이것은 기계가 '생각'하고 있다는 충분한 근거가 된다는 것이었다. 튜링 테스트(Turing Test)는 인공지능(AI:Artificial Intelligence) 개념에 대한 최초의 제안이었다.

[그림 2-2] 튜링의 Colosus 컴퓨터(1943년)와 독일군 암호 해석 기기 Enigma

튜링은 '효율적인 계산 가능성(effective computability)' 개념을 가지고 기계가 알고리즘을 통해서 어떻게 계산 가능한 상태에 도달할 수 있는가를 밝히고자 했다. 이 기계를 '튜링 기계(Turing's Machine)'라고 하였다.

2.2. 다트머스 컨퍼런스(1956년): AI의 탄생

1940년대 후반과 1950년대 초반에 이르러서 수학, 철학, 공학, 경제 등 다양한 영역의 과학자들에게서 인공적인 두뇌의 가능성이 논의되었다. 1956년에 열린 다트머스 컨퍼런스는 마빈 민스키와 존 매카시, 그리고 IBM의 수석 과학자인 클로드 섀넌과 네이선 로체스터(Nathan Rochester)가 개최했다. 이 컨퍼런스는 "학습의 모든 면

또는 지능의 다른 모든 특성으로 기계를 정밀하게 기술할 수 있고, 이를 시뮬레이션할 수 있다."라고 주장하였다. 여기서 AI라는 이름, 목표점, 첫 번째 성공과 이를 이룬 사람들, 그리고 넓은 의미의 AI가 탄생하였다.

기계의 '지능적' 행동을 보고, 앞으로 AI로 모든 것이 가능하다고 예상했었다. 그래서 미 정부연구기관인 ARPA(Advanced Research Projects Agency)도 이 시기에 탄생하였다.

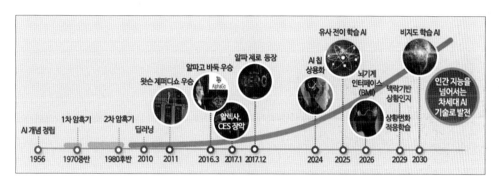

[그림 2-3] 인공지능 발전사(출처: NIIPA)

[표 2-3] 인공지능 이론의 발전사 (출처: Wikipedia)

년표	주요 연표	다양한 시도
인공지능 이론 출현	(1943~1956년) 인공두뇌학파 탄생 튜링 테스트 게임 인공지능 상징 추론과 논리 이론	1) 다트머스 컨퍼런스(1956년: AI 탄생) 2) 초기 신경 네트워크 3) 튜링 테스트 탄생
황금기 (1차 붐)	(1956~1974년) 많은 프로젝트 개발 시도 (1차 AI 낙관론)	1) 탐색 추리 2) 자연어 처리 3) 마이크로월드
암흑기	(1974~1980년) AI 첫 번째 암흑기: 캠퍼스 전역 비판	1) 문제가 무엇인가? 조사 2) 퍼셉트론과 연결망의 어두운 시대 3) 과학적 논리, 프롤로그와 전문가 시스템 4) 응용 프레임과 스크립트 연구

2차 AI 붐	(1980~1987년) 개발 붐(Boom)	1) 전문가 시스템의 발전으로 지식 혁명 2) 대규모 투자: 5세대 프로젝트 3) 신경망 이론의 복귀
암흑기	(1987~1993년) AI의 두 번째 암흑기	– 미시세계의 내부 모델(또는 '표현') 중요성: Nouvelle AI and embodied reasons
현재	(2018~현재) 4차 산업혁명/인공지능 성공 사례와 무어의 법칙	1) 지능형 에이전트 등장 2) 과학기술 기법의 승리 3) AI behind the scenes 4) HAL 9000(가상 인공지능) 등장 5) 현실적인 AI 연구

2.3. 지능을 가지고 태어난다는 이론

많은 '요람 속의 지능 과학자(The Scientist in The Crib)'들은 발달 과학에서 인간이 지능적인 3가지 이유로서 다른 사람의 마음 읽기(Other Mind problem), 외부세계 알기(External World Problem), 말로 대화하기(Language problem)라고 정의하였다.

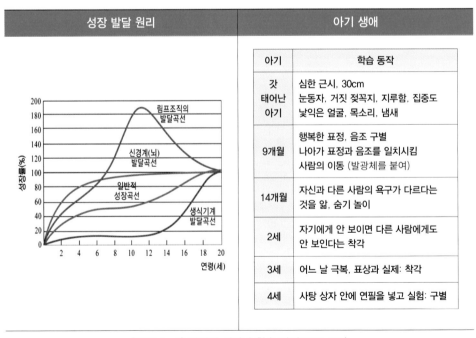

[그림 2-4] 아기의 성장과 학습 방법(출처: NIA)

아기는 상상 이상으로 많이 알고 태어나며, 부모에 의하여 학습이 되고, 교육에 의하여 지식인이 되어 가는 것이다. 이 방법이 인공지능의 학습 이론이 되었다.

| 엄마로부터 예절 교육 | 아빠에게서 놀이학습 |

[그림 2-5] 어린이 학습 과정

3. 지속적인 AI 연구 개발 과정

많은 성공적인 프로그램과 새로운 발전 방향이 1950년대 후반과 1960년대에 나타났다. 이곳에는 AI 역사에 지대한 영향을 미친 것들을 기술하였다.

[표 2-4] 인공지능 연구 접근 방법 분류

	이상(Ideal)	논리(Rational)
Thinking	Systems that think humans (인지과학적 접근 방법)	Systems that think rationally (사고의 법칙적 접근 방법)
Behavior	Systems that act like humans (튜링 테스트적 접근 방법)	Systems that act rationally (합리적 에이전트적 접근 방법)

[표 2-5] 인공지능 파생 실험 이론

방법론	방식
탐색 추리	• 미로를 찾아갈 때 계속 나아가면서 막힌 길이 있으면 다른 길이 있는 곳까지 되돌아왔다가 다른 길로 가는 방식
자연어 처리	• 영어와 같은 자연어로 컴퓨터와 의사소통할 수 있게 하는 방식 • '의미망'의 개념은 다른 개념들 사이의 노드와 링크 관계로 나타냄
마이크로월드(MIT AI 연구소)	• 쉬운 이해를 위해 '마찰면'이라든지 '강체(물리학에서 결코 형태가 변하지 않는 물체)' 같은 간단한 모델을 사용한다는 것에 집중 • 평평한 평면 위의 다양한 형태와 색깔의 블록으로 이루어진 '블록 단위의 세계'에 초점을 맞추는 형식

3.1. 전문가 시스템의 발전(지식 혁명)

전문가 시스템은 특정 지식의 범위에 대해 문제를 해결해 주거나 질문에 대답해 주는 프로그램이며 전문가의 지식에서 파생된 논리적 법칙을 사용하였다.

Brain model   Information model

<고려사항>
지식의 정의
지식의 표현
지식의 조작
모델의 정당성

[그림 2-6] 전문가 시스템(출처: NIA)

최초의 실험은 1965년 파이겐바움(Edward Feigenbaum)과 레더버그(Joshua Lederberg)에 의해 제1세대 전문가 시스템인 덴드랄(Dendral)이 개발되었다. 이것은 분광계로부터 화합물을 식별하는 실험이었다. 마이신(Mycin)은 1972년에 개발되었고 전염되는 혈액 질환을 진단하였다. 이러한 접근법(실험)은 타당성이 입증되었다.

전문가 시스템은 소규모의 지식 영역에 대해서는 스스로 제한을 둠으로써 상식 문제를 피하였다. 그리고 그들의 단순한 디자인은 프로그램을 만드는 것을 상대적으로 쉽게 하였다. 모든 프로그램은 유용성이 입증되어야 하지만 AI는 이 점을 달성할 수 없었다.

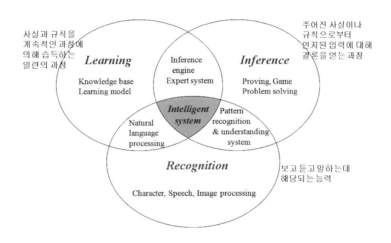

[그림 2-7] AI 기술 구성(출처: NIA)

전문가 지식들을 포함하면서 전문가 시스템의 힘은 두각을 나타내었다. 이것은 1970년대 내내 연구하였던 AI 연구 기법의 새로운 방향 중 하나였다. AI 과학자들은 지능이란 것이 다른 방법들로 많은 양의 다양한 지식들을 사용하는 능력에 기반한 것이라고 의심하기 시작했다. 지식 기반 시스템과 지식 엔지니어링은 1980년대 AI 연구자들의 주제가 되었다. 또한, 1980년대에는 일반인들이 모두 알만한 일상적인 사실들을 모두 포함한 큰 데이터베이스를 만들어 상식 문제에 대한 직접적 해결을 시도한 Cyc(의미론적 추론)의 탄생을 볼 수 있었다.

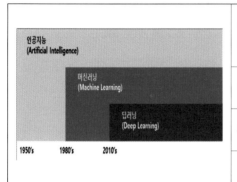

	인간의 뇌와 같은 지능을 가진 컴퓨터로 원하는 의사 결정을 실현하기 위한 시스템 요소 기술
머신러닝 (Machine Learning)	인공지능을 구현하는 구체적 접근 방식
딥러닝 (Deep Learning)	완전한 머신러닝을 실현하는 기술

[그림 2-8] 인공지능, 머신러닝, 딥러닝의 관계도(출처: NIA)

3.2. 신경망 이론의 복귀

1982년 물리학자 John Hopfield는 (현재 'Hopfield net'라고 불리는) 완벽한 새로운 길에서 정보를 프로세스하고 배울 수 있는 신경망의 형태를 증명해 냈다. 같은 시기에 David Rumelhart는 (Paul Werbos에 의해 발견된) '역전파'라고 불리는 신경망을 개선하기 위한 새로운 방법을 알리고 있었다. 이러한 두 가지 발견은 1970년 이후 버려진 신경망 이론이라는 분야를 복구시켰다. 새로운 분야는 1986년 분산 병렬 처리의 형태로부터 영감을 받았고 이와 같은 형태로 통일되었다. 2권 분량의 논문 집합은 Rumelhart와 물리학자인 James McClelland에 의해 편집되었다. 신경망은 1990년대에 광학 문자 인식 및 음성 인식과 같은 프로그램의 구동 엔진으로 사용되며 상업적으로 성공하였다.

3.3. AI 2018~현재

지난 세기부터 AI 분야는 목표 중 몇 가지는 달성하였다. 이러한 성공은 컴퓨터의 성능이 증가했기 때문이다. 몇 가지 고립된 문제들은 과학적 의무감 때문에 해결이 되었다. 그렇지만 1960년대 세계가 상상했던 인간 수준의 지능의 꿈을 실현하는 것이 실패로 돌아갔다는 이유로 몇 가지 합의를 하였다. 하위 파트에서 AI 일부분을 도와주던 모든 요소들은 특정 문제나 접근 방식에 초점이 맞추어졌다. 그 후 AI 연구는 신중해졌고 성공적이었다. 보안 이슈로 등장한 것으로는 학습된 인공지능을 속일 수 있는 공격 형태인 Poisoning Attack, Evasion Attack, 인공지능 모델 자체를 탈취할 수 있는 Model Extraction Attack, 학습 모델에서 데이터를 추출해 내는 Inversion Attack 등이 있다.

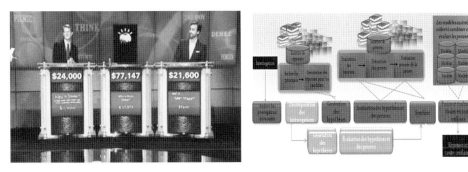

[그림 2-9] IBM 왓슨이 퀴즈쇼에서 우승(2011년 2월)

3.4. 성공 사례와 무어의 법칙

1997년 5월 11일 딥블루는 당시 세계 체스 챔피언이던 게리 카스파로프를 이긴 최초의 체스 플레이 컴퓨터가 되었다. 2005년 스탠퍼드의 로봇은 DARPA 그랜드 챌린지에서 연습해 보지 않은 사막 도로 131마일을 자동으로 운전하여 우승하였다. 2년 뒤, CMU의 한 팀은 DARPA 도시 챌린지에서 모든 교통 법규를 지키고 교통 혼잡 속에서 자동으로 55마일의 길을 찾았다. 2011년 2월, Jeopardy! 퀴즈쇼의 시범 경기에서 IBM의 대답하는 시스템 왓슨은 상당히 여유롭게 Brad Rutter과 Ken Jennings 두 명의 뛰어난 Jeopardy! 챔피언들을 이겼다. 1990년대 '지능형 에이전트'라고 불리는 새로운 패러다임이 다방면에서 수용되고 있었다.

인간과 인간의 조직처럼 특정 문제를 해결하는 프로그램을 지능형 에이전트(Agent)라고 하였다. 지능형 에이전트는 AI 연구자를 'the study of intelligent agents'로 정의한다. 이 AI 에이전트는 서로의 문제와 해결책을 공통의 언어로 표현하고, 추상적 에이전트를 사용한 경제학이나 제어 이론과 같은 개념에도 사용되었다.

4. 인공지능 딥러닝 실험

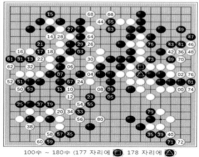

[그림 2-10] 알파고(딥마인드) 대 이세돌 9단 간 대결(출처: NIA)

세계는 이미 4차 산업혁명에 진입했으며 인공지능은 빠르게 인간을 대체해 나가고 있다.

알파고 대 이세돌 9단 간의 딥마인드 챌린지 매치(Google Deepmind Challenge Match)가 국내에서 2016년 3월 9일~15일 개최되었다. 최고의 인공지능 프로그램과 바둑 분야 최고의 인간 실력자와의 대결이었는데, 최종 결과는 인간 대표인 이세돌 9단의 1-4 패배로 인공지능의 실체를 세계에 알려준 사건이었다.

[표 2-6] 인공지능 연구 분류

분류	방법론
응용과학(Neats)	전통적 혹은 기호적(symbolic) 인공지능 연구라고 부르는 분야-일반적으로 추상적인 개념에 대한 기호적 연산과 전문가 시스템(expert systems)에 사용된 방법론
실무기능(Scruffies) 연결주의자 (Connectionist)	시스템을 구축하여 지능을 구현/진화시키려고 시도하고, 특정 임무를 완수하기 위해 규칙적 디자인보다는 자동화된 프로세스에 의해 지능을 향상시키는 방식(신경망: Neural Network)

5. 인공지능 기술의 실용적인 응용

인공지능의 궁극적인 목표인 인간과 같은 지능의 개발이 어려움을 겪자 다양한 응용 분야가 나타나게 되었다. 대표적인 예가 LISP나 Prolog와 같은 언어로서, 원래 인공지능 연구를 위해 만들어졌으나 지금은 인공지능과 관련 없는 분야에서도 사용되고 있다. 참고로 해커 문화도 인공지능 연구실에서 만들어졌다.

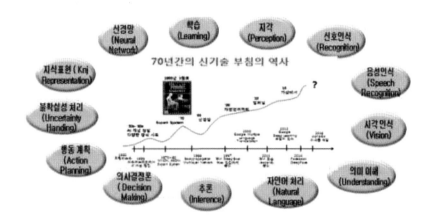

[그림 2-11] 인공지능 신기술 응용 역사(출처: NIA)

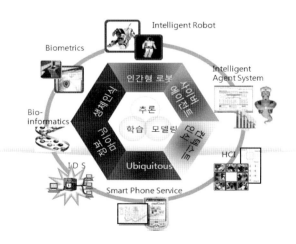

[그림 2-12] 인공지능 전체 운영 시스템(출처: NIA)

[표 2-7] 다양한 종류의 최초 지능 프로그램

종류	AI 프로그램
AlphaGo	바둑 인공지능(딥마인드)
Watson	IBM에서 개발한 인공지능, 종류가 다양하며 의학, 금융, 방송 사용
The Start Project	영어로 된 질문에 답변하는 웹 기반 시스템
Cyc	실세계와 논리적 추론 능력 관련 광범위한 상식 구성 지식 기반 시스템
ALICE, Alan	사용자와 대화를 주고받을 수 있는 프로그램
ELIZA	1970년대에 개발된 심리치료사 역할을 하는 프로그램
AM	1970년대 Douglas B. Lenat의 수학 개념을 형식화한 프로그램
SAM	1975년 개발된 줄거리 인식 시스템(Script Applier Mechanism)
SHRDLU	1968년~1970년 사이에 개발된 초창기 자연 언어 인식 시스템
Creatures	뉴럴넷과 두뇌 기반 생명체 진화 컴퓨터 게임
Eurisko	1978년 더글러스 레넛이 개발한 문제 해결 언어로서 휴리스틱을 사용
X-Ray Vision for Surgeons	매사추세츠공과대학 의학 비전(MIT Medical vision) 연구팀 개발
심심이	2002년 국내에서 개발된 한국어 대화 프로그램

제2절. AI 기계학습의 분류

1. 기계에게 지능을 부여하는 방법

[표 2-8] 뇌 학습 기법(출처: NIA)

기법	절차
인공지능 기법 (Artificial intelligence)	• 인간의 학습 능력과 추론 능력을 인공적으로 모델링하여 외부 대상을 지각하는 능력을 컴퓨터로 구현하는 기술 • 지능을 법칙으로 표현하여 논리구조로 표현 • 문법이라는 법칙에 의해 언어를 학습 • 구현하고자 하는 지능에 따라 구체적인 법칙 추출 • 인간이 학습하듯이 컴퓨터에도 데이터들을 주어서 학습하게 함으로써 새로운 지식을 얻어 내게 하는 분야 • (자연어 처리) 자연어 이해는 일상생활 언어를 형태 분석, 의미 분석, 대화 분석 등을 통하여 컴퓨터가 처리할 수 있도록 변환시키는 작업
신경회로망 기법	• 스스로 지능을 축적하며, 반복해서 문장을 듣고 반복함으로써 학습 • 주위 환경에서 스스로 지식 축적. 단순한 소자의 대단위 병렬성이 특징 • 인간은 뇌의 기본 구조 조직인 뉴런(neuron)과 뉴런이 연결되어 일을 처리하는 것처럼 수학적 모델로서의 뉴런이 상호 연결되어 네트워크 형성
인터페이스 예측	• 지금까지 사용자가 했던 행위의 정보를 바탕으로 다음에 수행하는 가능성을 예측하는 것
인지과학 (Cognitive Science)	• 패턴 인식(이미지 인식, 음성 인식) • 지능과 인식 문제를 다루는 포괄적인 과학 분야

2. 인공지능 구현을 위한 기계학습 분류

AI 구현을 위한 기계학습은 ① 인간의 관여 정도, ② 학습(훈련)의 실시간 여부, ③ 학습에 따른 데이터 일반화 정도로 분류할 수 있다. 기계학습 시 인간에 의하여 외부에서 제공되는 '정보의 양'과 '인간 감독'의 정도에 따라 분류된다.

[표 2-9] 인공지능 구축 3대 기술 요소

기술 요소	분류
알고리즘	• 데이터의 분류, 예측, 군집 등을 처리하기 위한 프로그래밍 방법
컴퓨팅 파워	• 알고리즘을 처리하기 위한 컴퓨터의 연산 성능 및 메모리 용량
데이터	• 딥러닝 등의 알고리즘은 많은 데이터(빅데이터)에서 정확한 성능 발휘

[표 2-10] 기계학습 종류

학습 종류	내용
지도학습 (supervised learnig)	• '데이터 세트'에 일종의 정답인 '레이블'(label)이 부착되어 데이터와 레이블 상호 간의 관계를 파악함(학습) → 향후 레이블 없이 데이터만 주어지더라도 학습된 데이터와 레이블 상호 간의 관계(함수)로부터 레이블 값(사례로부터 혹은 수립된 모델로부터) 추정하여 출력 • 기계학습 애플리케이션의 상당수는 지도학습 기반임
비지도학습 (unsupervised learnig)	• 레이블의 제공 없이 '군집화'(clustering) 등의 알고리즘을 통하여 데이터로부터 추가적인 정보를 추출함 • 비지도학습에 사용되는 알고리즘으로는 ① 군집화 ② 시각화(visualization)와 차원 축소(dimensionality reduction) ③ 연관 규칙 학습(asociation rule learnig) 등이 있음
준지도학습 (semi-supervised learnig)	• 일부 데이터 세트에만 레이블이 제공되어 '비지도학습'의 특성과 '지도학습'의 특성이 혼재되어 있음 • 다수의 이미지에 대하여 군집화 등의 방법으로 일정 개수의 클러스터를 형성한 후(비지도학습) 각각의 클러스터에 대하여 레이블을 제공(지도학습)하는 방식

강화학습 (reinforced learnig)	• 학습하는 시스템인 '에이전트'(agent)가 어떤 '정책'(policy)을 수립하여 행동한 후 이러한 행동의 결과에 따라 일정한 '보상'(reward) 혹은 '벌칙'(penalty)을 받고, 보상이 최대가 되도록 기존 '정책'을 수정 절차를 반복하여 최적의 정책 수립 • 강화학습의 성능은 '보상'과 '벌칙'의 합계로 평가

[표 2-11] 인공지능 실시간 훈련 여부

학습	실시간 여부
온라인 학습	– 훈련용 데이터 세트를 온라인상에서 실시간 수집하는 학습
배치 학습	– 미리 확보한 훈련용 데이터 세트를 활용하여 학습하는 방식

[표 2-12] 데이터의 추상화 정도

학습 종류	내용
사례 기반 학습	기존 학습 데이터 사례의 특성을 기억하고(학습), 새로운 데이터가 입력되면 데이터 특성에 기초하여 가까운 사례를 찾아(예측)가는 방식
모델 기반 학습 (새로운 '모델'의 형성)	• 학습 데이터를 이용하여 학습(훈련)시킬 '모델'을 상정하고 학습 데이터를 이용하여 모델을 학습시켜서 '학습된 모델'을 형성(학습) • 향후 데이터가 입력되면 학습 모델에 기초하여 출력(예측)하는 방식 • 모델이 형성된 이후에 예측 과정에서는 기존의 사례 데이터가 필요 없게 된다는 점에서 사례 기반 학습과 차이가 있음

[표 2-13] 학습 모델

모델	방법
기본적인 학습 모델	'1차 회귀', '다항 회귀', '로지스틱 리그레션'(logistic regression)모델, Suport Vector Machine(SVM)
	결정 트리, Random Forest, 차원 축소, K-means clustering 모델
'신경망' 이용 모델	– Convolution Neural Network(이미지 인식에 널리 활용)
	– Recurrent Neural Network(분량이 정해지 않은 데이터를 처리)

[표 2-14] 인공 신경망 모델 (출처: NIA)

종류	내용
인공신경망 모델 (Artifcial Neural Network Model)	· 인간 두뇌의 뉴런을 모사한 Perceptron을 다수 연결한 인공신경망 모델 사용 · Perceptron은 다수의 입력에 대하여 가중치를 곱한 후 합산을 하고, 단위 계단 함수를 출력하여, 복수 Perceptron으로 AND, OR, NOT, XOR 논리연산 (Bolean algebra) 가능 · Perceptron 출력 함수로 signoid 함수를 사용하여 연속 출력 가능 · 인공신경망이 한 층을 구성하는 뉴런 개수를 무한히 하거나, 뉴런의 층수를 복수로 하면 입력과 출력 상호 간에 다양한 함수를 구현
기계학습 모델	· 파라미터의 조정을 통한 손실 함수의 최적화 · 신경망 모델에서 어떤 입력에 대한 '출력값'과 '목표 출력값'(참값)의 차이를 평가하기 위한 평가지표 값으로 손실 함수(Loss Function)를 사용하며, 손실 함수로는 RMSE(Rot Mean Square Erorr), Cross Entropy 등이 사용 · 학습의 목표는 뉴런의 입력 가중치, 편향값 등의 파라미터를 조절하여 손실함수 최소화 · 학습 데이터 입력에 따라 구해진 손실 함수에 대하여, '오차의 역전파' 기법 및 '통계적 경사 하강법'(Stochastic Gradient Descent)을 반복적으로 적용하여, 손실 함수가 최소화되는 최적의 파라미터 값을 구함

3. 인공지능 레벨 분류

인공지능이란 지능을 인공적으로 구현하는 것이다. 인간의 지능을 인공적으로 구현하려면 인간의 지능이 어떻게 작동하는지 그 원리를 규명해야 한다. 결국 뇌가 어떻게 작동하는지를 알아내야 한다. 인간의 뇌 속에는 다수의 신경세포가 있고, 세포 간에 전기신호가 오가고 있다. 뇌신경 세포 속 시냅스라는 부분에서는 전압이 일정 이상이 되면 신경전달물질을 분비하고, 그것이 다음 신경세포에 전달되면 전기신호가 전해진다. 이처럼 뇌도 일종의 전기회로처럼 생각해 볼 수 있다. 뇌는 전기가 전기회로를 왕래하는 것으로 일하며 학습을 하면 이 전기회로가 변화한다.

[표 2-15] 인공지능 레벨

레벨	성능	내용
레벨 1 단순한 제어 프로그램 '인공지능'	청소기 세탁기 등 단순 자동 제어 프로그램	• 마케팅적으로 '인공지능(AI)'라고 지칭하는 것이며, 단순 제어 프로그램을 탑재하고 있는 '인공지능'전자제품 • 에어컨이나 청소기, 세탁기, 최근에는 전동 전기면도기에 이르기까지 세상에는 '인공지능'을 자칭하는 상품이 넘쳐 나고 있음
레벨 2 고전적인 인공지능	장기 대국, 질문응답 대화 프로그램 지식 베이스로 판단/추론	• 행동의 패턴이 지극히 다채로운 경우에서의 지능을 의미 • 장기 게임 프로그램, 청소 로봇 혹은 질문에 대답하는 인공지능 • 고전적 인공지능이라 일컬으며 입력과 출력 관계를 맺는 방법이 세련되어 입력과 출력의 조합 수가 많은 경우 사용 • 적절한 판단을 내리기 위해 추론/탐색하거나 기존에 보유한 지식 베이스 기반 판단, 고전적인 퍼즐을 푸는 프로그램이나 진단 프로그램 해당
레벨 3 기계학습을 받아들인 인공지능	빅데이터 시대 표본 데이터를 활용하여 지식, 규칙 기계학습	• 검색엔진에 내장되어 있거나 빅데이터로 자동 판단하는 인공지능 • 추론 구조나 지식 베이스가 데이터를 바탕으로 학습되는 것으로 전형적으로 기계학습 알고리즘 이용 • 표본 데이터를 바탕으로 규칙이나 지식을 스스로 학습 • 기술은 패턴 인식이라는 과거로부터의 연구를 기초로 1990년대부터 진행되어 최근 빅데이터 시대로 진화 중 • 과거 레벨 2였던 것도 기계학습을 받아들여 레벨 3으로 올라오고 있음
레벨 4 다계층 신경망 네트워크 기술	결과를 보여주면 '특징 표현학습'까지 하는 딥러닝 기술	• 기계학습을 할 때의 데이터를 나타내기 위해서 사용되는 입력값(특징) 자체 학습을 딥러닝이라고 일컬음 • 최근 선진 기업과 국가는 딥러닝 관련 분야에 투자 경쟁, 기술 개발 경쟁, 인재 획득 경쟁이 매우 치열하게 전개 중

스튜어트 러셀의 '에이전트 어프로치'에서는 입력에 의해 출력이 변하는 에이전트(소프트웨어 객체)로서 인공지능을 정의하고 있다. 입력에 따라 적절한 출력을 한다(행동을 한다)는 것은 외부 관측자 시점에서 본 지능의 유력한 정의라고 말할 수 있다. 인공지능이 입력에 따라 출력을 하는 수준, 즉 나타낼 수 있는 지능의 수준에

따라 우리는 인공지능의 레벨을 구분해서 볼 수 있는데, 4단계로 구분해 볼 수 있다. 여기서 나타내고 있는 단계는 시간적으로 인공지능의 발전 단계와도 맥을 같이 한다. 그러나 낮은 레벨이라고 해서 연구가 종료된 것은 아니고 여전히 해결해야 할 과제들이 남아 있는 상태이다.

4. 인공지능 기술 서비스 분류

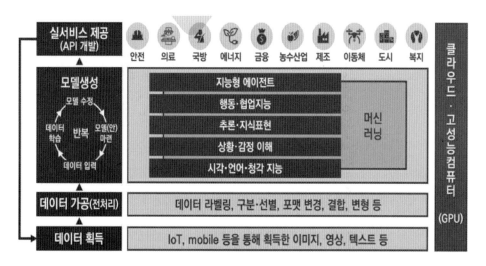

[그림 2-13] 지능정보기술연구원(Airi) 인공지능 서비스 분류(출처: SPRi)

위와 같이 2017년 국내 지능정보기술연구원(Airi)은 단일 기술이 아니라 특정 작업에 적용되는 '기술의 모음', 즉 문제를 해결하는 기술의 집합이라고 정의하고 있다. 인공지능은 공통적으로 기계학습, 자연어 처리, 신경망, 인터페이스 예측, 인식 기술, 딥러닝, 인지 컴퓨팅으로 분류한다.

[표 2-16] 주요 기술 관점의 인공지능과 기술 범주

주요 기술	방법
인공지능 주요 기술	발견적 방법(Heuristic method), 전문가 시스템(Expert system), 인공신경망(Artificial Neural Network)
최근 관심 분야	① 기계학습(Machine Learning) ② 에이전트(Agent) ③ 자연어 처리(Natural Language Processing), ④ 패턴 인식(Pattern Recognition),
기술 범주	① Machine Learning ② Natural Language Processing ③ Computer Vision ④ Virtual Personal Assistants ⑤ Speech Recognition ⑥Recommendation Engines ⑦ Smart Robots ⑧ Gesture Control ⑨ Context Aware Computing ⑩ Speech to Speech Translation ⑪ Video Content Recognition

(출처: Staurt Russell, Artificial Intelligence: A Modern Approach)

[표 2-17] 한국지능정보진흥원의 인공지능 12기술 분야(출처: NIA, 2010)

지능 기술	내용
패턴 인식 (Pattern recognition)	· 기계에 의하여 도형·문자·음성 등을 식별시키는 것 · 현재로서는 제한된 분야에서 실용화되고 있고, 본격적인 패턴 인식은 연구 단계
자연어 처리 (Natural language processing)	· 인간이 보통 쓰는 언어를 컴퓨터에 인식시켜서 처리하는 일 · 정보 검색·질의응답 시스템·자동 번역 및 통역 등이 포함
자동 제어 (Automatic Control)	· 제어 대상에 미리 설정한 목푯값과 검출된 되먹임(feedback) 신호를 비교하여 그 오차를 자동적으로 조정하는 제어
로봇틱스 인지로봇공학 (Robotics)	· 로봇에 관한 과학이자 기술학으로 로봇의 설계, 제조, 응용 분야를 다룸 · 제한된 계산 자원을 사용해 복잡한 환경의 복잡한 목표를 달성하도록 하는 인식 능력을 로봇에게 부여하는 기술
컴퓨터 비전 (Computer vision)	· 로봇의 눈을 만드는 연구 분야로 컴퓨터가 실세계 정보를 취득하는 모든 과정을 다룸

가상현실 (Virtual Reality)	• 어떤 특정한 환경이나 상황을 컴퓨터로 만들어서 그것을 사용하는 사람이 마치 실제 주변 상황·환경과 상호작용을 하고 있는 것처럼 만들어 주는 인간 – 컴퓨터 사이의 인터페이스
양자컴퓨터 (Quantum computer)	• 양자역학의 원리에 따라 작동되는 미래형 첨단 컴퓨터 • 양자역학의 특징을 살려 병렬 처리가 가능해지면 기존의 방식으로 해결할 수 없었던 다양한 문제를 해결 가능
자동 추론 (Automated Reasoning)	• 계산기 과학의 한 분야로 추론의 다양한 측면을 이해함으로써 컴퓨터에 의한 완전한 자동 추론을 가능하게 하는 소프트웨어 개발을 목표로 함 • 인공지능 연구의 일부로 이론 계산기 과학 및 철학과 깊은 관계가 있음
사이버네틱스 (Cybernetics)	• 생물 및 기계를 포함하는 계(系)에서 제어와 통신 문제를 종합적으로 연구하는 학문
데이터마이닝 (Data mining)	• 많은 데이터 가운데 숨겨져 있는 유용한 상관관계를 발견하여 미래에 실행 가능한 정보를 추출해 내고 의사 결정에 이용하는 과정
지능 엔진 (Intelligent Agent)	• 인공지능적 기능을 가진 소프트웨어 엔진 • 사용자를 보조하고 반복된 컴퓨터 관련 업무를 인간을 대신하여 실시하는 엔진
시멘틱웹 (Semantic web)	• 컴퓨터가 정보 자원의 의미를 이해하고 논리적 추론까지 할 수 있는 차세대 지능형 웹

5. 인공지능 핵심 딥러닝과 AI 반도체

인공지능 관련 기술 중 알파고의 등장으로 유명해진 딥러닝의 개념을 사례와 관련 하드웨어 기술 중심이 기술된다. 딥러닝은 인간의 뇌를 형상화한 인공신경망을 머신러닝에 적용한 기술로서 각 인공뉴런(프로그램)에서 도출한 결과를 네트워크로 공유하고 상황에 가장 적절한 답을 내놓을 수 있다.

[표 2-18] 딥러닝 개발 사례

딥러닝	사례
딥러닝과 알파고/ 문장 분리	· 구글 번역 알고리즘을 바탕으로 처음 보는 문장도 번역하는 능력 · 페이스북의 사용자가 업로드한 방대한 양의 인물 사진을 바탕으로 좀 더 정확하게 실제 인물을 찾아내는 능력 · 일본의 안리쓰(Anritsu) 코퍼레이션과 규슈대학의 맛을 구분하는 센서
딥러닝과 자율주행 기술의 탄생	· 자동차 업계는 이미 기술적 준비는 완료하여 법과 제도가 마련되면 자율주행 자동차 운행 가능 · 사람이 특별한 조작 없이 목적지를 찾아가는 자율주행 자동차 · 딥러닝 기술을 바탕으로 자율주행 기능이 합리적이고 자연스러운 판단을 내릴 수 있는 자율주행 자동차가 관건임
딥러닝과 컴퓨팅 파워	· 인공지능 기술을 구현하기 위해서는 강력한 컴퓨팅 파워 필요 · CPU보다는 GPU가 딥러닝을 위한 병렬연산 면에서 큰 효과를 냄 · GPGPU(General-Purpose computing on Graphics Processing Units, GPU를 이용한 범용 계산) 기술이 등장

복잡하고 방대한 알파고의 딥러닝 알고리즘이 성과를 거둘 수 있었던 배경은 다수의 컴퓨터를 네트워크로 이어서 한 대의 컴퓨터처럼 사용함으로써 연산 능력을 극대화시키는 병렬 컴퓨팅(Parallel Computing)의 기여가 있었다. CPU보다는 GPU(3D 그래픽 처리용, 프로세서당 수천 개에 달하는 소형 코어 탑재)가 딥러닝을 위한 병렬연산 면에서 더욱 큰 효과를 보여 주었다.

GPGPU(General-Purpose computing on Graphics Processing Units, GPU를 이용한 범용 계산) 기술로 딥러닝 알고리즘 기술이 크게 개선되었다.

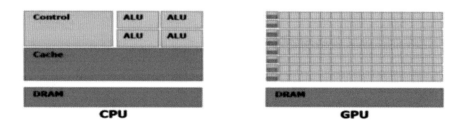

[그림 2-14] CPU와 GPU의 코어 비교(출처: SPRi)

알렉스크리 제브스키가 선보인 '알렉스넷(Alexnet)'은 GPU를 사용한 딥러닝 모델이었다. 그는 GPU로 훈련 시간을 단축하며 니선형 신경망(Convolution Neural Network)을 사용한 심층 신경망(Deep Neural Network)을 실제로 구현하였다. 현재는 인식 정확도가 다양한 96% 이상의 정확도로 AI 프레임워크를 보여 주고 있다. 엔비디아 리서치팀인 스탠퍼트대학의 Dr. Andrew Ng 교수 연구팀도 GPU를 딥러닝에 활용하기 위한 연구를 진행한 결과, 12개의 엔비디아 GPU가 무려 2,000개의 CPU에 맞먹는 딥러닝 성능을 발휘하는 것을 확인하였다.

삼성전자가 PIM(Process in Memory) 기술 개발로, CPU+GPU를 합친 AI 반도체를 성공시켰다. 앞으로 이를 응용한 AI, SW 개발은 획기적으로 진전될 것이다.

제3절. 인공지능 개발 목표와 미래 가치 창출

1. 인공지능 개발과 활용 필요성

2016년 다포스포럼의 핵심 의제였던 4차 산업혁명의 핵심은 O2O(Online to Offline)의 융합이며, 사이버 물리 시스템(Cyber–Physical System)이었다. O2O 융합은 현실 세계에 물리적으로 실재하며, 사이버 공간의 데이터 및 소프트웨어를 실시간으로 통합하는 시스템이다. 핵심 기능은 예측과 맞춤이며 이를 위해서는 반드시 지능이 필요하다. O2O 융합으로 24시간 쉬지 않고 대량의 데이터를 실시간으로 처리해야 구축되는 인공지능 기술을 적용하는 것이 가능해졌다. 즉 4차 산업혁명은 인공지능을 중심으로 한 O2O 융합이 보편화되면서 발생되는 산업 구조의 변화를 의미한다. 앞으로 관리, 행정 등의 업무들을 비롯해 법률, 의료, 금융 등의 전문 업무 영역도 결국은 인공지능이 수행하게 된다.

[표 2-19] AI 목표 시스템

강한 인공지능   약한 인공지능

인간처럼 생각하는 시스템	인간처럼 생각하는 시스템
• 마음뿐 아니라, 인간과 유사한 사고 및 의사 결정을 내리는 시스템(thinking) • 인지 모델의 접근 방식	• 계산 모델을 통해 지각, 추론, 행동 같은 정신적 능력을 갖춘 시스템(computational models) • 사고의 법칙 접근 방식
인간처럼 행동하는 시스템	인간처럼 행동하는 시스템
• 인간의 지능을 필요로 하는 어떤 행동(things)을 기계가 따라 하는 시스템(function) • 튜링 테스트 접근 방식	• 계산 모델을 통해 지능적 행동을 하는 에이전트 시스템(behavior) • 합리적인 에이전트 접근 방식(Computational Intelligence)

(출처: Artificial Intelligence: A Modern Approach, 2009.)

2. 인공지능에 의한 새로운 가치 창출

AI에 의해 제조 과정 이동성으로 혁신 기술에 의한 건강, 의료 인프라, 산업보안, 에너지 행정 등 광범위한 분야에서 변화의 움직임이 나타나고 있다. 이로 인해 향후에는 개개인의 다양한 수요를 창출하여 대응하는 등 그동안 전혀 없었던 새로운 가치를 창출할 수 있다.

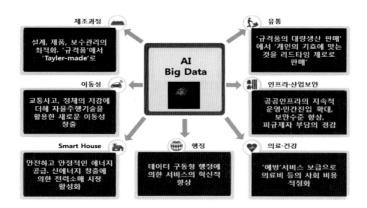

[그림 2-15] 인공지능·빅데이터에 의한 새로운 가치 창출(출처: NIA)

(출처: 빅데이터·인공지능에 의한 경제 사회의 변화, ETRI, ECO T.E.A. 2015.7)

3. 산업 경쟁력의 원천

새로운 가치 창출을 빠르고 정확하게 실현해야 높은 부가가치를 얻을 수 있다. 필요한 데이터를 신속하고 정확하게 수집·해석·활용할 수 있는 능력이 산업 경쟁력의 원천이 되고 있다. AI 진화에 의해 판단의 고도화, 자율 제어의 진화가 중요해지고 있다.

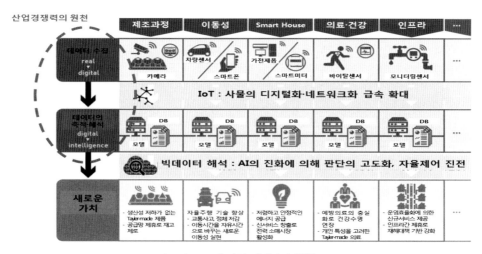

[그림 2-16] 산업 경쟁력의 원천

(출처: 빅데이터·인공지능에 의한 경제 사회의 변화, ETRI, ECO T.E.A. 2015.7)

4. 사회, 경제 문제 새로운 해결 방안 모색

AI를 통한 산업 구조, 취업 구조의 변화는 산업 분야 구성 비율에 변화를 가져오고 기존 산업에서 갖지 못하는 질적 서비스의 혁신적인 변화도 오고 있다. 산업 구조는 '사물'에서 '시스템'으로 가치가 이행되며 데이터(비구조화된 데이터를 포함), 데이터베이스(구조화된 데이터), 분석 알고리즘(기계학습 등), 애플리케이션 등 어느 것이 산업 경쟁력의 원천이 되는가에 따라 산업 구조가 변화한다. 노동 집약적인 업무가 AI 등으로 대체되고, 인간의 업무는 인간 상호작용이 필요한 것과 보다 창조적인 것으로 바뀐다. 인력 부족이 전망되는 분야를 포함한 서비스업 등에서 그동안 기술 도입이 어려웠던 비정형적 업무에도 빠르게 AI가 침투하면서 인력 부족이 해소될 가능성이 있다.

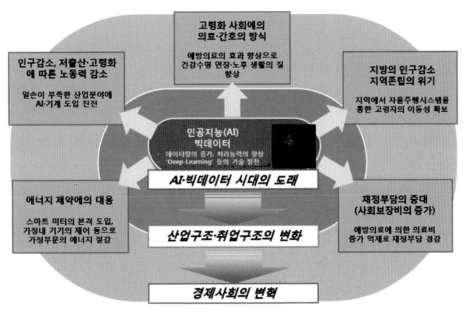

[그림 2-17] 인공지능 빅데이터로 인한 영향(출처: NIA)

0. 팀을 이루어 어떤 문제에 질문하고 답을 찾는 과정을 논문이라고 한다. 팀에서 논문을 발표하려면 의견 통일이 필요하다. 당신이 주장한 논문 주제는 무엇인가?

1. 우리가 만든 시스템이 어느 정도 지능을 갖추어야 하는지를 판정하는 문제?

   1.1. 인식(Cognition)의 문제?

   1.2. '왜 이러한 시스템을 구별해야 하는가'라는 문제?

2. 인간이 다른 동물에 비해 '영리'한 것과 같은 방식으로 인공지능도 인간에 비해 '영리' 할 수 있는가?

3. 인공지능은 아기처럼 학습을 해야 성장한다. 어느 정도 학습을 해야 인간을 보조한다고 판단하는가?

4. 일론 머스크(테슬라 창업자)는 인공지능을 뇌와 연결하고자 하다. 마치 호모데우스와 같은 인공지능을 가진 인간을 만들고자 한다. 유익한 점과 불행한 점은 무엇인가?

5. 알파고의 등장으로 인공지능은 획기적인 계기를 만났다. 왜 신경망 인공지능이 인류의 삶을 바꾸어 놓는지 토론해 보시오.

6. 1955년에 제안한 인공지능 연구 주제는 무엇이며, 이 중에서 70여 년이 지난 현재까지 많이 발전된 기술은 무엇이며 상대적으로 발전하지 못한 기술은 무엇인가?

7. 컴퓨터는 수행하도록 프로그램된 것만 실행하기 때문에 스스로 생각할 수 없다는 주장(Lady Love lace's Objection)에 대한 튜링의 반박 논지를 토론해 보시오.

8. 현재 기계의 지능이 인간의 지능과 가장 다른 점들은 무엇이며, 인공지능이 인간지능으로부터 배울 점은 무엇인가?

9. 반도체 중 CPU, GPU, GPGPU, AP에 대하여 설명하고, 왜 AI 반도체가 필요한지 토론해 보시오.

10. 국제무역기구에서는 디지털 무역이 국가 간 서비스 분업, 상품·서비스가 결합된 GVC(Global Value Chain)가 세계 경제를 주도할 것이라고 하였다. 제조 강국인 우리는 어떻게 하면 수출 강국으로서 디지털 무역 규범을 지킬 수 있는가?

인공지능 기계학습(Machine Learning)과
패턴(음성/시각) 인식

 학습주제

초기의 기계학습(Machine Learning)은 기계가 수학적 최적화 및 통계분석 기법을 기반으로 사람의 도움이 없이도 데이터로부터 일정한 신호와 패턴을 배우고, 그것을 바탕으로 다음에 일어나는 일들을 예측하며, 적합한 의사 결정을 내리는 알고리즘을 만들 수 있었다. 클라우드 컴퓨팅 환경의 급속한 발전과 빅데이터가 뒷받침되자 인공지능(AI)를 구현할 수 있고 창작성을 가지게 되었다.

체스 게임을 두는 컴퓨터인 딥블루(Deep Blue, 1994년), 추론 수행 기술인 퍼지 논리 공장 제어 시스템, 전문가 시스템인 Systran과 같은 자동 번역기, 인공 신경망 침입 탐지 시스템, 광학 문자 판독 시스템, 필기체 인식 시스템, 음성 인식 기술, 컴퓨터 대수 시스템인 매스매티카나 Macsyma 와 같은 시스템들은 흔하게 사용되고 있다. Machine vision 시스템, 의약 조제 등 특정 분야에서 전문가 시스템이 인간 전문가의 판단을 보조하거나 대체하고 있다.

미 스탠퍼드대학 교수이자 중국의 검색 엔진인 바이두의 수석과학자이며, Google Brain Project의 리더 중 한 명인 Dr. Andrew, Ng은 Wired Magazine에서 멋진 대담을 공유한다. 그는 "AI는 로켓을 만드는 것과 비슷하다고 생각한다. 거대한 엔진과 많은 연료를 필요로 한다."라고 Wired지 Caleb Garling 기자에게 전했다. "엔진이 크지만 연료가 적다면 궤도에 오르지 못할 것이다. 엔진이 작고 연료만 많다면 이륙하지도 못한다. 로켓을 만들려면 거대한 엔진과 많은 연료가 필요하다." 이 비유가 AI 시스템에 적합한 인공지능과 빅데이터에 대한 멋진 표현이다.

[표 3-1] 전통 프로그래밍, 머신러닝, 딥러닝 분류 비교

분류 비교	방법	내용
전통적인 프로그래밍 (Traditional Programming)	데이터 수집	• 꽃 품종에 관련된 많은 데이터를 수집
	변수 가공	• 꽃 품종은 '꽃잎(Petal)의 길이'와 '꽃받침(Sepal)의 길이'로 구분할 수 있다는 변수를 알아냄
	로직 정의	• 전문가에게 부탁하거나 본인이 분석하여 꽃받침의 길이가 몇 cm 이상이면 Versicolor, 이하면 Setosa라는 여러 세트의 rule들을 정의하여 모델을 만듦
	모델 평가	• 데이터를 모델에 넣어 정확도가 어느 정도인지 확인
머신러닝 (Machine Learning)	데이터 수집	• 꽃 품종에 관련된 많은 데이터를 수집
	변수 가공	• 꽃 품종은 '꽃잎의 길이'와 '꽃받침의 길이'로 구분할 수 있다는 변수를 알아낸 뒤 해당 변수의 데이터를 정리
	학습 방법	• 알고리즘을 사용하여 데이터를 구문 분석하고, 해당 데이터에서 학습한 내용에 따라 정보에 근거한 결정 내림 • 이 정보를 바탕으로 의사 결정을 내리기 위한 학습 내용 적용 알고리즘
	모델 학습	• Decision Tree, SVM 등 다양한 알고리즘에 데이터만 입력해 보며 적합한 모델을 생성
	모델 평가	• 학습에 사용되지 않은 데이터를 최종 모델에 넣어 정확도가 어느 정도인지 확인
딥러닝(Deep Learning)	데이터 수집	• 꽃 품종에 관련된 많은 이미지 데이터를 수집
	변수 가공	• 변수(feature)는 모델에서 자동 생성
	학습 방법	• 인공 신경망으로서 알고리즘을 계층으로 구성하여 자체적으로 배우고 지능적인 결정을 내림
	모델 학습	• 이미지 데이터를 입력하여 다양한 네트워크를 구성해 보고 적합한 모델을 생성
	모델 평가	• 학습에 사용되지 않은 이미지 데이터를 최종 모델에 넣어 정확도가 어느 정도인지 확인 • 인간과 가장 유사한 인공지능 구동

제1절. 인공지능의 요소 기술

1. 탐색(search)

문제의 답이 될 수 있는 최적 해를 찾기 위하여 집합을 공간(space)으로 간주하고 체계적으로 찾아보는 방법이다.

[표 3-2] 탐색 트리

탐색	방법
무정보 탐색	· 너비 우선 탐색(breadth-first search), 깊이 우선 탐색(depth-first search)
휴리스틱	· 경험적인 지식을 활용하는 탐색
A* 알고리즘	· 시작 노드와 목적지 노드를 분명하게 지정해 노드 간 최단 경로 파악
게임트리 검색	· mini-max 알고리즘, $\alpha - \beta$ 가지치기(pruning), 몬테카를로트리 탐색

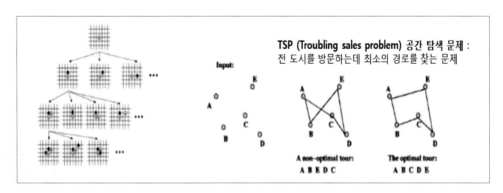

[그림 3-1] 게임트리 검색 예(출처: SPRi)

2. 지식 표현(knowledge representation)

문제 해결을 심층적 추론할 수 있도록 지식을 효과적으로 표현하는 방법이다.

1) IF-THEN 규칙(rule)

2) 프레임(frame)

3) 의미망(semantic net)

4) 논리(logic): 명제 논리(propositional logic), 술어 논리(predicate logic)

5) 스크립트 언어

6) 온톨로지 기술 언어: RDF, OWE

7) 불확실한 지식 표현: 확신도, 확률 기반 표현, 퍼지 이론

8) 확률 그래프 모델

9) 함수 기반 지식 표현

3. 추론(inference)

가정이나 전제로부터 결론을 이끌어내는 것으로 관심 대상의 확률 또는 확률 분포를 결정하는 것(확률 모델)을 의미한다. 여기에는 규칙 기반 시스템의 추론인 전향 추론(forward inference)과 후향 추론(backward inference)이 있다. 확률 모델의 추론인 아래 식과 같은 베이즈 정리(Bayesian theorem)와 확률 분포에서 특정 확률에 대해 관심이 있을 시 사용하는 주변화(marginalization)가 있다.

베이즈 정리 공식은
$$P(A|B) = \frac{P(B|A)\,P(A)}{P(B)}$$
이며,

(사후확률) (가능도) (사건확률) (증거)

주변화 공식은 $P(A) = \sum_b P(A_1 B = b)$이다.

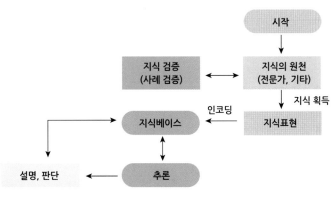

[그림 3-2] 추론 시스템(출처: SPRi)

4. 퍼지 이론(Fuzzy Theory)

애매함을 효과적으로 표현하고 실생활에 적용하고자 하는 방법론이다. 효과적인 적용을 통하여 보다 정교한 지능적인 시스템의 구현이 가능해진다. 퍼지의 체계적인 이론은 1965년 로피 자데(Lotfi Zadeh) 교수에 의해 처음으로 정립되었다. 그리고 1980초반에 던(Dunn)의 퍼지 분할(Fuzzy Partition) 이론을 통하여 패턴 분류에 유용한 모델이 입증되었다. 1984년 미 사우스캐롤라이나대학 전산학과의 제임스 베즈엑(James Bezdek)에 의한 퍼지-c-means 알고리즘이 체계화되었다. 그리고 1980년대 한국과 일본으로 들어와 생활가전 제품 등에 응용되었다.

퍼지 이론은 멤버십 함수의 유연성 때문에 실무 적용성이 높고, 미래의 상황 변화에 대한 불확실성을 감안하여 신축적인 경영 전략 계획 수립이 가능하다. 불확실성의 처리가 가능하므로 많은 경영 환경 변수와 전략 요인을 고려하여 전략 계획 시에 수반되는 불의의 상황 변화에 능동 대처가 가능하다.

크리스프 집합	퍼지 집합
특성 함수(characteristic ft'n)	멤버십 함수(membership ft'n)
$\chi_A : X \rightarrow \{0, 1\}$ $x \rightarrow \chi_A(x) = \begin{cases} 0 & x \notin A \\ 1 & x \in A \end{cases}$	$m_A : X \rightarrow [0, 1] = \{x \mid 0 \leq x \leq 1\}$ $x \rightarrow m_A(x)$

[그림 3-3] 퍼지 집합 함수

퍼지 이론에 관한 연구 분야는 퍼지 제어·퍼지 데이터베이스·퍼지 신경망·전문가 시스템·퍼지 패턴 인식·퍼지 영상 인식·퍼지 추론 등이 있다.

5. 객체 인식(object detection)

주로 이미지 영역에서 사용하는 개념으로, 초기에는 이미지에서 보이는 객체가 강아지인지 고양이인지 분류하는 정도 수준이었으나, 현재는 이미지 내에서 강아지와 고양이의 위치까지 파악되고 있으며, 이는 자율주행차의 주요 기술이 되고 있다.

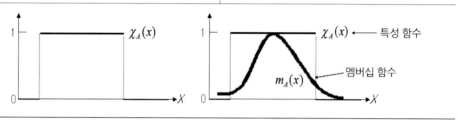

분류	물체 감지	사례 세분화
고양이	고양이, 강아지	고양이, 강아지, 오리

[그림 3-4] 이미지 객체 인식(출처: https://github.com/facebookresearch/detectron2)

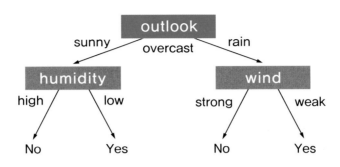

[그림 3-5] 결정트리 표현(출처: SPRi)

[표 3-3] 자연어 처리 구성

구성	담당
챗봇(chatbot)	인간의 말을 이해한다거나 게시 글을 이해하며, 때로는 그에 맞는 답을 하는 분야
NER(Named Entity Recognition)	문장을 품사 단위로 쪼개어 품사를 인식하는 형태소 분석(Morpho-logical Analysis)에서 개체명을 인식
감성 분석 (Sentiment Analysis)	의미를 긍정문이나 부정분 등으로 구분
SQuAD	(Stanford Question Answering Dataset) • 질문에 대해 답을 찾음
STT & TTS	STT(Speech to Text)나 TTS(Text to Speech) • 음성과 Text 간의 전환을 담당

인간의 언어는 축약과 반어법 등이 표준화된 문법을 따르지 않기 때문에 이미지(이미지 처리에서는 개와 고양이의 이미지가 대체로 표준화된 외형을 가지고 있어서 인식하기가 상대적으로 쉽다)에 비해 이해하기가 너무 어렵다. 많은 기술이 결합되어야 가능한 영역이기에 BERT, XLNet, GPT-3 등을 통해 엄청난 양의 문장을 학습함으로서 한계를 극복 중에 있다.

7. 데이터 마이닝(Data Mining) 기법

대량의 데이터로부터 쉽게 드러나지 않는 유용한 정보들을 추출하는 과정이다.

데이터 마이닝에서의 데이터는 dynamic, incomplete, noisy, 주제와 관련이 없을 수도 있으며, 대용량인 특징을 가지며, 일반 통계학 및 인공지능에서 사용하는 실험실의 소규모 데이터가 아닌 현실 세계의 데이터이다.

> 인공지능 기법의 목적은 인간의 지능적 활동(사고, 시각, 청각, 자연 언어 등)을 컴퓨터에서 재현, data driven 방식이다. 데이터 마이닝에서 사용되는 대부분의 기법은 인공지능 기계학습에서 시작한다(학습의 자동화 → 규칙 생성).

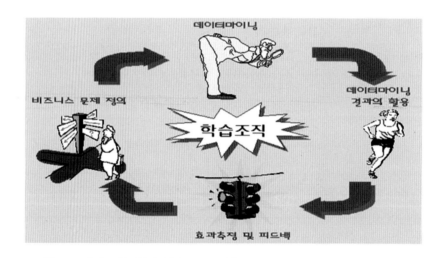

▶ 닫힌 상자 안에서 따로 존재하는 것이 아니다.
▶ 한 번 정해진 방향성이 아니며, 한 번에 모든 일을 진행하지 않는다.
▶ 정해진 하나의 방법론만을 택하지 않는다.

[그림 3-6] 데이터 마이닝(Data Mining) 순환 과정(출처: SPRi)

[표 3-4] 정보 가치 활용 방법

정보	사용 기법
잠재적으로 활용 가치가 있는 정보	기업이 보유하고 있는 일일 거래 자료, 고객 자료, 상품 자료, 마케팅 활동의 피드백 자료와 기타 외부 자료를 포함하여 사용 가능한 데이터를 기반으로 숨겨진 지식, 기대하지 못했던 패턴, 새로운 법칙과 관계를 발견하고 이를 실제 경영 의사 결정 등을 위한 정보로 활용
정보를 찾아내는 방법	비즈니스 문제를 이해하고, 문제 해결을 위하여 정보 기술을 적용하는 포괄적인 과정을 의미
유용한 정보의 추출을 위한 방법론	데이터 마이닝을 효율적으로 수행하기 위하여 시계열 분석 등 각종 통계 기법, 데이터베이스 기술, 산업공학, 신경망, 인공지능, 전문가 시스템, 퍼지 논리, 패턴 인식, 기계적 학습(Machine Learning), 불확실성 추론 (Reasoning with uncertainty), 정보 검색에 정보 기술 기법 사용
전략적인 정보를 발견	• 경영 전략, 마케팅 기법 등의 최신 경영 기법들의 이용도 필요하며, 데이터 마이닝을 통하여 거대한 데이터베이스에 숨어있는 정보 추출 • 주요 비즈니스 프로세스 개선의 가장 원초적인 단계에서 사용

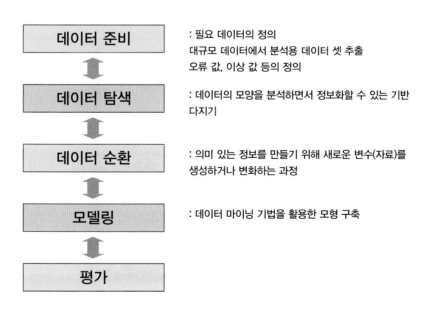

[그림 3-7] 데이터 마이닝(Data Mining) 적용 과정

8. 전문가 시스템(Expert system)

특정 분야에서 문제를 해결하기 위한 인간 전문가와 같은 수준의 지능과 경험을 가진 컴퓨터 시스템이라고 정의한다. 제안이나 대안들을 제공하기 위하여 사용자 인터페이스, 추론 기관, 저장된 전문 지식들로 구성되어 있는 컴퓨터 시스템을 의미한다. 전문가가 가지고 있는 지식들을 정리하여 시스템에 입력시켜 지식 베이스로 축적함으로써 사용자가 질문을 하면 추론 기구가 지식 베이스를 활용하여 추론과 그 결과를 사용자에게 전해 주는 과정이다.

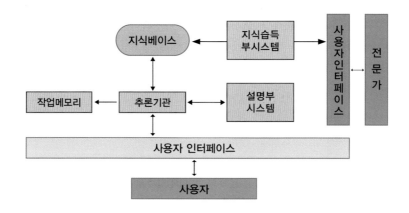

[그림 3-8] 지식 베이스 컴퓨터 전문가 시스템(출처: SPRi)

지식 베이스 시스템(Knowledge-base System)은 인공지능을 구현하기 위한 방법론으로서 지식을 표현하고 표현된 지식을 저장하고 관리하기 위한 기능이다. 지식은 시스템 구성자가 입력하는 지식인 일반적인 지식과 경험을 통해서만 얻을 수 있는 경험 지식인 특정 전문 분야에 한정된 지식으로 분류한다.

전문가 시스템 (AI 응용 분야)	
덴드럴 (Dendral)	최초(1965년) 전문가 시스템 이며, 파이겐바움(Feigenbaum)이 개발한 시스템으로서 분자 구조 추정 시스템
마이신(Mycin)	의학 진단용 전문가 시스템
프로스펙터 (Prospector)	광물 탐사 시스템
헤세이(Hersay)	음성 이해 가능성을 보여주기 위해 개발

인공지능
지식 베이스 시스템
전문가시스템

[그림 3-9] 전문가 시스템, 지식 베이스 시스템, AI 구조

지식 베이스는 추론 엔진과 더불어 지식 베이스 시스템에서 가장 핵심적인 역할을 한다. 주어진 문제들에 대하여 지식 베이스에 근거하여 추론 엔진을 통하여 정확하게 추론한다. 사용자와는 사용자 인터페이스를 통하여, 전문가와는 지식 획득 기구를 통하여 외부적으로 연결한다. 인공지능 프로그램의 전체 핵심 집합과 지식 베이스 시스템의 특정 부분 집합을 전문가 시스템라고 정의한다.

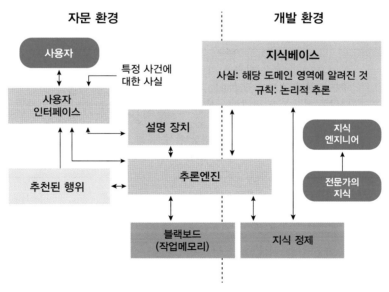

[그림 3-10] 전문가 시스템 구성 요소(출처: NIA)

제2절. 기계학습(Machine Learning)

　기계학습이란 인공지능의 한 분야로 컴퓨터가 학습할 수 있도록 하는 알고리즘 기술 개발이라고 정의한다. 인간이 알고 있는 것에서 모르는 것을 추론하기 위하여 알고리즘을 만드는 것이다. 또한, 기계학습은 경험을 통해서 나중에 유사하거나 같은 일(task)을 효율적으로 처리할 수 있도록 시스템의 구조나 파라미터를 바꾸는 것을 의미한다.

1. 학습 개요

[표 3-5] 인공지능의 3대 요소 기술

요소	기술 사용
학습 (Learning)	• 컴퓨터 성능 개선으로 통계적 방법 이용한 기계학습(Machine Learning) 시작 • 인간의 뇌를 모방한 인공 신경망(ANN: Artificial Neural Network) 관련 분야 연구가 진행되면서 문제 개선을 위한 딥러닝(Deep Learning) 사용 • 음성·영상 인식 등 난제를 극복하면서 인공지능 기술에 다양하게 적용
추론 (Inference)	• 추론 방법은 기본적으로 사용하는 것은 합성기호 Max-Min 연산 CRI 방법 • Mamdani가 제안한 최소 연산 법칙(mini-operation) 사용
인지 (Cognition)	• 인지·인식 기술은 학습을 바탕으로 새롭거나 불확실한 자료가 주어졌을 때 추론을 통해 결과를 표출하는 과정 • 다양한 인식 기술 중에서 기본 인식 단위를 패턴(pattern)이라고 하며, 이 패턴은 하나의 유니트나 개념을 표현 • 대표 패턴으로는 글자 인식·영상 인식·음성 인식·개인 성향 인식·상황 인식·위치 인식 등이며 미래 예측, 결과 예측과 같은 패턴도 인식 범위에 포함

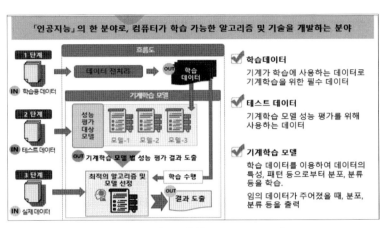

[그림 3-11] 기계학습 개요(출처: SPRi)

2. 기계학습 분류

학습 데이터에 레이블이 있는 경우와 그렇지 않은 경우에 따라 지도학습과 비지도학습으로 구분하고, 강화학습은 지도학습 중 하나로 분류하거나 독립적인 머신러닝 모델로도 분류한다.

[표 3-6] **기계학습 분류**(감독 여부나 주어지는 정보)

Types	Tasks	Algorithms	용도
지도학습 (Supervised Learning)	분류 (Classification)	KNN SNM Decision tree Logistic regression	• 명시적 정답 학습, 예측 모델 등에 사용
	예측(Prediction)	Linear regression	
비지도학습 (Unsupervised Learning)	군집(Clustering)	K-means clustering DB-SCAN clustering Hierarchical clustering	• 명시적 정답 없이 학습, 군집화 등에 사용
강화학습 (Reinforcement Learning)	경험(Experience)	MDP: Markov Decision Process	• 시뮬레이션 반복 학습, 성능 강화 등에 사용

[표 3-7] 기계학습 특성

관점	특성	소프트웨어
인공지능 관점	자가 성능 향상(Self-Improving system)	기존의 소프트웨어
추론 관점	귀납적 추론(Inductive Inference)	연역적 추론
데이터 마이닝 관점	지식 발견(Knowledge Discovery)	지식 기반 시스템
컴퓨터공학 관점	자동 프로그래밍(Automatic Programming)	휴먼(Manual) 프로그래밍
공학적 설계 관점	데이터 기반 상향식(Bottom-up) 설계 (Databased design)	하향식(Topdown) 설계
자연과학적 모델링 관점	데이터 기반 모델링(Data-Driven Modeling)	가설 기반(Hypothesis-based) 모델링

2.1. 지도학습(supervised learning)

알고 있는 샘플과 정답(레이블)을 이용한 학습으로써 스팸 필터, 꽃 품종, 암 진단 등에 활용된다. 라벨(Label)이 있는 학습 데이터를 이용한 학습으로써 문제(입력)와 답(출력)의 쌍으로 구성된 데이터(경험)들이 주어질 때 새로운 문제를 풀 수 있는 함수와 패턴을 찾는다.

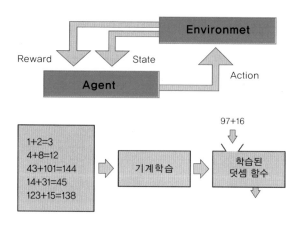

[그림 3-12] 지도학습 예(출처: SPRi)

[표 3-8] 지도학습 분류

구분	분류(Classification)	회귀(Regression)
결과	학습 데이터의 레이블 중 하나를 예측	연속된 값을 예측
예제	학습 데이터가 A, B, C인 경우 학습 데이터 중 하나를 출력	결괏값은 어떤 값도 나올 수 있음

2.2. 비지도학습(unsupervised learning)

라벨(Label)이 없는 학습 데이터를 이용한 학습으로써 정답이 없는 문제들만 있는 데이터들로부터 패턴(군집화), 차원 축소를 추출하는 것을 의미한다.

[표 3-9] 비지도학습 예(출처: SPRi)

구분	분류(Classification)	군집(Clustering)
공통점	입력된 데이터들이 어떤 형태로 그룹을 형성하는지가 관심사	
차이점	레이블이 있다.	레이블이 없다. 예) 구매자 유형 분류

2.3. 강화학습(reinforcement learning)

문제에 대한 직접적인 답을 주지는 않지만 경험을 통해 기대 보상(expected reward)이 최대가 되는 정책(policy)을 찾는 학습으로 의미한다. 예를 들면 '자전거 타는 법 배우기'에서 '넘어지지 않고 가는 시간과 거리'를 보상으로 하고 '상태에 따른 행동'을 정책으로 명명한다.

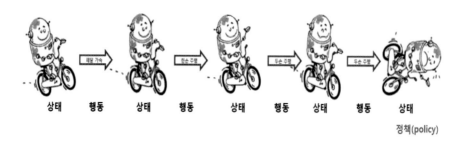

상태　행동　상태　행동　상태　행동　상태　행동　상태

정책(policy)

[그림 3-13] 강화학습 자전거 타는 방법 배우기(출처: 〈건강과 자기 관리〉 지)

보상을 통해 이익이 되는 방향으로 행위를 강화하는 학습 방향이다. 시행 착오 과정을 거쳐 학습하기 때문에 사람의 방식과 유사하다. 에이전트는 환경으로부터 상태를 관측하고 이에 따른 적절한 행동을 하면 이 행동을 기준으로 환경으로부터 보상을 받는다. 관측-행동-보상의 상호작용을 반복하면서 환경으로부터 얻는 보상을 최대화하는 태스크를 수행하기 위한 과정이다. 게임·로봇에 활용된다.

6. 오버피팅(Overfitting)

학습 데이터에 너무 지나치게 맞추다 보면 일반화 성능이 떨어지는 모델을 얻게 되는 현상을 오버피팅이라고 한다.

[표 3-10] 피팅의 종류

종류	수준
Under fitting	- 적정 수준의 학습을 하지 못해 실제 성능이 떨어지는 경우
Normal fitting	- 적정 수준의 학습으로 실제 적정한 일반화 수준을 나타냄
Overfitting	- 학습 데이터 자체 성능은 좋으나, 실제 데이터 성능이 떨어짐

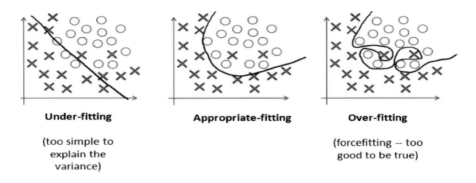

Under-fitting

(too simple to
explain the
variance)

Appropriate-fitting

Over-fitting

(forcefitting — too
good to be true)

[그림 3-14] Fitting 방법의 종류(출처: SPRi)

제3절. 기계학습(Machine Learning) 모델

1. 지도학습 모델

기계학습 내의 같은 작업이나 영역 내의 비슷한 작업을 반복할 때 처음보다 나중에
하는 작업 효율이 높아지도록 시스템을 변화시켜서 답을 알고 진행하는 모델이다.

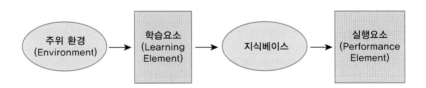

[그림 3-15] Dr. Simon의 단순 모델

1.1. 학습에 필요한 요소

[표 3-11] 학습에 필요한 요소

분류	표현 요소
데이터	• 예제(Example): 유사한 문제 해결의 예를 통한 문제 해결 방법 학습
	• 제언(Advice): 문제 해결에 필요한 이론 및 방법론 제시
	• 유사성(Analogy): 비슷한 개념 설명 → 새로운 개념 학습
지식표현	• 논리, 프레임, 규칙, 의미망 등에 의해 표현
연산	• 주어진 데이터를 이용해 목적에 맞는 일반화나 휴리스틱 규칙, 계획 등 생성
개념공간	• 연산을 통해 생성된 개념들이 들어 있는 공간
휴리스틱 탐색	• 탐색 공간에 관한 정보를 탐색에 활용하여 공간을 줄이거나, 정확한 답은 아닐지라도 사용 가능한 근사치를 찾을 수 있도록 하는 유용한 정보 탐색

size(obj1, small) ∧ color(obj1, yellow) ∧ shape(obj1, cube)
size(obj2, large) ∧ color(obj2, blue) ∧ shape(obj2, cube)

↓ 일반화

Size(X, Y) ∧ color(X, Z) ∧ shape(X, cube)

brick의 에

1.2. 귀납적 학습

[표 3-12] 귀납적 학습 표현

학습 표현	프로세스
a) 하나의 아치 그림과 아치의 의미망 표현	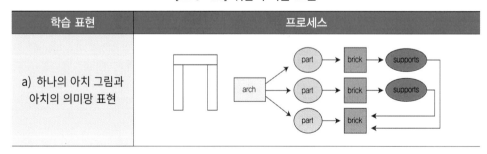

b) 또 하나의 아치 그림과 그 아치의 의미망 표현	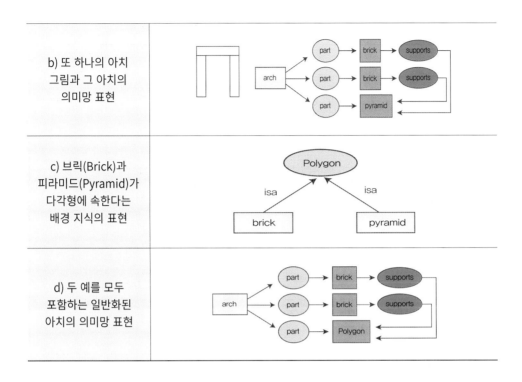

c) 브릭(Brick)과 피라미드(Pyramid)가 다각형에 속한다는 배경 지식의 표현	
d) 두 예를 모두 포함하는 일반화된 아치의 의미망 표현	

1.3. 일반화와 개념 공간

[표 3-13] 하나의 개념 공간

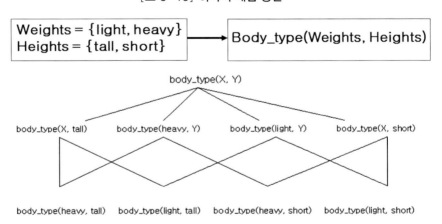

[표 3-14] **일반화와 개념 공간**(일반화를 위한 연산)

a) 상수를 변수로 바꿈

weight(john, heavy)를 weight(X, heavy)로 일반화

b) 결합(Conjunctive) 문장에서 조건을 제거

weight(X, heavy) ∧ height(X, tall) ∧ hobby(X, basketball)을
weight(X, heavy) ∧ height(X, tall)로 일반화

c) 문장에 이접(Disconjunction) 조건을 추가

weight(X, heavy) ∧ height(X, tall) ∧ hobby(X, basketball)을
weight(X, heavy) ∧ height(X, tall) ∧ hobby((X, basketball)
∧ hobby(X, volleyball)로 일반화

d) 특성의 유형을 유형 계층에서 상위 유형으로 바꿈

hobby(X, basketball)를 hobby(X, sports)로 일반화
연산자에 의해 일반화 된 문장들은 서로 간의 반 순서 관계를 "≥" 기호로 나타냄

$$\longrightarrow$$

p가 q보다 더 일반적이다'   p≥q

1.4. 버전 공간 탐색(Version Space)

개념 공간 내에서 학습 예제에 맞는 개념들의 집합으로 정의한다.

[표 3-15] 버전 공간 탐색

버전 공간 구성	개념	내용
세부적 개념 → 일반적 개념 탐색	일반화 방지	• 부정적인 예제 사용
	가장 넓은 세부 화 개념 공간	• 모든 긍정적인 예들을 다 포함하고, 부정적 예는 하 나도 포함하지 않는 개념 공간을 찾아야 함
일반적 개념→ 세부적 개념 탐색	세부화	• 부정적인 예제 사용
	세부화 방지	• 긍정적인 예제 사용
	가장 넓은 일반 적 개념	• 모든 긍정적 예를 다 포함하고, 부정적 예는 하나도 포함하지 않는 개념 • 세부화 개념과는 탐색의 방향만 다름
후보 제거 알고리즘	양방향으로 동시 에 탐색	• 데이터 지향적, 지도학습에 속함, 지도학습(Super- vised Learning)
		• 교사 지도에 의해 학습이 행해짐 ≠ 비지도학습

1.5. 세부화된 개념 → 일반화

일반화된 개념을 세부화시켜 학습은 가장 넓은 일반적 개념이다.

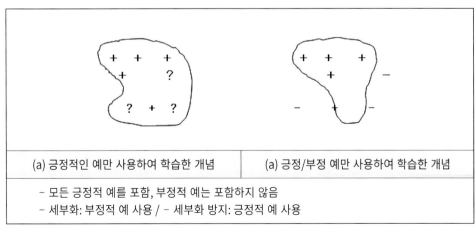

(a) 긍정적인 예만 사용하여 학습한 개념	(a) 긍정/부정 예만 사용하여 학습한 개념

– 모든 긍정적 예를 포함, 부정적 예는 포함하지 않음
– 세부화: 부정적 예 사용 / – 세부화 방지: 긍정적 예 사용

[그림 3-16] 일반 개념 생성 방지를 위한 부정적 예의 역할

[표 3-16] bottle이라는 개념의 일반화와 세부화의 예

{ } ↓　←긍정적인 예 obj(small, red, bottle) {obj(small, red, bottle)} ↓　←긍정적인 예 obj(small, white, bottle) {obj(small, X, bottle) ↓　←긍정적인 예 obj(large, blue, bottle) Obj(Y, X, bottle)
{obj(X, Y, Z)} ↓　←부정적 예: obj(small, red, box) {obj(large, Y, Z), obj(X, blue, Z), obj(X, Y, bottle), obj(X, white, Z)} ↓　←긍정적 예: obj(large, blue, bottle){obj(large, Y, Z), obj(X, blue, Z), obj(X, Y, bottle)} ↓　←부정적 예: obj(large, white, box) {obj(X, blue, Z), obj(X, Y, bottle)} ↓　←긍정적 예: obj(small, white, bottle) {obj(X, Y, bottle)}

1.6. ID3 알고리즘

개념 공간 내에서 학습 예제에 맞는 개념들의 집합이다. 학습 결과를 의사 결정 (하향식) 트리 형태로 표현하며, 루트 노드에서 특성 평가 후 자신의 자노드를 생성 한다. 각각의 자노드에서도 자노드가 생성되지 않을 때까지 반복한다.

[표 3-17] ID3 알고리즘

종류	내용
노드	- 개념 분류를 위한 평가에 필요한 특성
가지	- 특성의 값
특성 평가 순서	- 평가 후 얻게 될 정보의 양이 가장 큰 특성을 먼저 평가
트리 루트 노드	- 가장 많은 정보를 제공하는 특성
노드의 특성 선택 → 전체 트리에 영향	

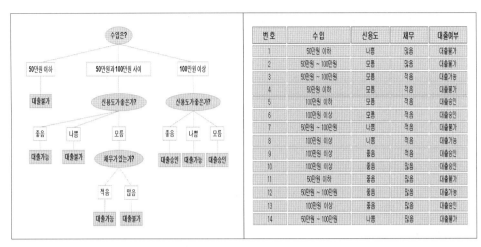

[그림 3-17] ID3 알고리즘에 의한 하나의 의사 결정 트리(대출 자료)

1.7. 귀납적 편향

학습 공간이 너무 넓어 전부 탐색하는 것은 불가능한 경우는 상황의 정확한 예측을 위한 추가적 가정 학습모델(inductive bias)이다.

[표 3-18] 귀납적 편향

대상	내용		
스트링이 대상	• 0과 1로 이루어진 모든 스트링이 대상이며, 스트링의 길이가 n이면 2n가지		
	• n=40만 되도 이용 불가능한 학습 공간		
구체적인 예	{1010, 1000} 긍정적인 예 (일반화)	1로 시작하는 스트링의 집합	
		0으로 끝나는 스트링의 집합	
		0의 개수가 1의 개수보다 적지 않은 스트링의 집합	
목표 선택	• 이 중 학습을 위하여 어떤 것을 목표로 선택하는가?		
	• 이 경우 주어진 데이터는 학습을 위해 충분한 데이터가 되지 못한다. 따라서 학습자는 추가적인 가정을 필요. 이 가정은 편향된 결과 도출		
구문적 제약 (Syntactic Constraints)	• 휴리스틱이 아니고 실제로 데이터의 표현에 제약을 가하여 학습을 위한 개념 공간 자체를 줄이는 것		

1.8. 설명 기반 학습(지도학습 또는 충고에 의한 학습)

[그림 3-19] 실명 기반 학습의 예

규칙	학습 모듈 예제
• 예제를 설명해 준 것을 일반화하여 학습 수행 • 학습을 위한 데이터(학습 예제)가 없이도 도메인 규칙이 있으면 • 학습이 가능하여 빠른 학습이 가능하지만, 설명해 준 것 이외에 • 새로운 것을 학습할 수는 없음	

목표 개념	• 학습자가 학습하고자 하는 내용
도메인 규칙	• 학습 예제가 목표 개념에 부합하는지 부합하지 않은지 설명하는데 필요한 규칙들의 집합
운영 규준	• 개념 정의에 필요

1.9. 유추에 의한 학습

현재 가지고 있는 지식이 적용되었던 상황과 유사한 상황이 발생했을 때, 지식을 활용하여 새로운 상황에 대처하여 해를 도출하는 과정에 의한 학습 방법이다.

[표 3-20] 유추 학습 방법

방법	내용
지도에 의한 학습보다 많은 추론 요구	• 유사성에 대한 검색, 새로운 상황에 적용
	• 예) "아파트 단지 내의 같은 크기의 아파트는 가격이 비슷할 것이다."와 같이 비슷한 측면이 많은 것들은 같은 그룹으로 인식하여 학습 수행
	• 승용차만 운전하던 사람이 처음 소형 트럭에 탔을 때 그가 갖고 있던 승용차 운전에 관한 기술을 트럭 운전을 위해 적절히 변화, 적용시킴
	• 새로운 상황에 대처하려면 현재 지식이 다시 조직되거나 변형됨
	새로운 문제에 적용되어 성공적으로 그 문제를 해결했을 경우 그 상황은 다음의 문제 해결을 위해 저장
구조적 매핑 이론	1) 비교 대상에서 특성을 제거
	2) 매핑되는 것들의 인자는 바뀔 수 있어도 술어는 바꾸지 않음

구조적 매핑 이론	3) 매핑을 구성할 때 차수가 높은 술어에 우선권 추론을 수행할 수 있는 계산적 모델 제시(Structure Mapping Theory)
유추에 의한 학습의 절차	1) 특징 추출: 비교 대상 간의 유사점으로 사용할 수 있는 특징 선별
	2) 특징 보강: 추출된 특징에 보충 정보를 추가
	3) 매핑과 추론 수행
	4) 검증
	5) 학습

2. 비지도학습 모델

학습하고자 하는 개념을 스스로 형성하고 평가할 수 있어야 한다. 새로운 사실의
발견에 유용한 학습법이다.

[표 3-21] 비지도학습 정의

분류	학습법
AM (Ante Meridiem)	• 발견 학습 프로그램으로 자연수와 그에 관련된 개념을 발견하고 학습 • 학습이 계속되면 저장해야 되는 정보의 양이 급격히 늘어나 학습의 효과가 떨어지고 새로운 휴리스틱 규칙을 습득할 수 없음 • 그 외 발견 학습 프로그램: IL, BACON, SCAVENGER 등
개념 분류	• 분류되지 않은 객체들을 서로 비슷한 객체끼리 모으는 분류 작업 • 응집성 분류(Agglomerative Clustering) • 객체들 간의 유사도 측정 기준 이용
응집성 분류 절차	• 모든 객체 쌍을 비교하고 유사도가 가장 높은 쌍을 하나의 범주로 구성 • 각 범주의 특성을 함수 형태로 정의 • 모든 객체들의 하나의 범주로 줄어들 때까지 이러한 작업은 지속됨

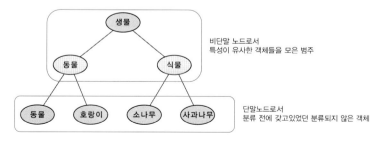

[그림 3-18] 하나의 이진트리

전통적인 분류 알고리즘	• 분류 목적이나 배경 지식을 분류에 활용하지 못할 뿐만 아니라 분류 결과를 설명하는데도 의미 있는 설명을 하지 못함
해결책	• 범주를 정의할 때 외연적으로 정의하는 대신 내재적으로 표현하면 해결할 수 있음

개념 분류는 일반화된 개념 정의를 생성하기 위해 기계학습법과 배경 지식을 범주 생성에 활용한다. 많은 분류 시스템들이 필요충분조건을 고려하여 범주를 구성한다. 하지만 사람이 범주를 구성할 때는 특성의 필요충분조건만을 따지는 것이 아니라 여러 가지 다른 요소들(심리적, 사회적 요소 등)을 포함하는 복잡한 방식을 이용한다. 그리고 어떤 범주 내 원소들이 같은 특성을 공유하지 않기도 한다.

외연적 표현: 교황을 지낸 사람들을 교황을 지낸 모든 사람들을 열거하여 집합으로 표현
내재적 표현: {X|X는 교황을 지낸 사람}

3. 강화학습 모델

잘한 행동에 대해 칭찬받고 잘못한 행동에 대해 벌을 받은 경험을 통해 자신의 지식을 키워나가는 학습법이다.

[표 3-22] 강화학습에 필요한 모델 구성

함수 V를 찾는 방법(시간차 학습 규칙의 예)		
Temporal Difference Learning(TDL)를 이용	→	$V(sn) = c \star (V(sn+1) - V(sn))$
– Sn은 시간 n에서의 한 상태 – Sn+1은 시간 n+1에서의 상태 – C는 단계의 변화 크기를 조절하는 인자로 학습이 진행됨에 따라 그 크기를 줄임		

	(에이전트: Agent – 학습을 수행하는 주체)
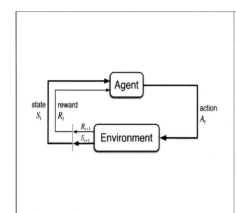	· 액션 수행하는 의사 결정 주체 환경(Environ-ment) · 에이전트 외부에 위치 · 에이전트와 상호작용하는 모든 액션(action) · 에이전트가 환경에 행하는 행위 상태(state) · 수행 액션을 결정할 때 필요한 정보 보상(re-ward) · 액션의 좋고·나쁨을 결정하는 단일치 값(a sca-lar)

미로 탈출 예제		역할	학습
		컴퓨터	현재 위치 미로의 A지점, 네 가지의 행동(전후좌우) 선택 가능
		로봇	행동 1(전진) 선택
		컴퓨터	출구 쪽에 가까우니, 95점 포상 현재 위치 미로의 B지점. 2가지 행동(좌우) 선택 가능
		로봇	행동 2(오른쪽) 선택
		컴퓨터	출구 반대 방향이다. 그러니 벌로 −50점을 주겠다. 현재 위치 미로의 C지점. 세 가지의 행동(전후좌) 선택 가능
		로봇	행동 4(후진) 선택
		결과	계속 경험을 쌓으면서 미로를 헤매다 보면 자연스럽게 각 지점에서 출구 쪽으로 향하게 되는 행동들이 큰 포상을 받는 학습 완성

보상(reward)
: -1 / time step

액션
: N, E, S, W

상태
: 에이전트의 위치

정책(policy)
: 화살표는 각 상태에서의 정책

value function
: 숫자는 각 상태에서의 state-value

[그림 3-21] 강화학습한 로봇의 미로 탈출 학습

강화학습을 한 지능 로봇은 미로에 빠지더라도 포상을 주는 행동들을 선택해 쉽게 미로를 빠져나올 수 있다. 그러나 최종 목적을 이루기까지 상태마다 어떤 행동이 최선이 되는지는 모른다. 따라서 인공지능 로봇은 자신이 처할 수 있는 다양한 상태와 행동, 행동의 선택에 따른 포상 등 유용한 학습 경험들을 저장해 두어야 한다.

1. 패턴 인식(Pattern Recognition) 정의

　패턴 인식(Pattern Recognition)은 생물학적 감각 기능과 유사한 음성, 영상인식, 추론, 적응, 제어 등 인공적인 인지(perception) 과학이다. 패턴 공간(Pattern Space)에서 클래스 멤버십 공간(Class Membership Space)으로의 매핑 과정에서 외부로부터 획득된 데이터로부터 중요한 특징들을 추출한다. 가장 가까운 표준 패턴(template)을 골라 분류하고 최종 결정 출력한다. 공간적 데이터에 대한 패턴 인식의 신경망적인 접근에 있어서 중요한 이슈를 어떻게 인식할 수 있으며, 패턴의 시간적인 정보를 어떻게 저장하고 움직이는 물체에 대한 실시간 처리에 있다. 응용 분야는 문자 인식과 영상 인식에 관한 연구가 진행되고 있다. 1960년에 사용되었으며 문자 인식, 일기예보, 음성 인식 등의 형태를 검출하고 있다.

[그림 3-19] 패턴 인식 프로세스

　인공지능은 지능에 따라 구체적인 법칙을 추출해야 하는 어려움이 있으므로 뇌 정보 처리 메커니즘의 모방을 통한 신경 회로망이 보다 타당한 접근 방법이다.

[표 3-23] 패턴 인식 및 인공 시각(출처: NIA)

오감	절차	
시각	인간이 가장 많은 정보를 얻는 부분 전처리→인식기→후처리	• 전처리: 배경 영상으로부터 패턴 영역 분리 인식에 필요한 정보는 유지 정보량 축소
		• 후처리: 인식된 결과에 대한 선택적 주의 집중
음성 인식 및 인공청각	• 청각: 시각에 이은 제2의 정보원 초당 20kb 이상의 정보량 • 음성 인식은 키보드나 마우스에 의한 정보 입력의 비효율성을 극복하는 좋은 대안	

[표 3-23] 시각 및 언어 판단 및 추론(출처: NIA)

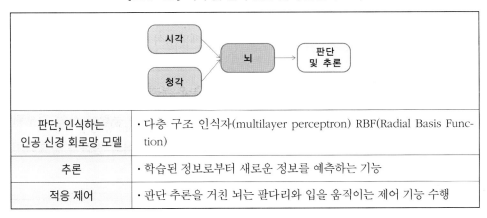

판단, 인식하는 인공 신경 회로망 모델	• 다층 구조 인식자(multilayer perceptron) RBF(Radial Basis Function)
추론	• 학습된 정보로부터 새로운 정보를 예측하는 기능
적응 제어	• 판단 추론을 거친 뇌는 팔다리와 입을 움직이는 제어 기능 수행

2. 언어 지능

인간이 일상 사용하는 방법인 언어의 이해와 대화를 지향점으로 삼는 분야로서, 자연어 처리(Natural Language Processing) 중심의 연구가 진행되고 있다.

[표 3-24] 인공지능 언어 지능 정의

절차	언어 지능	
① 상호 작용		• 음성, 텍스트, 이미지 상호작용 방식 중 음성은 아날로그 신호인 인간의 목소리를 디지털 신호 변환하는 방식 • 음성 신호의 주기성과 동기성을 추출하여 의미 있는 주파수 영역 분리 방식 사용
② 학습/ 추론	텍스트 상호작용	• (챗봇) 사용자가 직접 입력한 디지털 텍스트 대화 방식
	이미지 상호작용	• 사진, 영상 등의 이미지를 분석하여 텍스트 영역을 추출하는 방식(수화 이미지 이용 연구) • OCR(Optical Character Recognition) 기술 활용
	상호작용 기술 핵심	• 잡음, 오타, 이미지 모호성 등으로 인한 의미 해석 오류 방지와 데이터 전처리 시스템으로 올바른 문장 이해 가능
	언어 이해 기술 구성	• 형태소 분석, 구문 분석, 개체명 분석, 의미 분석, 담화 분석 과정 처리
③ 수행		• 학습/추론 단계에서 이해한 자연어에 대응하여 응답을 생성 • 코퍼스 기반 대화 모델(Corpus−based Dialog Model) • 예제 기반 모델, 자연어 생성(Natural Language Generation) 등 방법 사용

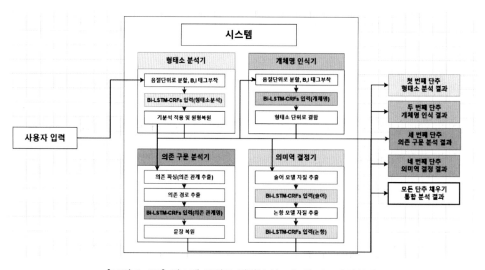

[그림 3-20] 시스템 구성도 예시(출처: 지능형 시스템 실험실)

3. 시각 지능

시각 지능 분야는 이미지 또는 영상 데이터를 인식하여 상황을 판단하거나 데이터를 가공하여 새로운 이미지 또는 영상을 생성하는 기술 분야이다.

[그림 3-21] 패턴 인식 객체 탐지(출처: sas korea blog)

[표 3-25] 인공지능 시각 지능 정의

절차	시각 기술 지능	
① 상호 작용	• 시각 지능 상호작용 기술은 영상/이미지 검색 • 일상적인 스마트폰의 지문, 홍채, 안면 인식부터 공항, 공연장 등 공공시설에서의 범죄자 식별 등 다양한 부문의 활용으로 수준 상승	
② 학습	목표	• 입력된 이미지 데이터에서 객체를 인식
		• 전체 이미지에서 배경과 구분되는 객체 영역을 식별한 후 분리된 객체 영역의 특징을 분석하여 객체 인식 • 다량의 이미지 데이터를 학습할 필요가 있으며 지도 또는 비지도 학습 방식을 활용
	(대표 알고리즘) • 이단계 방식(Two-Stage Methods)인 Faster R-CNN(Convolution Neural Network), R_FCN(Fully Convolution Network) • 단일단계 방식(Single-Stage Methods)인 YOLO(You Only Look Once), RetinaNet	

③ 추론	(이미지 상황 판단) • 시각 인식 기반으로 상황 추론을 실생활에 적용 • CCTV 영상에 나타난 보행자의 관절 움직임과 쓰레기 봉투의 위치를 분석하여, 무단 투기 보행자 식별과 경고 메시지 송출하는 기술
④ 수행	• 상황 판단에 근거한 실제 영상 및 이미지 조작 기술 • (사례) 이미지 합성, 이미지 변환, 영상 편집 등 기술. 이미지 합성 기술은 이미지에서 객체를 인식하고 해당 객체의 구조에 맞는 이미지를 합성하는 방식

4. 인공지능의 분야별 패턴 인식

4.1. 문자 인식 분야

문자 인식	응용 분야
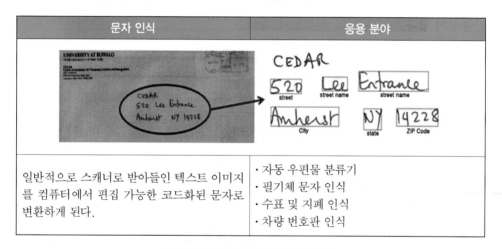	
일반적으로 스캐너로 받아들인 텍스트 이미지를 컴퓨터에서 편집 가능한 코드화된 문자로 변환하게 된다.	• 자동 우편물 분류기 • 필기체 문자 인식 • 수표 및 지폐 인식 • 차량 번호판 인식

[그림 3-22] 패턴 인식 문자 인식 지능

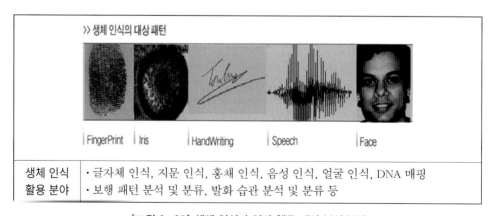

생체 인식 활용 분야	• 글자체 인식, 지문 인식, 홍채 인식, 음성 인식, 얼굴 인식, DNA 매핑 • 보행 패턴 분석 및 분류, 발화 습관 분석 및 분류 등

[그림 3-23] 생체 인식과 인간 행동 패턴 분석 분야

4.2. 진단 시스템 분야

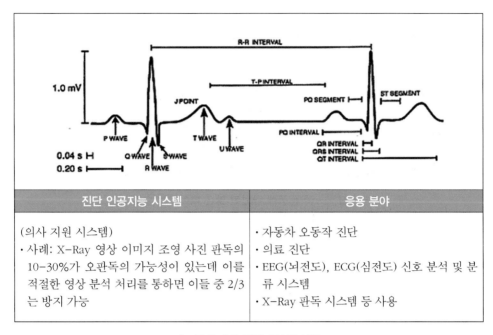

진단 인공지능 시스템	응용 분야
(의사 지원 시스템) · 사례: X-Ray 영상 이미지 조영 사진 판독의 10-30%가 오판독의 가능성이 있는데 이를 적절한 영상 분석 처리를 통하면 이들 중 2/3 는 방지 가능	· 자동차 오동작 진단 · 의료 진단 · EEG(뇌전도), ECG(심전도) 신호 분석 및 분류 시스템 · X-Ray 판독 시스템 등 사용

[그림 3-24] 진단 시스템 분야

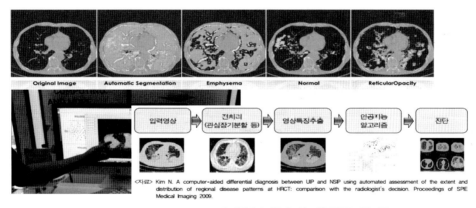

[그림 3-25] 딥러닝 기술의 폐암 진단 보조 뷰노메드(VUNO-Med)(출처: 뷰노)

4.3. 예측 시스템 분야

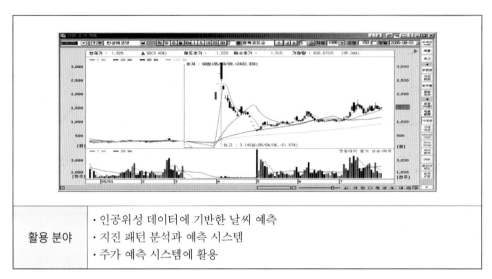

활용 분야	· 인공위성 데이터에 기반한 날씨 예측 · 지진 패턴 분석과 예측 시스템 · 주가 예측 시스템에 활용

[그림 3-26] 패턴 인식 지능 예측 시스템

4.4. 군사 분야

활용 분야	· 인공위성 영상 분석을 통한 테러리스트 캠프 혹은 지형 목표물 추적 공격 · 레이더 신호 분류 · 적과 아군 식별 시스템에 사용

[그림 3-27] 영상 분석 지능 시스템(출처: NIA)

4.5. 정보 보호(보안) 분야

다른 사람의 컴퓨터 시스템에 무단으로 침입하여 데이터와 프로그램을 없애거나 망치는 일을 의미한다. 긍정적 의미로써 '각종 정보 시스템의 보안 취약점을 미리 알아내고 보완하는 데에 필요한 행위'를 의미한다. 정보 보호는 기업의 중요한 정보를 안전하게 보호하기 위해 정보의 기밀성·무결성·가용성을 만족할 수 있도록 기술적·관리적·물리적 보호 조치를 강구한다.

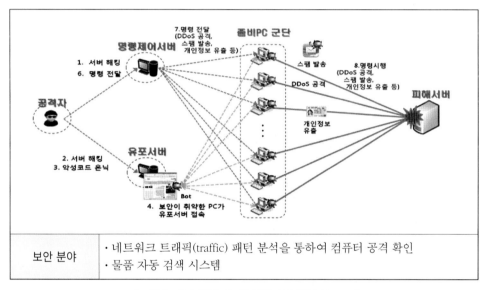

보안 분야	· 네트워크 트래픽(traffic) 패턴 분석을 통하여 컴퓨터 공격 확인 · 물품 자동 검색 시스템

[그림 3-28] 인공지능형 보안 시스템(출처: KISA)

5. 패턴 인식 시스템의 구성 요소와 처리 과정

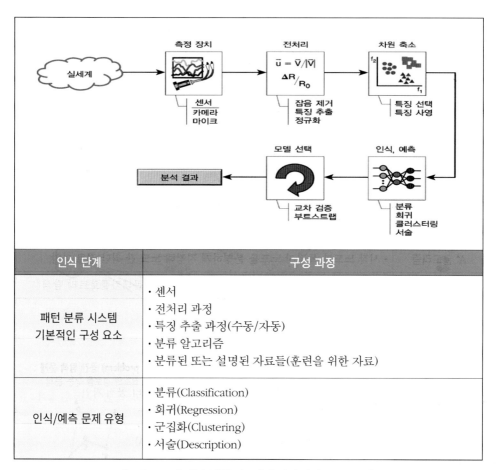

인식 단계	구성 과정
패턴 분류 시스템 기본적인 구성 요소	• 센서 • 전처리 과정 • 특징 추출 과정(수동/자동) • 분류 알고리즘 • 분류된 또는 설명된 자료들(훈련을 위한 자료)
인식/예측 문제 유형	• 분류(Classification) • 회귀(Regression) • 군집화(Clustering) • 서술(Description)

[그림 3-29] 패턴 인식 시스템의 처리 과정(출처: SPRi)

[표 3-26] 인공지능 패턴 인식 관련 분야와 응용 분야

관련 분야	– 적응 신호처리, 기계 학습, 인공 신경망, 로보틱스/비전, 인지과학 – 수리 통계학, 비선형 최적화, 데이터 분석, 퍼지/유전 시스템, 검지/추정 이론 – 형식 언어, 구조적 모델링,– 생체 사이버메틱스, 계산 신경과학
응용 분야	– 영상처리/분할, 컴퓨터 비전, 음성인식, 생체인식(지문, 정맥, 홍체 등) – 자동 목표물 인식, 광학문자 인식, 지진분석 – 인간 기계대화, 산업용 검사, 금융(은행, 보험, 증권 등)예측 – 의료진단, ECG 신호 분석

1. 지식 베이스 시스템에 대하여 토론해 보시오.

2. 특수 문제 영역에 대해 전문가 수준의 해법을 제공하는 전문가 시스템에 대하여 토론해 보시오.

3. 머신러닝에 대하여 알고리즘에 대하여 토론해 보시오.

4. 인공지능은 어떤 방식으로 지능을 만들어 내는가?

5. 인공지능의 학습 방법은 어떠한 것이 있는지?

6. 지도학습, 비지도학습의 차이점을 정리해서(Brain Writing) 토론하시오.

7. Decision Tree(DT)에서 엔트로피 기반 학습 방식을 토론해 보시오.

8. 감독학습, 무감독학습, 강화학습의 차이는 무엇인가?

9. 인공지능은 어느 지성까지 가능한가? 불가능한 지성은 무엇인가?

10. 인공지능 지능이 가장 앞선 기업은 어떤 기업이 있는가? 어떤 부문에 장점이 있는 기업인지를 조사해 보고, 우리의 인공지능은 어느 정도인지 토론해 보시오.

11. 인공지능 패턴 인식[언어, 시각 지능(Visual Intelligence)] 방법 외 다른 방법이 없는지 토론해 보시오.

12. 인공지능 패턴 인식(언어/시각)지능의 응용 분야를 찾아보고 토론해 보시오,

딥러닝과 지능형 에이전트

학습주제

인간의 뇌를 모방한 신경망 네트워크(Neural network) 구조로 이루어진 딥러닝(Deep Learning) 알고리즘으로 발전하면서 그 한계를 뛰어넘을 수 있었다.

초기의 기계학습(Machine Learning)은 기계가 수학적 최적화 및 통계 분석 기법을 기반으로 사람의 도움이 없이도 데이터로부터 일정한 신호와 패턴을 배우고, 그것을 바탕으로 다음에 일어나는 일들을 예측하며, 적합한 의사 결정을 내리는 알고리즘을 만드는 일에 그쳤다. 그러나 클라우드 컴퓨팅 환경의 급속한 발전과 빅데이터가 뒷받침되자 학습 기반 딥러닝(Deep Learning) 을 구현할 수 있고 창작성을 가지게 되었다. 그리고 미지의 음성/텍스트/영상/생체 신호 등의 복합 모델 입력에 대한 이해, 추론하며 인터랙션을 통해 경험 지식을 성장시키는 메커니즘이 되었다. 궁극적으로는 인공지능이 인간의 일상적인 절차적 지식을 스스로 학습할 수 있는 교감형 자율 성장 AI 방법론을 구축하는 것이 목표이다.

제1절. 딥러닝(Deep Learning)

인간처럼 스스로 지식을 계속 쌓아가면서 공부하는 인공지능 학습법이다. 이 지능은 보고 배운 것을 기억하고, 이를 토대로 새로운 사실을 추론한다는 점에서 인간의 사고와 유사한 기술이라고 정의한다.

대량의 데이터를 학습하기 위해서는 높은 사양의 하드웨어(GPU)가 요구되며 많은 훈련 시간이 필요하다. 컴퓨터가 여러 데이터를 이용해 사람처럼 스스로 학습할 수 있도록 인공 신경망(artificial neural network) 기반의 기계학습(machine learning)

기술이다. 인간의 두뇌가 수많은 데이터 속에서 패턴을 발견한 뒤 사물을 구분하는 정보 처리 방식을 모방해 컴퓨터가 사물을 분별하도록 기계를 학습시킨다. 인공지능은 환경과 상호작용으로 발생한 데이터를 기반으로 모델을 자동으로 학습하고 스스로 성능을 향상시키는 시스템으로 4차 산업혁명의 핵심 기술이다.

[표 4-1] 딥러닝 정의 비교표

비교	내용
인공지능 비교 측면	・더욱 고도화된 신경망 알고리즘을 적용하여 보다 빠르고 감성적이며 인간과 유사하게 행동하는 컴퓨터 프로그램을 구현한 학습 방법
학습 측면	・사람의 개입이 필요한 기존의 지도학습에 보다 능동적인 비지도 학습이 결합돼 컴퓨터가 사람처럼 스스로 학습할 수 있는 인공지능 기술
알고리즘 측면	・인공 신경망의 정확성 및 성능 문제를 해결하기 위해 CNN, RNN, DBN 등의 알고리즘을 이용하여 분석 성능을 향상시킨 기계학습 분야

1. 인공 신경망(ANN: Artificial Neural Network)

인간의 두뇌와 신경 시스템을 닮은 정보 처리 소자로서 연결주의 기법-뉴런들을 연결하여 문제 해결 모델을 만든다.

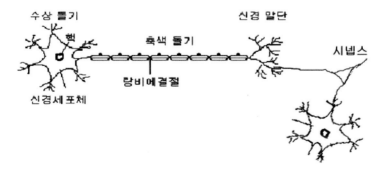

[그림 4-1] 뉴런의 구조도

[표 4-2] 뉴런 구조 처리 과정

구조	설명
뉴런	• 신경계의 기능적 최소 단위
신경 세포체(cell body)	• 일정 기간 동안 들어온 자극은 세포 체내에 가중되며, 임계치보다 크면 뉴런을 활성화
수상돌기(dendrites)	• 인접 뉴런들로부터 정보를 받아들이는 통로 역할
축색돌기(axon)	• 정보를 전달하기 위한 통로
시냅스(synapse)	• Neuron 사이 중계 부위로서 축색돌기와 다른 뉴런의 수상돌기가 만나는 곳(전달되는 신호 크기 조절)

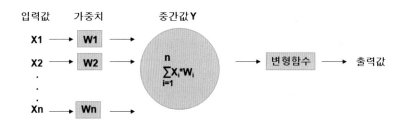

[표 4-3] 변형 함수

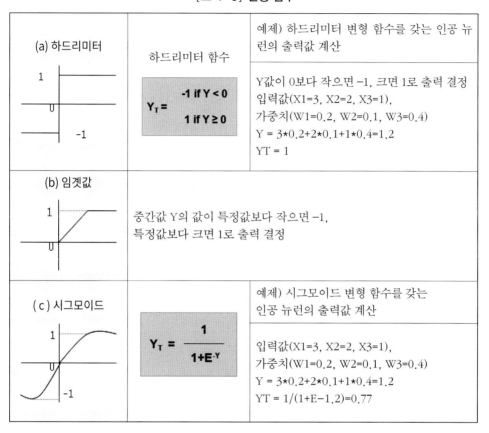

(a) 하드리미터	하드리미터 함수 $Y_T = \begin{cases} -1 \text{ if } Y < 0 \\ 1 \text{ if } Y \geq 0 \end{cases}$	예제) 하드리미터 변형 함수를 갖는 인공 뉴런의 출력값 계산
		Y값이 0보다 작으면 −1, 크면 1로 출력 결정 입력값(X1=3, X2=2, X3=1), 가중치(W1=0.2, W2=0.1, W3=0.4) Y = 3∗0.2+2∗0.1+1∗0.4=1.2 YT = 1
(b) 임곗값	중간값 Y의 값이 특정값보다 작으면 −1, 특정값보다 크면 1로 출력 결정	
(c) 시그모이드	$Y_T = \dfrac{1}{1+E^{-Y}}$	예제) 시그모이드 변형 함수를 갖는 인공 뉴런의 출력값 계산
		입력값(X1=3, X2=2, X3=1), 가중치(W1=0.2, W2=0.1, W3=0.4) Y = 3∗0.2+2∗0.1+1∗0.4=1.2 YT = 1/(1+E−1.2)=0.77

인공 신경망은 입력층(Input Layer), 은닉층(Hidden Layer), 출력층(Output Layer)으로 나누어진다. 분류 목적으로 사용될 때는 분류의 종류 개수에 따라 출력층의 개수가 달라진다. 은닉층(Hidden Layer)를 추가하면 선형 분리 불가능(linearly inseparable) 문제가 해결된다. 일반적으로 은닉층의 개수가 증가할수록 데이터로부터 많은 특징을 추출할 수 있다.

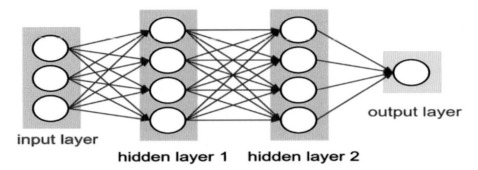

[그림 4-2] 인공 신경망(Artificial Neural Network)

인공 신경망(ANN:Artificial Neural Network)은 생물학적 신경망을 단순화해서 논리·산술·연산 구현이 가능하며, TLU(Threshold Logic Unit)라고 정의한다.

2. 심층 신경망(DNN: Deep Neural Network)

심층 신경망은 기존 인공 신경망(Artificial Neural Network)을 확장하여 입력층(Input Layer)과 출력층(Output Layer)사이에 다수의 은닉층(Hidden Layer)을 포함하는 모델이다.

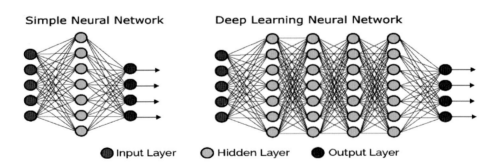

[그림 4-3] 인공 신경망(ANN)과 심층 신경망(DNN)비교(출처: SPRi)

[표 4-4] 인공지능 모델 종류

종류	모델 내용
CNN (Convolutional Neural Network)	• 시각적 영상을 분석하는 데 특화되어 있으며, 이미지 및 비디오 인식 분류·분석 등에 활용 • 특히 의료 분야 심층 영상 학습 구조나 자연어 처리에도 활용되어 언어 정보 구조 음성 분석 등에서 높은 성능을 보임 • CNN은 학습 가능한 가중치와 바이어스를 가지는 뉴런들로 구성되어 있으며, 각 뉴런들은 입력값을 받아서 내적과 비선형(non-linear) 연산 수행 • 합성곱 필터 함수를 통해 이미지의 특징을 추출하는 방법을 활용
RNN (Recurrent Neural Network)	• 연속적이고 순차 데이터를 자질 분석 모델링할 때 사용하는 신경망 • 은닉층(Hidden Layer)의 출력이 다음 상태로 들어가는 구조를 가지고 있어 이전 데이터의 정보를 반영해 학습 • 필기체 인식, 자연어 처리, 유전자, 음성 인식, 번역, 시계열 예측과 심층학습 구조에 사용
DNN (Deep Neural Network)	• 입력 계층과 출력 계층 사이에 복수 개의 은닉 계층들로 이루어진 인공 신경망(자연어 처리, 음성 인식 등)
SVM (Support Vector Machine)	• 기계 학습에서 많이 사용되는 알고리즘으로 패턴 인식, 자료 분석을 위한 지도 학습 모델 분류 분야에 주로 사용
HMM (Hidden Markov Model)	• 통계적 마르코프 모델 일종으로 시스템이 은닉된 상태와 관찰 가능한 결과 요소로 이루어졌다고 보는 모델 • 순차적인 데이터 사용에 강점이 있는 알고리즘으로 개체명 인식, 포스태깅 등 단어의 연쇄적 언어 구조 처리 기법에 활용
나이브 베이즈 분류(Naïve Bayes Classification)	• 특성들 사이의 독립을 가정하는 베이즈 정리를 적용한 확률 분류 알고리즘 • 문서를 여러 범주 중 하나로 분류하는 문제에 사용하는 대표적인 알고리즘
LSTM (Long-Short Term Memory)	• 변형된 RNN의 한 종류로 기본적으로 정보를 오랫동안 기억할 수 있다는 점은 유사하지만, 이전의 입력값을 전달하는 구조에서 차이를 보임 • 입력(Input), 출력(Output), 망각(Forget) 게이트를 사용하여 현재의 정보뿐만 아니라 이전 단계의 정보로 활용
HAN (Hierarchical Attention Networks)	• 문서의 계층적 구조(Hierarchical Structure)를 이용하기 위한 모델 • 중요한 단어와 문장에 더 가중치를 부여할 수 있게 하는 어텐션 매커니즘(Attention Mechanism)을 이용하여 문서 분류 성능을 높인 모델

어텐션메커니즘 (Attention Mechanism)	• 인코더(Encoder)와 디코더(Decoder) 구조로서 각각 입·출력 대화를 학습 • 어텐션 메커니즘은 입력 문장에서 특정 단어의 중요성을 내포하는 광역적 문맥 벡터(Context Vector)를 구성하고, 디코더의 은닉 상태(Hidden State) 구성 시 특정 단어에 가중치를 주는 방식
Transformer	• 기존 Seq2seq 모델과 유사한 인코더·디코더 구조 • 인코더·디코더를 구성하는 요소는 Multi-Head Attention임
RBM (Restricted Bolzman Machine)	• 볼츠만 머신에서 층간 연결을 없앤 형태의 모델로서 DBN의 기본 개념 제공
DBN (Deep Berief Network)	• 기계학습에서 사용되는 그래프 생성 모형으로 잠재 변수의 다중 계층으로 이루어진 심층 신경망(영상, 음성, 자연어 처리 등 전 분야 사용)
DQN (DeepQ-Network)	• 심층 강화학습을 통해 인간 수준의 제어를 가능하게 하는 신경망(실제 인간이 하는 행동의 상당 부분 예상)

2.1. 이미지 데이터 인식 처리를 위한 CNN(Convolutional Neural Network)

CNN 개념은 Convolutional layer → pooling layer(subsampling) → Convolutional layer →pooling layer… → fully connected layer를 통해 이미지, 영상 등을 인식하는 신경망 알고리즘이다.

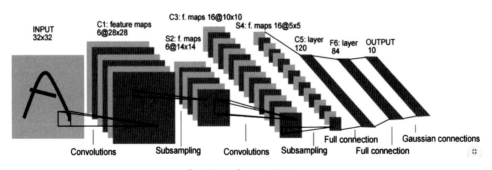

[그림 4-4] CNN 구조도

(출처: https://github.com/soumith/cvpr2015/blob/master/Deep%20Learning%20with%20Torch.ipynb)

[표 4-5] CNN 기술 요소

구분	기술 요소	내용
Layer 구성	Convolutional layer	• 컨볼루션 연상을 통해 특징(feature)을 추출하는 레이어
	Poolinglayer	• Subsampling 통한 차원의 축소로 max-pooling, average-pooling 활용
	Fully connected layer	• 이전 레이어의 모든 처리 결과를 하나로 연결하여 이미지의 특징을 구분(Classification)
성능 개선	ReLU	• Rectified Linear Unit, 기울기 사라짐(vanishinggradient) 문제 해결
	BigData	• 다양의 데이터로 학습 데이터 확보(overfitting 문제 해결)
	Dropout	• 일부 레이어의 데이터 제거(overfitting 문제 해결)

구글의 알파고에서는 CNN 알고리즘 활용하여 컴퓨터 비전 분야와 RNN과 결합하여 이미지 인식 및 이미지 설명 문장 생성 등에 활용되었다.

2.2. Directed Cycle을 구성하는 RNN(Recurrent Neural Network)

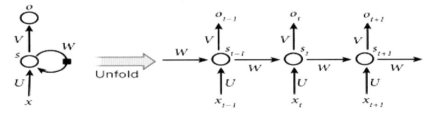

[그림 4-5] RNN 구조도

[표 4-6] RNN 의 기술 요소

구분	기술 요소	설명
구성 요소	Directed Cycle	• 방향성 있는 Cycle을 이용하여 하나의 입력값에 여러 개의 값 출력
	Recurrent Weight	• 자기 자신을 가리키는 반복 가중치 구조 • 유닛 사이 연결 신경망 알고리즘
	BPTT 알고리즘	• Back Propagation Though Time • 오류역전파(Error Back Propagation) 알고리즘으로 시간 방향 학습 • BPTT Vanishing Gradient문제를 LSTM, GRU을 이용하여 해결
	Sequential Data 학습	• 과거 내용을 통한 현재 내용에 대한 문맥을 이해 ($Yk-1 \rightarrow Yk \rightarrow Yk+1$)
성능 개선 알고리즘	LSTM (Long Short Term Memory)	• Input/Output/Forget 3가지 게이트를 이용하여 데이터 입출력을 조절
	GRU(Gated Recurrent Unit)	• Reset/Update unit을 이용하여 데이터 입출력을 조절

2.3. CNN과 RNN의 활용 사례

컴퓨터 비전(Vision)의 CNN과 자연어 처리를 위한 RNN을 결합하여 이미지와 언어 간의 번역 모듈을 구축한다.

[그림 4-6] 구글 ICG(Image Capture Generator)

3. 인공지능 기본 모델

3.1. 지능형 대화 생성이 가능한 모델

검색 기반 대화 생성 모델은 모델에 입력된 자연어 질의를 분석하여 질의 범주를 분류하고 질의 키워드를 추출하며, 추출된 키워드를 자원으로 검색함으로써 질의에 대한 응답을 찾아 제공한다.

[표 4-7] 검색 기반 대화 생성 모델

모델	대화 검색
Google Knowledge Graph	· 영문 문장 검색에 Google Knowledge Graph를 적용 · 적용된 모델은 인물, 지역, 역사 등의 5억 7천만 건 이상의 데이터를 바탕으로 이용자 입력 질의를 검색하여 응답을 제시하는 검색 기반 대화 생성
Baseball: an automatic question-answerer	· 야구와 관련된 질의를 처리할 수 있도록 구축 · 1년 동안 진행된 아메리칸 리그에서 치러진 경기와 관련된 정보를 키워드로 표현한 질의를 데이터베이스에서 검색하여 응답을 제시
Progress in natural language understanding-an application to l unar geology	· NASA MSC로부터 아폴로 달 탐사선이 반환한 암석의 지질학적 분석 데이터를 제공받아 해당 주제에 대한 대화 생성 모델

3.2. 규칙 및 시나리오 기반 대화 모델

입력될 질의들을 예상하여 이를 분석하고 질의 유형을 분류한 뒤, 각 질의 유형에 맞는 응답을 제공하기 위한 규칙을 미리 작성해 둔 시나리오 기반으로 대화를 생성하는 모델이다.

[표 4-8] 대화 모델 생성

모델	규칙 기반
A rule-based question answering system for reading Comprehension tests	· 이 모델은 미국 어린이들을 대상으로 하는 독서 능력 평가를 진행하도록 구성
Automated Question Answering Using Question Templates That Cover the Conceptual Model of the Database	· 사용자들이 자주 묻는 질문인 FAQ (Frequently asked questions)에 대한 응답을 자동화하기 위해 질의 및 응답 문장에 대한 규칙 및 시나리오를 구축

4. 심층학습(Deep Learning) 모델 (공감적 일상 대화 모델)

심층학습(Deep Learning) 기반 일상 대화 모델(Sequence-to-sequence, Transformer) 지능을 위한 다양한 심층학습 기술 분석을 통한 개발 방법이다. 특히 심층학습 기반 모델 중 최근 대화 생성 분야에서 좋은 성능을 보이고 있는 Transformer 모델을 활용하였다. Transformer 모델은 2017년 구글의 〈Attention is all you need〉 논문[1]을 통해 발표된 모델로, 기존 RNN에 기반한 주요 대화 모델인 Sequence-to-sequence에 비해 좋은 성능을 보이는 모델이다.

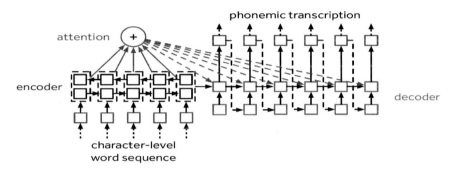

[그림 4-7] RNN을 활용한 Sequence-to-sequence 모델 구조

(출처 : "Acoustic-dependent Phonemic Transcription for Text-to-speech Synthesis",
2018, Vythelingum, K., Estève, Y., & Rosec, O.)

은닉층의 개수가 늘어나면 컴퓨터 계산량도 비례하여 늘어나면서 더욱 복잡한 문제를 풀 수 있다. Hidden Layer의 역할은 앞 단계에서 받은 데이터(신호)를 필터링해서 구체화한 후 다음 단계 층으로 전달한다. 노드 값의 전달은 신경망에서 정보의 흐름은 입력층-은닉층-출력층으로 진행되는데, 이렇게 정보가 전방으로 전달되는 인공 신경망을 Feedforward Neural Network라고 한다.

---

1) Vaswani, A., Shazeer, N., Parmar, N., Uszkoreit, J., Jones, L., Gomez, A. N., ... & Polosukhin, I. (2017). Attention is all you need. In Advances in neural information processing systems (pp. 5998-6008).

[표 4-9] 인공 신경 지능망 레이어

Input Layer (입력층)	Hidden Layer (은닉층)	Output Layer (출력층)
· 입력 데이터를 받아들임. · 입력층의 노드(뉴런) 수는 입력 데이터의 특성 개수와 일치	· 뉴런 수와 은닉층의 개수는 신경망 설계자의 직관과 경험 의존 · 개수가 많으면 비효율적, 뉴런 수가 많으면 Overfitting 발생 · 너무 적으면 충분히 표현 못함	해결하고자 하는 문제의 성격
	(예: 은닉층 수를 2배로 늘리면 컴퓨팅 시간은 400% 증가하지만 정확성은 10%로 증가함)	(예: 필기체 숫자를 인식한다면 0에서 9까지 10개 노드로 선정)

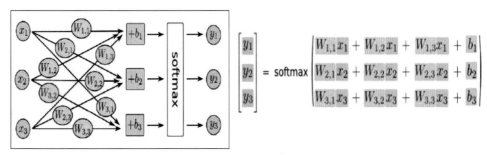

[그림 4-8] 은닉층 활성화 함수

활성화 함수(Activation Function)는 뇌 신경망에는 시냅스가 있는데 인공 신경망에서는 이런 방식을 모방한 활성화 함수를 이용한다. Synapse는 전달된 전기 신호가 최소한의 자극 값을 초과하면 활성화되어 다음 뉴런으로 전기 신호를 전달한다.

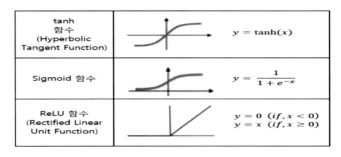

[그림 4-9] Softmax 함수 개념도

활성화 함수는 이것을 모방하여 값이 작을 때는 출력값을 작은 값으로 막고, 일정한 값을 초과하면 출력값이 커지는 함수를 이용한다. 신경망에서 Node는 전달받은 데이터를 가중치를 고려해 합산하고, 그 값을 활성화 함수를 적용해 다음 층에 전달한다.

$$S(y_i) = \frac{e^{y_j}}{\sum\limits_{j=1}^{j} e^{y_j}} \quad \begin{bmatrix} 1.2 \\ 0.9 \\ 0.4 \end{bmatrix} \xrightarrow{\text{sortmax}} \begin{bmatrix} 1.46 \\ 0.34 \\ 0.20 \end{bmatrix}$$

[표 4-10] 은닉층에서 자주 이용되는 활성화 함수

요소	내용
Softmax 함수	– 출력층에서는 출력값으로 확률 벡터를 얻기 위해 Softmax 함수 사용 – 출력층에서의 Activation Function으로 자주 사용 – 출력값으로 확률 벡터를 얻고 싶을 때 사용(출력값 해석 용이)
Softmax 함수의 원리	– Softmax 함수는 각 output node의 출력을 0~1로 제한 – Output Node의 출력을 모두 합한 값은 항상 1(Softmax Function의 수식)

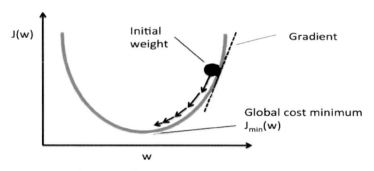

[그림 4-10] 경사 하강법을 통한 가중치 최적화

신경망 학습 방법이란 신경망에서 원하는 결과를 얻기 위해 뉴런 사이의 적당한 가중치를 최적화하는 것이다.

[표 4-11] 신경망에서 지도학습

학습	내용
훈련 데이터(Training Set) 준비	· 입력 데이터와 출력 데이터
신경망에 데이터 훈련	· 출력층 값을 확인 · 지도학습 데이터와 차이(오차) 계산 · 오차가 최대한 작도록 가중치를 최적화
가중치 최적화	· Gradient Method(경사 하강법) 이용 · Gradient Method에서 경사 계산: Back Propagation(오류역전파) 이용 · 심층 신경망(Deep Neural Network)에서 더 정밀하게 최적화하는 방법: Dropout 알고리즘 이용

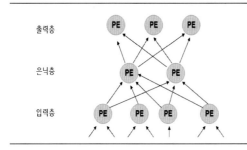

출력층 PE PE PE 은닉층 PE PE 입력층 PE PE PE PE	· 신경 회로망이 커지고 복잡해질수록, 더 나은 기능을 수행 · 다층 인공 신경망은 입력층과 출력층 사이에 새로운 층(→ 은닉층(hidden layer 또는 중간층(intenal layer)을 추가

[그림 4-11] 다층 인공 신경망

5. 인공 신경망 학습 과정

단계	학습 과정	분류
1	· 입력값을 이용하여 인공 뉴런의 출력값을 계산	Artificial Neural Network Learning Algorithm Binary-Valued input / Continuous-Valued input
2	· 인공 뉴런이 계산한 출력값과 사용자가 기대하는 출력값 비교	Supervised / Unsupervised — Supervised / Unsupervised
3	· 기대하는 출력값을 생성할 수 있도록 가중치 조절	Hopfield Network, Bottzmann Machine / ARTI — Backpropergation, Perceptron / ARTII, Kohonen Self-organizing Feature Maps

[그림 4-12] 인공 신경망 학습 알고리즘의 분류(from [Lippman89])

학습 과정	결과

입력		OR연산결과 (목표출력 값 F)
X1	X2	
0	0	0
0	1	1
1	0	1
1	1	1

Step	X1	X2	a	초기값			d	목표출력값(P)	
				W1	W2	Y		W1	W2
1	0	0	0	0.1	0.3	0	0.0	0.1	0.3
	0	1	1	0.1	0.3	0	1.0	0.1	0.5
	1	0	1	0.1	0.5	0	1.0	0.3	0.5
	1	1	1	0.3	0.5	1	0.0	0.3	0.5
2	0	0	0	0.3	0.5	0	0.0	0.3	0.5
	0	1	1	0.3	0.5	0	1.0	0.3	0.7
	1	0	1	0.3	0.7	0	1.0	0.5	0.7
	1	1	1	0.5	0.7	1	0.0	0.5	0.7
3	0	0	0	0.5	0.7	0	0.0	0.5	0.7
	0	1	1	0.5	0.7	1	0.0	0.5	0.7
	1	0	1	0.5	0.7	0	1.0	0.7	0.7
	1	1	1	0.7	0.7	1	0.0	0.7	0.7
4	0	0	0	0.7	0.7	0	0.0	0.7	0.7
	0	1	1	0.7	0.7	1	0.0	0.7	0.7
	1	0	1	0.7	0.7	1	0.0	0.7	0.7
	1	1	1	0.7	0.7	1	0.0	0.7	0.7

1) 가중치 W 초깃값 이용 결괏값 Y 생성

$Y = X1 * W1 + X2 * W2 = 0 * 0.1 + 0 * 0.3 = 0$

2) Y와 F가 같으면 완료

다르면, 차이(d)=F-Y 이용

새로운 가중치 Wn=Wo+a*d*X

3) F와 Y가 같을 때까지 반복

4) 임계치 0.5 사용

5) 새로운 입력값을 이용 다시 Y 생성

X1*W1+X2*W2 > 0.5이면 Y=1

X1*W1+X2*W2 <= 0.5이면 Y=0

6) F와 같은 Y를 생성할 수 있는 W를 찾을 때까지 반복

[그림 4-13] 하나의 인공 뉴런이 OR 연산자를 학습하는 과정

인공 신경망은 패턴 인식, 학습, 분류, 일반화, 추상화 그리고 불완전하고 잡음이 포함된 입력을 이용하는 시스템 등에서 유용하게 사용될 수 있다.

[표 4-12] 인공 신경망 운영 장단점

인공 신경망	운용	내용
장점	고장 허용성	- 전체 인공 신경망에 영향을 미치지 않음
	일반화	- 불완전한 입력 정보를 가지고도 적정한 결과 생성
	적응성	- 새로운 환경에서 학습 수행 가능
단점		- 설명 기능이 약함 - 학습시키는 데 많은 데이터와 시간이 필요 - 병렬 처리가 가능한 하드웨어 비용이 비쌈

제2절. 유전자 알고리즘

1. 유전자 알고리즘 진화

다윈의 유전 법칙에 기반에 의하여 자연 선택 또는 적자생존의 원칙에 입각한 알고리즘이다. 이 진화의 결과 염색체 형태로 저장(DNA: C. G. A. T)된다. 개체군(population) 중에서 환경에 대한 적합도(fitness)가 높은 개체일수록 재생산할 수 있게 되며, 개체군은 환경에 적응할 수 있게 된다.

[표 4-13] 유전자 알고리즘의 연산자

종류	수행	연산
재생산 (Reproduction)	• 새로운 세대 생성 시 부모 염색체의 일부를 임의로 선택하여 재조합 • 적합도가 높은 개체일수록 다음 세대에 자식 개체들이 번식할 가능성이 높아짐	
교배(Mutation)	• 유전자의 일부를 임의로 변화	
교차(Corssover)	• 염색체상에서 임의로 위치를 저장하여 나뉜 부분의 위치를 서로 바꿈	

2. 유전자 알고리즘 수행 절차

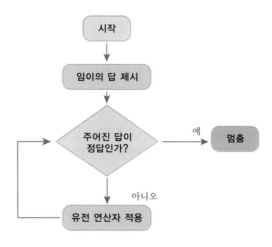

[그림 4-14] 유전자 알고리즘 수행 절차

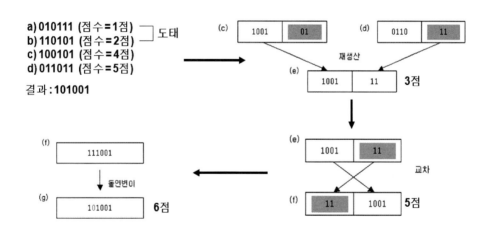

- 0과 1로 이루어진 6자리 수 알아내기(결과: 101001)
- 26 = 64번, 평균 32번의 추측 필요

[그림 4-15] 상대방의 숫자 알아내기 예제 수행

– 벽돌은 B로 표시하고 시멘트는 C로 표시
– 문제는 10개의 원소가 있는 염색체로 표현. 그리고 10개의 염색체로 시작.

(CBBCCCCBBB) (CCCBCCCCBC)

(BCBCBBCCBB)　　(CCCCBCCCCB)

(BBBBBBBCBC)　　(BBCBCBBBBC)

(BBCBBCCCBB) (CBBBBBBCCC)

(CBCBBBBCCC)　　(CBCBCCBBCC)

10개의 팀을 구성하여 위에 정의한 염색체 하나씩을 분배하고 원하는 결과(BCBCBCBCBC)나 (CB-CBCBCBCB)가 나올 때까지 계속 연산을 수행해 보자.

[그림 4-16] 유전자 알고리즘을 이용해서 알아내기(예제)

답 표현 방식, 유전 연산자(재생산, 교차, 돌연변이)와 적합성 평가 함수가 필요하다. 학습 효과(성능)는 문제의 표현(염색체의 구성), 사용 염색체군의 수, 연산의 종류, 연산의 빈도수 등에 의해 결정된다. 네트워크의 최적화, 칩 설계, 게임, 시간표 작성 등에 응용된다.

[표 4-14] 일반적인 유전자 알고리즘 프로그램

```
procedure genetic algorithm;
        begin
        set time t := 0;
        initialize the population P(t);
        while the termination condition is not met do
                begin
                evaluate fitness of each member of the population P(t);
                select most fit members from the population P(t);
                produce the offspring of these pairs using genetic operators;
                replace the weakest candidates of P(t) with these offspring;
                set time t := t+1
                end
        end
```

3. 퍼셉트론(Perceptron)

심리학자 플랑크 로젠블라트(Frank Rosenblatt)가 pattern을 분류하기 위해 1957년에 제안한 신경망 모델이다. 학습에 의해 인식하는 능력을 향상시킬 수 있는 장치로 외부에서 두 가지 신호가 주어졌을 때 식별한다. 특징은 pattern의 본질적인 특징에 대한 지식 필요 없고, '무엇을 식별하는가'가 미리 결정되어 있지 않는다.

[표 4-14] 신경망 학습 방법: 퍼셉트론(Perceptron) **모델**

퍼셉트론 동작 원리	S층 A층 R층	S층 PE에 입력 신호 들어옴 S층 PE는 들어온 신호를 A층 PE로 넘기는 역할 A층 PE는 R층 PE와 연결 A층과 R층 PE에는 비선형 응답 함수인 계단 함수 사용 A층 PE와 R층 PE간의 weight는 학습에 의해 바뀜 S층(센서층, 감각층) A층(결합층, 연합층) R층(반응층, 응답층)
퍼셉트론의 유용성	– 구조적인 단순함(퍼셉트론의 한계점) – 선형 분리 가능한 패턴만 분리할 수 있음 – 이동, 확대, 회전된 패턴의 유사성은 식별할 수 없음	

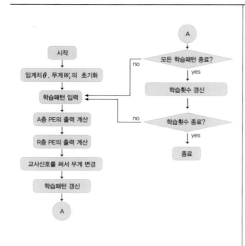

	· 입력층과 출력층 사이에 하나 이상의 중간층 (은닉층, hidden layer)이 존재하는 신경망 · 일반화 델타룰(Generalized delta rule), 역전 파법(Backpropagation rule)에 의해 학습 · Backpropagation 학습 알고리즘은 기울기를 따라가는 방법 (문제점) · 지역 최솟값(local minima)이 빠질 우려 · 전방향(feedforward) 방식 · 충분한 학습을 수렴할 때까지 많은 시간 소 요 · 추가 학습 시 전체적인 재학습 필요 · 학습 완료 시점을 예측 불가

[그림 4-17] 신경망 학습 방법: 다층 퍼셉트론 모델

[표 4-15] 신경망 학습 방법: 단층 퍼셉트론 모델 계산식

〈Perceptron 학습〉 R층 PE의 출력 R과 교사신호 T를 써서 weight를 바꾸는 과정 $Wi(t+1) = Wi(t) + C \cdot (T-R) \cdot Ai$: Delta rule C: 학습률(상수) $(0.0 \leq C \leq 1.0)$ $Wi(t)$: 시간 t의 입력 i로 부터의 weight, $Wi(t+1)$: 학습 후의 무게 T = 1 if pattern X, T = 0 if pattern Y	Ai: A층 PE i로 부터의 출력 　Wi: A층 PE i와 R층 PE의 weight 　θ: R층 PE의 임계치 　f: R층 PE에서 사용하는 함수 　R층 PE의 출력 $R = f(\Sigma WiAi - \theta)$

　딥러닝(Deep learning)은 다층 신경망을 이용한 머신러닝이다. 신경망은 데이터의 모델화를 위한 여러 함수의 복합체이며, 단편 함수식 집합이 노드를 거쳐 가며 최적의 파라미터를 찾는 형태이다. 이론적으로 신경망 노드 수가 무한대로 많아지면 어떤 데이터도 모델화될 수 있다. 그러나 딥러닝은 단순히 계층을 증가시켜 복잡화해서 답을 구하는 것이 아니라, 문제 해결 방식에 따라 각 노드에 특별한 역할을 부여하거나, 연결 방식을 적절히 바꿈으로써 최적의 답을 추출할 수 있다.

사용자로부터 위임받은 일을 자율적으로 수행하는 시스템인 BDI(Belief- Desire-Intention) 모델로서 Belief(환경에 대한 정보), Desire(목적), Intention(의도, 목적 달성을 위한 세부 전술)을 목표로 한다.

1. 지능형 에이전트의 성격과 속성

지능형 에이전트(Agent)는 특정한 목적을 위하여 사용자를 대신해서 작업을 수행하는 자율적 프로세스이다. 복잡한 동적인 환경에서 목표를 달성하려고 시도하며, 외부 환경과 센서와 행위자를 사용하여 상호작용하는 시스템이다. 가상공간 환경에서 특정의 사용자를 돕기 위하여 반복적인 작업들을 자동화시켜 주는 컴퓨터 응용 프로그램을 지능형 에이전트(Intelligent Agent/Software Agent)라고 한다.

[표 4-16] 에이전트 성질과 속성(출처: wikipedia)

종류	내용
자율성(Autonomy)	• 사람이나 다른 사물의 직접적인 간섭 없이 스스로 판단하여 동작하고, 행동이나 내부 상태에 대한 제어 가능
사회성 (Social Ability)	• 통신 언어를 사용하여 사람과 다른 에이전트들과 상호작용
반응성(Reactivity)	• 실세계, 그래픽 사용자, 인터페이스를 경유한 사용자, 다른 에이전트들의 집합, 인터넷 같은 환경을 인지하고 그 안에서 일어나는 변화에 시간상 적절히 반응
능동성(Proactivity)	• 단순히 환경에 반응하여 행동하는 것이 아니라 주도권을 가지고 목표 지향적으로 행동
시간 연속성 (Temporal Continuity)	• 단순히 한 번 주어진 입력을 처리하여 결과를 보여 주고 종료하는 것이 아니라, 전면에서 실행하고 이면에서 잠시 휴식하는 연속적으로 수행하는 데몬(demon) 같은 프로세스

목표 지향성 (Goal-Orientedness)	• 복잡한 고수준 작업들을 수행하며, 작업이 더 작은 세부 작업으로 나뉘고 처리 순서를 결정하면 에이전트가 책임짐
이동성(Mobility)	• 사용자가 요구한 작업을 현재의 컴퓨터에서 처리하지 않고 그 작업을 처리할 수 있는 다른 컴퓨터로 이동시켜 수행함으로써 효율을 높이고 네트워크 부하를 감소
합리성(Rationality)	• 목표를 달성을 위해 행동하며, 방해하는 방향으로는 행동하지 않음
적응성(Adaptability)	• 사용자의 습관과 작업 방식, 그리고 취향에 따라 스스로를 적응
협동성(Collaboration)	• 다른 에이전트, 자원, 사람과도 복잡한 작업을 수행하기 위해 협력

에이전트는 지식 베이스와 추론 기능을 가지며, 사용자·자원(resource)·다른 에이전트와의 정보 교환과 통신을 통해 문제 해결을 도모한다. 에이전트는 스스로 환경의 변화를 인지하고, 대응 행동을 취하며, 경험을 바탕으로 학습 기능을 가진다. 에이전트는 수동적으로 주어진 작업만을 수행하는 것이 아니고, 자신의 목적을 가지고 그 목적 달성을 추구하는 능동적 자세를 지닌다. 에이전트 행동은 지속적으로 이루어지며, 결과는 환경의 변화를 가져 온다.

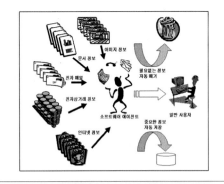

직접 조작	간접 조작
• 사용자가 어떤 작업의 수행을 요구했을 때 오직 요구받은 작업만 수행하는 컴퓨터 프로그램	• 사용자가 특정한 일을 시키지 않아도 에이전트가 사용자의 행동을 일정 기간 동안 관찰하고 그 결과를 기반으로 사용자를 대신하여 반복 작업 수행

[그림 4-18] 사용자 정보 형태에 따른 에이전트 역할(직접/간접 조작)(출처. NIA)

2. 지능형 에이전트 분류

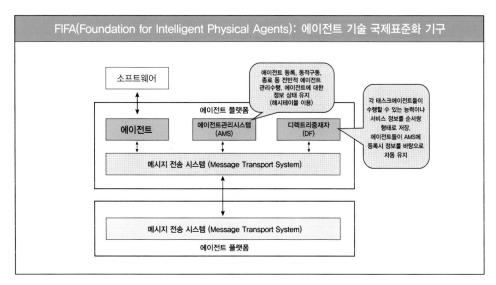

FIFA(Foundation for Intelligent Physical Agents): 에이전트 기술 국제표준화 기구

[그림 4-18] FIFA 에이전트 개발 플랫폼

[표 4-17] 지능형 에이전트의 기능과 역할에 따른 분류

분류	내용
학습 에이전트	사용자가 웹상에서의 수행하는 행동을 관찰하고 어떤 내용에 관심을 가지고 있는지를 판단하여 사용자에게 알맞은 내용을 전달하도록 하는 것
인터페이스 에이전트	사용자의 원하는 작업을 찾아내서 이들을 네트워크나 응용 프로그램 안 어디에서든지 실행할 수 있도록 이동
데스크탑 (desktop Agent) 에이전트	PC나 워크스테이션의 운영 체제에 상주하면서 국부적으로 실행되는 소프트웨어 에이전트
응용 프로그램 에이전트	사용자에 의해 부여된 작업을 자동적으로 응용 프로그램 내에서 수행
인터넷 에이전트	서버에 상주하면서 사용자와 직접적인 상호작용 없이 사용자를 대신해서 작업을 수행하도록 인터넷상에서 분산된 온라인 정보를 접근하는 프로그램
모빌 에이전트	클라이언트 컴퓨터로부터 원격 실행을 위해 다양한 서버들로 자기 자신을 이동시킬 수 있는 소프트웨어 에이전트

전자상거래 에이전트	사용자를 대신해서 쇼핑을 가서 제품 사양을 얻어오며 사양에 만족하는 구매 추천 목록을 반환, 상품이나 서비스 판매를 제공함으로써 판매자들 을 대신한 점원(고객 상담)의 역할
멀티 에이전트 시스템	복잡한 문제를 해결하기 위해 에이전트 설계, 자원 할당, 작업 분할 및 업무 분담 같은 기능이 필요한 모든 분야

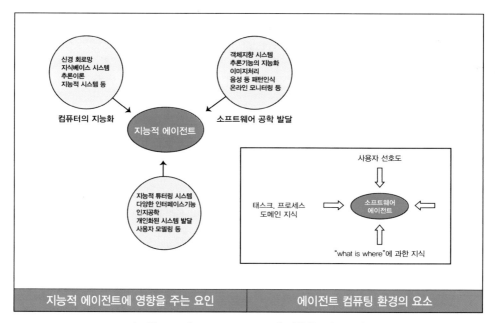

[그림 4-19] Agent Modeling에 영향을 주는 요인

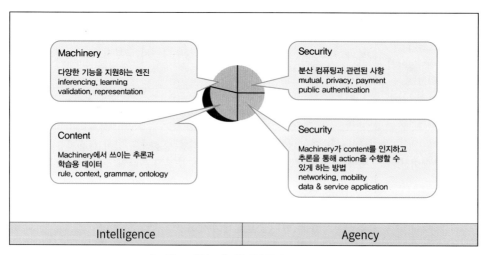

[그림 4-20] 지능적 에이전트 수요 기술

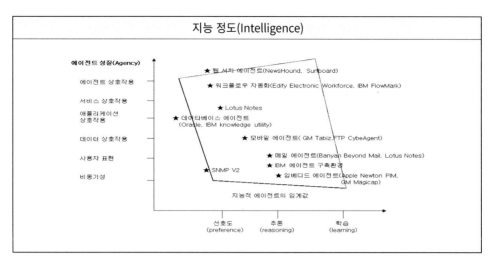

[그림 4-21] 에이전트 평가: 상용화된 지능적 에이전트 분포 사례

[표 4-18] 에이전트 분류(네트워크상 구조와 역할에 따른 분류)

분류	내용
단순 반사형 에이전트	(Simple reflex Agents) 환경 변화에 빠르게 반응 – 외부 센서로부터 감지한 신호 자체를 처리함으로써 행동 결정
외부 지식 기억형 에이전트	(Agent that keep track of the world) – 인지된 상태의 범위에 관한 내부 지식을 계속적으로 기억하고 있는 에이전트
목표 기반 에이전트	(Goal–based Agent) 환경, 추구하는 목표, 가능한 행동들에 대한 명시적 기호 모델을 갖음 – 기호의 변환 및 추론 문제가 중요(전통적인 에이전트 설계 방법)
함수 기반 에이전트	(Utility–based Agent) – 목표에 대한 만족도를 수치화하는 에이전트

[표 4-19] 지능 에이전트 적용 분야와 한계

분야	적용 분야
에이전트 적용 분야	• 제조업, 공정 제어, 정보통신, 항공운항 관제, 교통·운송관리 • 비교적 작은 틈새에서 작동되는 시스템 • 정보 검색 및 여과, 정보 수집 및 통합 등 정보관리 • 전자상거래와 비즈니스 프로세스 제어 분여 • 컴퓨터 게임, 인간과 컴퓨터 간의 대화식 극장 • 3차원 가상현실 분야 • 건강 산업(환자 감시와 건강 보조) 분야
에이전트 상용화의 한계	• 지능형 에이전트 시스템 설계·구축은 우수 전문엔지니어 필요 • 멀티 에이전트 시스템 응용 제품을 정확히 특징짓고 그들의 구조들을 조립할 수 있는 체계적인 방법을 사용하는 설계자 부족 • 유용한 에이전트 시스템 개발 도구 부족 • 에이전트 기술을 광범위하게 채택하기 위한 기술적 문제

0. 실습에 사용되는 코드 및 데이터는 깃허브 저장소에서 내려받을 수 있다.

https://github.com/wokibook/machinelearning

1. 인공 신경망(ANN: Artificial Neural Network)의 뉴론에 대하여 토론해 보시오.

2. 딥러닝은 빅데이터에 의하여 구성된다. 앞으로 어떤 빅데이터가 출현할 것인가?

3. Neural Net(NN)에서 오류 교정은 어떠한 학습 방식이 있는가?

4. 딥러닝(Deep Learning)의 CNN과 RNN을 비교 토론해 보시오.

5. 인공지능의 딥러닝의 학습 과정에 대하여 토론해 보시오.

6. 신경망 학습 방법 중 퍼셉트론(Perceptron) 모델에 대하여 토론해 보시오.

7. SVM(Support Vector Machine), DNN, HMM, NBC, LSTM, DBN, HAN 등의 학습 원리는 무엇이며, 장단점을 비교하시오. 각각 어떤 응용에 적합한가? 토론해 보시오.

8. 인공지능 프로그램에서 활성화 함수에 대하여 토론해 보시오.

9. 지능형 에이전트의 활동 영역은 어떠한 것이 있는가?

10. MS, Facebook, Amazon, Apple에서 대표적으로 추진하고 있는 인공지능(AI) 활용 사례를 조사해 보시오.

11. 미국 NASA에서 코로나 이후 중국 생태계를 분석한 결과 스마트 SOC로 전환되었다고 보도되었는데 그 이유를 토론해 보시오.

제2부

인공지능 기술 개발

PART

05

인공지능 개발 언어(Python)와
도구(TensorFlow)

 학습주제

AI SW 개발자는 반드시 컴퓨터 언어와 지능 개발 도구로 프로그래밍을 할 수 있어야 한다. 프로그래밍 기법을 익히기 전에 수학I, 수학II, 통계·확률 등 그리고 컴퓨터 개론과 간단한 프로그래밍은 숙지하는 것이 인공지능 기초로서 반드시 필요하다. 이 과정에서 인공지능 언어에 적합한 기본 코드만 이해할 경우, 고도의 인공지능 비즈니스 모델은 업무 지식(Domain Knowlege) 을 요하기에 전체를 이해하기 힘들 수 있다. 인공지능은 인간의 지능을 모사하는 것이기 때문에 인간이 하던 모든 응용 분야에서 무한히 확장 중이다. 특히 최근 딥러닝은 인간의 능력을 뛰어넘는 성과를 계속 보여 주고 있다. 딥러닝은 인공지능 개발 핵심으로 주목받는 분야이며, 이를 구현하는 개발 프레임워크를 업무에 적용해야 지속적인 경쟁력을 유지할 수 있다. 개발 프레임워크 중에서 공개 SW인 컴퓨터 프로그래밍 언어로서 Python과 지능 라이브러리인 TensorFlow는 각광을 받고 있으나 책의 한계로서 Python과 TnsorFlow는 지면상 소개로서 끝난다. AI SW 개발 전문가로서 활동하실 분들은 K-MOOC나 공개된 학습 사이트에서 심도 있는 학습이 있기를 바란다.

- 아나콘다 공식 홈페이지 https://www.anaconda.com/download/
- 파이썬(Python) 공식 홈페이지: http://www.python.org
- 텐서플로우 공식 홈페이지 https://www.tensorflow.org

제1절. 인공지능 개발 언어와 구현 도구

1. 기계학습 과정

기계학습 과정은 데이터 수집, 데이터 전처리 및 탐색 과정을 통해 학습 모델을 선택하여 훈련시킨 후, 테스트 데이터로 학습 성능을 평가하여 목표를 달성한다. 성능에 도달한 경우 현장에 적용하는 과정을 거치는데, 성능 미달인 경우는 그 추정된 원인에 따라 그 이전 단계로 돌아가는 과정을 반복한다.

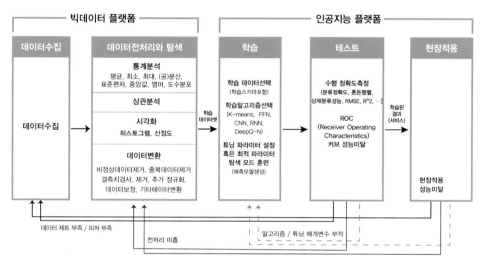

[그림 5-1] 기계학습 개발 프로세스

[표 5-1] 머신러닝 훈련 단계

단계	실행	내용
1단계	해결할 문제 파악하기	· 문제가 무엇인가?
2단계	정제하기 + 관찰하기	· 데이터 수집 · 분석
3단계	훈련 모델 정하기	· Neural network? · Types of Activation functions? Number of layers? Linear Model?
4단계	cost function 정하기	· 어떤 cost로 모델 파라미터를 훈련할 것인가? · MSE, MAE, Cross-Entropy
5단계	모델 파라미터 찾기 위한 opti-mizer 정하기	· 어떤 solver로 최적화 문제를 풀 것인가? · Gradient descent?, Conjugate gradient? Adam optimizer?

6단계	훈련 설정 하기	데이터 feeding 설정	• Training_size: 전체 training set 크기 • Batch_size: 단일 Minibatch Processing에 들어갈 batch 사이즈 • Batch 횟수: Total_batch=Int(training_size/ batch_size)
		최적화 Solver 설정	• Training_epoch: 같은 데이터 통한 훈련 반복 횟수 • Learning_rate: 최적화 속도 opt solver의 단일 스텝 크기

2. 인공지능 개발 프로그래밍 언어

[표 5-2] 인공지능 개발 언어 종류

언어 종류	정의
AIML	("Artificial Intelligence Markup Language") • XML 방언으로서 A.L.I.C.E. 유형의 채터봇에 사용
IPL	• 인공지능을 위해 개발된 최초의 언어
LISP	• 람다 대수 기반의 컴퓨터 프로그램을 위한 실용적인 수학 표기 언어
Small Talk	• 시뮬레이션, 신경망, 기계학습, 유전자 알고리즘을 위해 사용
Prolog	• 선언형 언어로서 프로그램들이 관계를 수단으로 표현되며 실행은 관계 위에서 'Query'를 수행함으로써 발생
STRIPS 플래너	• 절차적, 논리적 언어 간 하이브리드
POP-11	• POP-11
Python	• 인공지능에 널리 사용되며, 일반 AI, 기계학습, 자연 언어 처리, 인공 신경망 등의 많은 응용 프로그램 패키지 포함 • 구글(Google)이 제공하는 데이터 플로우 그래프(Data flow graph)를 사용하여 수치 연산하는 머신러닝용 오픈소스 소프트웨어 라이브러리 미리 만들어진 파이썬 파일의 모음인 텐서플로우(TensorFlow) 기본
R언어	• 사람의 언어를 컴퓨터가 이해할 수 있도록 번역해 주는 프로그램으로서 인터프리터(In-terpreter) 언어
하스켈	• AI용 프로그래밍 언어

Wolfram Language	・자동화된 함수(Predict, Classify)에서부터 특정 메소드와 진단에 기반한 함수에 이르는 기계학습 기능을 포함 ・이 함수들은 수치, 분류, 시간 시리즈, 텍스트, 그림을 포함한 수많은 유형의 데이터로 동작
C++ (2011 이상)	・C++ (2011 이상)
MATLAB	・MATLAB
펄줄리아	・네이티브/비 네이티브 라이브러리를 사용한 기계학습

3. 인공지능 라이브러리

・머신러닝 라이브러리	
・scikit-learn (http://scikit-learn.org) ・파이썬이 머신러닝 분야의 표준 언어 ・Weka http://www.cs.waikato.ac.nz/ml/weka/ ・Apache Mahout, Spark ML, …	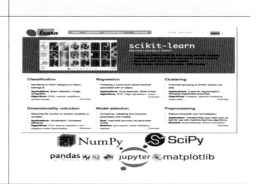

[그림 5-2] 머신러닝 라이브러리

딥러닝 라이브러리

- TensorFlow(https://tensorflow.org)
  2015년 11월 공개
  구글이 개발, 지원
  파이썬 API/윈도우, 맥, 리눅스 지원
  다양한 인공 신경망 알고리즘 제공
  계산 그래프 정의, 실행
- PyTorch(http://pytorch.org/)
  페이스북 개발, 지원
  다이나믹 계산 그래프
- MXNet, CNTK,
  Theano, Deeplearning4j, DyNet
- Torch, Caffe, Chainer

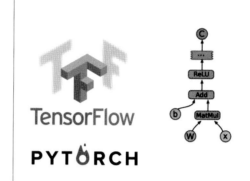

[그림 5-3] 딥러닝 라이브러리

4. 파이썬(Python)과 텐서플로우(Tensorflow) 설치

윈도우 환경에서는 파이썬을 설치(인스톨)해야 한다. 과학 계산용 파이썬 개발 환경(win10/win8/win7)을 구축을 위해서 반드시 필요하다.

- Python 3.11.X
- Tensorflow2 2.5.X
- Anaconda 5.X.X
- GPU SW 그래픽카드 설치
  (엔비디아(Nvidia) 홈페이지에서 CUDA Toolkit과 cuDNN 영문 developer 설치)

4.1. Anaconda3 설치(Download)

아나콘다(Anaconda)는 과학 계산용 파이썬 프레임워크를 위한 패키지이다. 아나콘다 통합 패키지를 구글 크롬의 한글판 (https://www.anaconda.com/download/)을 다운로드하여 그래픽 인터페이스를 통해서 설치하는 것이 편리하다. 윈도우 환경에서는 텐서플로는 파이썬 3.8.x 이상부터 호환되기 때문에 최신 버전은 anaconda3이 필요하다.

[그림 5-4] 크롬 한글판 아나콘다 설치 화면

그리고 윈도우 환경에서는 한글 사용자 이름(또는 ID, username)과 한글 경로는 설치 전에 영문으로 바꾸기 권장한다.

4.2. Anaconda Install

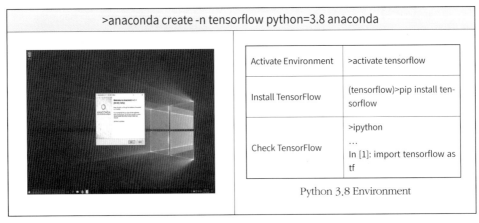

[그림 5-5] 아나콘다 설치 후 파이썬과 텐서플로우

파이썬과 텐서플로우 설치
아나콘다(https://www.continu-um.io/downloads) 캐노피(https://www.enthought.com/product/canopy)	
〈Package〉 • 풍부한 서드파티 라이브러리 (pypi.python.org) ① pip install package_name ② conda install package_name	

[그림 5-6] 파이썬과 텐서플로우 설치 화면

제2절. 파이썬(Python) 프로그래밍 기초

1. 파이썬의 정의(공식 홈페이지: http://www.python.org)

파이썬은 1991년 프로그래머 귀도 반 로섬(Guido van Rossum)이 발표한 언어 플랫폼으로서 독립적이며 인터프리터 방식, 객체 지향적, 동적 타이핑 대화형 명령어 해석기가 내장되어 있어 명령의 결과를 바로 볼 수 있는 편리한 객체 지향 언어이다. 라이브러리가 풍부하여 대학, 교육기관, 연구기관 및 산업계에서 이용하고 있다. 파이썬 소프트웨어는 개방형, 공동체 기반의 C언어로 구현된 프로그래밍 언어이다.

python™	History & Advantage(python.org)

Python 프로그램의 예
 	
`/* Python language program */`
`sum, count = 0, 0`
`number = eval(input("Enter: "))`
`while number < 999:`
`  sum += number`
`  count += 1`
`  number = eval(input("Enter: "))`
`print("\n Sum = %.2f," %(sum), end=" ")`
`if count > 0:`
`  aver = sum / count`
`print("Average = %.2f " %(aver))`
	Python
	• 네덜란드 개발자 귀도 반 로섬(Guido van Rossum)이 1989년 개발, 1991년 발표
	• Python 소프트웨어 재단이 관리
	• 플랫폼 독립, 대화식 객체 지향 언어
	• 바이트코드 형태의 중간 코드로 번역하는 인터프리터 언어(no compile)
	
	[특징]
	• 동적 타이핑(Dynamic Typing) 기능: 실행 시 데이터형을 검사
	• 작성하기가 쉬운 오픈 소스 범용 인터프리트 언어(No compile)
	• 풍부한 과학기술 라이브러리(scikit-learn, scipy, numpy, pandas) 풍부
	• 객체 지향 언어(Object Oriented Programming, OOP)
	• 대화식 셸(Interactive Shell): Python, ipython
	• 코드+결과+문서: Jupyter notebook으로서 학습 목적뿐 아니라 실용적인 목적 사용

[그림 5-7] Python 정의

Package	
서드파티 라이브러리 http://pypi.python.org ① pip install package_name ② conda install package_name	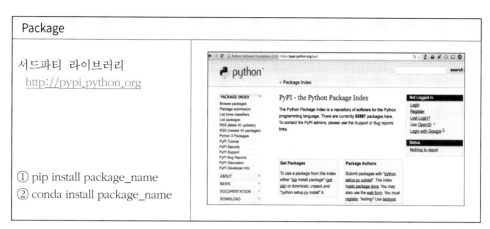

[그림 5-8] Package(서드파티 라이브러리)

Script, Interactive shel	

~ ~ ~ ~ ~
~ ~ ~
 	
$ python script_name.py
$ python
$ ipython
	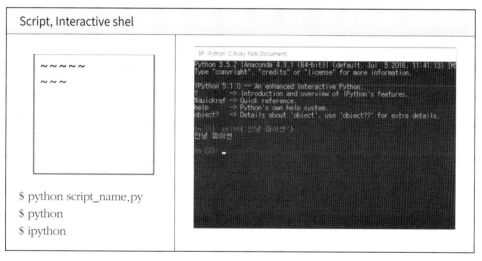

[그림 5-9] Script, Interactive shel

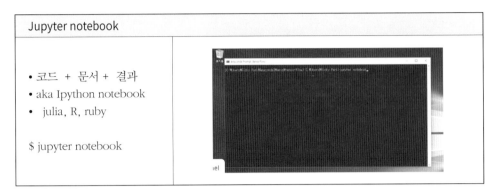

[그림 5-10] Jupyter notebook

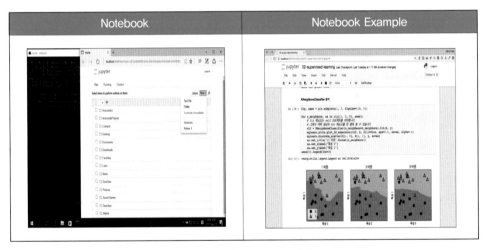

[그림 5-11] Notebook 설치

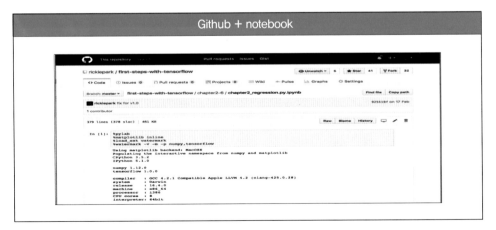

[그림 5-12] Github + notebook

Print("Hello World") 입력	

![IP iPython: C:Ricky Park/Documents]
In [1]: print("Hello World")
Hello World
 	
In [2]: print('Hello World')
Hello World
 	
In [3]: # comment
	![IP iPython: C:Ricky Park/Documents]
	In [1]: for i in range(5):
	    if i % 2 == 0:
	        print(i)
	        continue
	    if i // 2 >= 1:
	        break
	0
	2

[그림 5-13] Python Programming 샘플

2. Python 온라인 문서

••점프 투 파이썬	인터넷 화면
https://wikidocs.net/book/1	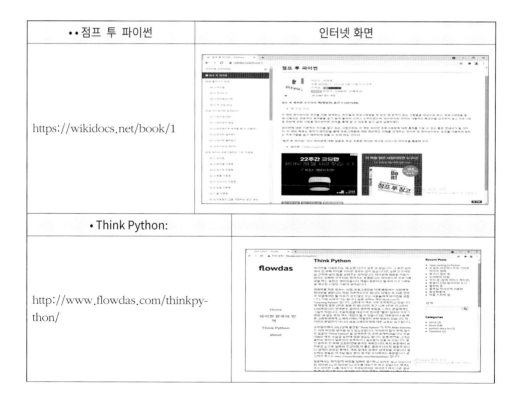
• Think Python: http://www.flowdas.com/thinkpython/	

• A Byte of Python:	
http://byteofpython-korean.source-forge.net/byte_of_python.html73	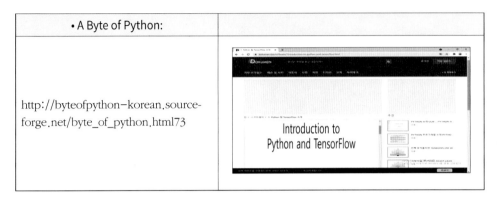

[그림 5-14] 점프 투 파이썬

3. Materials

• Github : https://github.com/rickiepark/tfk-note-books/tree/master/tensorflow_for_beginners	• Slideshare : https://www.slideshare.net/RickyPark3/1in-troduction-to-python-andtensorflow

[그림 5-15] Github 진행

제3절. 텐서플로우(TensorFlow) 기초

다양한 작업에 대해 데이터 흐름 프로그래밍을 위한 오픈소스 소프트웨어 라이브러리 심볼릭 수학 라이브러리이며 뉴럴 네트워크 같은 기계학습(Machine Learning) 응용 프로그램에 사용한다. 구글 내 연구와 제품 개발을 위한 목적으로 구글 브레인 팀이 개발하였다. 2015년 11월 아파치 2.0 오픈소스 라이선스로 공개하고, 파이썬 API 및 C/C++ API도 제공한다.

TensorFlow	개발자: 구글 브레인팀 발표일: 2015년 11월 9일 최신 버전: 1.5.0./2017년 2월15일 개발 상태: 지속적인 개발 중 프로그래밍 언어: Python, C++ 플랫폼: 리눅스, Ma OS, MS Window 종류: 기계학습 라이브러리 라이선스: 아파치 2.0 오픈소스 라이브러리 웹사이트: http://tensorflow.com
텐서플로우 블로그 (Tensor ≈ Blog) https://tensorflow.blog/	이 사이트에서 유투브(www.youtube.com)로 머신러닝 무료 강의, 케라스 딥러닝, 핸즈온 머신러닝, 파이썬 머신러닝, 회오리 파이썬 keras-ko를 청강할 수 있다. 1) 텐서플로우 기본 다지기-First Contact with TensorFlow 2) 오픈 소스 패키지 3) 텐서플로우 서빙(Serving) 4) 텐서플로우 설치 5) 첫 번째 텐서플로우 코드 6) 디스플레이 패널 텐서보드

1. 텐서플로우 정의

텐서플로우는 딥러닝을 위해 누구나 사용 가능한 머신러닝 오픈소스 라이브러리이자 프레임워크로서 구글에서 제공한다.

[표 5-3] 텐서플로우 정의

수행	정의
텐서(Tensor)	• Tensor = Multidimensional Arrays = Data • 딥러닝에서 텐서는 데이터를 의미하며, 다차원 배열로 나타내는 데이터임 (예, RGB 이미지는 삼차원 배열로 나타나는 텐서임)
플로우(Flow)?	• 플로우는 데이터의 흐름을 의미하며, 텐서플로우에서 계산은 데이터 플로우 그래프(dataflow graph)로 수행, 그래프 각각의 노드는 수식(operations) 의미 • 그래프의 간선(edge)은 시스템을 따라 흘러가는 데이터(Tensor)를 나타냄 • 그래프를 따라 데이터가 노드를 거쳐 흘러가면서 계산을 수행
딥러닝이란?	• 이미지를 분석하거나 자연어나 연설의 내용을 모바일 애플리케이션이나 자율주행차에서 활용할 수 있도록 하며, 기술을 다양한 분야에서 활용
딥러닝 방식 (Deep Learning Methods)	• 딥뉴럴 네트워크(Deep Neural Networks)라고도 하며 인간 두뇌의 뉴런 네트워크에서 아이디어를 얻어 개발 • 딥러닝 네트워크는 되먹임 과정(Feedback process)을 통해 훈련됨 • 되먹임 과정을 기울기 하강 최적화(Gradient Descent Optimization)를 기반으로 한 역전파(Back Propagation)라고 함
Keras	• 파이썬으로 작성된 오픈소스 신경망 라이브러리(텐서플로우 위에서 수행)

텐서플로우는 많은 최적화 알고리즘을 지원한다. 네트워크의 훈련(Training Pprocess) 과정을 모니터하고 디버그하고 시각화하기 위해 텐서플로우는 텐서보드(TensorBoard)를 제공한다. 텐서플로우는 Keras와 TF-Slim과 같은 Abstract Library를 제공하여 텐서플로우에 대한 High-level Access를 제공한다.

[표 5-4] 텐서플로우 리소스

종류	사이트
웹사이트	http://tensorflow.org
깃허브	https://github.com/tensorflow/tensorflow
커뮤니티	https://www.facebook.com/groups/TensorFlowKR/
한글 문서	https://tensorflowkorea.gitbooks.io/tensorflow-kr/
블로그	https://tensorflow.blog/

• Weka http://www.cs.waikato.ac.nz/ml/weka/
• Apache Mahout, Spark ML, …

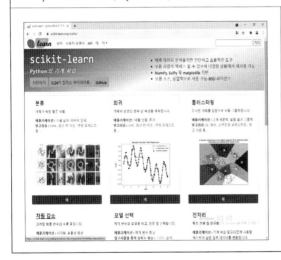

Weka 3(Java의 기계학습 소프트웨어)
· Weka는 데이터 마이닝 작업을 위한 기계학습 알고리즘 모음
· 데이터 준비, 분류, 회귀, 클러스터링, 연결 규칙 마이닝 및 시각화를 위한 도구 포함
· Weka는 GNU General Public License에 따라 발행된 오픈 소스 소프트웨어
· 기계학습 및 데이터 마이닝을 가르치는 몇 가지 무료 온라인 과정 구성
· 딥러닝을 지원하며, 강좌 비디오(Youtube) 있음

[그림 5-16] 머신러닝 라이브러리 Scikit-Learn(http://scikit-learn.org)

Graph 정의 + Session()	
• 텐서플로우의 연산자를 사용하여 계산 구조를 정의한다. a = tf.constant(2) b = tf.constant(3) x = tf.add(a, b) • 세션 객체를 만들어 만들어진 계산 그래프를 실행한다. . x 〈tf.Tensor 'Add:0' shape=() dtype=int32〉 tf.Session().run(x)	

[그림 5-17] 텐서플로우 그래프 정의

2. 텐서플로우 실행

[표 5-5] 텐서(Tensor) 배열

텐서(Tensor) • 다차원 배열, 매트릭스, NumPy 배열 • 텐서플로우에서 사용하는 데이터 표현	a.shape TensorShape([ ]) c = tf.constant([2, 2]) c.shape TensorShape([Dimension(2)])

random_normal()
• 정규 분포(μ=0, δ=1)의 난수를 발생시킴
g = tf.random_normal([2, 3])
tf.Session().run(g)
array([[−0.42949361, 2.13715839, −0.73751086],
[−0.56948185, −0.92247707, 0.62523431]], dtype=float32)

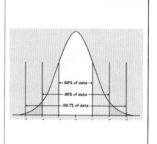

[그림 5-18] random_normal()

행렬(matrix) • 2×3 행렬

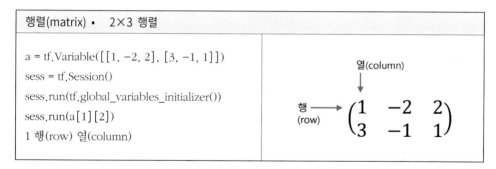

```
a = tf.Variable([[1, −2, 2], [3, −1, 1]])
sess = tf.Session()
sess.run(tf.global_variables_initializer())
sess.run(a[1][2])
1 행(row) 열(column)
```

열(column)
행 (row) $\begin{pmatrix} 1 & -2 & 2 \\ 3 & -1 & 1 \end{pmatrix}$

[그림 5-19] 행렬(matrix) 계산 프로그램

신경망 학습은 반복된 과정
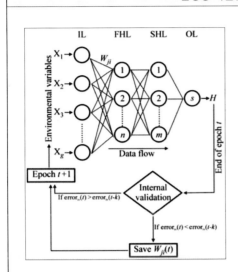	tf.matmul() 두 개의 텐서를 입력받아 행렬 내적 계산 a = tf.Variable([[1, −2, 2], [3, −1, 1]]) b = tf.Variable([[2, −1], [4, 3], [1, 2]]) dot = tf.matmul(a, b) sess = tf.Session() sess.run(tf.global_variables_initializer()) sess.run(dot) array([[−4, −3], [3, −4]], dtype=int32)

[그림 5-20] 신경망 학습은 반복된 과정 예

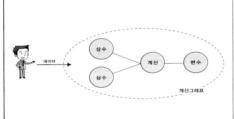	– 상수를 바꾸려면 그래프를 재생성 – 변수는 그래프 내부의 계산에 의해 변경되는 값을 저장 – 그래프는 보통 반복적으로 실행되므로 그래 프를 실행할 때 프로그래머가 데이터를 주입 할 방법이 필요
Materials • Github: https://github.com/rickiepark/tfk−notebooks/tree/master/tensorflow_for_ beginners • Slideshare: https://www.slideshare.net/RickyPark3/1introduction−to−python−and− tensorflow	

[그림 5-21] 플레이스 홀더 구성

LAB2: "helloWorld" in Tensorflow

- Pip를 통해서 tensorflow를 설치하고 helloWorld를 찍어 볼 것
- 파이참 project 생성 후 project interpreter 설정

```
lab2_runHelloTensorflow.py
(tensorflow) $ vim helloworld.py
import tensorflow as tf

hello  = tf.constant('Hello, TensorFlow!')
sess   = tf.Session()
print('[Lab2] %s' % sess.run(hello))
# Hello, TensorFlow!
a = tf.constant(10)
b = tf.constant(32)
print('[Lab2] a + b = %s' % sess.run(a+b))
# 42
```

[그림 5-22] "helloWorld" 프로그래밍

TensorFlow 기본요소

- 계산 그래프 정의하기

  tf.constant()는 상수 Tensor.

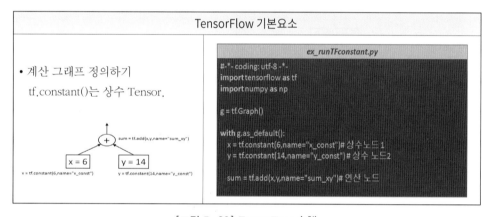

```
ex_runTFconstant.py
#-*- coding: utf-8 -*-
import tensorflow as tf
import numpy as np

g = tf.Graph()

with g.as_default():
    x = tf.constant(6,name="x_const") # 상수노드 1
    y = tf.constant(14,name="y_const") # 상수 노드2

    sum = tf.add(x,y,name="sum_xy") # 연산 노드
```

[그림 5-23] TensorFlow 수행

Matrix multiplication Tensorflow

1 by 2 vector 생성 [[2.,3.]]
2 by 1 vector 생성 [[1.],[2.]]
tf.matmul(mtx1,mtx2)
 1) 세션 생성
 2) 세션 실행
 3) 결과 출력
 4) 세션 종료

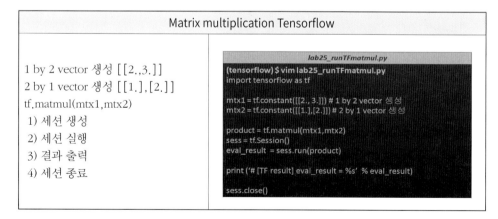

[그림 5-24] LAB2.5 Matrix Multiplication

- LAB3: TensorFlow 기본 예제, Line-fitting -

X: feature, Y: label
1) Outlier & Irregular 데이터 제거 빈칸,
   NaN
2) Normalization of data set X
   데이터 크기(abs)가 [0,1] 범위 안에 들
   어오도록 스케일링
   norm_X = abs(X)/max_value_abs *
   sign(X)
3) Standardization of data set X
   데이터의 분포가 zero-mean, unit-vari-
   ance를 가지게 스케일링
   stand_X = (X - mean(X)) / std(X)

[그림 5-25] LAB3 예제

Step V) 모델 훈련시키기 (lab3_runTFLineFitting.py)

1) 정의한 계산 그래프 tf.Session() 계산
2) tf.Session() 안에 variable 사용
   init=tf.global_variables_initializer() 정의
   - tf.Session() 내 우선 실행 (sess.
   run(init) # this for variable use)
3) tf.Sesson() 안에 두 개 for loop 구성
   Training epoch Loop:(최적화 반복 학습)
   Total batch Loop(데이터 feeding)
4) placeholder (x,y)에 training data가
   feeding
- 전체 데이터가 total_batch번 feeding
- 데이터 feeding loop 동안 cost 누적 계산

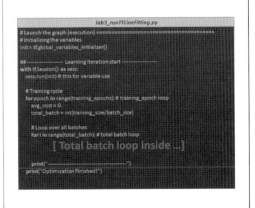

[그림 5-26] Step V) 모델 훈련시키기

제4절. API 구현

1. API(Application Programming Interface 응용 프로그램 인터페이스) 정의

API는 서비스 응용 프로그램에서 데이터를 주고받기 위한 방법을 의미한다. 특정 사이트에서 특정 데이터를 공유할 경우 어떠한 방식으로 정보를 요청하고 받을 수 있는지에 대한 규격들을 API라 정의한다.

[표 5-5] API 정의(출처: https://developers.naver.com/main/)

정의	내용
Open API 정의 및 사용 범위	・오픈API는 플랫폼의 기능을 외부 개발자가 쉽게 이용할 수 있게 웹 또는 SDK 형태로 공개한 기술
	・Open API를 카테고리별로 분류하면 지도, SNS, 음악, 비즈니스, 날씨, 쇼핑 등 데이터가 있는 모든 다양한 분야에서 사용 가능
대표적인 제공처	・네이버, 다음, 카카오, 구글, 페이스북뿐만 아니라 정부에서도 그동안 수집한 공공 데이터를 Open API 형태로 제공
Windows API	・구성 요소, 응용 프로그램 및 운영 체제에 대한 작업용 함수들의 집합
API	・일련의 공식에 의해 작동하는 도구로써 다양한 소프트웨어 요소 사이에서 원활한 커뮤니케이션이 가능
	・정보와 서비스를 전달하는 과정에서 높은 수준의 사용자 설정을 가능하게 하여 고객의 필요에 맞게 앱/웹사이트를 맞춤화 가능한 유연성 제공
	・다른 서비스와 연계되고 외부에서 기능을 확장해 새로운 서비스를 만들어 내면서, 서비스는 더 많은 지점에서 사람들과 만나고 그들의 생활에 꼭 필요한 역할 ・사용자의 선택권을 늘리고 데이터로 신 부가가치 창출 지원군 역할

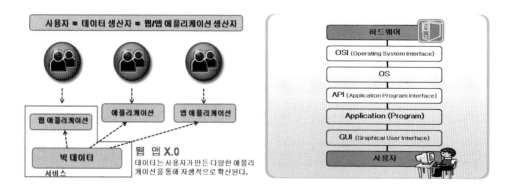

[그림 5-27] API 시스템 구축

2. API 윈도우와 모바일 서비스

API 구성	웹 사이트
검색 분야는 Naver, Daum에서 제공	네이버 Open API: http://openapi.naver.com 다음 Open API: http://dna.daum.net/apis
Social Network Service 분야에서도 Open API를 제공	Micro Blogging/SNS, 미투데이 :http://me2day.net (API 사용설명서: http://codian.springnote.com/pages/89009)
도서 / 음반 판매 서비스 및 리뷰 사이트	알라딘 TTB: http://blog.aladdin.co.kr/ttb/1631066 레뷰(revu): http://www.revu.co.kr/OpenAPI
Google Maps:Google Open API 지도 네이버, 야후! 지도 API 사용, 국내 지도 사용 가능	HousingMaps (http://www.housingmaps.com) http://www.programmableweb.com/mashups

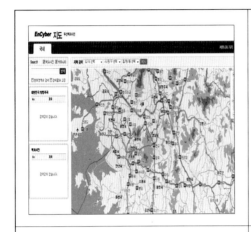	
네이버 API http://openapi.naver.com	· Google 뉴스 한국 검색 Pipe 작성 · 사용자의 입력을 받아 검색된 뉴스를 표시하는 pipe 작성, 제목 중복 기사 제거, 날짜에 대해 내림차순 정렬

[그림 5-28] API 구성 스마트 라이프 서비스

3. 모바일 앱 API 구축: 구글 안드로이드

앱 구축	오픈소스(Open Source) 전략, 여러 단말기사들이 채택토록 유도 안드로이드 API와 개발 도구를 무료로 제공 안드로이드 마켓을 통해 일반 개발자들의 앱을 일반 고객에게 판매
사용	스마트 시대의 커뮤니케이션 서비스: 페이스북, 트위터, 카카오톡 정보 교류나 인맥관리와 같은 개인 간 소통 수단으로 주로 사용 기업의 광고, 마케팅 채널, 정부기관의 소통 수단으로 활용 기대

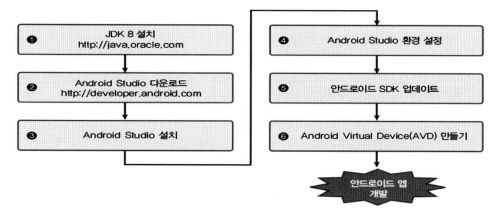

[그림 5-29] App 개발 준비 Andorid SDK 과정

https://developer.android.com/sdk/
index.html에서 자신의 운영 체제에 맞
는 Android Studio를 다운로드받아서
설치해서 사용

[그림 5-30] Andorid SDK 설치

안드로이드 아키텍처
- 효율적이고 안정적인 자원 관리를 위해 계
  층을 구성
- 하위에서는 저수준 지원 요소들이 있고 상
  위로 올라갈수록 응용 요소들이 존재
- 추상화와 보안을 위한 인접한 계층끼리만
  통신 가능
- 안드로이드 누가부터는 달빅 대신에
  Android RunTime을 사용

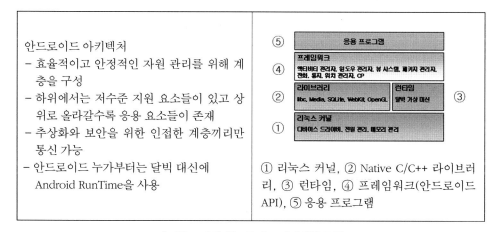

① 리눅스 커널, ② Native C/C++ 라이브러
리, ③ 런타임, ④ 프레임워크(안드로이드
API), ⑤ 응용 프로그램

[그림 5-31] 안드로이드 아키텍처 구성

- 새로운 프로젝트 생성(처음 실행 한 경우)
- 새로운 프로젝트 생성(프로젝트 실행 도중)
  [File – New – Project]
- 템플릿 설정
- 새 프로젝트 생성(앱 이름, 패키지 이름, 프로젝트 위치 설정) 패키지 이름으로 앱을 식별하므로 고유한 값으로 지정
- 프로그래밍 언어 및 API 레벨 선택
- 실행 설정: 마법사가 만들어 준 프로젝트는 Android가 요구하는 기본 코드와 리소스를 모두 포함하고 있으므로 그 자체로 실행 가능

[그림 5-32] 프로젝트 생성

제5절. 텐서플로우의 예제 <MNIST>

텐서플로우에서 어떻게 단일 계층 신경망을 만들고, 손글씨 숫자를 패턴 인식하는가를 〈MINST〉로 학습한다.

[표 5-6] 지능 모델 MNIST 데이터 세트를 이용한 예쁜 필기 글씨 CNN Tutorial

예쁜 글씨 지능 모델	구성(1988년도부터 시작한 인식률 경쟁 기록)
MINST데이터베이스	• 미 표준국(NIST)에서 수집한 필기 숫자 데이터베이스
C언어	"Hello, World" 같은 예제
사람의 손글씨로 된 0~9 사이 숫자 학습	새로운 손글씨를 판별해 내는 모델
웹사이트	https://yann.lecun.com/exdb/minst 접속하면 다운로드
오류율	[Ciresan] 논문이 0.23%(23/10,000개 중) 2017년 기준 최고

데이터는 학습 및 검증	• 훈련 집합 60,000개(55,000개 train, 5,000개 valid) • 테스트 집합 10,000개로 구성
	• 데이터 세트는 28×28 픽셀로 구성된 CNN구조와 같은 형태임 • 그레이스케일(greyscale)로 흑백의 진한 정도로 표현된 8비트 체계로 구성

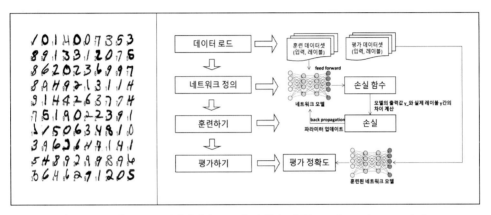

[그림 5-33] MINST 데이터베이스 구성 및 학습 절차(출처: [Keras] MNIST 예제)

[표 5-7] 간단한 MNIST를 위한 코드 전문

예쁜 글씨 인공지능 인식률 프로세스
• 코드 가장 윗줄은 데이터를 불러오는 세트이다. 자동으로 인터넷을 통해 데이터를 받아와 MINST를 정의한다.
• 텐서플로우의 패키지를 불러와 위에서부터 차례대로 이미지를 넣을 (x), 가중치를 넣을 변수 (w), Bias를 넣을 변수 (b), 예측한 결과를 넣을 변수(y), 정답을 넣을 변수 (y_)로 구성된다.

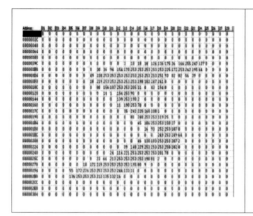

[그림 5-34] 숫자 5에 대한 데이터

[그림 5-35] 손글씨 예시

- 실제로 텐서플로우 신경망에서는 가중치 w만 변수이고, 나머지는 공간(Placeholder)이다. 변수 y의 Softmax가 모델 구축에 필요한 분류 기법이다.

- 여기서 소프트맥스는 어떤 손글씨가 들어왔을 때 각각의 숫자일 확률을 계산해 내는 다항 분류기이다.

- 쉽게 말하자면 0~9 각각에 대해 더해서 100%가 되는 각자에 대한 확률을 계산한다는 의미이다.

```
1  import tensorflow as tf
2  import numpy as np
3
4  # Make 100 phony data points in NumPy.
5  x_data = np.float32(np.random.rand(2, 100)) # Random input
6  y_data = np.dot([0.100, 0.200], x_data) + 0.300
7
8  # Construct a linear model.
9  b = tf.Variable(tf.zeros([1]))
10 W = tf.Variable(tf.random_uniform([1, 2], -1.0, 1.0))
11 y = tf.matmul(W, x_data) + b
12
13 # Minimize the squared errors.
14 loss = tf.reduce_mean(tf.square(y - y_data))
15 optimizer = tf.train.GradientDescentOptimizer(0.5)
16 train = optimizer.minimize(loss)
17
18 # For initializing the variables.
19 init = tf.initialize_all_variables()
20
21 # Launch the graph
22 sess = tf.Session()
23 sess.run(init)
24
25 # Fit the plane.
26 for step in xrange(0, 201):
27     sess.run(train)
28     if step % 20 == 0:
29         print step, sess.run(W), sess.run(b)
30
31 # Learns best fit is W: [[0.100  0.200]], b: [0.300]
```

[그림 5-36] TensorFlow 선형 모델 예제

가장 높은 확률인 것으로 단정지어 버리는 하드맥스(Hardmax)도 있지만, 소프트 맥스는 유연하게 각 숫자일 확률을 저장하고 있다. 그리고 Backpropagation을 활용하여, 어떤 특징이 계산된 확률과 정답 사이를 멀게 만드는 지역으로 찾아 들어가, 최적화를 진행한다. Cross_entropy가 머신러닝에서 오차 항에 해당하는 부분이다.

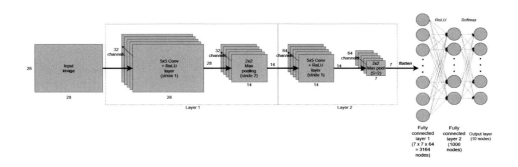

[그림 5-37] CNN 구조 전문(출처: CNN-Example-block-diagram)

그리고 주의해서 볼 부분은 Session이다. 텐서플로우의 특징은 위에서는 변수와 알고리즘을 구성한 이후에, 아무것도 실행이 되지 않는다는 것이다.

Session이 실행될 때까지 기다리고 있다가 이때 텐서플로우를 구동한다. 아래쪽에 있는 for문은 학습을 시킬 횟수 1,000번과 각 횟수마다 사용할 임의의 예제로서 묶음 단위 100개를 의미한다. 100개씩 임의로 1,000번 뽑아 학습하겠다는 뜻이다.

이후 정답이 맞으면 True(1), 틀리면 False(0)로 표현하여 정답률을 계산하는데, Reduce_mean이 1, 0 모든 경우에 대한 산술 평균을 구하여 결과를 보인다.

이 예제의 경우 약 92%의 확률로 정답을 맞출 수 있다. 정답 확률의 결과는 좋지 않지만, 텐서플로우에서 제공하는 딥러닝을 하는 것이 아니다. 딥러닝의 BPN을 통한 신경망을 구축했을 뿐이다. 코드를 조금만 수정하면 컨볼루션(Convolution) 및 풀링(Pooling)을 통해 합성곱 신경망(Convolutional Neural Network)을 구축하여 99%대의 정확도로 수행된다. (출처: https://www.tensorflow.org)

1. 수집된 데이터를 파이썬(Python) 연습 프로그램으로 간단히 계산해 보시오.

    1.1. 문자열 다루기: 나이를 입력받아 100세까지 몇 년 남았나 계산하여 출력해 보시오.

    1.2. if문 & 반복문 연습: 화면에 '*', '+' 문자로 80x80 정사각형을 그리되, 홀수 줄에는 '*'로, 짝수 줄에는 '+'로 그려 보시오.

    1.3. 입력한 숫자의 구구단을 출력: 시작하면서 사용자로부터 숫자를 받아 while문을 이용해 입력한 숫자의 구구단을 출력하시오.

    1.4. Up/Down 게임을 만들어 보시오: 컴퓨터가 생성한 랜덤한 숫자(=n)를 사용자가 추측해서 n보다 크면 'down', n보다 작으면, 'up'을 맞출 때까지 출력해 본다.

2. 파이썬 및 텐서플로우(딥러닝 패키지) 설치부터 MNIST 예제를 다루어 보시오. 똑같은 방법으로 입력해서 학습해 보시오.

3. 수학적으로 머신러닝과 신경망에 대해 더 심오한 프로그램을 작성해 보시오.

4. 반드시 알아야 할 수리 개념이 있다. 확률 기본(통계적, 공리적, 기하학적 등) 이론−조건부 확률/베이지안 룰−평균/분산/공분산/상관도−선형대수 기본을 이해하시고 토론해 보시오.

5. <TensorFlow>로 연습해 보시오.

    5.1. 딥러닝을 활용하여 세상을 이롭게 할 IoT/Mobile App 개발에 대한 연구를 같이 해 보시오!

    5.2. Overfitting을 최소화하면서 DNN 구조의 표현력을 최대한 활용하려면 어떻게 해야 하는가?

    5.3. 가장 간단한 CNN인 LeNet5를 만들어 보시오.

6. 머신러닝 기본 기법인 TensorFlow 프로그램으로 한글 옛글 구별 시스템을 구현해 보시오.

7. 오픈 공공 데이터(API)를 활용하여 생활 문제를 해결할 수 있는 아이디어를 구상해 보시고, API를 활용함으로써 변화될 생활과 직업에 대해 발표해 보시오.

8. Google 계정의 http://www.mblock.cc를 사용하여, 스크래치로 "문자 인식 API", "한국어−중국어 번역 API", "신체 인식 API", "감정 분석 API" 프로그램을 작성해 보시오.

클라우드 기반 빅데이터(라벨링) 구축

 학습 주제

인공지능 서비스는 인터넷과 모바일을 통한 데이터(이미지, 텍스트 등) 획득·가공·반복 학습으로 AI 모델(알고리즘)의 생성 결과를 제공한다. 기술적으로 클라우드 기반 위에 빅데이터가 구축되고 데이터를 기초로 인공지능을 개발하는 것이다. 대규모로 쌓아 둔 데이터를 기반으로 기초 학습시킬 수 있는 작업 절차가 필요하다. 인공지능에 학습 데이터로 학습을 시키려면 잘 정제된 데이터(GIGO: garbage-in garbage-out)가 입력되어야 좋은 인공지능 모델이 만들어진다. 정제 과정의 학습 데이터는 인공지능이 할 수 있는 영역이 아니고 아직은 인간의 섬세함이 개입되어야 한다. 빅데이터는 몇 사람이 작업할 수 있는 규모가 아니기 때문이다. 입력은 3가지 방안이 있다. 첫째는 인터넷상에서 클라우드 기반으로 수집하거나, 둘째 IoT(M2M) 기반으로 수집하거나, 셋째 수백 명이 직접 문서(자료) 입력 방식이다. 이렇듯 대규모 크라우드소싱 방식으로 작업이 진행되고 있다. AI를 활용하여 비즈니스 문제를 해결하기 위해서는 수많은 전문가들의 노력이 필요하다. 본 장에서는 데이터를 자동으로 수집할 수 있는 클라우드 컴퓨팅 서비스 기반 기술을 이해하고, 데이터 세트 구축 방법으로 라벨링과 모델 처리 절차에 대하여 학습한다.

웹사이트: 하둡 사이트 아파치재단(ASF: Apache Software Foundation)https://hadoop.apache.org/

제1절. 클라우드 컴퓨팅 기반 구축

클라우드 컴퓨팅은 IT 자원 이용 방식을 '소유'에서 '임차(공유)'로 전환하여 외부 컴퓨팅 자원을 유무선 인터넷에 접속하여 사용하고, 사용료를 지급하는 모델이다. 과거 IT 자원을 직접 구축, 소유 개념에서 벗어나 정부통신망을 통한 정부 시스템 이프라 구축 기간 단축 및 운영 관리 부담의 최소화로 비용 효율화(예산 절감)를 할 수 있다.

1. 클라우드 컴퓨팅 개요

미국국립표준기술원(NIST)은 클라우드 컴퓨팅을 최소한 관리나 서비스 제공자의 작업만으로 신속하게 제공·배포될 수 있고, 요구에 따라 변경될 수 있다. 컴퓨팅 자원 (네트워크·서버·스토리지·애플리케이션·서비스 등)이 공유된 집합은 언제, 어디서나, 편리하게 수요에 따라 네트워크를 통해 접속 가능한 컴퓨팅 모델이라 정의한다.

[그림 6-1] 클라우드 컴퓨팅(출처: 리눅스재단)

국내 클라우드 발전법(2015년도 제정)에서는 공유된 정보통신 기기, 정보통신 설비, 소프트웨어 등 정보통신 자원을 이용자의 요구나 수요 변화에 따라 정보통신망을 통하여 신축적으로 이용할 수 있는 정보 처리 체계라고 정의하였다.

2. 클라우드 컴퓨팅 특징

사용자 인터페이스의 단순화를 통한 사용 환경 향상(선택 가능한 서비스 카탈로그)을 한다. 컴퓨팅 자원 및 서비스 프로비저닝의 자동화, 탄력적 확장성과 고도로 가상화된 인프라, 공통의 소프트웨어군과 운영 정책을 통해 표준화된 서비스로 구성한다.

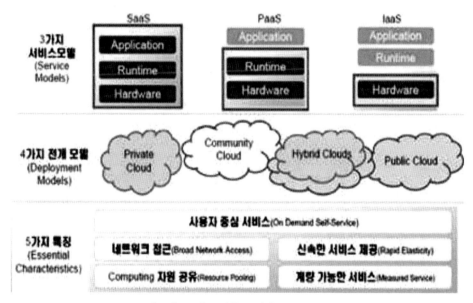

[그림 6-2] 클라우드 개념(출처: NIPA)

SaaS, PaaS, IaaS 이외에도 BaaS(Backend as a Service), NaaS (Network as a Service), BPaaS (Business Process as a Service)의 영역이 있다. 클라우드 컴퓨팅을 구현하기 위해서는 On-Demand, 동적 자원 할당, 신속성, 서비스 과금 등의 특성을 충족하기 위한 기술 요소 및 가상화 기술이 필요하다.

3. 클라우드 컴퓨팅 서비스 모델

[표 6-1] 클라우드 컴퓨팅 서비스 모델

분류	구분	구성 방식
지원 기능	제공 서비스는 IT 자원 범위에 따라 IaaS(Infra as a Service), PaaS(Platform as a Service), SaaS(Software as a Service)로 구분	• 표준 시스템 소프트웨어 사용 여부 및 내부 운영 인력 역량 등의 요인에 따라 서비스 모델
자산 소유	IT 인프라 자산의 소유 및 운영 주체 등의 구현 방식에 따라 Private Cloud, Public Cloud 및 Hybrid Cloud로 분류	• 정보보안 요건이며, 대외 서비스 효율성 및 비용이 고려 • Hybrid 모델 구축의 경우, front-end는 Public Cloud, back-end는 Private Cloud 구성

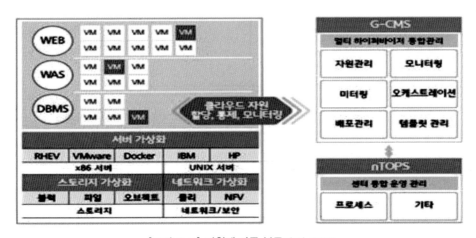

[그림 6-3] 자원에 따른 분류(출처: NIPA)

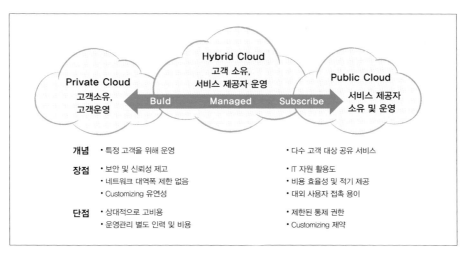

[그림 6-4] 소유에 따른 분류(출처: NIPA)

4. G-Cloud 모델

　G-클라우드 구성은 IasS(Infrastructure as a Service), PaaS(Platform as a Service), SaaS(Software as a Service) 서비스를 제공한다.

[그림 6-5] G-Cloud 구조(출처: NIPA)

[표 6-2] 클라우드 정보 자원 우선 적용 원칙(출처: NIPA)

대상 기관	정보 자원 중요도		
	상	중	하
중앙 행정기관	– G-클라우드	– G-클라우드	– G-클라우드 우선
지자체	– 자체 클라우드	– 자체 클라우드 – 민간 클라우드 검토	– 자체 클라우드 – 민간 클라우드 검토
공공기관	– G-클라우드 – 자체 클라우드	– 민간 클라우드 검토	– 민간 클라우드 우선

[표 6-3] 공공 민간 클라우드 도입 권고 사항(출처: NIPA)

분류	권고 사항
주요 서비스 내용	• 가상 서버(Virtual Machine) 제공 • 공개 S/W 템플릿 제공(O/S, Web, WAS, DBMS) • 스토리지 및 백업 서비스/방화벽, 로드밸런서(L4) 제공 • 기관별 독립된 가상 네트워크
G-Cloud 현황	• 공공기관은 '클라우드 발전법'에 따라 클라우드 우선(Cloud First) 도입 • 공공기관 클라우드 도입 예정 조사 결과, 자체 클라우드, 민간 클라우드, G 클라우드 순(공공 부문 클라우드 컴퓨팅 수요 조사 순위)
클라우드 (공공, 민간) 도입 시 고려사항	• 데이터 교환을 위한 네트워크 대역폭(대용량 자료) 및 네트워크 연결 • 표준 소프트웨어 및 특정 소프트웨어 사용 요건 • 외부 기관 서비스 연계 요건과 데이터 보안 요건 등이 있는 경우 Hybrid Cloud 형태가 바람직함 • front-end(Web)와 back-end(WAS, DBMS,Application)process 분리 구성
적용 방향	• 오픈 소스 기반(Hadoop) 분산 처리를 위한 빅데이터 플랫폼을 제공하는 국내 공공 Cloud 서비스는 주로 IaaS 형태로 제공 • 데이터의 수집 및 개인정보 보호를 고려하여 민간 참여 및 데이터의 공유를 중심으로 Hybrid Cloud 서비스 활용에 대한 고려가 필요

제2절. 빅데이터 개념

1. 빅데이터 정의

빅데이터는 2010년 OECD가 '기술전망포럼(Technology Foresight Forum)'을 통하여 빅데이터를 미래 신성장 동력 산업으로 공식화하였다. 그리고 경제적 자산으로서 빅데이터 활용은 가치 창출을 선도하면서 비즈니스 혁신을 선도한다고 정의하였다. 특히 각국 정부는 급속한 환경 변화 및 불확실한 여건하에서 개인정보 및 프라이버시를 보호하고, 정보 접근을 개방하고, 정보통신 기술 인프라와 관련 기술 분야에서 일관성 있는 정책을 수행하고 있다.

빅데이터란 기존의 DB 소프트웨어로는 수집·저장·관리·분석이 어려울 정도의 대규모 빅데이터를 4V(규모, 속도, 다양성, 정확성: Volume, Velocity, Variety, Veracity)로 4차원의 데이터 성장 변화를 의미한다. 이에 의사 결정을 위한 비용 대비 효과가 높은 데이터 처리가 혁신적인 과업이 되어가고 있다.

[그림 6-6] 빅데이터 정의

[표 6-4] 빅데이터 범위(출처: IBM GBS 보고서)

정보의 범위 확대	◀ 18%
새로운 종류의 데이터와 분석	◀ 16%
실시간 정보	◀ 15%
신기술에서 유입되는 데이터	◀ 13%
비전통적 형태의 미디어	◀ 13%
대량의 데이터	◀ 10%
최신 전문용어	◀ 8%
소셜미디어 데이터	◀ 7%

2. 빅데이터의 종류

일반적으로 빅데이터를 구성하는 데이터 종류는 정형화 정도에 따라 크게 정형 데이터(Structured Data), 반정형 데이터(Semi-structured Data), 비정형 데이터(Unstructured Data)로 구분된다.

[표 6-5] 학습 기초 데이터 세트 수집 분류

수집 방법	자료 수집
인터넷상	· Text, 음성, 이미지, 영상 등
문서(자료)	· Text, 음성, 이미지, 영상 입력 등(jpg, json 등)
IoT(M2M)	· 기계 등을 통한 데이터 자동 수집

[표 6-6] 학습 데이터 세트 구분 및 정의(출처: NIA)

구분	세부 정의
정형 데이터 (Structured Data)	· 정의: 정해진 구조로 고정된 필드에 저장되어 있는 데이터 · 사례: 관계형 데이터베이스(RDBMS) · 특징: 데이터로서의 활용성 높음
반정형 데이터 (Semi-structured Data)	· 정의: 고정된 필드에 저장되지는 않지만 메타 데이터, 스키마 등을 포함하는 데이터 · 사례: XML, HTML 문서 등 · 특징: 데이터로서의 활용성, 비정형 데이터보다 높음
비정형 데이터 (Unstructured Data)	· 정의: 정해진 구조가 없고 고정 필드에도 저장되지 않는 데이터 · 사례: 일반 텍스트 문서, 이미지, 동영상, 음성 등 · 특징: 크기와 복잡성에서 큰 비중 차지 · 링크드 데이터 변환 등의 기법으로 데이터의 활용성 및 공유 가능성이 높아지면서 새로운 가치로 인정받고 있음

비정형 데이터는 곧 소셜미디어 서비스(SNS)라는 등식일 정도로 소셜네트워크를 통해 급증하는 데이터에 대한 활용 가능성에 주목받고 있다. 빅데이터 전문가들의 진단이 잇따라 등장하면서 빅데이터는 소셜미디어 데이터로 대변되는 움직임마

저 감지되고 있다. 그러나 데이터 관리 전문가들은 소셜미디어 데이터가 빅데이터의 모든 것을 의미하지는 않는다고 말하고 있다. 데이터의 크기와 속도와 다양성이 주요 키워드이며 통합적 분석을 통한 의사 결정 및 업무 효율화가 핵심적으로 추구하는 방향이다.

3. 빅데이터 이용의 불확실성

[표 6-7] 데이터 관리 활용의 불확실성(출처: K-DATA)

종류	실정
(제도의 불확실성)	• 사회적으로 수용 가능한 프라이버시 보호 수준 등 데이터에 대한 국민 인식, 문화, 제도가 어떻게 발전할지 가늠하기 어려운 상황
(시장의 불확실성)	• 데이터의 경제적 가치 산정, 거래 제도, 보호 방법 등 데이터 경제를 지탱할 핵심 제도들이 미성숙
(기술의 불확실성)	• 데이터 분석 및 인공지능 기술의 발전 방향을 예측하기 어려워 중장기 투자와 인력 양성이 어려운 실정

영국의 왕립학회는 데이터 불확실성은 데이터 경제의 발전에 가장 큰 걸림돌이 될 것으로 보고, 2017년 7월 데이터 거버넌스에 대한 보고서(Data Management and Use: Governance in the 21st century)를 발간하고, 데이터 불확실성을 제거하기 위해 국가 차원의 데이터 거버넌스 발전의 필요성을 강조하였다.

- 개인 및 단체의 권리 및 이익 보호
- 데이터 관리 및 사용에 영향을 받는 사항의 투명성·책임성·포괄성 보장
- 여러 성공과 실패로부터의 모범 사례 수용
- 기존 민주적 거버넌스 강화

데이터 불확실성에 대해 체계적 대응 체계를 세우고 각종 위험을 효과적으로 분산시킬 수 있는 국가가 데이터 경제의 우위를 점할 수 있다.

4. 데이터 산업의 범위

　데이터 산업은 데이터의 생산·수집·처리·분석·유통·활용 등의 활동을 통해 가치를 창출하는 제품과 서비스를 생산 제공하는 산업이다. 데이터의 생명 주기 또는 가치사슬상에 나타나는 데이터 관련 제반 활동을 포함하며 데이터로부터 가치를 창출하는 일련의 과정을 포함한다. 그래서 한국데이터진흥원의 대분류는 데이터 산업의 데이터 관련 제품을 판매하거나 기술을 제공하는 데이터 솔루션·데이터 구축·데이터 컨설팅 등 데이터 기반 서비스 분야로 정의하였다.

[표 6-8] 데이터 산업의 범위(출처: K-DATA,2018)

분류	범위
데이터 솔루션	·DBMS(데이터베이스 관리 시스템), DBMS 관리, 데이터 모델링, 분석 및 시각화, 검색엔진, 품질 등 관련 솔루션 제품으로 비즈니스 ·라이센스, 유지보수, 커스터마이징(개발)에서 매출 발생 ·데이터 수집, 데이터 설계, DBMS, 데이터 관리, 데이터 품질 관리, 데이터 분석, 데이터 플랫폼
데이터 서비스 (데이터 브로커)	·데이터를 활용해 정보 제공, 데이터 거래, 분석 결과 정보 제공 등을 온·오프라인(모바일 앱 등 포함)으로 제공 ·데이터 이용료 또는 수수료, 광고료 등으로 비즈니스를 영위하거나, 마케팅을 목적으로 데이터를 수집·가공하여 판매하는 기업
데이터 구축	·DB 설계, 데이터 이행 등을 포함한 DB 시스템 구축, 문서·음성·영상 등의 데이터를 DB로 변환·정비하는 데이터 처리 ·데이터 외부 제공을 위한 API, LOD 구축, DW, Data Lake 등의 데이터 구축으로 비즈니스(데이터/DB 관련 SI와 IT 아웃소싱 포함)
데이터 컨설팅	·데이터 거버넌스, 품질, 데이터 설계, 데이터 활용 등 데이터 관련 기획 및 컨설팅 비즈니스

제3절. 인공지능 학습 데이터 수집

1. 데이터 마이닝

데이터 마이닝이란 대량의 데이터로부터 유용한 정보를 추출하여, 이해하기 쉬운 형태로 변환하여 실제의 의사 결정 과정에 적용하는 전 과정을 의미한다. 저장된 데이터에서 정보, 지식, 규칙, 패턴, 특성을 추출하여 지식 정보를 자원화한다.

[표 6-9] 의사 결정을 위한 지능 정보 추출 과정(출처: K-DATA)

데이터	→	정보	→	의사 결정
인구 통계 Point of Sale ATM 금융 통계 신용정보 문헌 첩보 자료 진료 기록 신체검사기록		A상품 구매자의 80%가 B상품도 구매 미국인 자동차 구매력이 6개월간 증가 A상품 매출 증가가 B상품의 2배 탈수 증상을 보이면 위험		광고 전략은? 상품의 진열? 최적의 예산 할당은? 시장 점유 확대 방안은? 고객 이탈 방지책은? 처방은?

이는 저장된 데이터양의 폭발적 증가, 데이터베이스 시스템의 사용 증가, 데이터 수집의 자동화, 정보, 지식의 언제나 부족, 인지적 처리의 한계, 자동 처리의 요구 증대, 인공지능 기술의 발전(Knowledge Discovery, Knowledge Extraction, Machine Learning, Data/Pattern Analysis)으로 항상 기본 데이터를 필요로 한다.

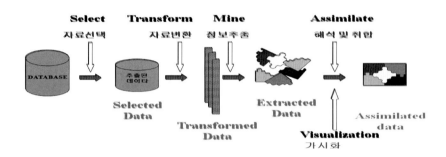

[그림 6-7] 학습 데이터의 데이터 마이닝 과정(출처: K-DATA)

2. Data Mining 기법 분류

[표 6-10] 데이터 마이닝 기법 분류(출처: K-DATA)

데이터 마이닝 기법	분류
탐사 지식, 정보 종류	· Association(연관성 발견) · Characterization(특성 발견) · Classification(분류) · Summarization(요약) · Clustering(군집화) · Sequential Pattern Discovery(연속 패턴 발견) · Trend(경향 발견) · Deviation Detection(추세 변화 발견)
탐사 데이터베이스 종류	· Relational DB · Transactional DB · Object–oriented DB · Spatial DB · Temporal DB · Textual vs Multimedia · Heterogeneous, …

적용 탐사 기법	• 기호 처리식 인공지능적 방법론 • 논리적 추론, Rule Induction • 패턴 인식/통계적 방법 • Statistical Classification(supervised learning) • Clustering Techniques(unsupervised learning) • Time Series Analysis • 신경망 방법 • 이론적으론 어떠한 Functional Mapping도 가능 • 강력한 학습 Algorithm이 있음

대량의 자료 분석을 통하여 정보, 지식의 자동 추출에 활용된다. 데이터베이스의 새로운 활용은 인공지능, DB 기술이 통합되면서 현장에서 쓰이는 솔루션 제공 수준에 도달하고 있다. 다양한 형태로부터의 정보 추출 연구(Hot Research Item)도 진행되고 있다.

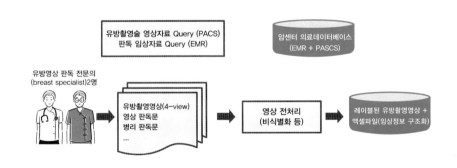

[그림 6-8] 인공지능 데이터 수집 절차(출처: TTA)

3. 공공기관에서의 빅데이터 처리 효과

공공 부문은 그동안 축적된 데이터의 규모나 내용 면에서 빅데이터로서 효과적인 활용 분야로 평가받고 있어 기존의 행정 처리의 개선 및 새로운 행정 서비스 구현에 빅데이터가 활용된다. 구조화되지 않은 엄청난 규모의 데이터에 대한 가치가 인정되고 있는 시대에 데이터를 보다 효율적으로 분석하여 업무 해결에 통찰력을 확보하는 것은 기업은 물론, 대국민 행정을 구현하는 정부의 필수 조건이 된다.

[표 6-11] 빅데이터의 개념을 가치와 활용 및 효과(출처: K-DATA)

활용 방안	효과
데이터의 분석을 통한 유형 (pattern) 발견	• 조직의 문제 해결과 신속한 의사 결정 그리고 업무 효율화 등 미션과 비전 실행을 위하여 관련된 내부 데이터와 외부 데이터를 모두 수집하고 이를 분석하여 특정한 유형을 찾아냄
빅데이터를 대입할 수 있는 수학적 함수 (function) 발견	• 매일 25억 기가바이트 이상씩 생산되는 데이터에서 특정한 유형과 이를 통한 예측치를 찾아내기 위해서는 문제 해결에 필요한 수학적 알고리즘 구현 • 문제의 성격과 상황에 따라 수학적인 알고리즘도 교체 가능
데이터를 근거로 한 미래 예측 (forecasting) 발견	• 기존의 연구조사 방법론은 특정 집단으로부터 수집한 일부의 데이터를 분석하여 인과관계를 밝혀내는 샘플링 조사를 통한 통계 분석 • 빅데이터 시대에는 수집할 수 있는 모든 데이터를 대상으로 분석하여 데이터 간의 연관성을 찾아내는 전수 조사의 과정 • 샘플링 조사는 신뢰 수준 95% 오차범위 ±5% 내외라는 엄격한 수치를 요구하지만, 빅데이터 분석에서는 유형으로 찾아낸 데이터 간의 상관관계 결정

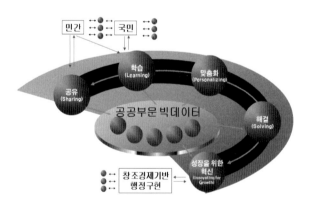

[그림 6-9] 공공 부문 빅데이터 활용 특징(출처: NIA)

[표 6-12] 공공 부문에서 빅데이터 활용 기회(출처: Chris Y, 2012)

활용	기회 창출
공유 (sharing)	• 정부 부처를 비롯해 산하 기관들이 보유하고 있는 데이터의 공유와 연계 • 국민의 시간 낭비를 줄이고 납세자의 세금 절약
학습 (learning)	• 그동안 정부의 관리자들은 일부의 성과 지표로 조직의 건전성과 효율성 평가 • 모든 데이터를 예전보다 더 종합적이고 세부적으로 파악할 수 있게 된 빅데이터 시대에는 다양한 분석 기법과 비주얼화 도구 등을 활용하여 끊임없는 학습을 통해 조직의 일하는 방식 교체 필요
맞춤화 (personalizing)	• 아마존의 구매 이력을 토대로 한 맞춤화 추천 시스템처럼 정부도 기존 축적된 데이터로 국민을 위한 맞춤형 행정을 구현 가능
해결 (solving)	• 대규모 데이터 세트에 고급 분석 기술을 활용 • 빅데이터에 숨겨진 유형(pattern)과 상관성 분석 • 복합적인 요인으로 발생하는 문제 해결의 단서를 찾고, 이를 통해 미래를 예측하여 사전에 문제를 방지 • 문제 해결을 위하여 빅데이터의 다양한 특징을 활용하면 데이터를 근거로 한 의사 결정 가능
성장을 위한 혁신 (innovating for growth)	• 비용 절감·효율 향상을 위해 빅데이터 수집·분석이 사용되는 경우 생산성 증대 • 공공 부문의 경우 최종 사용자인 국민을 위한 혜택이 있음 • 기업의 빅데이터 활용은 디지털 경제의 선도적 위치 • 공공 부문은 빅데이터 기업들과의 파트너십을 통한 국가 경제적 혜택 수혜

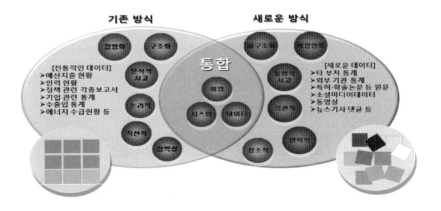

[그림 6-10] 빅데이터 시대의 통합적 접근 방식(출처: NIA)

정부 부처별로 빅데이터를 활용하여 효율적인 행정을 구현하기 위한 첫 단계이자 우선 과제로 데이터 탐색을 꼽은 것도 데이터별로 처리 및 분석해야 할 도구와 해법이 다르기 때문이다. 산업부는 물론 다른 정부 부처의 내부 데이터는 대부분 정형 혹은 반정형 데이터가 대부분이다. 따라서 내부 데이터를 우선 탐색해야 한다.

제4절. 빅데이터 처리 절차

빅데이터란 기존의 관리, 분석 체계로는 감당하기 어려운 막대한 데이터 집합과 이를 해결하기 위한 플랫폼, 분석 기법 등을 포함한다. 빅데이터는 데이터 생성 → 수집 → 저장 → 분석 → 표현의 처리 과정을 거치며 프로세스마다 세부 영역과 관련 기술이 등장한다. 분석 기술은 통계, 데이터 마이닝, 기계학습, 자연어 처리, 패턴 인식, 소셜네트워크 분석, 비디오, 오디오, 이미지 프로세싱 등이 해당된다. 빅데이터의 활용, 분석, 처리 등을 포함하는 인프라에는 BI, DW, 클라우드 컴퓨팅, 분산 데이터베이스(NoSQL), 분산 병렬 처리, 분산 파일 시스템 등이 해당된다.

1. 빅데이터 처리 과정의 필요 기술

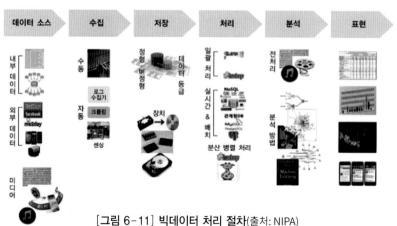

[그림 6-11] 빅데이터 처리 절차(출처: NIPA)

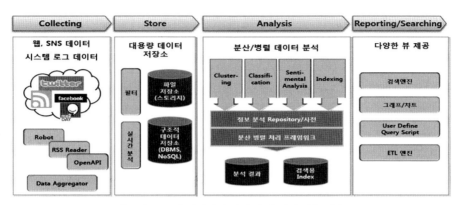

[그림 6-12] 빅데이터 처리 과정 실제 적용 기술

[표 6-13] 빅데이터 처리 과정 필요 기술

기술	과정 기술
인프라 기술	• 데이터를 수집·처리·관리하는 데이터베이스, 분산 파일 시스템, 병렬 처리 시스템
분석 기술	• 데이터 마이닝, 확률/통계 기법, 자연어 처리, 기계학습 등
시각화 기술	• 표현 기술

2. 빅데이터 실용화를 위한 도입 프로세스

빅데이터 도입 프로세스는 교육 단계에서는 빅데이터의 개념 및 정의에 대한 이해와 관련 시장에 대한 탐색 및 관측 등이 주요 활동으로 진행된다. 탐색 과정에서는 기관 내·외부의 데이터를 점검하고 검색한 후 시각화를 한 다음, 그 결과에 대한 이해를 거쳐 의사 결정에 반영하고 있다.

[표 6-14] 빅데이터 도입 4단계(출처: IBM기업가치연구소)

교육	→	탐색	→	개시	→	실행
관련 지식 수집 시장 관측		업무 기반 전략 및 로드맵		파일럿 프로젝트 유효성 검증		업무 적용 시작 고차원 분석 확대
• 개념 저의 이해 • 관련 시장 조사		• 데이터 점검(내외부) • 빅데이터 시각화 • 의사 결정 효율화를 위한 전략 수립		• 전략 및 로드맵 검증 • 빅데이터 가치 및 유효성 검증		• 인텔리전스 및 통찰력 강화 • 행정 구원의 효율성 검증 및 피드백

데이터 활용에 대한 전략 수립의 방향이 적합한지를 확인하기 위해서는 관련 사항별로 체크리스트를 점검하는 방법이 있다. 빅데이터 도입 및 활용을 통해 효율적인 의사 결정을 내려 정부기관의 비효율성을 줄여나가기 위해서는 내부적인 데이터 및 시스템 점검과 아울러 내부적인 업무 프로세스 및 조직의 문화적 변화도 필요하다.

3. 빅데이터의 3대 구성 요소

- 성공적인 빅데이터 활용을 위해서는 데이터의 자원화
- 데이터를 가공하고 분석/처리하는 기술
- 데이터의 의미를 통찰하는 인력

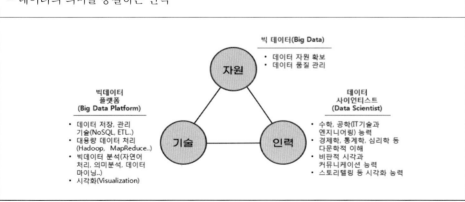

[그림 6-13] 빅데이터 시대 성공 조건(출처: McAfee, A.외, 2012.10)

4. AI 학습용 데이터 구축 방법

빅데이터 처리 과정은 수집 → 저장 → 분석 → 표현이다. AI 학습용 데이터는 머신러닝, 딥러닝 등 AI 모델 학습을 위해 활용되는 데이터를 총칭한다. 원본 데이터와 원본 데이터에 활용 목적에 따라 표시 작업을 한 라벨링 데이터를 모두 AI 학습용 데이터라 하며, 원본 데이터는 하나지만 라벨링 데이터는 사용 목적에 따라 다양한 형식으로 가공 가능하다.

[표 6-15] AI 학습용 데이터의 구성(출처: NIA)

원본 데이터		라벨링 데이터
이미지, 영상	+	텍스트, 음성 등 활용 목적에 따른 라벨링 데이터

AI 학습용 데이터는 목적에 따라 학습 데이터, 검증 데이터, 평가 데이터로 구분하여 활용한다. 그리고 학습 데이터로 AI 모델을 학습 → AI 모델 정확도 확인을 위해 검증 데이터를 활용해 수정 → 평가 데이터로 성능 평가를 진행한다.

[표 6-16] 학습 데이터 처리 과정(출처: NIA)

종류		과정
학습 데이터	학습 데이터(50%)	– 알고리즘이 학습할 데이터로, 모델 학습에 주가 되는 역할
	검증 데이터(30%)	– 학습 중간에 모델의 예측·분류 정확도를 계산하는 역할
평가 데이터	평가 데이터(20%)	– 모델이 학습 과정에서 경험하지 못했던 데이터로, 학습 후 훈련한 모델의 성능을 평가하는 과정에서 사용

[표 6-17] AI 학습용 데이터 구축부터 AI 서비스 출시 과정(출처: NIA)

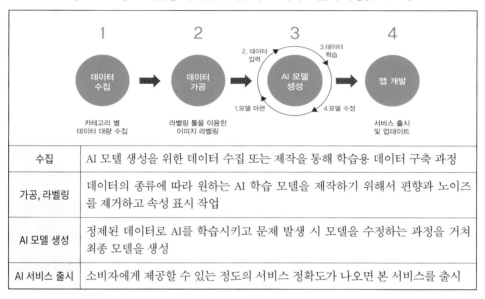

수집	AI 모델 생성을 위한 데이터 수집 또는 제작을 통해 학습용 데이터 구축 과정
가공, 라벨링	데이터의 종류에 따라 원하는 AI 학습 모델을 제작하기 위해서 편향과 노이즈를 제거하고 속성 표시 작업
AI 모델 생성	정제된 데이터로 AI를 학습시키고 문제 발생 시 모델을 수정하는 과정을 거쳐 최종 모델을 생성
AI 서비스 출시	소비자에게 제공할 수 있는 정도의 서비스 정확도가 나오면 본 서비스를 출시

[그림 6-14] 학습 데이터 세트 구축 절차(출처: NIA)

텍스트	이미지	영상

학습 목적에 맞춰 나열된 텍스트에 날짜, 사람, 목적 등등 속성값을 부여하는 방식으로 라벨링	사진 속의 특정 객체를 박스로 묶거나, 이미지 자체를 분류하거나, 시멘틱(의미) 분할을 통해 라벨링	이미지와 동일하게 박스로 묶기 또는 시멘틱 분할을 이용하며, 영상 테깅 툴을 이용해 이미지에 라벨링

[그림 6-15] 빅데이터 학습 데이터 종류(출처: NIA)

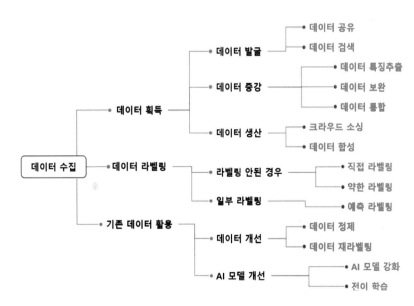

[그림 6-16] AI 학습 데이터 수집 방법

[출처: A Survey on Data Collection for ML(노유지, IEEE, 2019)]

3.2. 어노테이션 포맷(Annotation Format)

어노테이션 메타테이터에서 빅데이터의 학습 데이터 세트[JSON파일(10장 학습 구축 사례)]로 구성한 기본 속성과 입력 포맷을 정제 데이터 포맷이다.

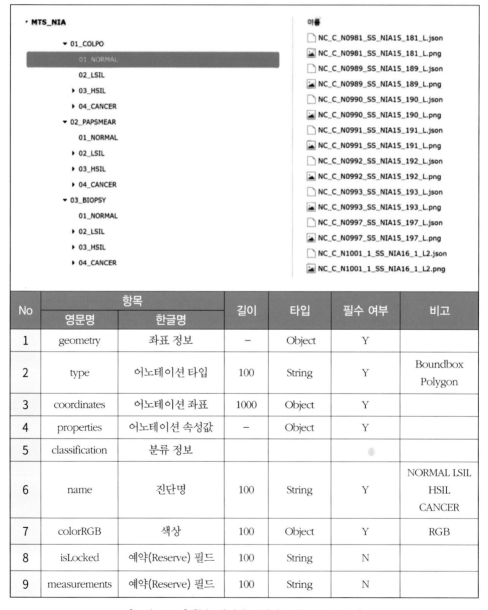

No	항목 영문명	항목 한글명	길이	타입	필수 여부	비고
1	geometry	좌표 정보	–	Object	Y	
2	type	어노테이션 타입	100	String	Y	Boundbox Polygon
3	coordinates	어노테이션 좌표	1000	Object	Y	
4	properties	어노테이션 속성값	–	Object	Y	
5	classification	분류 정보				
6	name	진단명	100	String	Y	NORMAL LSIL HSIL CANCER
7	colorRGB	색상	100	Object	Y	RGB
8	isLocked	예약(Reserve) 필드	100	String	N	
9	measurements	예약(Reserve) 필드	100	String	N	

[그림 6-17] 학습 데이터 구성과 포맷(출처: Aihub)

3.3. AI 학습용 데이터 구축 방법

특히 AI 학습용 데이터 구축에는 다양한 방법이 있으며 상황과 비용적 이슈를 고려하여 최적화된 방식으로 구축한다.

[표 6-18] 데이터 생성 및 라벨링 주요 내용(출처: Aihub)

구성	방법
데이터 획득	• 데이터가 없는 경우 크라우드 소싱이나 데이터 합성을 통해 신규 데이터를 만들고, 기존 데이터가 있는 경우 보완·통합하여 재가공 데이터 획득
데이터 라벨링	• 데이터 직접 입력 방식과 자동화 기술로 대용량 라벨링 방법 가능 • 라벨링 방식에 따라 비용과 시간 결과물의 품질 차이 발생 가능
기존 데이터 활용	• 기존 데이터의 편향·노이즈 제거, 재라벨링 등 품질 향상을 통해 기존 데이터를 정제하거나, 이미 학습된 AI 모델을 재학습시키는 방식으로 AI 모델 개선

[표 6-19] AI 학습용 데이터 구축 단계별 인력 명칭 및 필요 역량

단계	전문가	필수 임무	추진 역량
1단계	데이터 라벨러, 데이터 수집가	크라우드 소싱, 방식 단계	• 별도의 기본 역량은 없으며 IT에 대한 기본적인 이해와 MS 제품을 사용하는 수준, 기본적인 데이터 도구 학습·사용 능력 • 라벨링하는 기준을 명확하게 인지하고 장시간 일관되게 데이터에 적용해야 하므로 인내력과 일관성이 중요
2단계	데이터 엔지니어, DB 관리자, 실무 개발자·관리자	기업이 일자리 필요 단계	• 통계적인 관점에서 대용량 데이터를 직관적으로 판단하고 활용 가능한 데이터인지 올바른 성능 평가 가능 역량 • 데이터 추출·관리, AI 모델의 구현·학습·성능 평가를 할 수 있는 역량
3단계	데이터 사이언티스트, 데이터 아키텍트	AI 기업, 데이터 기업 집중 육성하는 단계	• 데이터에 대한 이해뿐만 아니라 AI에 대해서도 알고 있으며, 데이터만으로 어떤 AI를 구축할지 분석할 수 있는 인력 • AI 모델의 근간이 되는 수학, 통계, 확률에 대한 탄탄한 기초와 깊은 이해가 가장 중요한 역량

4. 데이터 라벨링

고품질 데이터 확보를 위한 AI를 활용한 Labeling Pipeline 구축하고 활용한다. 이때 자동화 기술(Pre-Annotation), 자동화 도구(Interactive AI), 전문적으로 육성된 가공 인력을 활용한 체계적인 Labeling 프로세스를 진행한다.

4.1. 어노테이션/라벨링 절차

[표 6-20] 라벨링 절차(출처: NIA)

단계	절차 내용
1	• 데이터 라벨링은 영상 이미지 특성상 전문가로 구성된 작업 그룹에서 실시
2	• 각 영상 이미지의 데이터 세트별로 매월 5% 이상의 양을 전문인 작업자가 수행
3	• 영상 데이터 확대 촬영 검사는 전문가로 구성된 전문인 작업자가 작업
4	• 전문인은 작업 관리자와 일반인 작업자에게 라벨링에 필요한 교육을 제공
5	• 교육 기간 동안 작업 결과에 대한 피드백을 실시
6	• 데이터 라벨링 가이드라인(문서)으로 정리하여 일반 작업자 교육
7	• 일반인 작업자는 라벨링을 수행하고, 그룹 관리자에게 작업 결과를 검수 받음
8	• 작업자가 수행한 라벨링 데이터 파일(캡처 이미지, JSON)은 데이터 관리 서버에 저장

4.2. 어노테이션/라벨링 기준

라벨링 기준은 이미지 확대경 소견에 따라 정상, 비정상(상, 중, 하)로 분류하여 명시한다.

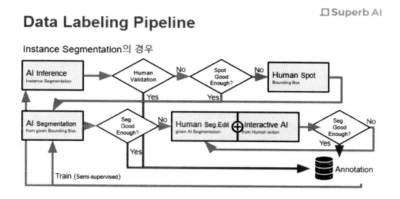

[그림 6-18] 수행 시 활용할 Data Labeling Pipeline(출처: Aihub)

4.3. 어노테이션/라벨링 도구

[표 6-21] 어노테이션/라벨링 도구(출처: Aihub)

구분	도구 내용
용도	• 오픈소스 기반 디지털 병리 이미지 분석용 도구(QuPath) 사용
	• QuPath는 공동 사용이 가능한 GNU(General Public License)를 사용
	• 수정 후 재배포할 때 소스코드를 공개하고 사용자가 자유롭게 사용될 수 있도록 GPL 조건을 동일하게 적용
주요 기능	• 이미지 불러오기, 라벨링(바운딩박스, 폴리곤), 이미지 데이터와 라벨링 작업 정보 저장
저장 형식	• 기본적인 QuPath의 저장 확장자는 .qpdata이며, 인공지능 학습에 필요한 메타 데이터 (.json, .xml)는 별도로 개발
도구 개발	• 라벨링된 정보를 JSON 데이터 포맷으로 저장하기 위한 스크립트 개발하며, 작업 검수를 위한 라벨링이 완료된 화면을 캡처하여 별도로 저장
작업 효율 개발	• 어노테이션 툴과 데이터 서버를 네트워크로 연결하여 작업이 완료된 데이터를 자동으로 전송하고, 데이터베이스에 작업 이력을 기록

[표 6-22] 어노테이션/라벨링 작업 전후(출처: Aihub)

작업 전	작업 후	
원시 데이터 이미지.jpg	원시 데이터 이미지	.jpg
	라벨링 캡처 데이터	.jpg
	라벨링 정보	.json
	라벨링 작업 저장 데이터	.qpdata

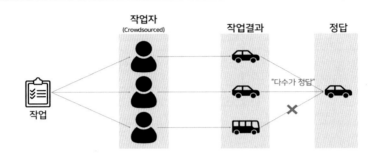

1) 데이터 구축 전용 소프트웨어 활용을 통한 고품질 데이터 확보
2) 프로젝트 수행 Workflow 관리, 데이터 스펙, 작업자, 진행률, 가이드 확인
3) 대규모-실시간-공동 라벨링 기능 및 동작 영상에 특화된 기능 구비
4) 데이터 기반으로 작업자-검수자 간 실시간 소통 기능 제공
5) 효과적인 데이터 관리를 위한 데이터 검색 기능 및 통계/분석 기능 제공

[그림 6-19] 컨센서스 라벨링 획득(출처: NIA)

[표 6-23] AI를 활용한 DB별 Auto-Labeling(반자동) 구축

구분	역할	객체 탐지
1단계: 자동화 기술 적용	관련 AI 기술을 개발/보유 중인 기관의 자체 솔루션을 활용하여 Auto-labeling 진행	AI를 활용한 자동 가공 기술
2단계: 자동화 도구 및 전문 가공 인력 가공	자동화 도구 및 전문 가공 인력을 활용한 후보 정비 작업 진행	연구소
3단계: 전문 검수 인력과 모델 관련 기관 검수		
4단계: 전문기관 검수	전문 기관의 검수를 통한 데이터 품질 확보	외부 전문 기관을 활용한 데이터 검수

컨센서스 라벨링은 합의, 투표 기반의 정답(Ground Truth) 도출 방식이다. 데이터 라벨링(컨센서스 라벨링) 프로젝트 검수에서 병목현상을 해소하나 작업 비용이 발생한다. 작업 수만큼 확인 작업이 발생하고, 작업 품질에 따라 수정, 재확인 작업이 추가 발생한다. 그리고 작업자 수와 검수자 수의 불균형으로 병목현상이 발생한다.

5. 전문 기관 검수

[표 6-24] 학습 데이터 세트 검수 절차(출처: Aihub)

절차	진행 내용
작업자 검수	• 작업 결과물은 필수적으로 그룹 관리자와 전문인으로부터 2단계 검수를 진행
교차 검증	• 작업자 간 차이를 최소화하기 위해 1차 검증된 작업 데이터 대상으로 전문가 교차 검증 • 두 명의 영상 확대 촬영 판독 전문의가 교차 판독을 통하여 두 명의 전문의 소견이 100% 일치를 통해 데이터 검수 진행 • 작업 데이터의 검증 체계를 수립하여 전문인의 구체적이고 빠른 피드백을 통해 작업자에 대한 Learning Curve를 최적화할 예정
피드백	• 상시 피드백 시스템을 갖추어 검수 절차 후, 피드백 내용이 작업에 반영되도록 진행
검수 기준	• 세부검사의 결과와 연계한 진단 결과에 따라 원시 데이터의 분류를 정의하기 때문에 이미 ground-truth가 정의됨 • 원시 데이터 기준(진단 결과)과 어노테이션 메타데이터가 정확히 일치하는지 확인 • 전문인(의사)의 전량 최종 검수를 수행하며 통과와 재작업으로 나뉨

6. 데이터 분석 기술

[표 6-25] 빅데이터 기술 분석 및 활용

기술	정의	기술 증명
분석 기술 유형	• 대규모 데이터의 실시간 처리를 위한 클라우드 컴퓨팅 기술은 기본 • 자연 언어 처리, 텍스트 마이닝, 기계학습, 시맨틱 기술 등 인공지능 기술 활용 • 자연어 처리(NLP)는 인간 언어를 컴퓨터를 통해 처리하기 위한 기술 • 형태소 분석, 구문 분석, 개체명 인식 등의 기술 포함	• 분석된 데이터의 의미와 가치를 시각적으로 표현한 시각화 기술 • 분석 결과와 기존 데이터 저장소의 정형 데이터와 통합 기술 • 애드혹 리포팅, 경보, 운영 프로세스와의 연계 기술
데이터 결합과 활용 기술	• 기존 DB 영역과 하둡 기반 분산 저장 HDFS(Hadoop Distributed File System)의 데이터 허브 영역 결합 • 전사적 관점에서 데이터의 통합과 활용을 위하여 기존 DB 영역과 하둡 영역에서의 빅데이터에 대한 통합 저장과 분석 요구	• 기존 DB 중심의 리포팅, OLAP, BI 분석과 하둡 기반 빅데이터 분석 • 특히 고급 분석으로 이원화된 것이 하나의 분석 틀의 관점에서 통합되고, 데이터 분석도 대용량·실시간 분석으로 진화
데이터 의미 분석 시맨틱 기술	• 시맨틱 기술은 시맨틱 메타데이터 자동 추출, 시맨틱 네트워크 생성, 지식 베이스 구축, 온톨로지의 활용, 논리 및 통계적 추론 등을 포함 • 시맨틱 기술은 비정형 데이터와 정형 데이터를 의미적으로 연결하고, 분석하기 위한 핵심 기술	• 왓슨 컴퓨터, 애플의 시리, 울프람 알파 등이 사실 증명 • 통계 기술은 빅데이터의 통계적 의미를 찾고 그 패턴을 분석하기 위해서 강력한 통계 기능 필요 • 통계 패키지인 R을 하둡상에서 사용함으로써 과거에 생각하기 힘든 규모의 데이터 통계 처리 가능

(출처: http://blog.saltlux.com/bigdata-analysis-overview/Data Industry WhitePaper)

[표 6-26] 부정 위험 탐지를 위한 데이터 분석 방법

목적	역할	분석 방법
사용자 행동	빈발 패턴 (탐색적 모델링)	• 연관성 분석(Association/Sequence) • 링크 분석(Link Analysis) • 요인 분석(Factor Analysis) 등
사용자 특성 및 행동	분류 (예측적 모델링)	• 의사 결정나무(Decision Tree) • 군집 분석(Clustering Analysis) • 신경망 분석(Neural Network Analysis) 등
	이상치 (탐색적 모델링)	• 군집 분석(Clustering Analysis) • 시계열 분석(Time Series Analysis) 등

(출처: 부정 위험 탐지를 위한 데이터마이닝 적용 방안 연구, 감사연구원)

[표 6-27] 대량의 데이터 분석 가공 기술

기술	분석 방법과 활용
빅데이터 분석 기술	• 빅데이터를 활용한 금융보안 위협 분석은 해결하기 힘들었던 다양한 공격 패턴에 대한 분석 가능 • 빅데이터의 패턴 탐색 및 분석 기법을 활용하여 보험 사기나 신용카드 도용 방지, 부정행위 예방 활용 • splunk나 flume 등의 수집 플랫폼 활용
사기 탐지 데이터 마이닝	(Data Mining Approaches for Intrusion Detection) • 통계 소프트웨어 회사인 SAS는 부정 적발을 위한 데이터 마이닝의 역할 예측(prediction), 분류(Classification), 탐색(exploration), 친밀 관계(Affinity) 제시 • IT 감사 연수기관인 MIS Training은 비정상적인 패턴(pattern), 우회경로(Circumvention), 추세(trend), 불법 행위(Illogical), 오류(Mistakes), 고난도 부정(High degree of sophistication)으로 정의

[출처: 데이터 산업 백서. www.softwareplatform.net(2015)]

　정형화되어 있지 않은 텍스트는 데이터 마이닝이 아닌 텍스트 마이닝을 통해 분석 가능하다.

[표 6-28] 정형화되어 있지 않은 텍스트 분석(Text Mining)

분석	분석 방법
텍스트 마이닝	• 텍스트 덩어리 안에서 단어들을 분해해 단어의 출현 빈도나 단어들 간의 관계성을 파악하여 의미 있는 정보를 추출해 내는 기술 • 기계학습 기반의 통계적 방법과 규칙 기반의 방법
대규모 텍스트로부터 의미 있는 정보를 추출·분석	• Text 수집 및 처리: 온라인 고객 리뷰/학술지 초록/정치 및 금융 웹문서 • Sentimental Analysis를 이용한 Text Analysis • Supervised Learning과 Unsupervised Learning을 이용한 Text Analysis • 비정형 데이터를 자연어 처리와 문서 처리 기술을 적용하여 유용한 정보를 추출·가공하는 기법
대용량 데이터 저장과 관리 기술	저장과 관리, 운영을 위해서는 클라우드 컴퓨팅 기술이 기본이며, 특히 하둡, HBase, Cassandra, MongoDB와 같은 NoSQL 기술 활용

제5절. 빅데이터 아키텍처(기술적 정의)

기업의 고객 데이터 수집, 멀티미디어 콘텐츠의 증가로 데이터양이 기하급수적으로 증가하면서 빅데이터가 중요한 이슈로 대두되고 있다. 특히 스마트폰 보급, SNS 활성화, 기업의 고객 데이터 수집, 멀티미디어 콘텐츠가 폭발적으로 증가하고 있다.

빅데이터는 기존의 일반적인 데이터베이스 SW가 저장·관리·분석하기 어려울 정도로 큰 규모의 자료를 의미(규모적 정의)한다. 최근에는 관련 도구·플랫폼·분석 기법까지 포괄하는 용어로 변화하고 있다. 다양한 종류의 대규모 데이터로부터 저렴한 비용으로 가치를 추출하고, 데이터의 초고속 수집·발굴·분석을 지원하는 차세대 기술이다.

1. 데이터 수집 플랫폼

1.1. 머신 데이터(machine data)

시스템이 동작 과정에서 발생하는 머신 데이터(Machine Data)는 설정, API의 데이터, 메시지 대기열, 변경 이벤트, 진단 명령어 출력, CDR(Call Detail Record), 산업 시스템의 센서 데이터 등이 포함된다. 머신 데이터에는 고객, 사용자, 트랜잭션, 애플리케이션, 서버, 네트워크, 모바일 장치의 모든 작업과 행동에 대한 정확한 기록이 포함되어 있다. 기존의 모니터링 분석 도구로는 데이터의 다양성·속도·볼륨·변동성을 파악할 수 없어서 이 데이터들은 예측할 수 없는 다양한 형식으로 제공된다. 머신 데이터는 단순한 로그 이상의 의미를 가지며 서비스 문제를 신속하게 진단하고 보안 위협 탐지와 원격 장비의 상태 및 성능을 파악한다.

[표 6-29] 머신 데이터 위치와 정보 속성

데이터 형식	데이터 위치	데이터 정보
애플리케이션 로그	로컬 로그 파일, log4j, log4net, Weblogic, WebSphere, JBoss, NET, PHP	• 사용자 작업, 부정행위 탐지, 애플리케이션 성능
비즈니스 프로세스 로그	비즈니스 프로세스 관리 로그	• 채널, 구매, 계정 변경, 문제 보고서에 걸친 고객 활동
CDR	통신 및 네트워크 스위치를 통해 기록된 CDR(call detail record), 요금 데이터 레코드, 이벤트 데이터 레코드	• 청구, 수익 보장, 고객 상담, 파트너 계약, 마케팅 인텔리전스
클릭스트림 데이터	웹서버, 라우터, 프록시 서버, 광고 서버	• 가용성 분석, 디지털 마케팅 및 조사
데이터베이스 감사(audit) 로그	데이터베이스 로그 파일, 감사(audit) 테이블	• 장기간 데이터베이스가 수정된 방식 및 변경한 사람
파일 시스템 감사(audit) 로그	공유 파일 시스템에 저장된 중요한 데이터	• 중요한 데이터에 대한 읽기 액세스 권한 모니터링 및 감사(audit)

관리 및 로깅 API	OPSEC Log Export API(OPSEC LEA) 및 기타 VMware 및 Citrix의 공급 업체별 API를 통한 Checkpoint 방화벽 로그	· 관리 데이터 및 로그 이벤트
메시지 대기열	JMS, RabbitMQ 및 AquaLogic	· 복잡한 애플리케이션 및 로깅 아키텍처의 백본에서 발생하는 디버깅 문제
SCADA 데이터	SCADA(Supervisory Control and Data Acquisition)	· SCADA 인프라에서 동향, 패턴 및 특이점을 파악하고 고객 가치 증대에 사용
센서 데이터	온도, 소리, 압력, 전원, 수위 등과 같은 환경 조건 모니터링을 기준으로 데이터를 생성하는 센서 장치	· 수위 모니터링, 기계 상태 모니터링 및 스마트 홈 모니터링

(출처: http://www.splunk.com/content/splunkcom/ko_kr/resources/machine-data.html)

1.2. 비정형 데이터 수집 플랫폼 기술

비정형 데이터의 수집은 상용 프로그램인 Splunk와 오픈소스로 Apache의 flume, Chukwa, Sqoop 그리고 Facebook의 Scribe와 같은 프로그램이 사용된다. 금융 시스템 환경에서 이러한 플랫폼이 수집하는 머신 데이터(Machine-Generated Data)에는 사용자 행동, 보안 위험, 용량 사용, 서비스 레벨, 부정행위, 고객 만족도 등에 대한 핵심 정보가 담겨 있다. 빅데이터 중에서 가치 있게 성장하는 분야이다.

[표 6-30] 비정형 데이터 수집 상용 프로그램

프로그램	특징
Splunk	· 상용 데이터 분석, 보고 엔진으로서 조직화되지 않은 비정형 데이터들에 대해 빠른 시간에 색인을 생성하고 저장하는 데에 최적화되어 있음
아파치의 flume	· 여러 서비스에 산재해 있는 로그들을 하나의 수집 저장소로 저장하는 수집 도구 · Flume은 데이터 스트림 위주의 데이터들을 지정된 모든 서버로부터 로그를 수집한 후 HDFS32와 같은 분산 저장소에 적재하여 분석하는 시스템에 적용

2. 빅데이터 주요 기술

오픈소스 기반의 빅데이터 구성 영역의 기술 및 솔루션으로 볼 수 있으며, 비즈니스 요구 사항에 따라 R, Spark 기술 등 업무 환경에 적합한 기술을 도입하여 구축하고 있다.

[표 6-31] 빅데이터 플랫폼 기술

빅데이터 플랫폼	• 플랫폼을 구성하는 요소별 오픈소스 소프트웨어(OSS)는 해당 영역에서의 대표적이고 사용 빈도가 높은 기술 • 각 영역별 오픈소스는 상호 호환성을 제공하지만 적용 시 OS 및 연계 기능에 대한 검증이 필요 • 빅데이터 업무의 특성에 따른 각 영역별 오픈 소프트웨어를 선택 후 사용하는 것이 가장 효율적 • 기술 대상 영역 중 Analysis/BI 와 Search 영역은 서비스 및 기능적 요구 사항에 따라 중요도가 달라질 수 있음 • 소셜 빅데이터 분석을 위해서는 수집, 저장, 분석을 통해 결과를 시각화하는 각 단계별 오픈소스 기반의 기술이 활용 될 수 있음

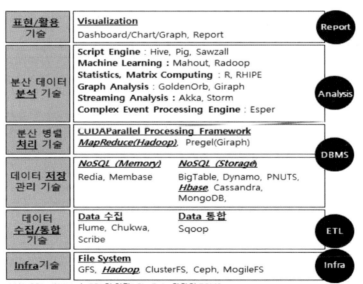

[그림 6-20] 빅데이터 주요 기술(출처: NIPA)

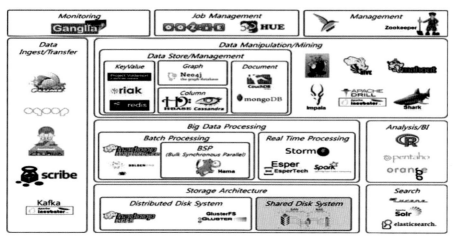

[그림 6-21] 빅데이터 기술 구성 요소(출처: NIPA)

2.1. 수집 기술

오픈 API 활용은 적용 영역 및 서비스의 지속적인 확대가 된다. 기업의 폐쇄형 API에서 오픈 API 체계로의 전환 및 공공기관의 정보 공개 정책에 따른 오픈 API 적용 확대된다. 이는 데이터 제공/공개 중심에서 서비스 제공 오픈 API으로 비즈니스 생태계 확대를 통한 시장 선점 강화 추세이다.

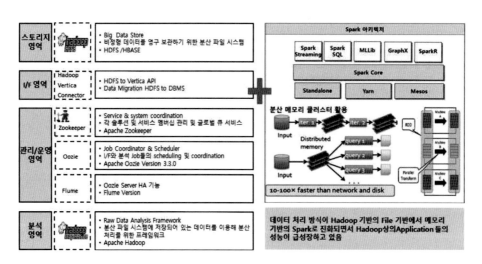

[그림 6-22] 오픈소스 기반 빅데이터 플랫폼(출처: NIPA)

오픈 API는 웹을 운영하는 주체가 정보/데이터를 제공하기 위해 개발자와 사용자에게 수집 기술 공개한다.

2.2. 데이터 수집 방법(웹 크롤러)

인터넷에 있는 웹페이지를 방문해서 자료를 수집하는 일을 하는 프로그램으로 웹상의 다양한 정보를 자동으로 검색하고 색인하기 위해 사용한다. 한 페이지만 방문하는 것이 아니라 그 페이지에 링크되어 있는 또 다른 페이지를 차례대로 방문하며 웹문서를 수집한다. 앤트(Ants), 자동 인덱서(Automatic indexers), 봇(Bots), 웜(Worms), 웹스파이더(Web Spider), 웹 로봇(Web Robot) 등이 있다.

웹크롤러는 주로 파이썬과 자바를 기반 언어로 사용되고 있으나 최근에는 파이썬 기반의 애플리케이션 프레임워크인 Scrapy를 많이 사용한다.

[표 6-32] 데이터 수집 방법 사례

과정	업무 내용
크롤링 대상 사이트 선정	• 업무 활용을 위한 목적을 명확히 하고 그에 따른 관심 영역과 대상 정의 • 웹상에서 분석 목적에 따라 수집하려고 하는 정보를 포함하는 대상 사이트 (URL) 선정
데이터 로드	• 웹사이트 연결을 위한 방법에 따라 다운로드 형태가 달라 사전 정의 필요 • API는 XML, JSON이 다운로드되고 웹페이지는 HTML 문서 다운로드
데이터 선정	• 웹사이트상에는 필요로 하지 않는 부분이 많이 있음으로 로드된 데이터에서 필요한 부분을 뽑아내는 것이 필요 • 어떠한 부분을 수집할지 가·부를 결정
데이터 수집	• 데이터 선정 과정을 통해서 선정된 수집할 내용을 대상 웹 문서에서 추출하고 추출된 파일 또는 데이터를 메모리상에서 저장 과정

2.3. 분석 기술

[표 6-33] 마이닝 분석 기술

분석 분류	방법
텍스트 마이닝	• 자연어 처리 NLP 기술로 인간의 언어로 쓰인 비정형 텍스트 데이터에서 유용한 정보를 추출하거나 다른 데이터와의 연계성을 파악하면, 분류나 군집화 등 빅데이터에 숨겨진 의미 있는 정보 발견 방법
오피니언 마이닝	• 자평판 분석이라 하며, 다양한 온라인 뉴스, SNS, 사용자가 만든 콘텐츠에서 표현된 의견을 추출, 분류, 이해와 자산화하는 컴퓨팅 기술 • 텍스트 속의 감성과 감동, 여러 가지 감정 상태를 식별하려고 사용 • 마케팅에서는 버즈(Buzz, 입소문) 분석이라고 함
리얼미터 마이닝	• 휴대전화, 모바일 디바이스, 단말기 등의 기기를 사용하여 인간관계와 행동 양태 추론 • 통화량, 통화 위치, 통화 상태, 대상, 내용 등을 분석하여 사용자의 인간관계, 행동 특성 등의 정보를 찾아냄
소셜네트워크 분석	• 수학의 그래프 이론(graph Theory)을 바탕으로 소셜네트워크 서비스에서 연결 구조와 연결 강도를 분석하여 사용자의 명성 및 영향력을 측정하는 기법
감정 분석	• 문장의 의미를 파악하여 글의 내용에 긍정/부정, 좋음/나쁨의 이진분류를 하거나, 만족/중간/불만족처럼 강도 지수화하여 고객의 감성 트렌드를 시계열적으로 분석하고 고객 감성 변화에 기업의 신속한 대응과 부정적인 의견의 확산을 방지하는 데 활용할 수 있음
웹 마이닝	• 인터넷에서 수집한 정보를 데이터 마이닝 기법으로 분석
분류 (Classification)	• 미리 알려진 클래스들로 구분되는 훈련 데이터군을 학습시켜 새로 추가되는 데이터가 속할 만한 데이터군을 찾는 지도학습 방법 • KNN(K-Nearest Neighbor)와 인공 신경망 적용 방법
군집화 (Clustering)	• 특성이 비슷한 데이터를 합쳐 군으로 군집화하는 학습 방법 • 분류 방법과 다르게 훈련 데이터를 이용하지 않는 비지도학습 방법 사용 • 관심사나 취미(사진, 게임 등)에 따라 군집으로 분류할 수 있음
기계학습 (Machine Learning)	• 인공지능 분야에서 인간의 학습을 모델링한 알고리즘으로 딥러닝 기법 포함 • 컴퓨터가 학습할 수 있도록 알고리즘과 기술을 개발하여 추상적이거나 특징(feature)을 추출하기 어려운 경우 신경망으로 판단할 수 있도록 학습(훈련) • 결정 트리(Decision Tree) 등 기호적 학습, 신경망이나 유전자 알고리즘 등의 비기호적 학습, 베이지안(Bayesian)이나 은닉마코프(Hidden Markov) 등 확률적 학습 등 다양한 기법들이 있음

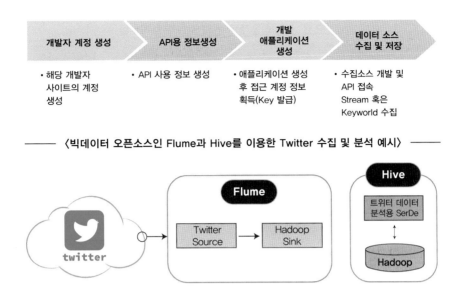

개발자 계정 생성	API용 정보생성	개발 애플리케이션 생성	데이터 소스 수집 및 저장
• 해당 개발자 사이트의 계정 생성	• API 사용 정보 생성	• 애플리케이션 생성 후 접근 계정 정보 획득(Key 발급)	• 수집소스 개발 및 API 접속 Stream 혹은 Keyworld 수집

〈빅데이터 오픈소스인 Flume과 Hive를 이용한 Twitter 수집 및 분석 예시〉

[그림 6-23] 빅데이터 오픈소스 분석 기술 절차(출처: NIPA)

3. 빅데이터 처리 도구(하둡 시스템: Hadoop System)

Hadoop은 현재 아파치에서 운영되고 있으며 구축 대상 데이터는 Hadoop 분산 파일 시스템(HDFS)에 로딩되어야 한다. 위키본 보고서에 따르면 현재 IT 비용에 대한 문제점을 지적하며 대안으로 Hadoop을 제안하고 있다. 또한, 보고서는 현 Hadoop의 이용은 기존 RDBMS보다 비용적인 측면과 확장성, 유연성 등 기능적인 측면으로도 장점이 크기 때문에 빅데이터를 활용하려고 하는 다양한 기업에서 많이 사용되고 있다.

[그림 6-24] 하둡의 구조(출처: NIPA)

[표 6-34] 하둡 플랫폼의 서브 프로젝트들

프로젝트	내용
하둡 커먼 (Hadoop Common)	• 다른 하둡 서브 프로젝트들을 지원하는 공통적인 유틸리티
척와(Chukwa)	• 대규모 분산 시스템 관리를 위한 데이터 컬렉션 시스템
HBase	• 대용량 테이블을 위한 구조적 데이터 저장을 지원하는 확장형 분산 데이터베이스
HDFS	• 애플리케이션 데이터에 대한 고성능 접근을 제공하는 분산 시스템
하이브(Hive)	• 데이터 요약 및 애드혹 쿼리를 제공하는 데이터 웨어하우스 인프라
맵리듀스	• 계산 클러스터에서 대량 데이터 집합의 분산 처리를 위한 소프트웨어 프레임워크
피크(Pig)	• 병렬 계산을 위한 고수준 데이터베이스 언어 및 실행 프레임워크
주키퍼(ZooKeeper)	• 분산 애플리케이션을 위한 고성능 코디네이션 서비스
맵리듀스 프레임워크	
맵(Map)	• 작업을 분산 클러스터의 여러 노드로 분할하는 기능
리듀스(Reduce)	• 작업을 수집 및 분석하고 결과를 하나의 값으로 도출하는 기능

[표 6-35] 하둡(Hadoop) 기술

요소 기술	내용
하둡(Hadoop) 기술	오픈소스 소프트웨어로 개발된 대규모 분산 처리 기술로써 구글사가 2004년 발표한 '맵리듀스(MapReduce)' 개념에 기반
자연어 처리 기술	대용량 소셜미디어의 텍스트 마이닝에 필수로서 시맨틱 검색 기술과 다양한 통계 분석 기술로 이용
빅데이터 분석 기술	유용한 의미 도출하는 데 사용되며, 기계학습 기술 및 데이터 마이닝, 클러스터링, 신경망, 회귀 분석, 결정 트리 및 연관 분석 등 방법 이용
NoSQL('Not only SQL') 비구조화 데이터	관계형 데이터와 다른 특성을 가지고 있으며, SQL 표준 질의어 대신 NoSQL('Not only SQL') 처리를 요구

4. 빅데이터 활용 목적

[표 6-36] 빅데이터 활용 목적

미래 예측	활용 방안
의미 있는 해석 도출	빅데이터 분석을 통해 현재의 상황 파악 및 가까운 미래를 예측할 수 있는 의미 있는 정보를 창출
빅데이터의 존재 의미	대용량 데이터에 수학적인 함수를 적용하여 확률을 추론하려는 노력
	샘플 조사가 아니라 전수조사로 과거의 데이터에서 유형을 발견하고 이를 통해 미래 예측 가능

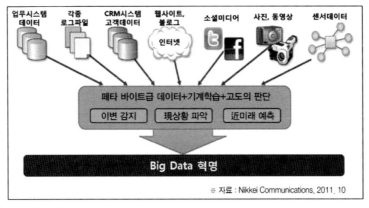

[그림 6-25] 빅데이터 혁명 프로세스

[표 6-37] 기관별 빅데이터 활용 영역(출처: NIA)

IBM	가트너	MGI	방송통신위원회
에너지	공공 부문	의료/건강	컴퓨터
교통	금융업	공공/행정	전자제품
생산설비	미디어	위치 정보	정보
수자원 관리	의료서비스	소매업(미국 기준)	운수
식품 공급	제조 및 천연 자원	제조업	창고
환경 보존			금융
질병 관리			보험
의료 서비스			보건 및 사회 지원
주거 환경/미래 도시			유틸리티(전기·가스)
			제조업

앞으로 데이터를 활용하여 경제와 사회 혁신을 이루는 국가가 경쟁력을 확보한다. 산업화 시대가 사회 간접 자본 등 물리적 자원을 토대로 성장했다면, 제4차 산업혁명은 데이터를 기반으로 한 창의와 혁신으로 성장한다. 빅데이터의 활용은 다양한 형태의 데이터로 구성으로 기업의 판매 및 재고 데이터, 인터넷 및 SNS에서의 텍스트 데이터, 소셜미디어의 이미지, 동영상, 위치 정보와 관련된 데이터, 센서로부터 생성되는 데이터 등으로 구성된다. 검색엔진, 패턴 인식, 번역 서비스, 음성 인식 서비스 등의 분야, 전자상거래에서 추천 및 사용자 행동 분석, 데이터 분석을 통한 게임 서비스, 이탈 률, 바이럴 계수, 매출 등의 지표를 게임 비즈니스 모델에 적용되며, 마케팅 및 고장 예측 등에 활용된다. 이러한 빅데이터의 구조는 다양한 형태의 비구조화 데이터를 포함하여 발생 빈도와 갱신 속도가 매우 빠른 특징을 가지고 있다.

제6절. 데이터 모델 전략

1. 데이터 Pipeline

데이터 획득 전략 수립, 데이터 정제(Ingest), 전환, 라벨링, 분석 등 전(前)처리 (pre-preparation) 단계, 전체 개발 단계에서 가장 많은 자원(67%)이 투입된다.

피쳐/모델 선택(6%), 데이터 준비(67%), 모델 배포(4%), 데이터 분석/표현(23%)

1.1. 데이터 획득 전략 수립

어떤 데이터(What)를, 어떤 방법(How)으로, 그리고 어떤 목적으로 획득(Why)하는가? 등에 대해 13개 세부 차원을 중심으로 검토한다. 예를 들면 데이터 획득 방법은 새로운 데이터 수집, 레거시 시스템의 데이터를 변환, 공유 혹은 교환, 구매 등 4

가지 방법에서 장단점을 고려하여 선택한다.

[표 6-38] 데이터 획득 전략 수립 검토 사항(출처: NIPA)

핵심 질문	세부 데이터 차원(Dimension)
Why?	– 비즈니스 교체(Challenge)
How?	– 데이터 과학 과제(Challenge)
	– 데이터 엔지니어링 과제
	– 데이터 수집(Collection) 방법
	– 데이터 목록(Acquisition) 모델
What?	– 데이터 엑세스(Acess)
	– 데이터 대상(Objective)
	– 데이터 유행(Topology)
	– 데이터 포맷(Format)
	– 데이터 범위(Scope)
When?	– 데이터 확보 주기(Frequency)
Where?	– 데이터 원천(Origin)
Who?	– 데이터 경쟁(Composition)

1.2. 데이터 수집 검토 기준

데이터 획득 비용(Cost), 데이터 독특함(Uniqueness), 향후 예상되는 데이터 가치(Value)를 중점적으로 검토한다.

[표 6-39] 데이터 수집 검토 기준(출처: NIPA)

검토 사항	세부 내용
비즈니스 요구 사항	• 왜 이러한 데이터가 필요한가? • 이러한 데이터를 가지고 무엇을 할 것인가?
비즈니스 규칙	• 비즈니스가 운영되는 제약 조건을 식별하고 합당 여부를 검토, 예를 들면 모든 GIS 데이터는 FGDC(Federal Geographic Data Committee) 호환 메타데이터가 있어야 함
데이터 표준	• 정부 혹은 산업표준을 고려

정확도 요구 사항	· 공간 데이터의 위치 정확도
비용	· 수집하는 것보다 구매가 더 저렴한 경우
데이터 최신성	· 다양한 유형의 작업을 위해서는 최신의 데이터가 필요
시간 제약	· 데이터가 얼마나 빨리 필요한지를 결정
형식	· 공간 데이터, 사진, 플랫파일, Excel 파일, XML 파일 등의 데이터 포맷
데이터 소스의 권위	· ADS(Authoritative Data Source)

1.3. 데이터 전처리

데이터 수집·저장, 라벨링, 랭글링, Cleaning, Transformation 등 세부 작업을 수행하며, 일반적으로 데이터 분석, 관리 SW를 사용한다.

[표 6-40] 데이터 전처리 방법(출처: NIPA)

종류	수행 방법
데이터 Ingestion	· DB(데이터 소스)에서 즉시 사용하거나 다른 장소에 저장하기 위해 데이터를 가져오는 프로세스로 통상 실시간(스트리밍) 혹은 배치로 수집
	· IoT 센싱 데이터, 구매 바스켓 데이터 등 빅데이터(데이터 소스)에 데이터가 다양한 형식(수십~수백 개 형식)으로 존재하는 경우에 특정 컴퓨팅환경 또는 SW를 사용하여 자동화 구현
데이터 라벨링	· Annotator(라벨링 작업자)가 SW 툴을 사용하여 원시 데이터에 각각의 속성별로 주석을 붙이는 작업, 시간과 투자가 소요되며 품질이 중요
	· 지도학습은 라벨링이 필요하지만 비지도, 강화학습은 불필요 · 라벨링 작업이 완료된 데이터를 이용하여 다양한 형태의 새로운 라벨링된 데이터를 손쉽게 생성하는 데이터 Flywheel 구축이 가능
데이터 Wrangling	· 원시(Raw) 데이터를 다른 포맷(형태)으로 전환하거나 매핑하는 과정으로 수작업 혹은 데이터 관리 툴을 사용
	· 데이터 원천으로부터 최초 형태로 자료를 추출한 이후에 알고리즘(예, 정렬)을 사용해서 원시 자료를 '먼징(Munging)'하거나, 사전 정의된 자료 구조로 데이터를 파싱(Parsing)하여 저장

데이터 Cleaning/ Cleansing	• DB 등에서 수집한 데이터 세트의 레코드 값이 손상되거나 부정확한 것을 감지하여 선별하고 수정(또는 제거)하는 작업
데이터 Transformation	• 데이터가 가지고 있는 특정 형식 또는 구조에서 다른 것으로 변환하는 프로세스로 데이터 통합, 데이터 랭글링 등 개념 포함
	• 이 단계를 통해 준비된 데이터는 학습(Train), 검증(Validation)과 테스트(Test) 데이터 세트로 구분하여 모델 개발 단계를 위해 준비

2. ML(Machine Learning) 모델 Pipeline

전(前)처리된 데이터를 이용하여 모델을 개발하고 테스트하여 운영 시스템에 사용되도록 배포하는 단계이다. 텐서플로우 등 프레임워크는 사용자가 모델 개발부터 배포까지 Pipeline 전체 단계를 쉽게 사용할 수 있도록 자동화된 툴킷이다.

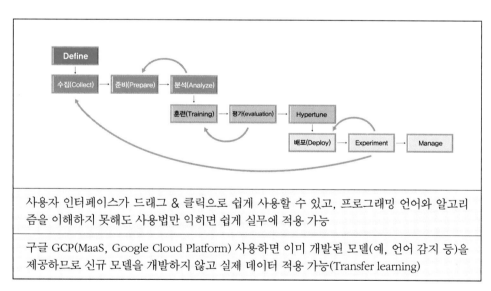

사용자 인터페이스가 드래그 & 클릭으로 쉽게 사용할 수 있고, 프로그래밍 언어와 알고리즘을 이해하지 못해도 사용법만 익히면 쉽게 실무에 적용 가능
구글 GCP(MaaS, Google Cloud Platform) 사용하면 이미 개발된 모델(예, 언어 감지 등)을 제공하므로 신규 모델을 개발하지 않고 실제 데이터 적용 가능(Transfer learning)

[그림 6-26] 구글 텐서플로우 Pipeline(출처: NIPA)

2.1. 모델 개발

학습 데이터와 알고리즘을 이용하여 다항식 또는 가중치와 같은 모델 매개변수(하이퍼 파라메타)를 변화시켜 성능이 가장 좋은 모델을 찾는 과정이다.

[표 6-41] AI 모델 유형(출처: NIPA)

A유형	범주	모델 선택	모델 상세 내용
예측	예측	예측 모델	• 데이터에서 (예/아니오) 패턴을 분석, 과거 결과를 기반으로 신규 데이터에서 학습 패턴을 감지, 향후 결과 예측 • 어떤 고객이 구독을 갱신하지 않는가? 어떤 잠재 고객이 제품을 구매하는가? 등
양식(문서) 처리	비전	양식 분류 모델	• 양식 문서에서 키 값 등 테이블 데이터를 식별·추출하는 모델
개체 감지	비전	개체 감지 모델	• 개체 이미지(소매업에서 특정 상품)를 감지하여 무엇인지를 판단하고 재고량 등 정보를 실시간 확보
텍스트 분류	언어	텍스트 분류 모델	• 메일, 문서, 소셜미디어 등 채널로부터 확보되는 텍스트 데이터를 NLP로 분류하여 인식하는 모델

2.2. 테스팅

[표 6-42] 모델 테스트 수행 방법(출처: NIPA)

모델 수행	수행 방법
모델 개발 테스트	• 모델 성능 향상을 위해 계속해서 반복 수행
모델 평가	• 학습된 모델들의 성능을 비교하여 가장 성능이 좋은 모델을 선택
모델 빌드부터 배포 이전 단계	• 데이터, 모델, 모니터링 테스트 각각 시행
모델 테스트	• 데이터로 생성된 모델의 성능(정확성/Accuracy)을 측정
모델 배포	• 개발 환경에서 구축된 모델을 실제 운영될 컴퓨팅 환경(production)에서 사용되는 버전을 만들어서(serving) 배포(deploy) • 배포 방법은 Web Server, Embedded System(HW), Mobile 배포
모니터링	• 문제 발생 시 실시간 알람으로 통보하여 오류를 찾아 모델 개선

1. 플랫폼의 정의

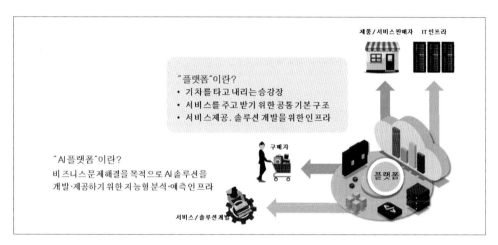

[그림 6-27] 빅데이터 플랫폼 구조(출처: K-DATA)

[표 6-43] 4차 산업혁명 플랫폼 핵심 기술

	핵심 정의
4차 산업 혁명	· 구(舊) 정보 시스템 환경과 완전히 다른 새로운 (기술) 인프라를 이용하여 모든 것이 플랫폼과 연결(Connectivity)되고 지능화(Intelligence)된 새로운 시스템을 구축·운영
	· 신(新) 시스템 구축은 상당한 투자와 AI, 블록체인, 클라우드 등 다양한 분야의 새로운 기술 역량 요구
	· (AI) 다양한 형태의 데이터를 수집하여 학습·추론으로 분석·판단, (5G, IoT, 블록체인) 4G보다 20배 이상인 5G와 사물(IoT)·조직(블록체인)을 연결, (클라우드) 컴퓨팅 자원(HW, 응용서비스 등) 구독 서비스(IaaS, PaaS, SaaS 등) 기술
	· 이전과 다른 특이한 현상은 기업이 SW를 개발하면 소스 코드를 공개하여 사용자가 시스템 구축에 활용하고 새로운 SW 개발에 참여토록 유도하여 자사 중심 생태계 구축
	· 예를 들면 인공지능(AI)은 딥러닝, 자연어 처리 분야 등 세부 신기술 개발이 오픈소스 프로젝트로 추진, 오픈소스 딥러닝 플랫폼은 Tensorflow 등 20여 종

4차 산업 혁명	• 우버는 승차 공유 플랫폼에 오픈소스를 활용하여 ML as-a-service인 Michelan-gelo를 구현, 특히 음식 배달 플랫폼에는 HDFS, Spark, Samza, Cassandra, MLLib, XGBoost, TensorFlow 등 오픈소스를 활용
	• 또한, 4차 산업혁명 구현을 위한 핵심 기술에서 오픈소스의 중요성은 이전의 舊 정보시스템 구축과 비교할 때 완전히 다른 차원을 보임
	• 과거에는 일부 완제품 형태의 오픈소스 제품(LAMP)을 사용하는 데 머물러 오픈소스 자체가 산업으로 성장하지 못하는 한계를 보임
	• 최근에는 인식(자연어·음성·이미지 등)과 딥러닝 등 AI 분야 SW가 오픈소스로 공개·공유되어 AI 자체 기술도 비약적으로 발전될 뿐만 아니라, 제조·농업·금융 등 다른 연관 산업의 경쟁력을 강화시키는 핵심 성장 동력으로 자리매김

인공지능·빅데이터 통합 플랫폼의 개념은 정형·비정형 빅데이터 처리 및 AI 솔루션 개발·서비스 제공이 가능한 범용 통합 플랫폼을 의미한다.

2. 빅데이터/인공지능 통합 플랫폼 구조

정형·비정형 빅데이터 처리 및 AI 솔루션 개발·서비스 제공이 가능한 범용 통합 플랫폼이다. 통합 플랫폼으로 구성되어 다양한 인공지능 서비스 팩을 제공하고 있으며 고객의 비즈니스에 맞는 서비스 팩을 쉽고 빠르게 커스터마이징한다.

[표 6-44] 인공지능/빅데이터 통합 플랫폼 구조 사례

플랫폼	구조	통합 플랫폼 (T3Q.ai) 적용
통합 플랫폼 T3Q.ai	통신	• 시스템 관제 E2E (End-to-End) 플랫폼 'T3Q.ai 플랫폼'의 빅데이터 부분을 적용하여 차세대 시스템 인프라 관제 체계 구축
	보안	• 침해 사고 분석 보안 플랫폼 • 인공지능 기반 보안 관제 및 침해 사고 예방을 위한 종합 분석 플랫폼 개발
	서비스	• Cloud 기반 인공지능 AI SaaS 플랫폼, 클라우드 기반으로 기업/기관에 인공지능 서비스를 제공하기 위한 시스템 구축 중
	금융	• 통합 플랫폼 기반 금융 마케팅 플랫폼 • 내부 고객 정보와 외부 고객 정보 통합하고, 실시간 채널 데이터 수집 및 분석, 인공지능 학습 및 서비스 개발 등 빅데이터와 인공지능 서비스 개발
통합 플랫폼 T3Q.ai	의료	• 스마트 약물 감시 협업 및 공유 플랫폼 • 보안, 결과 공유, 서비스 병합, 원천 학습 데이터 공유 등을 고려한 모델/Center AI(무거운 인공지능), Edge AI(가벼운 인공지능) 모델 활용
	금융	• 통합 플랫폼 기반 금융 거래 플랫폼으로서 빅데이터 실시간/지능화 분석 아키텍처 응용을 통한 대용량 처리에 대한 고가용성 보장
텍스트 분석 T3Q.ta	금융	• (인공지능 기반 문서 분석 시스템) 진행 중 • 텍스트 인식 및 분석을 통한 수출입 제재 법규 심사 자동화 시스템 구축
	금융	• (인공지능 기반 감정서 심사 자동화) 다양한 형태의 비정형 문서인 감정 평가서 심사 업무를 인공지능을 통해 업무 자동화
통합 플랫폼 T3Q.ai	공공	• (실시간 지능형 특허넷 시스템) 인공지능을 이용하여 유사 특허, 유사 이미지 검색이나 특허 내용의 자동 분류 등의 기능 구현
	개인	• 모바일 기기용 인공지능 신체 상태 관리 시스템 • 휴대전화에 설치되는 Edge AI 모듈을 이용하여 휴대전화 생성 데이터를 분석하여 사용자의 신체 상태를 판별하고 관리하는 시스템
빅데이터 실시간 분석 플랫폼(T3Q.bd) 사례		• (금융) 통합 플랫폼 (T3Q.ai) 기반 인공지능 서비스 사례: 다양한 업종 비즈니스에 적용할 수 있는 'T3Q.ai 플랫폼 기반 5대 솔루션' 보유 및 확장 중
객체 인식 솔루션: 자동차 이미지		• (손해사정) 손보사 보상 업무 담당자 업무 자동화로 인력 부족 현상 해소 및 생산성 향상

공개된 공공 빅데이터 사이트
○ 공개 공공 빅데이터 센터 1) 한국지능정보진흥원: AI허브(http://www.aihub.or.kr/) 2) 행정안전부: 공공데이터포털(https://www.data.go.kr/) 3) 서울시: 서울 열린 데이터 광장(https://data.seoul.go.kr/) 4) 경기도: 경기데이터드림(https://data.gg.go.kr/) 5) 한국데이터산업진흥원(https://www.kdata.or.kr/) 6) 빅데이터 플랫폼(https://www.bigdata-map.kr) 7) 데이터 오픈 마켓(http://www.datastore.or.kr) ○ Uniprot − 특징: 단백질의 염기서열과 기능에 대한 대규모 데이터 활용 가능 − 관련 웹사이트: https://www.uniprot.org ○ 공공 데이터 포털 − 특징: 공공기관이 소유하고 있는 데이터 수집 가능 − 관련 웹사이트: https://www.data.go.kr ○ 서울 열린 데이터 광장 − 특징: 서울시에 대한 데이터 수집 가능 − 관련 웹사이트: http://data.seoul.go.kr ○ 영화진흥위원회 − 특징: 우리나라 영화에 대한 정보를 DB에서 검색해 수집 − 관련 웹사이트: http://www.kofic.or.kr/kofic/business/main/main.do ○ 한국소비자원 참가격 − 특징: 한국에서 거래되는 물품의 가격 동향을 기간별 DB 검색으로 수집 − 관련 웹사이트: http://www.price.go.kr/tprice/portal/main/main.do ○ SK telecom Big Data Hub − 특징: 각종 통화량 관련 데이터 파일 수집 가능 − 관련 웹사이트: http://www.bigdatahub.co.kr ○ Kaggle − 특징: 전 세계 다양한 주제의 데이터 세트 수집 가능 − 관련 웹사이트: https://www.kaggle.com/datasets

인공지능(AI) 학습용 '데이터 댐' 공개('AI 학습용 데이터 구축(Data Labeling)')
AI 허브 공개 사이트: http://www.aihub.or.kr(8분야, 21종, 171학습 데이터)

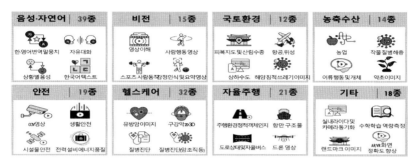

[그림 6-28] Aihub 데이터세트 개방 종류

정부 디지털 뉴딜 사업의 핵심인 '데이터 댐' (AI 허브: www.aihub.or.kr) 구축 사업
- AI가 스스로 인식과 이해하려면 AI SW가 가공된 대규모 AI 학습 데이터 확보 중요
- AI 경쟁력의 핵심인 대규모 데이터를 단기간 확보로 AI 선도 국가 도약 목표
- AI 학습 데이터 구축 사업은 한-영 번역 말뭉치, 한국어 음성, 이상 행동 영상 등 텍스트·이미지·영상 분야 인공지능 서비스 개발을 위한 기계학습용 AI 통합 지원 플랫폼 공개

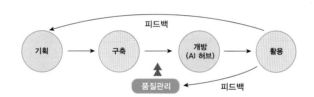

[그림 6-29] 인공지능 학습용 데이터 구축 개방 흐름도(출처: NIA)

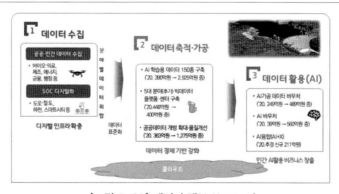

[그림 6-30] 데이터 댐(출처: Aihub)

1. 클라우드 기반 빅데이터가 4차 산업혁명의 핵심적인 요소인 이유를 설명하시오.

2. 클라우드 컴퓨팅 기술이 유무선으로 서비스하면 왜 기업의 생산성을 극대화시켜 주는지를 토론해 보시오.

3. AI가 활용하는 민감한 개인 데이터의 유형은 무엇이며 이러한 데이터는 어떻게 보호됩니까?

4. AI 학습용 데이터를 구축하려면 데이터 세트의 라벨링 절차에 대하여 토론해 보시오.

5. 데이터 분석 기술의 유형과 분석 방법에 대하여 토론해 보시오.

6. 다리관절 환자의 영상 정보를 빅데이터로 축적하려고 한다. 데이터 세트 라벨링의 어노테이션 포맷(Annotation Format)을 설계해 보시오

7. 최소한의 필수 사용자 데이터로 최상의 사용자 경험을 만들려면 어떻게 해야 하나요?

8. AI가 만든 분석의 새로운 물결인 증강 분석(Augmented analytics)과 다크 데이터(Dark Data, 정보 우주의 암흑물질)에 대하여 토론해 보시오.

9. 증강 분석과 △ R&D 혁신 지능 △ 창작 지능의 진화 △ AI 호문쿨루스(Homunculus) △ 컴퓨팅 폼팩터(Form factor) 등 AI와 데이터 상관관계에 대하여 토론해 보시오.

10. 빅데이터는 많은 데이터 수집으로부터 시작해야 한다. 몇 MB 단위 데이터는 초보 학습용으로 사용될 수 있다. 그러나 수십 GB 이상의 용량 콘테스트가 일반적이며, 기업용은 하루에 쌓이는 용량이 GB급 이상, 때로는 매일 TB 이상이 누적되기도 한다. 이러한 데이터를 어떻게 수집하고 가공할 것인가를 토론해 보시오.

11. 데이터를 다루기 위해 파일 저장부터 분산 처리를 염두에 두어 master와 slave 구조를 가지는 GFS(Google File System)와 이를 발전시킨 HDFS(Hadoop Distributed File System) 구조 등에 저장해야 가능하다. 이렇게 저장된 데이터는 Map Reduce와 같은 잘게 쪼개어 단순화 작업을 반복함으로써 대규모 병렬 처리가 가능해진다. 이 대규모 병렬 처리의 저장 방식에 대하여 토론해 보시오.

12. 국가에서는 인공지능 산업을 육성하기 위하여 AI 허브를 구축하여 분야별 171개 빅데이터군을 개방하였다. 이 빅데이터를 이용하여 인공지능 서비스 플랫폼을 개발하여 벤처기업 성공 사례가 이루길 바란다. 어떤 비즈니스가 성공 가능한가를 토론해 보시오.

인공지능 오픈소스(공개 SW)와
기술 환경(Stack)

 학습주제

4차 산업혁명의 핵심 기술인 인공지능, 빅데이터, IoT, 클라우드 등이 다양한 분야에서 혁신을 이끌고 있다. 세계 시장을 선도하고 있는 대형 IT 업체들이 각 분야에서 활용되고 있는 신기술의 많은 부분을 오픈소스 소프트웨어(SW)로 개방하여 생태계 구축을 확대하고, 개발 및 활용하고 있다. 주목할 것은 해외를 중심으로 오픈소스 SW 기업의 M&A와 IPO 사례들을 통해 오픈소스의 가치가 입증되고 있다는 점이다. 국내 기업이나 개발자들도 오픈소스에 대한 역량 강화와 저변 확대를 하고 있다. 이에 수강하시는 분들은 반드시 오픈소스 커뮤니티에 가입하여 활동하시길 부탁드린다.

이제는 국내 개발자들도 오픈소스 SW 개발과 활용 확대가 선택이 아닌 필수가 되었다. 활용 확대는 SW 기술 역량 확보에 기여함은 물론 신기술·신산업의 성장 동력이 될 것이다. 그리고 AI 기술 서비스 개발을 위해 필요한 요소 기술 계층(layer)의 집합으로 AI 관련 정보 제공을 위해 다양한 기술 스택들에 대한 표준화된 정의도 제시하였다. 개발자들은 어떤 기술로 서비스 기술을 추진해야 하는지, 연구자들이 제시하는 다양한 관점의 AI 기술 스택 모형을 살펴보고, AI 기술 환경 설정 솔루션을 확보하여 활용하기 바란다.

(웹사이트) 공개 SW: https://www.opensouce.org
https://www.oss.kr
오픈소스 코드: https://github.com/jwkanggist/EveryBodyTensorFlow

제1절. 오픈소스

1. 오픈소스 소프트웨어(Open Source Software: OSS) 정의

공개적(Open 혹은 reveal)으로 액세스할 수 있게 설계되어 누구나 자유롭게 생성(create), 확인, 수정(modify), 복제, 사용, 배포(distribute)할 수 있는 프로그램 소스 코드로 정의한다. 저작권자가 SW를 개발하여 프로그래밍 언어로 나타낸 설계도인 소스 코드가 특정 라이센스 조건으로 공개하는 것으로써 다른 사람이 관련 정보에 접근(access)할 수 있고, 2차 저작물로 자유롭게 재배포·수정이 가능한 SW 개발 모델이다.

[표 7-1] OSI에서 정의한 오픈소스 기준(출처: 소프트웨어정책연구소('18.04))

OSI 규정	내용
Free Redistribution	· SW 판매나 양도를 제한하지 않고 자유롭게 재배포 허용
Source Code	· 소스 코드와 컴파일 형태를 모두 배포
Derived Works	· 변경이나 2차 저작물을 허용하고 원래의 SW 사용권과 동일한 조건으로 배포 허용
Integrity of The Author's Source Code	· 패치(Patch) 파일 형태의 재배포를 허용하지만, 원칙상 변경된 소스 코드로 빌드(Build)가 가능한 SW로 배포
No Discrimination Against Person or Groups	· 어떠한 개인이나 단체에 대한 차별 금지
No Discrimination Against Fields of Endeavor	· SW 사용 분야에 대한 차별 금지
Distribution of License	· 사용권은 재배포 시에도 동일하게 적용
License Must Not Be Specific to a Product	· 사용권은 유형의 제품이 아니라 무형 SW에도 적용
License Must Not Restrict Other Software	· 같이 배포되는 다른 소프트웨어 사용 제약 금지(차별 금지)
"License Must Be Technology-Neutral" - OUR PHILOSOPHY	· 사용권은 기술에 중립적(차별 금지)

★ OSI(Open Source Initiative):10개 오픈소스 정의 조건 제시(https://opensource.org/osd)

2. 오픈소스 발전사

SW 기술 사유화를 반대하는 개발자들의 사회운동에서 출발하였다. 개인 개발자들이 자발적으로 커뮤니티에 참여하여 SW를 개발하고, 그 결과물을 공개하여 공유하는 행동이 SW 산업에서 관행으로 정착하였다. 이는 SW 생산에서 개방형 개발이 독점적인 대안보다 더 효과적이라는 아이디어에 기초하였다. 통상 지식이 협업(연구자)으로 생산(논문)되고 평가·공유(학회)되어 지속적으로 발전되는 것과 동일한 논리이다.

[표 7-2] 상용 SW와 오픈소스 저작권 비교(출처: NIPA)

저작권	요구 사항
상용 SW 저작권자	· 저작물 코드를 공개하지 않고 적정한 사용료를 요구
오픈소스 저작권자	· 특정 라이센스로 소스 코드를 공개하고 누구나 복제, 설치, 사용, 변경, 재배포가 자유롭도록 허용

· MIT Cusumano 교수는 "기존 상용 SW 기업이 서비스 기업으로 변모하는 주된 이유도 기업의 전략적인 오픈소스 활용 때문"이라고 주장
· 미 상용 SW 기업은 설립 후 20년 경과하면 제품(라이센스) 매출보다 서비스 매출이 초과

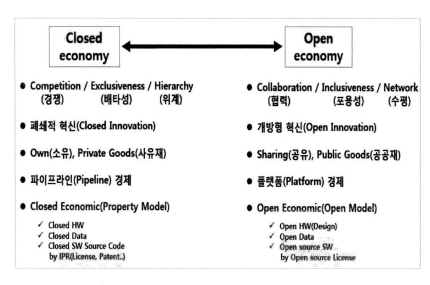

[그림 7-1] 경제·사회 패러다임 변화와 오픈소스(출처: NIPA)

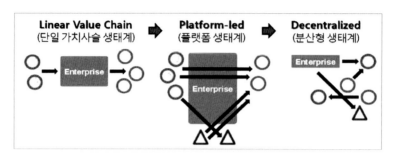

[그림 7-2] 과거·현재·미래 비즈니스 생태계 진화 과정(출처: NIPA)

[표 7-3] 사적(私的) 독점(상용)과 오픈소스 비교(출처: NIPA)

구분	사적(私的) 독점 SW	오픈소스 SW
코드 판독	• 코드에 대한 정보를 바이너리 코드로 제공하기 때문에 코드 판독 불가능	• 코드에 대한 정보를 오픈소스로 제공하기 때문에 판독 가능
라이센스료	• 사용 시 라이센스료 부과(라이센스+서비스료)	• 라이센스료 부과 않음(서비스료)
SW 업그레이드 주체	• 개발 업체만 버그 수정과 업그레이드가 가능	• 사용자 혹은 커뮤니티 참가자
보안상 허점 인식 주체	• 개발 업체만 SW 보안상 허점을 알 수 있음	• 사용자들의 엄격한 검토로 보안성이 높음
신제품 출시 시간	• 신제품 출시에 통상 2~3년의 장시간 소요	• 개발 주기가 3개월로 짧음
IPR	• 개발 업체	• 여러 단체가 소유

3. SW는 오픈소스

최근 SW는 오픈소스를 의미하고 유능한 SW 개발자는 오픈소스에 익숙하고 활용 능력을 보유하고 있다는 가정이 당연시되는 시대에 진입하고 있다. 소스 코드는 사람이 읽을 수 있는 형식의 프로그램 코드를 의미하며, 실행 코드 또는 바이너리 코드는 컴퓨터가 인식하고 실행할 수 있는 형식의 코드를 지칭한다. 소스 코드를 컴퓨터가 읽을 수 있도록 바이너리 코드로 변화하는 것을 컴파일(compile)이라고 한다. 오픈소스 생산·공유는 인터넷을 이용하여 세분화된 노동 분업으로 생산된다. 디지털 시대 이전의 생산 방식과는 완전히 다른 혁명적 SW 생산 방식이다. 최근 오픈소스 생산은 자발적 커뮤니티뿐만 아니라 기업의 적극적인 참여와 지원으로 발전되며, 특정 정보 기술의 발전 방향을 결정하고 있다. 최근 상용 SW 기업은 소스 코드를 공개하고 커뮤니티를 운영 혹은 후원하며 SW 생산, 네트워크 및 판매 채널로 활용하고, 비즈니스 모델을 컨설팅·기술 지원 등 서비스 사용료를 청구하는 서비스 모델로 전환하였다.

> ★ 이론적 경제학에서는 기업 투자(Private)와 집단적(Collective) 투자로 개발된 제품을 공공재(Public Goods)라고 한다.

오픈소스 개발 생태계는 기업을 중심으로 고객(사용자), 오픈소스 커뮤니티, 재단·연합, 자발적인 개발자, 투자자 등으로 구성된다.

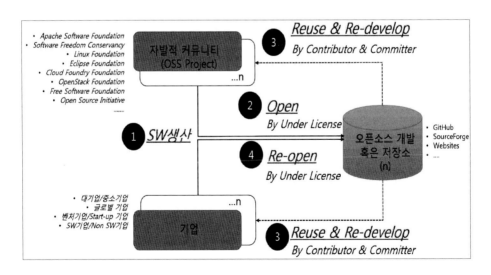

[그림 7-1] 오픈소스 생산·공유 개념도(출처: NIPA)

4. 오픈소스 개발 모델

오픈소스 SW 개발 모델은 자발적인 개발자들이 특정 SW를 생산하는 오픈소스 프로젝트 커뮤니티와 공개된 SW에 대해 버그 확인, 테스트, 새로운 기능 향상, 문서화 등 의견 제시 등을 수행하는 사용자 커뮤니티가 상호작용으로 지속적으로 발전하였다.

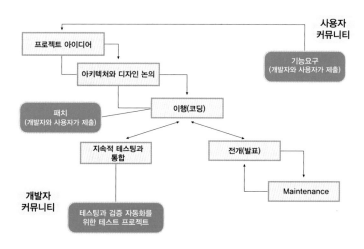

[그림 7-2] 오픈소스 개발 모델(출처: NIPA)

5. 오픈소스 라이센스

오픈소스 라이센스는 기업 혹은 커뮤니티가 소스 코드를 공개할 때 제시하는 제반(소스 코드의 사용·생산·수정·배포 등) 규정이다. 제정 목적은 소스 코드 공개를 강제하기보다는 오픈소스의 사유화 방지 목적이 강하다. 라이센스 유형은 약 5,000여 종 이상 존재한다. 소스 코드가 공개되고 추가·수정·배포할 수 있는 권리, 기타 조건을 포함하는 라이센스 모델은 크게 GPL, LGPL, MPL, Free BSD로 구분된다.

> 아파치나 MIT 계열은 오픈소스를 활용할 때 제약이 거의 없으나, GPL은 2차 저작물에 대한 소스 코드 공개 의무 등이 강력함.

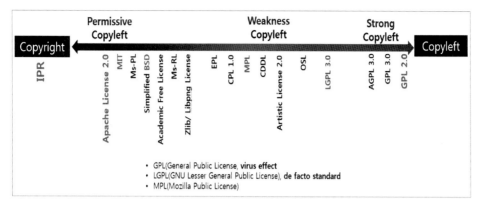

[그림 7-3] 라이센스 유형(출처: NIPA)

법적 관점에서 라이센스가 이용허락 여부 또는 2차적 저작물의 문제에 대해서 어떻게 표현하고 있는 가와 관련하여 permissive & Strong copyleft로 분류한다.

[표 7-4] 오픈소스 라이센스(출처: NIPA)

분류	적용
이용 허락 (Permissive)	• 사용에 있어서 별다른 요구 사항을 부여하지 않고 광범위한 권한을 부여
Copyleft	• 소스 코드가 사용되어져야 하며, 라이센스는 원래 저작물과 그에 따른 파생 저작물에 적용되어야 함
Virus effects	• GPL하에서 오픈소스를 사용하거나 이를 기반으로 제작된 모든 SW는 다시 오픈소스가 될 수밖에 없는 선순환적인 구조를 갖게 됨

[표 7-5] 라이센스 범위(출처: NIPA)

라이센스	유형
라이센스 준수 의무	• 오픈소스는 SW의 소스 코드가 특정 라이센스로 공개되어 수정·복제·사용·재배포 등이 자유로운 SW를 지칭 • 상업용 SW와 같이 오픈소스 이용 시 해당 라이센스를 준수해야 하며, 위반 시는 이용 권리가 박탈되고, 제품화한 경우에는 더 이상 제품 판매 불가 • 최근 저작권법 위반, 라이센스 위반 등에 관한 분쟁 사례가 급증

라이센스 유형 선택	• 기업, 커뮤니티, 개인 사용자 및 경쟁업체 간의 협업을 위한 기반을 제공하고 SW 개발 활동 수준에 결정적인 영향
커뮤니티 가입	• 사용자는 해당 SW를 공개한 커뮤니티(저작권자)가 규정한 라이센스를 반드시 준수해야 할 의무가 있음
오픈소스 공개 범위 및 전략	• 기업이나 커뮤니티는 개발된 소스 코드를 어느 정도(물리적 공개 범위) 공개하 고 어떻게 혹은 누구에게 공개(공개 전략)하는 전략을 구사 • 기업은 모듈화, 재사용성이 높은 오픈소스에 새로운 기능을 추가하여 차별화된 SW를 생산할 수 있으므로 개발 기간 단축, 비용 절감, 그리고 최신 SW 기술 학 습에 활용할 수 있는 등 다양한 이점을 제공
공개 범위	• 통상 전부를 공개하지 않고, 선택적(Selectively)으로 일부 공개 • 부분적으로 공개하는 것은 고객 관점에서 소스 코드에 대한 접근 및 사용 등을 특정 그룹에게만 부여하고, 이해관계자는 그룹별로 차별 공개
공개 수준	• 대부분 선택적으로 부분을 공개(Opening Part)하든지 부분적으로 공개(Partly Open)하는 2가지 전략을 채택 • 부분을 공개하는 것은 전체 SW에서 선택적으로 일부의 소스 코드를 공개하는 전략으로 이종(Hybrid) 라이센스가 대표적
오픈소스 공개 이유	• 소스 코드를 공개하는 이유로 기업의 상황에 따라 다양한 사유 제시 • 모든 것이 연결되는 4차 산업혁명 플랫폼에서 타 기업과 협력(개방형 혁신)하지 않으면 연결할 수 없고 또한 자사가 모든 표준을 주도할 수 없기 때문
오픈소스 공개 방법	• 기업이나 커뮤니티는 오픈소스 저장소(Github, Sourceforge 등)에 공개하거나 자사가 구축·운영하는 오픈소스 포털에 공개 • Github는 오픈소스 개발에 필요한 SW 저장과 버전 관리, 개발자 커뮤니티의 협 업과 온라인 교류를 위한 다양한 기능을 제공하는 소셜 코딩의 대표적인 사이트
의무 사항	• 이를 위반하면 해당 오픈소스에 대한 이용 권리가 박탈되고 제품화한 경우에는 판매 중단 등으로 기업 이미지가 훼손되어 치명적 손실 초래
오픈소스 중요성	• 경제·사회 패러다임이 경쟁(→ 협업), 폐쇄(→ 개방), 소유(→ 공유), 파이프라 인(→ 플랫폼) 경제로 변화하는 중심에는 오픈소스를 활용한 혁명적 SW 개발 방식 출현 • 국가 혁신 체제 관점에서도 오픈소스는 지식 전달 체계인 사회 인프라 확충과 구성원의 학습과 신기술 개발 의지를 고취시켜 주는 개방형 혁신의 핵심 수단(촉매제)으로 작동

전 세계 수백만 개의 오픈소스 프로젝트들은 모두 저작권이 존재하므로 해당 코드에 부여된 저작권, 라이센스 의무 사항을 면밀히 검토하여 사용하여야 한다. 최종 사용자 대상의 프로젝트는 상대적으로 제한적인 라이센스를 개발자, 인터넷 또는 상용 OS 지향 프로젝트에 대하여 제한이 적은 라이센스를 사용한다.

[표 7-6] 오픈소스 공개 여부와 라이센스(출처: NIPA)

제공자	공개 여부
서비스 제공에 중점을 둔 기업	• 오픈소스 라이센스 하에 제품을 공급하는 경향이 있는 반면, 가족이나 개인 소유의 회사는 독점 SW에 의존하는 경향
	• 미국의 Jacobsen 사건, 오라클과 구글의 저작권 분쟁 소송, 국내 H사의 오픈소스 라이센스 위반 사건 등
Github (설립자 :프레스톤-베너)	• 핵심 비즈니스 가치가 있는 모듈(Rails)은 절대 공개하지 않고 IPR로 판매하고, 범용 도구(Grit, Resque 등)만 공개
	• 예를 들면 기본 버전(Community Edition)은 공개하고, 특정 기능이나 추가 기능(엔터프라이즈 기능)은 상용(라이센스)으로 판매, 혹은 코어(핵심) 모듈은 비공개, 주변 모듈은 공개
	• 회사 광고, 코드를 공개하면 유능한 개발자(기여자)를 끌어들여 SW 개발에 힘의 승수 효과(Force multiplier) 창출, 이미 자사의 SW에 경험을 가진 유능한 개발자의 채용이 쉬움을 제시
	• 사용자는 저장소를 탐색하고 소스 코드 등을 다운로드할 수 있고, 토론, 저장소 관리, 다른 저장소로의 기여 제출, 코드의 변경사항 검토 등 기능 활용이 가능
	• 깃(Git)은 2006년경 리누스 토발즈가 직접 개발한 분산 버전 관리 시스템
듀얼 라이센스 (DualLicence)	• 어떤 고객 군(학생)에게는 공개하고, 타 그룹군은 오픈소스 활용을 제한 혹은 영리 목적 vs. 비영리 목적 사용에 제한

[표 7-7] 인공지능과 오픈소스(출처: NIPA)

기술 스펙	내용
Tensorflow와 오픈소스	• 구글이 내부적으로 공개(DistBelief)하여 검색, 음성 인식 • 인공지능 관련 오픈소스 프로젝트 수는 2017년(14,000개)을 기점으로 급속 증가 • 학습, 추론, 인식 등 알고리즘을 개발할 수 있는 인공지능 플랫폼이 오픈소스로 공개되면서 이를 활용한 기술과 서비스 개발이 비약적으로 증가 • 번역, 지도, 유튜브 서비스 등 개발에 사용되던 기계 학습용 엔진을 2015년에 오픈
정의	• Tensorflow: 딥러닝을 위한 오픈소스 SW 라이브러리, AI 애플리케이션을 위한 심층적인 학습 모델을 만드는 사람들을 위한 공통 도구
아키텍쳐	• 데이터 입력 및 처리, 모델 작성, 모델 훈련과 예측의 3부문으로 구성된 데이터 파이프 라인 설계와 데이터 흐름 그래프 아키텍처 • 데이터 로딩(데이터 생성, 데이터 증강), 학습 데이터/평가 데이터로 분리, 학습(DNN, RNN, CNN, VAE 등 알고리즘 커스트마이징), 평가(GAN), 모델 저장(정확도 확인 및 데이터 정제 수행), 서비스 활용 순 • 다차원 배열의 데이터를 입력(tensors)하면, 다중 작업 시스템(선언형 프로그래밍)을 통해 흐르고(flow), 다른 쪽 끝에서 출력되는 구조로 수행 작업은 플로우차트(그래프)로 제시 • 전체 아키텍처는 C API를 기준으로 Runtime과 User 모듈이 구분

제2절. 오픈소스 커뮤니티

온라인에서 오픈소스 프로젝트가 생성되면 자발적으로 참여하는 사용자와 개발자로 구성되어 SW 개발을 위해 온·오프라인으로 소통하고 협력하는 집단 지성으로 정의한다. 누구에게나 프로그램의 소스 코드에 대한 동등한 접근을 보장하고 책임과 권한을 공유하며 지속적인 개발자와 사용자의 기여에 의해서 프로젝트가 발전하는 커뮤니티이다. 설립 주체(자발적 vs. 기업), 참가자 유형별(개발자 vs. 사용자) 등으로 구분한다.

1. 커뮤니티와 오픈소스 개발

오픈소스커뮤니티 참여자들의 지식 창출은 사회적, 집단적 검토·수정을 통해 체계적 형식지로 통합되고, 이러한 지식은 다시 커뮤니티에 내재화되는 누적적, 순환적 혁신 모델이다. 우선 개인이나 기업이 개발한 최초 SW를 공개하면 공개된 실행 파일과 소스 코드의 유용성으로 인해 개발자 사회에서 관심을 받는다.

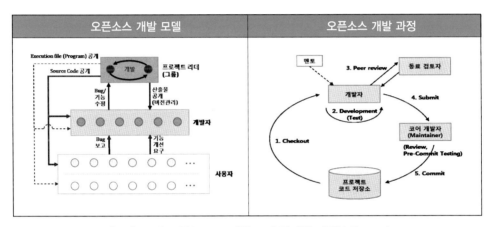

[그림 7-4] 오픈소스 SW 개발 모델 및 개발 과정(출처: NIPA)

[표 7-8] 오픈소스 SW 사용자(출처: NIPA)

사용자	참여 동기
개발자(소스 코드 및 실행 파일의 사용자)	• 프로젝트 운영자가 제공하는 관련 정보를 이용하거나 Q&A, 토론 등에 참여
	• 공개된 소스 코드에 자신만의 새롭고 개선된 코드를 추가하거나 버그를 보고하고 수정하는 기여자, 커미터, 메인테이너 등 역할로 커뮤니티에 참여
프로젝트 리더	• 사용자들에게 적극적인 오픈소스의 유용성을 알리고 적극적인 동참을 독려하기 위해 뉴스 그룹 등 다양한 활동을 전개
프로젝트 운영 성공 요소	• 초기 버전을 지속적으로 개선하고 유지할 수 있는 개발자들의 확보와 그들 간의 활성화된 사회적 상호작용
커뮤니티 참여 동기	• 개인(미시적) 개발자 수준과 조직(거시적) 수준의 참여 동기는 기술·경제·사회적 동기에서 뚜렷한 차이를 보임

- 투명성(오픈소스 비전, 로드맵, 릴리스 계획, 형상 관리 계획, 커미터 자격 조건, 새 기능 추가 또는 패치의 제출 과정 등과 오픈소스 프로젝트 문서화)
- 통상 오픈소스 프로젝트는 핵심(core) 개발자, 프로젝트 리더, 코드 작성자, 사용자 (active users)로 구성되고, 양파 모형이며 프로젝트 별로 크기(size)에서 차이를 보임

커뮤니티는 일반적으로 기술적 단계, 오픈소스 단계, 생태계의 3단계로 성장한다.

커뮤니티 구성원		커뮤니티 구성원별 역할
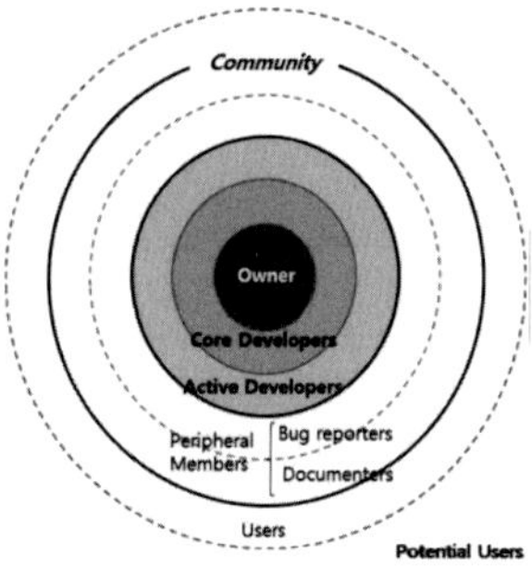	소유자	• 초기 오픈소스를 개발한 창시자로 커뮤니티의 비전과 방향에 대한 의사 결정, 라이센스 체계, 비즈니스 모델 수립 등 프로젝트에 대한 대부분의 중요한 책임과 역할
	핵심 개발자	• 소수의 핵심 개발자 그룹, 프로젝트의 결과물에 대해 코드 승인 권한과 투표의 권리를 갖고 배포 관리와 같은 책임
	액티브멤버	• 액티브 개발자는 새로운 기능을 위한 코드 개발과 문서 작업, 버그를 수정하는 개발자로 코어 멤버들과 함께 커뮤니티의 중추적인 역할을 수행 • 버그 수정자는 해당 프로젝트의 소스 코드에 이해를 바탕으로 커뮤니티에 보고된 버그들을 수정하며 특별 권한 없음
	주변 멤버	• 커뮤니티의 대다수를 차지, 커뮤니티 내의 지식과 관심사, 버그 등을 공유하며 산발적으로 버그 수정이나 마이너한 기능 수정, 테스트에 참여하면서 프로젝트에 기여
	일반 사용자	• 커뮤니티 멤버가 아닌 해당 오픈소스 사용자로 때때로 의견이나 질문 등을 통해 프로젝트에 기여
	기업	• 기업은 개발 비용 절감, 개발 기간 단축, 고품질 SW 개발, 종속성 탈피 등이고, 개인 개발자는 이타주의와 개인주의 사이의 동기가 골고루 분포

[그림 7-5] 오픈소스 커뮤니티 구조 및 구성원별 역할(출처: NIPA)

2. 오픈 커뮤니티와 절차

[표 7-9] 오픈 커뮤니티(출처: NIPA)

커뮤니티	내용
기업과 오픈소스 커뮤니티	• 최근 기업은 자체적으로 개발한 SW의 소스 드를 공개하고 자체적으로 커뮤니티를 구축하여 운영하거나 후원하는 추세가 증가
기업 능력	• 자체적으로 구축 혹은 후원하는 커뮤니티 SW 생산 기지(developer community), 네트워크 혹은 판매 채널(사용자)로 활용 • 기업이 구축·운영하는 커뮤니티는 사용자에서 시작하여 SW 생산 커뮤니티로 발전 • 기업은 커뮤니티에 접근(access)하여 회사와 커뮤니티의 전략을 일치(align)시키고, 커뮤니티에서 개발된 결과물을 통합(integrate)·동화(assimilate)시키는 능력이 필요
기업의 오픈소스 활용 단계	• 특정 SW가 생산되어 소스 코드가 공개되면, 기업은 이를 활용하면서 자발적인 개발자 혹은 사용자의 개선 사항 등을 피드백 받아 반영하며, 혹은 제3의 기업이 핵심 기능을 개발하는 등 당초 SW가 선순환적으로 지속 발전

[그림 7-6] 기업의 오픈소스 활용 절차(출처: NIPA)

[표 7-10] 기술 혁신과 오픈소스 성공을 위한 공통 조직 역량(예)

조직 역량	기술 혁신과 오픈소스 세부 역량
외부 공동체와의 협업	• 기업이 자체적으로 모든 것을 하는(기술 개발, SW 개발, 제조 등) 것보다 외부와 협력하는 것이 혁신을 가속화 • 소스 코드는 기업 혁신을 위한 외부 지식 및 리소스
아이디어를 외부로 공유	• 비즈니스 아이디어를 외부에 공유하고 외부에서 자사에 기꺼이 기여할 수 있는지 확인하면 혁신을 가속화
조직 학습, 외부 아이디어의 내부 동화	• 외부 기술 혁신이나 오픈소스를 관찰하여 외부 지식과 코드를 자사에 동화시킬 수 있는 역량을 갖춤
재사용/수정의 효율성	• 오픈소스와 기술 혁신에서 기존 혁신 결과물의 재사용 또는 수정으로 혁신을 가속화
고객 가치에 대한 전략적 접근	• '전략적 오픈소스'는 어떤 것을 아웃소싱하고 어느 것을 사내 제작해야 하는지, 어떤 부분은 고객이 가치 창조에 참여토록 할 것인지 등을 결정
기술의 낮은 진입 장벽	• 외부와 공유하고 협력하면 새로운 기술 개발이 더 쉬움

3. 4차 산업혁명과 오픈소스

4차 산업혁명에서의 경제 패러다임 변화는 가치사슬 기반의 파이프라인 경제에서 플랫폼 기반 경제로 전환되는 것을 의미한다.

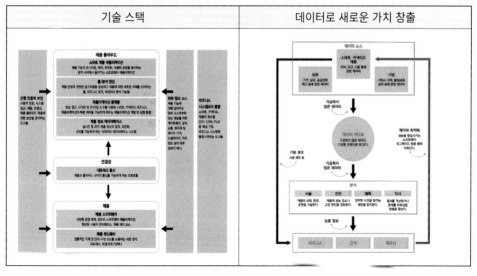

[그림 7-7] 4차 산업혁명 구현 새로운 기술 스택(출처: NIPA)

[표 7-11] 기술 스택과 데이터 연계로 가치 창출(출처: NIPA)

스택	내용
기술 스택	• 스마트 & 연결 제품(SCP: Smart & Connected Product) 데이터와 외부 소스 및 기업 내부 소스에서 모은 데이터 댐(Big data)을 분석하여 가치 창출 • 제품이 플랫폼과 연결(Connectivity) 지능화(Intelligence)된 시스템 구축·운영
	• 제품에 내장된 HW, SW 및 운영 체제, 연결성을 위한 네트워크 통신, 제조사 혹은 제3자 서버에서 작동하는 SW로서 제품 정보 DB를 저장하는 제품과 클라우드, SW 애플리케이션 개발을 위한 플랫폼, 룰 엔진 및 분석 플랫폼, 제품 외부에서 작동하는 스마트 제품 애플리케이션 등
	• 모든 층을 가로지르는 요소로는 신원 인증과 보안 구조, 외부 데이터 접근을 위한 게이트웨이, SCP에서 얻는 정보를 ERP·CRM 같은 비즈니스 시스템에 연결하는 도구
데이터로 가치 창출	• 4차 산업혁명은 현실(사물, 제품 등)을 IoT·블록체인으로 연결(센싱)하여 다양한 데이터를 수집·저장·가공(Big data)하고 분석·판단(AI 추론, 학습)하여, SCP가 즉각 반응하거나 혹은 사용자가 n-스크린 단말로 통제할 수 있는 자동화 시스템 구축·운영
4차 산업혁명 구현 기술	• AI(뇌·신경), 블록체인(근육), IoT, Big data(혈액), AR/VR, 이들 기술의 공유·구독이 가능하도록 해주는 클라우드(뼈대) 컴퓨팅 처리 방식

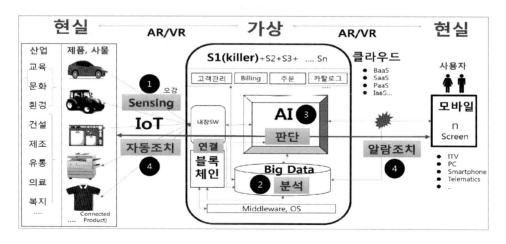

[그림 7-8] 4차 산업혁명 구현 기술 스택(출처: NIPA)

4. AI(인공지능)과 Tensorflow 딥러닝

[표 7-12] 인공지능 능력 분류(출처: NIPA)

분류	능력
인공 지능 (AI)	• 인간처럼 작동하고 반응하는 지능형 기계, 혹은 감각(sense), 사고(reason)하고 행동(act)하고 적응(adapt)할 수 있는 프로그램 • 기계학습(ML)은 알고리즘이 시간에 따라 더 많은 데이터에 노출됨에 따라 성능이 개선, 딥러닝은 기계학습의 하위 구성 요소로 광대한 데이터로부터 다층 신경망이 학습하는 것
AI 분류	• 인간 대비 AI 능력 기준(Weak, Strong, Super, 혹은 보조, 증강된, 자율지능), 활용 범위(Narrow vs. General) 또는 설명 가능한 인공지능(XAI) 등으로 분류
AI 기술 분류	[문제 영역(X축)+해결 방법(Y축) = AI Technology Solution] • 문제(지각·사고·지식·계획·소통)와 기술(로직·지식기반·확률·기계학습·체화지능·검색과 최적화)의 조합으로 다양한 심리·사회적 이론과 기술이 융합 • 딥러닝은 인간이 어떻게 생각하고 지식을 축적·의사 결정하는가? 라는 문제(신경망)를 인간의 학습 이론을 적용(기계학습)한 대표적 범용(General Purpose) 인공지능 • 인공지능은 단일 기술이 아니라 목표(문제 해결)를 위해 상호 보완적인 하나 이상의 다양한 AI 기술을 활용하여 해결 • 지각, 신호/음성/시각 인식, 의미 이해, 자연어 처리, 추론, 의사 결정론, 행동 계획, 불확실성 처리, 지식 표현, 신경망, 학습 등으로 3대 성공 원동력은 알고리즘, 빅데이터, 컴퓨팅 파워

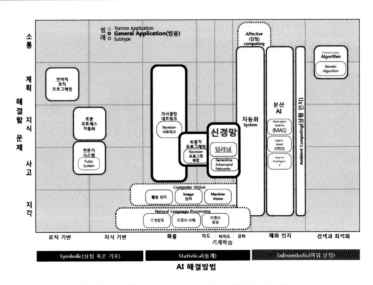

[그림 7-9] AI Knowledge Map(출처: NIPA)

Francesco Corea는 위그림과 같이 해결해야 할 문제 (Y축)와 해결 방법(X축)을 조합하여 AI 기술들을 세분화하였다. 특히 X축(문제 해결 방법)은 AI 연구 패러다임으로 상징주의(Symbolic: 1960~1990), 연결주의(Connectionist: 1990~현재)로 발전되었다. 향후에는 2개의 연구 방법을 결합한 인지주의(Embodied AI) 기반의 AI 문제 해결 방법이 대두될 전망이다. 인간이 어떻게 개념(Concept)을 학습하고 조직화(Categorization)하는가에 대한 학문적 이론은 유사성 기반의 명제 이론, 피처 매칭, 본보기(Exampler), Prototype(요약 정보)를 거친다. 현재 지식 이론 발전과 상용으로 출시되는 AI 기술은 연결주의자의 피처 매칭 기반 신경망이 주류를 이루고 있다. X축(AI 문제 해결 방법)은 전문가 시스템 등 과거에 적용된 연계 중심 AI 개발 기술에서 상황인지 중심의 임베디드 AI 등과 같은 기술로 발전되고 있다.

[표 7-13] 도메인(Domain Knowlege Map) 지식(출처: NIPA)

데이터 지식	내용
AI 플랫폼과 데이터, 도메인 지식	• AI 플랫폼은 다양한 영역의 문제를 해결하기 위한 도구이며, 실제 구현을 위해선 도메인(Domain) 지식과 센싱 혹은 운영 시스템으로부터 확보되는 데이터와 결합이 필요
	• 언어, 교통, 의료, 금융 등 AI가 적용되는 해당 영역에 대한 지식(Domain Knowledge)이 선행되지 않으면 실제로 AI 기술 구현이 어려움 • AI는 알고리즘만으로는 작동하지 않으며, 대량의 데이터를 통한 학습 및 테스트를 거쳐야 상용화가 가능
AI 기술 발전 전망	• 최근 이미지(시각)·언어 등으로 입력(센싱)되는 데이터를 저장·가공하여 학습(지도, 비지도, 강화)시켜 새로운 알고리즘이 개발되며 발전 • 향후에는 문제 해결을 위한 체화된 인지(Embodied cognition) 기술을 적용한 상황 인지(Awareness), 자동화 시스템, 분산 AI 등으로 발전

인공지능 세부 기술 중에서 딥러닝 시각 혹은 이미지(Computervision), 자연어 처리 분야(NLP) 등에서 다양한 오픈소스 프로젝트가 진행 중이다.

제3절. 인공지능 기술 개발 환경 설정

1. AI 인프라 스택(AI Infrastructure Stack) 사용

AI 서비스 개발을 위해서는 필요한 요소 중 기술 계층(layer) 집합으로 다양한 기술 스택들의 정보가 제공된다. 그래서 개발자들은 어떤 기술로 서비스 기술을 개발해야 하는지 등 이해하기 어려움이 많이 있다. 개발자들이 제시하는 다양한 관점의 AI 기술 스택 모형, AI 솔루션, 비즈니스모델 유형 등을 비교하였다.

1.1. CMU(카네기멜론대학) AI Stack

인공지능 스택(stack)은 AI 기술 블록들이 창조한 거대한 개념으로 정의한다. 특히 Andrew Moore 교수는 AI는 학습을 통해 실세계를 이해하고, 현명한 결정 내리는 기술 스택은 ISO(International Organization for Standardization)의 OSI(Open Systems Interconnection) Reference Model을 참조하였다.

AI 8계층		세부 내용
	컴퓨팅	• 시스템(HW), 네트워크, 프로그래밍 언어, 운영 체제 및 컴퓨팅을 가능하게 하는 장치 간의 상호작용과 관련된 기술
	AI윤리	• 윤리적 이슈 추론에 필요한 도구와 AI 기술
	자율	• 사람의 개입 없이 AI가 자체적으로 결정을 내리는 기술
	인간-AI 상호작용	• 척추 손상 환자가 시선으로 전동 휠체어의 로봇팔을 작동시키는 것과 같이 사람이 할 수 있는 일을 보충(Argumentation)
	계획& 행동	• 최적화, 안전, 지식 네트워크 및 전략적 추론을 바탕으로 스택의 최상위층보다는 덜 정교한 고급 시스템 및 알고리즘
	의사 결정	• 사람의 의사 결정을 지원하는 기술
	모델링	• AI 스택의 최상위 층 시스템이 정보를 이해하도록 해주는 것 • 사람들의 사진을 분석하여 얼굴 특징을 추적하고 감정 상태 인식

기계학습	• 경험을 통해 학습하는 프로그램을 만드는 기술
데이터 관리	• 정보를 수집하고 저장하여 빅데이터를 만들어 중요한 정보를 찾는 방법에 대한 것
기기	• 기계가 주변 세계를 인식하는데 필요한 모든 센서 및 구성 요소

[그림 7-10] CMU의 AI 기술 스택(출처: NIPA)

1) 인간 행동의 지각(컴퓨팅과 기기층), 의사 결정(데이터 관리, 기계학습, 모델링), 행동(의사 결정 지원과 계획 & 행동, 자율성과 인간-기계 상호작용과 각각 매칭한다.

2) 각 층은 상위와 하위층에 직접 연결되어 있어, 어느 하나 층의 혁신은 다른 층에 직접적인 영향을 주어 상호 의존적이고, AI 스택의 하나 또는 다수 층의 결함은 다른 층의 기술 발전으로 상쇄 가능하다.

[표 7-14] AI 문제 해결 패러다임(출처: NIPA)

구분	상징(Symbolic)주의	연결(Connectionist)	인지(Cognitive)주의
시기	1960 ~ 1990	1990 ~ 현재	현재 이후
철학 이론	(합리론) 기계에 주입할 지식이 존재하고 기호화 가능	(경험론) 환경(경험)으로부터 지식을 습득	구성주의(합리+경험) 합리론의 선험적 요소와 경험론의 환경적 영향이 상호작용으로 점진적 발달
개체 환경 관계	개체 중심	환경 중심	개체와 환경의 동적 상호작용
추론-학습 관계	추론 중심	학습 중심	행동을 통한 학습과 추론의 순환적 반복
Dual system	System 2 (분석적/논리적)	System 1 (직관적)	System 1과 2를 통합
system 구조	기호 규칙 집합	고정망 구조	동적 재구성 다층망 구조(뇌 인지 시스템 구조)

지능 구현 방법	• 사람이 가지고 있는 지식을 기계에 주입, 즉 프로그래밍으로 지능을 구현 • 책벌레형 지능 (Book Smarts)	• 데이터로부터 학습함으로써 지능 시스템을 구현 • 일상 생활형 지능 (Street Smarts)	• 실세계에서 센서를 통해서 환경과 상호작용하며 인간과 교감하며 자율적으로 행동, 인간의 뇌처럼 발달과 학습 과정을 통해 지식이 끊임없이 재구성
장단점	• 사람 지능으로 쉽게 개발, 문제가 복잡할 경우 오작동 발생	• 데이터로부터 지식 생성, 데이터가 없는 경우 지식 습득 한계	• 뇌인지 구조에 기반한 지능 개발로 이것을 역공학으로 분석 • 아직까지 뇌를 이해하지 못함
지능 사례	• 논리와 규칙, 추론 방법	• 신경망, ML과 딥러닝	• 내장(Embedded) AI

1.2. Modern AI Stack

AI 솔루션 공급자 관점에서 인프라, 개발자 환경, LoB(Line of Business) 클라우드 서비스 제공 범위에 따라 솔루션 사업자 유형을 구분한다.

[표 7-15] AI Stack 사업자 유형(출처: NIPA)

유형	환경
IaaS(Infra as a Service)	• 인프라(HW 환경)
PaaS(Platform as a Service)	• AI 구현 플래폼(HW, 개발 툴, API)
MaaS(ML as a Service: AIaaS)	• HW, 개발 툴, 시각/음성/자연어 등 특화 솔루션 API 데이터 유형(시각, 동영상 등)별 응용 서비스 개발 기능 포함 형태의 클라우드 서비스(사용료 기반)
On-premise 방식	• 수요자가 자체 구축한 인프라에 공급자가 개발한 PaaS와 MaaS를 설치하여 사용

[표 7-16] MaaS 소비(consumption) 모델(출처: NIPA)

③ LoB		・응용 프로그램(시각, 이미지 등) 개발 및 서비스		
② 개발 환경	Workflow	・공유, 협업 및 자동화 도구, Jupyter, Anaconda, GitHub, VSTS 등 Paas	P a a S	M a a S
	IDE (개발 환경)	・API로 기본 ML 플랫폼의 기능을 활용 ・PyCharm, Microsoft VS Code, Jupyter, MATLAB 등		
	라이브러리	・고급 수학 연산(NumPy), 컴퓨터 비전(OpenCV), 언어 번역(OpenNMT) 등과 같이 특정 인지 기능 추가 여부에 관계 없이 다양한 라이브러리를 사용		
① 인프라	ML플랫폼	・Apache MXNet, TensorFlow, Caffe, CNTK, SciKit-Learn, Keras 등		
	알고리즘	・지도, 비지도, 강화학습 알고리즘		
	Data	・구조/비구조적 DB, 빅데이터 플랫폼, 클라우드 기반 DB 등 다양한 데이터 플랫폼		
	Compute	・ML 알고리즘 실행에 필요한 컴퓨팅 자원 ・서버, GPU 등 특수 HW, VM, 컨테이너 및 서버리스 컴퓨팅을 포함한 클라우드 기반 컴퓨팅 자원	I a a S	

2. AI 프로젝트 Life cycle

AI를 활용하여 비즈니스 문제를 해결하기 위해 처리해야 하는 순차적이고 반복적인 과업 단계를 프로세스 혹은 파이프라인(Pipeline)이라고 한다.

2.1. CRISP-DM(Cross-Industry Standard Process for Data Mining) 모형

데이터 마이닝 표준 방법론으로 비즈니스 문제 이해, 데이터 이해, 데이터 수집, 모델 개발, 모델 배포 단계로 구성되어 있다. 기업은 CRISP-DM 모델을 근간으로 자사의 AI Life cycle 모형을 변형하여 사용한다.

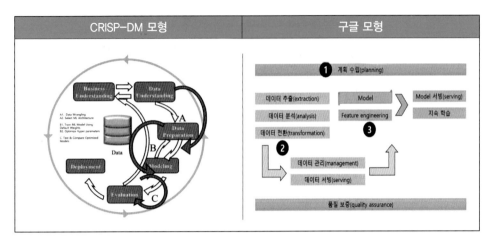

[그림 7-11] CRISP-DM 모형과 구글 모형 비교(출처: NIPA)

2.2. 시스템 관점 구성 요소

AI Life cycle 전체 단계를 자동화된 시스템(툴킷)으로 구현할 경우, 고려해야 하는 기술적 요소들로 총 10가지로 구성된다. 크게 알고리즘(검은색), 프레임워크(노란색), 기타 기술(회색) 영역으로 구분되고, 각 영역은 상호 간에 밀접하게 상호작용한다.

구성	기술 요소
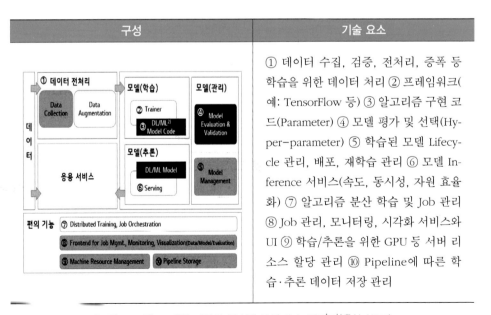	① 데이터 수집, 검증, 전처리, 증폭 등 학습을 위한 데이터 처리 ② 프레임워크(예: TensorFlow 등) ③ 알고리즘 구현 코드(Parameter) ④ 모델 평가 및 선택(Hyper-parameter) ⑤ 학습된 모델 Lifecycle 관리, 배포, 재학습 관리 ⑥ 모델 Inference 서비스(속도, 동시성, 자원 효율화) ⑦ 알고리즘 분산 학습 및 Job 관리 ⑧ Job 관리, 모니터링, 시각화 서비스와 UI ⑨ 학습/추론을 위한 GPU 등 서버 리소스 할당 관리 ⑩ Pipeline에 따른 학습·추론 데이터 저장 관리

[그림 7-12] AI 개발 자동화 시스템 구성 요소 10가지(출처: NIPA)

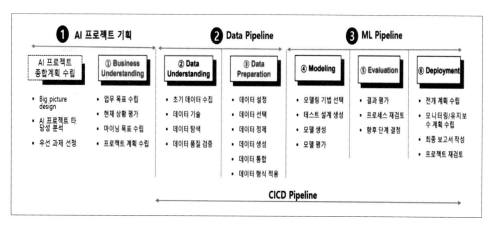

[그림 7-13] AI 프로젝트 추진 단계별 과업 내용(CICD Pipeline)(출처: NIPA)

AI 개발 Pipeline Life cycle은 프로젝트 계획 수립(기획), 데이터 이해 및 준비 (Data pipeline), 모델 개발 및 배포(Model pipeline) 등 3단계로 구분한다. 위 그림 은 설명을 위해 프로젝트 기획 단계를 추가하여 단계별로 펼쳐 놓은 모형으로의 CRISP-DM과 같이 데이터, ML 파이프라인의 세부 단계 간, 그리고 데이터와 ML 단 계 간에 피드백이 존재하고 상호작용된다.

3. AI 프로젝트 계획 수립

AI가 변화시킬 광범위한 영역을 종합적으로 고려하여 빅픽처를 설계하고 우선 추 진 프로젝트를 선정한다.

[표 7-17] 추진 과제 선정(출처: NIPA)

과제	후보 프로젝트 선정 기준
후보 과제 도출(발굴)	• 어떤 업무에 AI를 적용할 것인가? (What to innovate) • 어떻게 적용할 것인가? (How to innovate) • 그래서 무엇이 좋아지는가? (Why innovate)
과제 평가 및 과제 선정	• 프로젝트 타당성(Feasibility)과 파급효과(Impact)가 높은 과제 우선
	• 프로젝트 타당성은 비용 발생 요소인 데이터 이용 가능성, 예측 결과 정확도 정도, 문제 난이도 등을, 그리고 영향력은 프로세스에서 복잡한 부분 유무, 예측 결과 가치 등을 세부 항목을 검토
	• 통상 AI 과제 선정은 영향력이 큰 영역부터 비용 및 위험이 큰 영역의 순으로 AI 적용 범위를 넓혀감

[표 7-18] AI 과제 선정 기준(출처: NIPA)

AI 프로젝트 선정		AI 프로젝트 타당성 검토 내용
	Data availability	• 데이터를 수집하는 것이 얼마나 어려운가? • 데이터 라벨링에 얼마나 비용이 소요되는가? • 얼마나 많은 데이터가 필요한가?
	Accuracy requirement	• 잘못된 예측이 얼마나 많은 비용을 초래하는가? • 시스템이 얼마나 자주 유용해야 하는가?
	Problem diffculty	• 비슷한 문제에 대해 사전에 수행된 프로젝트가 있는가? • 학습에 필요한 컴퓨팅 파워는? • 배포를 위해 소요되는 컴퓨팅 파워는?

AI 과제 추진 방법 검토는 특정 AI 과제에 대한 문제정의 및 목표 설정, 라이프 사이클 단계별로 필요한 기술적 요소 등을 종합적으로 검토한다. AI 프로젝트를 수립할 때 검토 사항은 무수히 많고 복잡한 내용은 가트너가 상세하게 제시한 '기업에 AI 적용을 위한 프레임워크(A framework for applying AI in the Enterprise)'를 참고한

다. 글로벌 기업과 일부 국내 기업은 AI를 손쉽게 개발하여 적용할 수 있도록 솔루션을 개발하여 클라우드 서비스로 공급한다.

[표 7-19] AI 프로젝트 세부 검토 사항(안)(출처: NIPA)

구분		세부 검토 내용
기획	문제 정의 목표 설정	• 우선순위가 높은 세부 과제에 대한 문제 정의와 AI로 해결할 때 최적의 목표를 정의하고 설정
	AI 서비스 기술 선정	• 비즈니스 문제 해결에 적합한 AI 서비스 기술(자연어, 이미지, 동영상 처리 가상비서, 대화형, 예측 분석, 프로세스 자동화, 임베디드 AI)을 선정
	AI 구축 및 운영 환경 결정	• 구매(Buy), Outsourcing, MaaS/PaaS, 자체 구축 방법 및 범위 결정 – 기업이 AI 기술 스택 전체를 자체 구축(On-premise) 혹은 아웃소싱 여부 – 자체 구축의 경우 자사 기술력으로 구축 vs. SI 기업에 아웃소싱 여부 – 외부 아웃소싱의 경우, 기술 스택에서 어느 범위(IaaS, PaaS, MaaS)까지 클라우드 서비스를 이용할 것인가? • 자체 기술로 구축할 경우 기술 스택별로 어떤 오픈소스 SW를 활용할 것인가?
데이터 준비		• 데이터 소스가 텍스트·비디오·음성·이미지 등 어느 유형인가? • 데이터 소스 준비를 자체 시스템 구축 혹은 외부에서 구매할 것인가? • 자체 데이터 소스 구축 시 Streaming·Batch·빈도(low, high) 여부 등 • 데이터 유형이 구조적 혹은 비구조적인가? • 데이터 저장소(DB) 구축에 어떤 DBMS 혹은 파일 시스템을 사용할 것인가? • 피처 추출(Feature Engineering)과 라벨링(Labeling) 작업의 필요 유무 등
모델 개발 및 배포		• 모델 개발에 사용할 알고리즘의 종류(CNN, RBM, Auto encoder 등) • 파라메타 튜닝 방법? • 개발된 모델을 어디에(Standalone, 서버, 엣지 등) 배포할 것인가?
기타 AI팀 구성 및 교육		• 상기 검토 항목 결정에 따라 확보해야 하는 기술 인력이 달라짐 • 비즈니스 전문가, 데이터 사이언티스트, AI 엔지니어 확보 방법 등 • AI 개발자, 사용자 등 교육 대상 및 필요한 교육 내용과 방법 등 검토

3.4. 문제 이해와 목표 설정

AI로 예측할 주요 비즈니스 변수(모델 대상)를 식별하는 것으로 통상 5가지 질문으로 적절한 해답을 검토하여 선정한다.

[표 7-20] 비즈니스 대상 모델 선정(출처: NIPA)

검토 사항	대상 모델
질문	1) 계량(매출액, 고객 이탈률, 또는 개수) 지표(회귀)? 2) 어떤 범주(분류)? 어떤 그룹(클러스터링)? 3) 특정 주문이 정상적이지 않을 가능성(이상 감지)? 4) 사용자가 수행해야 할 옵션(추천)? 5) 선택한 질문에 대한 결괏값의 측정 방법으로 고객 이탈률 예측 정확도(95% 이상) 등과 같이 SMART(Specific, Measurable, Achievable, Realistic, Time-bound)를 고려하였는가?
베이스라인	• 과거나 유사 프로젝트의 성과가 존재하면 이를 기준(베이스라인)으로 달성하고자 하는 최적의 목표치를 설정 • 다수 지표보다는 단일 지표(Metric)를 설정하는 것이 유리 • 다수 지표가 존재하면 산술평균 혹은 가중평균 방법 등으로 결합하여 단일 지표 설정

[표 7-21] 문제와 목표 설정(예시)(출처: NIPA)

문제 정의	측정 목표
데이터에 기반하여 매출액을 예측	– 에러 최소화
제조 공장에서 볼트를 인식	– 잘못 분류될 가능성을 최소화
서명(싸인) 인식	– 잘못 인식할 가능성 최소화
파손된 박스의 인식	– 스피드 최대화 및 비용 최소화
추가 제품을 구매자에게 추천	– 매출액과 만족도 최대화

4. (사례) AI/ML BM에 따른 기술 스택 선택

인공지능 응용 시스템을 개발하려면 다양한 스택 중에서 선택해야 한다. 효율적으로 구축할 수 있는 기술 스택 선택에 대한 선택적 통찰력이 있어야 한다. 개발 비즈니스 모델을 결정한 후, 산업 및 개인 환경에 따라 기술 스택은 다른 머신러닝 중심 데이터 개발팀과는 유사한 AI 스택이 결정될 것이다.

[표 7-22] **기술 스택 선택**(출처: CMU Auton Lab)

스택 개요	사용 도구
AI / ML	· TensorFlow(DL을 위해 선택한 툴킷), PyTorch · Scikit-Learn (대부분의 비 DL 작업에 대한 선택)
언어	· Python, C ++, SQL
라이브러리	· Pandas, Numpy, fbprophet, NLTK, Scipy, Ffn, Pyodbc, APScheduler
언어 및 프레임워크	· Vue.js,(프런트 엔드 및 프레임워크) (FE) React + Next.js, (BE) Python
데이터베이스	· SQL Server, MySQL, PostgreSQL로 마이그레이션
창고	N / A
추출, 변환 로드 (ETL)	· Python, Airflow, + SQL 및 SQL Alchemy 독점 사용
추적 및 소스 제어	· GitHub
시각화	· Streamlit, Plotly(앱 성능 시각화), Altair(아이디어 시각화, 대시보드)
Tableau	· (내부 비즈니스 인텔리전스) 메트릭스 및 수익, 이탈, GA 등을 추적
호스팅	· Azure(코어), Heroku (사이드 프로젝트 및 데모) · 추적 및 SC: GitHub, Notion(엔지니어링, PM 및 마케팅 동기화 유지)
데이터 웨어하우스	· Databricks, Snowflake

[표 7-23] **오픈소스 코드 사이트**(출처: http://www.jynote.net/294)

URL	내용
http://www.github.com	깃허브(Git hub): Open Source Community
https://gym.openai.com/	[OpenAI] OpenAI에서 라이브러리 제공 AI 오픈소스 사이트(사용자의 reinforcement learning 알고리즘을 테스트 라이브러리 제공
https://opensource.org/	OSI(Open Source Initiative) 정보 사이트
www.gnu.org http://www.gnu.org/licenses/gpl-3.0.html http://www.gnu.org/copyleft/gpl.html	세계적인 오픈소스에 대한 라이센스 정책을 세우는 GNU 사이트
https://www.codeproject.com/	Codeguru와 더불어 소스 코드와 튜토리얼 제공 사이트
https://code.google.com/	구글에서 제공하는 오픈소스 사이트(사용자 우수)
https://sourceforge.net/	프로젝트 단위의 소스 코드를 오픈해 주는 세계에서 가장 유명한 사이트
https://www.developer.com/ws/ http://www.developer.com/open	개발자 포럼 및 소스 공유 사이트, BREW에 대한 정보 제공을 잘해 주고 있는 사이트

[표 7-24] **국내 Open Source Community List**

URL	이름	내용
www.lug.or.kr	한국리눅스유저그룹	• 초기 지역별 소그룹에서 전국 규모 확대, 2000년 첫 세미나 개최 이후 매년 관련 세미나 개최, 약 7,000여 명 회원 보유
www.gnome.or.kr	GNOME KOREA	• GNOME 개발자 커뮤니티로 시작(2000. 4), GNOME 환경에 대한 번역 및 국제화 패치 주도, 약 400여 명 회원 보유
www.apache-kr.org	아파치 사용자그룹	• 웹서버 교육 목적의 개인 홈페이지로 시작, 현재 APM(Apache, PHP, MySQL)을 위한 사용자 커뮤니티

www.devpia.com	데브피아	· 국내 대표 개발자 공유 사이트 · 개발자 IT 포털(2000년 6월 설립) · MS(데브피아), 자바(자바누리), 오픈소스 　(PHPSCHOOL) 연합 · 약 50만 명 회원 보유
www.scakorea.org	한국소프트웨어 커뮤니티연합(SCA)	· 솔라리스스쿨, 솔라리스테크넷, 자바유 　저스넷, 자바크래프트, 파란자바동, 　KELP 등 국내 대표적인 15개 SW개발자 　및 엔지니어 커뮤니티 중심으로 발족 　(2005. 7)
www.ksug.org	한국스프링사용자모음	· 자바 개발 프레임워크인 스프링의 한국 　사용자 커뮤니티
www.opensource. samsung.com	삼성전자 오픈소스 사이트	· TV&Video, Mobile, Photography(Cam- 　era, Camcorder), Office(Printer)PC등 오 　픈소스 제공
www.developer.naver. com	NHN 개발자센터	· 오픈소스, 오픈 API 관련 네이버 기술 공 　유 · NAVER 오픈 API 공식 카페

국내 공개 SW 학습 포털 사이트
· 국내외 공개 SW 관련 주요 이슈 정보의 통합적 제공 · 개발 완료 및 진행 중인 공개 SW 정보 제공 (공개 SW DB 구축) · 공개 SW 개발자를 위한 SW 개발 플랫폼 제공 · 공개 SW 이용자 및 개발자를 위한 사용 및 개발 안내 한글문서 제공 · 국내 공개 SW 관련 정책, 사례의 대내외 홍보
· 메인 페이지: http://www.software.or.kr/oss(www.oss.or.kr) · 사용자 마당: http://user.oss.or.kr · 개발자 마당: http://developer.oss.or.kr · 기술지원, 지식마당: http://help.oss.or.kr · 자료실: http://data.oss.or.kr · 미러사이트: ftp://mirror.oss.or.kr · 국방부 오픈소스 아카데미: http://www.osam.kr · 네이버 오픈소스 가이드: https://naver.github.io/OpenSourceGuide/book/ · 오픈소스 SW 라이센스 종합정보시스템 (OLIS) https://www.olis.or.kr/ · (사)한국공개소프트웨어협회 http://www.kossa.kr · Choose an open source license   https://choosealicense.com/ · OLC 교육센터 http://olc.kr

오픈소스는 공유, 개방, 협력은 메이커 운동의 중요 개념이다. 만들고, 나누고, 주고, 배우고 참여하면서 상상력을 현실로 만들기, 물건을 원래 용도와 다르게 '해킹'하고, 더 나은 사용법을 발견하기, 온/오프라인으로 프로젝트를 공유하면서 서로에게 도움을 주는 것이 야말로 메이커 운동이 만드는 변화가 아닐까?
세계 곳곳의 수많은 메이커가 자신의 프로젝트를 공유한 사이트들을 둘러보며 새로운 프로젝트를 위한 아이디어와 소스를 구해 보자.

"4차 산업혁명의 핵심인 인공지능은 누가 어떻게 구현할 것인가?"라는 질문에 대해

1. 오픈소스의 정의와 오픈소스 라이센스에 대하여 토론하시오.

2. 상용 SW와 오픈소스 SW를 비교 설명하고, 개발 모델에 대하여 토론하시오.

3. AI 프로젝트 Life cycle에 대하여 토론해 보시오.

4. CMU(카네기멜론대학) AI Stack에 대하여 토론해 보시오.

5. 현재 우리 조직에는 오픈소스를 활용할 수 있는 인력이 어느 수준인지를 인지하고, 어떻게 단기간에 양성하여 활용할 것인가?

6. 국내 오픈소스 커뮤니티 사이트에 가입하셔서 활동하시오.

7. 리누스 토발즈는 리눅스 이외에도 많은 업적을 남겼다. 대표적으로 GIT가 있다. 오픈소스 커뮤니티로서 Github에 가입하여서 오픈소스 프로젝트 활동을 하시오.

8. 오픈소스 커뮤니티 구조 및 구성원별 역할에 대하여 토론해 보시오.

9. AI 프로젝트 추진 단계별 과업 내용에 대하여 토론해 보시오.

10. 학생분들 앞에는 수많은 AI 프로젝트가 발생할 것이다. 전문가로서 어떠한 AI 프로젝트를 수행할 것인가?, 선정 기준에 대하여 토론해 보시오.

인공지능(AI) 시스템 기획

학습주제

인공지능 프로그램 개발(AI SW) 기획은 시스템 개발에서 가장 우선해야 하는 부분이다. AI 비즈니스 모델을 계획하기 위해서는 수요 조사가 필요하고 인공지능/빅데이터 발전 및 과제 도출, 전략 수립을 필요로 한다. 그리고 팀 내에서 기본 기획안 발전, 제안 사업계획을 구체화하며, 이는 비즈니스 모델 발굴, 타 팀과 공동 사업을 구상하여야 한다.

인공지능의 요소 기술 개발 계획 수립은(planning)은 현재 상태에서 목표하는 시스템에 도달하기 위해 수행해야 할 일련의 요구 사항에 맞는 순서를 결정하여야 한다. 작업 수행 절차 계획과 인공지능 적합도를 계획하도록 한다. 그리고 우리 팀의 기술 개발 수준은 어디 정도인지? 그래서 언제까지, 어느 수준까지 개발할 것인지? 안 되면 어느 부문을 아웃소싱 줄 것인지?를 사전에 팀원들과 충분히 검토하여야 한다.

< 아인슈타인은 상상력으로 재구성>: 아인슈타인은 보통 아이들과 생각하는 방법이 달랐다. 무엇이든 머릿속으로 그림을 그려 보았다고 한다.

항상 책을 읽으면서도 책의 내용을 머릿속으로 그려 보았다. 예를 들어 책 속에 집에 대한 내용이 나오면 집의 구조를 그려 보았고, 거리가 나오면 거리의 풍경을 스케치하듯 그렸다. 과학자가 된 아인슈타인은 아무 실험 도구 없이도 오직 머릿속으로만 하는 실험을 즐겼다. 실제로 불가능한 것을 머릿속으로 실험해 보는 것을 '사고 실험'이라고 한다.

> "만약 빛의 속도로 달린다면 세상은 어떻게 보일까"
> "빛 옆에서 손거울을 보면 내 얼굴이 어떻게 보일까?"

아인슈타인은 자기가 빛의 모습이 되어 빛을 따라 달리는 장면을 머릿속에 그려 보곤 했다. 이런 습관 덕분에 세상을 뒤바꾼 과학 이론인 '상대성 이론'을 완성할 수 있었다. 뇌에는 우리가 생각하는 것보다 훨씬 더 많은 이미지가 저장되어 있다. 머릿속에 잠들어 있는 그 이미지들을 자꾸 꺼내 쓸수록 뇌는 점점 더 발달한다.

<우리의 대응> 상상을 그림으로 전환시켜(Thinking Flow) 저장하라(기획서)
머릿속에 그림을 그리기 시작하면 아무런 관련이 없어 보이던 정보들도 같은 곳에 모이고 정보들 사이에 어떤 관계가 있는지 확실해진다. 머릿속에 그림을 그리는 능력을 상상력이라고 한다. 상상력을 사용해야 이론은 태어나고 또 상상력을 통해 이해하는 것이다. 상상력을 개발하는 유일한 방법은 머릿속의 빈 곳을 자주 이용하는 것이다. 공백에 상상하는 능력이 생기면 공부를 보는 눈이 근본적으로 바뀌면서 여러 과목에서 가르치는 이치가 한곳으로 모인다. 모르는 내용만 뽑아서 잘 알게 될 때까지 따로 공부하는 것이 배운 것을 모두 공부하는 것보다 훨씬 효과적이다.

제1절. 인공지능 시스템 기획력

1. 기획서(사고의 실험) 사고

Thinking Flow란 생각의 흐름 순서를 약속된 기호로 나타내는 것이다. 역할은 상호 간의 의사 전달을 명확하게 해주고 생각의 흐름 과정에 오류가 있거나 변화에 대해서 쉽게 수정할 수 있다. [Thinking Flow(시스템 사고)로 전환시켜 기록(기획서)하라!]

[표 8-1] Thinking Flow 구성(저서: SW 엔지니어링)

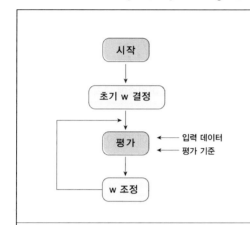

(학습 절차)
- 초깃값에 대한 지식이 없으면 랜덤하게 결정
- 학습 데이터를 입력하여 기준치로 평가
- 평가 결과에 따라 weight 조정
- 반복 적용, 최적값으로 접근

- 특징(장점)은 논리적인 체계를 쉽게 이해할 수 있다.
- 업무의 전체적인 체계를 일목요연하게 파악할 수 있다.
- 문제의 정확성 여부를 쉽게 판단할 수 있다.
- Thinking Flow에 따라 program 설계도에 따라 코딩한다.
- Program의 흐름에 대한 수정(debugging)이 용이해진다.
- Program 수정 보완 시 설계 변경 자료(maintenance)의 자료가 된다.

[표 8-2] AI 시스템 기획 라이프사이클(AI System Development Life Cycle)

단계	목표	내용
1단계	기획 준비	– 비즈니스 목표와 방향 설정, 인재 구성, 자금 확보
2단계	수요 조사/요구 분석	– 사용자가 원하는 것을 파악
3단계	프로그램 개방 /빅데이터 설계	– 빅데이테 설계, 프로그램 외부·내부 설계, 상세 설계
4단계	프로그램 구현 /빅데이터 구축	– 내외부 환경 구축, 빅데이터 구축, 프로그램 개발
5단계	테스트 및 수정	– 알파, 베타 테스트 후 수정, 품질 검증
6단계	유지 보수	– 운영 보수, 수정, 정기 점검

2. Thinking Flow(시스템 사고)

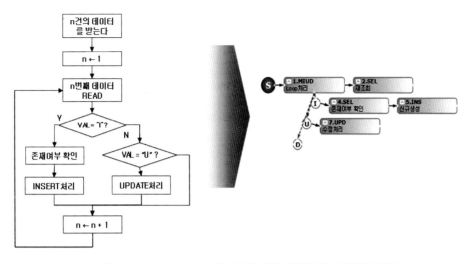

[그림 8-1] Model Process를 데이터 처리 로직으로 시각화된 표현

[표 8-3] 인공지능 패턴 인식 시스템 설계 사이클 6단계(출처: ETRI)

단계	목표	추진 내용

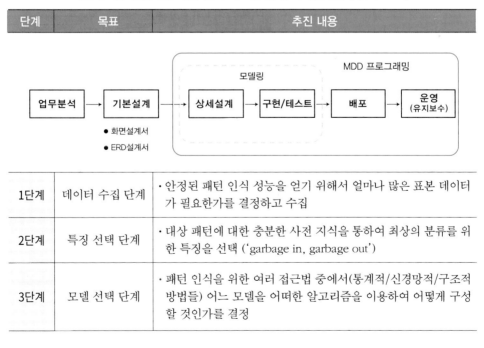

1단계	데이터 수집 단계	• 안정된 패턴 인식 성능을 얻기 위해서 얼마나 많은 표본 데이터가 필요한가를 결정하고 수집
2단계	특징 선택 단계	• 대상 패턴에 대한 충분한 사전 지식을 통하여 최상의 분류를 위한 특징을 선택 ('garbage in, garbage out')
3단계	모델 선택 단계	• 패턴 인식을 위한 여러 접근법 중에서(통계적/신경망적/구조적 방법들) 어느 모델을 어떠한 알고리즘을 이용하여 어떻게 구성할 것인가를 결정

4단계	학습 단계	・수집된 데이터로 부터 선택된 모델을 학습을 통하여 자료를 표현하는 완전한 모델을 만드는 단계로써 감독/비감독/강화 학습 등 선택
5단계	인식 평가 단계	・훈련된 모델이 얼마나 잘 맞는지를 평가 ・과도 추정(Overfitting) 또는 일반화(Generalization) 여부 평가
6단계	기술 성숙도 단계	・시작품 제작 및 성능 평가 단계, 일반인 대상 알파 테스트

제2절. 기획자의 고객(시장) 지향적 사고

1. 시스템적 사고(Thinking Flow)

인공지능(AI) 기획자는 숲과 나무, 나무와 숲을 같이 볼 수 있어야 한다. 즉 전체 속에서 부분을, 부분에서 전체의 모습을 볼 수 있는 것이 시스템적 사고이다. 시스템적 사고를 실천을 위한 MECE(Mutually Exclusive and Collectively Exhausted) 기법이 있다. '어떤 사항을 중복 없이, 그리고 누락 없는 부분의 집합체로서 파악하는 것'을 의미한다.

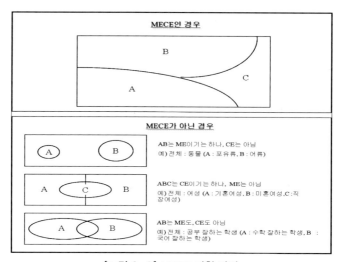

[그림 8 2] MECE 기획 방법

2. 논리적 사고

자신의 결론을 설명할 때 우리는 '의해서', '따라서', '이와 같이'라는 말을 사용한다. 이때 전후 이야기가 비약하지 않고, 전달자가 말하고 싶은 결론과 근거, 결론과 방법의 맥락을 상대가 매끄럽게 이해하게 하는 것이 매우 중요하다. 이를 위한 사고가 논리적 사고이며, 구체적 기술로는 'So What/ Why So? 기법'이 있다. 물론 이때 가로 방향으로는 MECE한 관계를 전제로 한다.

[표 8-4] 논리적 사고법

사고법	추진 내용
So What?	• 현재 가지고 있는 정보나 데이터를 토대로 과제에 비추어 보아 대답할 수 있는 핵심 결론을 추출하는 작업 • "결국 어떤 것인가?", "핵심이 무엇인가?", "결론이 무엇인가?"의 답변 제시
Why So?	• "So What?" 한 것에 대해 "왜 그렇게 말할 수 있지?"라는 질문을 던졌을 때 현재의 정보와 데이터로 분명히 설명 가능성 • "왜 그렇게 말할 수 있지?", "구체적으로는 뭐야?"라고 검증 확인

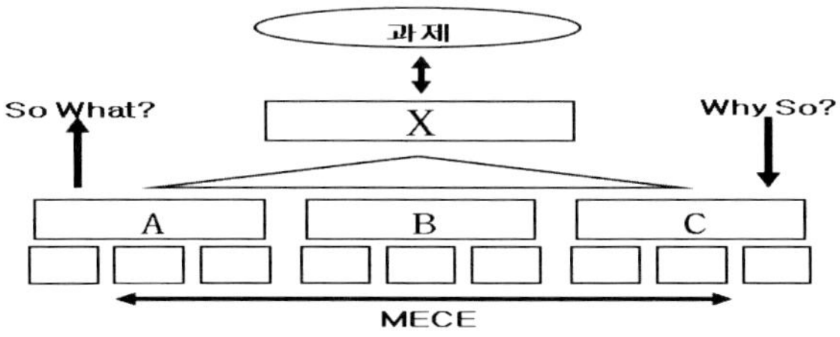

[그림 8-3] 논리적 사고 프로세스

3. 전략적 사고

외부 환경의 변화를 살피고 미래를 대비하기 위한 사고이다. 나 자신의 강·약점을 살펴 경쟁자보다 내가 경쟁 우위에 서기 위한 사고이다. 목적 달성에 가장 중요한 수단, 방법을 찾아내는 사고이다. 무수히 많은 자원 중에서 가장 중요한(맥, 급소) 몇 가지만 골라서 중점(핵심)을 두는 것이다. 분석의 틀(Frame)에는 SWOT, 3C, 전략 캔버스 모델 등이 있다.

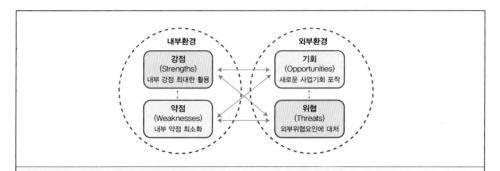

강점(S): 주요 경영 자원이나 능력
약점(W): 경영 저해 요인, 능력상의 한계 또는 결함
기회(O): 경쟁 우위 확보에 유리한 외부 환경 요소(경영의 잠재적 플러스 요인)
위협(T): 손해를 초래할 수 있는 불리한 외부 환경 요소(경영의 잠재적 마이너스 요인)

[그림 8-4] SWOT 분석

4. 정보 수집의 18가지 원칙

정보 수집 원칙

1) 무엇을 얻고자 하는가(Needs). 정보는 주제, 문제, 목적의식을 가지고 수집한다.

2) "어디까지 수집해야 하는가?" 철저한 이슈 분석을 통해 필요한 자료의 범위를 정한다.

3) "어디에 정보가 있는가?"를 확인하고, 자료 출처를 명확히 한다.

4) 가능한 정량화한다. (정확성)

5) Data의 신뢰성, 적합성을 검토한다. (신뢰도)

6) 최대한 신속성을 유지한다. (신선도)

7) 정보 제공자를 얻는다. 좋은 정보가 입수되도록 휴먼 네트워크를 만들어 둔다. 정보망)

8) 발로 정보를 얻는다(현장 중시), 인터뷰 등을 통해 살아 있는 제1차 정보를 취득한다. (자신의 눈과 귀로 직접 얻은 정보)

9) 손을 부지런히 한다. (스크랩, 파일) 가치 있는 정보는 즉석에서 메모한다.

10) 말을 요령껏 구사한다. (정보 유도)

11) 안목을 갖춘다. (종합 판단력) 루머와 픽션, 데이터, 정보를 구분한다.

12) 귀를 최대한 이용한다. (적극적 경청) 남의 이야기나 의견을 겸허하게 듣는다.

13) 컴퓨터를 최대한 활동한다. (PC 통신, 인터넷)

14) 정보는 찾는 자에게만 보인다. (정보 마인드)

15) 낡은 정보는 아낌없이 버려 죽은 자료가 되지 않도록 한다.

16) 머리를 최대한 회전시켜라. 데이터를 참고하여 가공 정보를 생산, 활용한다.

17) 정보를 의사 결정과 항상 결부시켜라. (행동하기 위한 정보)

18) 자료를 분류하여 KNOW-WHERE 시스템을 구축한다.

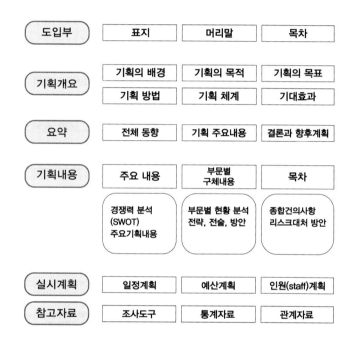

[그림 8-5] AI 기획 문서구성

[표 8-5] 가치 기획서 작성

Value = $\dfrac{\text{Utility(효용성)} \times \text{Access (접근성)} \times \text{Affinity(친밀성)}}{\text{Cost}}$	
Utility (효용성)	· Form(외형), Fit(안성맞춤), Function(기능)
Access (접근성)	· Volume produced(생산량), Time to the Market(적시성) Place of Distribution(유통), Level of Pricing(가격)

Affinity (친밀성)	· Interest (미), Image(이미지), Kindness(친절함), Safety(안전함) Fun & Joy (Entertainment)(즐거움과 유희), Challenge/Risk-taking(도전과 위험감수), Easiness(쉬움), Convenience(편리함), Env.-Friendliness(환경친화), Comfort/ Atmosphere(안락함/분위기), Choice(선택의 즐거움) Simplicity(단순함), Uniqueness/ Rarity(독특함/희소함)
Value 가치 설정	· What is our Biz (concept, domain)? 우리의 사업 영역은 무엇인가? · Who is our customer? (target customer) 우리의 (목표)고객은 누구인가? · What is value to our customer? (Customer Needs Focus) 우리 고객이 추구하는 가치는 무엇인가? · What is will our business be? (Finding signal of change) 우리의 사업은 어떻게 될 것인가? (변화의 징후) · What should our business be? (Redefining Biz concept/domain in ever changing environment(생존 전략) 변화하는 환경에 대응해 생존하기 위하여 우리는 무엇을 해야 하는가?

SWOT 분석은 기업의 내부 강점(Strength)과 약점(Weakness), 외부 환경의 기회 (Opportunity) 및 위협(Threat) 요인을 분석하는 기법이다.

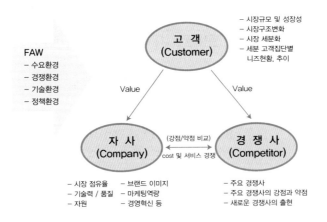

[그림 8-6] 기획서의 체계 및 내용

제3절. 인공지능 서비스 UI/UX 기획 설계

1. UI/UX(User Interface/User Experience) 정의

UI/UX 정의	• 사람과 시스템 간의 접점/사용자와 각각의 시스템 사이의 정보 채널 • 사용자에게 컴퓨터를 편리하게 사용할 수 있는 환경을 제공하는 설계 내용 • UI(User Interface 사용자 인터페이스) =〉 시각적 측면+컨트롤 • UX(User Experience사용자 환경) =〉 UI+사용자가 받게 되는 느낌
UI를 고려한 디자인의 필요성	• 사용자가 컴퓨터와 정보를 교환할 때, 그래픽을 통해 작업할 수 있는 환경 • 마우스 등을 이용하여 화면에 있는 메뉴를 선택하여 작업
	• 개발자 중심에서 사용자 중심으로의 변화 • 고성능 PC 보급 및 인터넷 확산/ 모바일 보급 • 개발 생산성 향상 • 비용 절감에 대한 압력 증가
성공적인 UI를 위한 방법	• User가 원하는 것이 무엇인지 정확하게 정의 • System의 목적이 무엇인지 정의 • User가 쉽고 편리하게 원하는 정보를 얻도록 설계 • 실제로 User가 경험하는 것을 테스트하고, 여러 번 반복 테스트 후 적용

User가 원하는
것이 무엇인지
정확하게 정의
	• 대다수의 인터페이스가 사용자를 도와주기보다는 지배하는 역할을 하고
	  있음
	• 시스템의 편의를 위해서 사용자를 분류하고 그러한 분류에 맞추어 행동하
	  도록 강요.(ex. 카테고리 분류…)
	• 사용자가 현재 위치에서 이루고자 하는 업무가 무엇인가에 대한 철저한 분석

System의 목적이 무엇인지 정의	• 홍보를 위한 사이트인가(ex. 제품 홍보) • 무엇을 팔기 위한 사이트인가(ex. 쇼핑몰) • 정보 제공 검색 사이트인가(ex, 포탈, 뉴스 포털)

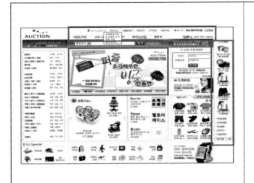 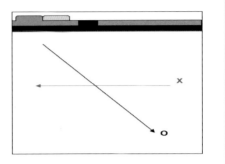

- 사용자를 위한 다양한 접근 경로를 제공(ex. 네비게이션, 배너, Quick 링크 제공)
- 시선 흐름에 따른 정보의 배치(화면의 구 성요소 배치 시 사용자의 시선 및 작업의 흐림이 좌측 상단에서 우측 하단으로 진행되도록 배치)
- 명확한 정보 구조
- 자연스러운 page 간의 이동 유도

[그림 8-7] User가 쉽고 편리하게 원하는 정보를 얻도록 설계

실제로 User가 경험하는 것을 테스트하고, 여러 번 반복되는 테스트 후 적용한다.

[표 8-6] UI/UX 분석과 평가법

분석	클라이언트	기존의 사이트에 대해 클라이언트 입장에서 해소하고 싶은 문제점과 제작 의도 등을 정확하게 이해하기 위함
	사용자	고객의 needs를 정확히 파악, 고객 만족도의 향상 및 향후 유지보수 업무의 향상을 위함
	어떻게 만들 것인가?	1) 기존의 방문 사용자 데이터를 분석. (메뉴의 클릭 수, 접근 경로, 사용 빈도수 체크)
		2) 사이트를 방문했던 사용자들의 패턴을 짐작
		3) 해당 웹사이트에 사이트 관련 콜센터나 의문 사항에 관한 메일 및 접수 내용 등을 조사하고 마지막으로 사용자 시나리오를 작성

[표 8-7] 웹/앱 페이지 UI/UX 경험 단계

Step	단계별 진행 밥법
1단계	• 정보에 노출된다. (정보의 존재를 지각한다) 예) 회원들에 의해 웹/앱의 존재를 알게 된다. 긍정적인 의견을 듣게 된다.
2단계	• 정보를 접하고자 하는 의지를 가진다. 예) 웹사이트/ 앱에 가입하고, 회원이 되고자 한다.
3단계	• 정보를 접할 방법을 파악한 후 알고자 하는 특정 정보를 찾아낸다. 예) 웹사/앱사이트 주소를 알아낸 후, 가입 절차를 밟고, 로그인한다.
4단계	• 원하는 정보를 취한다. 예) 사용법을 익힌다. 회원들과 가입 인사를 나눈다.
5단계	• 취합 정보와의 상호작용을 하고자 하는 의지를 가진다. 예) 회원으로 가입하고 싶다. 지인 홈페이지와 연계한다.
6단계	• 상호작용을 위한 업무를 수행하기 위해 해야 할 일이 무엇인가를 정의한다. 예) 친구는 어떻게 맺는가?를 찾는다. 콘텐츠를 공유할 방법을 모색한다.
7단계	• 원하는 업무를 수행한다. 예) 회원이 되기를 신청한다.
8단계	• 수행된 업무가 잘 처리되었는가를 확인한 후 안심한다. 예) 관심 회원 리스트에 회원 이름을 확인한다. 콘텐츠를 공유할 권한을 얻는다.

| 1)
친숙하거나
편안한 이용
흐름을
반영 | 가로쓰기의 한글 표기에 익숙한 대부분의 사용자들은
• 화면의 좌측 상단에서 우측 하단의 순서로 훑어본다.
• 화면의 보다 크게 처리된 내용이 더 중요한 정보라고 가정한다.
• 화면의 상단에 위치한 것이 하단의 것보다 더 중요한 것이라고 생각한다.
• 보다 심화된 정보를 찾을 때 화면의 하단을 본다. | 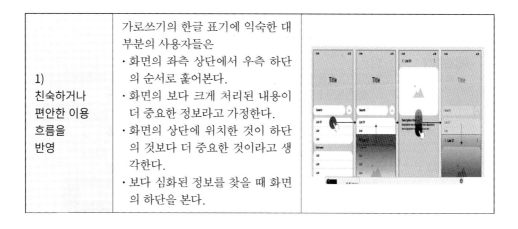 |

2) 사용자가 쉽게 이용법을 3) 알고 사용할 수 있도록 함	· 페이징 기능 구현 시 총 페이지 수를 보여 주고 원하는 페이지로 바로 이동할 수 있는 풀다운 기능 추가 · 입력 필드 옆 부분에 입력 가능 글자 수와 입력하고 있는 글자 수 표시해 줌	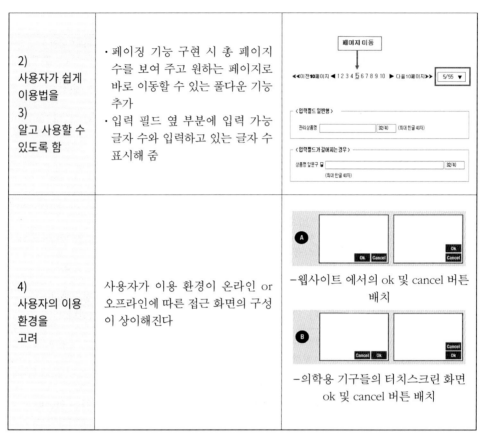
4) 사용자의 이용 환경을 고려	사용자가 이용 환경이 온라인 or 오프라인에 따른 접근 화면의 구성 이 상이해진다	

[그림 8-8] 효과적인 UI/UX 디자인 설계

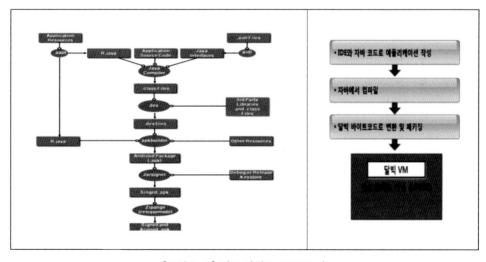

[그림 8-9] 빌드 과정(Build & Run)

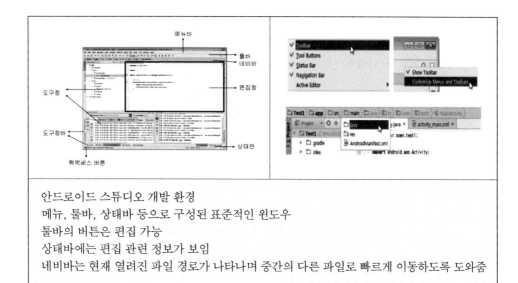

안드로이드 스튜디오 개발 환경

메뉴, 툴바, 상태바 등으로 구성된 표준적인 윈도우

툴바의 버튼은 편집 가능

상태바에는 편집 관련 정보가 보임

네비바는 현재 열려진 파일 경로가 나타나며 중간의 다른 파일로 빠르게 이동하도록 도와줌

[그림 8-10] 안드로이드 개발 환경

안드로이드 스튜디오를 실행시켜 업로드할 프로젝트를 불러온 후, 메뉴에서 [Build] – [Clean Project]를 선택하여 프로젝트 내의 빌드 된 것들을 제거

[VCS] – [Import into Version Control]– [Share Project on Github]를 선택

Git를 설치하는 중에 안드로이드 스튜디오가 실행 중이었으면 Git를 찾을 수 없다고 에러가 나는데 이때에는 안드로이드 스튜디오를 종료했다가 다시 실행시켜서 진행

◆ 안드로이드 스튜디오를 실행시켜 업 로드할 프로젝트를 불러온 후, 메뉴에서 [Build] –[Clean Project]를 선택하여 프로젝트 내의 빌드 된 것들을 제거

◆ [VCS] – [Import into Version Control] – [Share Project on Github]를 선택

◆ Git를 설치하는 중에 안드로이드 스튜디오가 실행 중이었으면 git를 찾을 수 없다고 에러가 나는데 이때에는 안드로이드 스튜디오를 종료했다가 다시 실행시켜서 진행

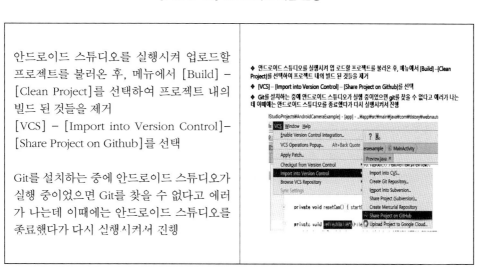

[그림 8-11] Git Hub – Android Upload

• 모바일 인스턴트 메신저: 무선인터넷을 통하여 실시간으로 현재 접속자들과 문자로 대화 • SMS나 MMS는 이동통신망을 통하여 메시지 데이터를 전송, '카카오톡'이 대표적인 서비스 • 모바일 소셜네트워크서비스(SNS): 모바일 페이스북(Facebook), 트위터(Twitter), 미투데이(me2day) 등	

[그림 8-12] 모바일 커뮤니케이션 서비스

제4절. 시스템 기획 프로세스

[표 8-8] 고객(Client)의 관심 사항(Taking-out Solution)

> 1) 나와 우리 기업의 문제를 제대로 알고 있는가?
> 2) 문제를 제대로 파악했다면, 이 문제를 어떤 방법으로 풀어 갈 것인가?
> 3) 제시된 문제 해결 방안(Solution)이 실행 가능할까?
> 4) 프로젝트를 추진하면 어떤 '효과'가 있을까?
> 5) 잘할 수 있나?(유사한 프로젝트를 해 봤나? 누가 하나?)

1. 실행 계획 수립 프로세스

계획을 수립할 때 주의해야 할 사항은 각 안을 실행함으로써 얻을 수 있는 기대효과(예: 매출 증대, 수익률 향상, 시장 점유율 향상 등)와 각 안이 가지고 있는 제약조건(예: 소요 인력, 예산, 기간, 설비 등)을 고려하여 복수의 후보안 중 최적안을 선정하는 것이다. 실시 계획에는 일정·인력(체제)·예산 계획이 반드시 포함되어야 한다. 예산 계획에는 총비용, 개별 기획 소요 비용, 작업 항목별 비용 등을 표시하되,

산출 근거를 명시하도록 한다. 각 안에서 발생할 수 있는 위험 요인(RISK)에 대하여 발생 가능성(Probability)과 발생 시의 심각성(Seriousness)을 평가하여 이에 대한 대비책을 수립한다.

- 예방 대책: 리스크 발생 가능성을 감소시키기 위한 대책
- 비상 대책: 리스크 발생 시의 심각성을 감소시키기 위한 대책 필요

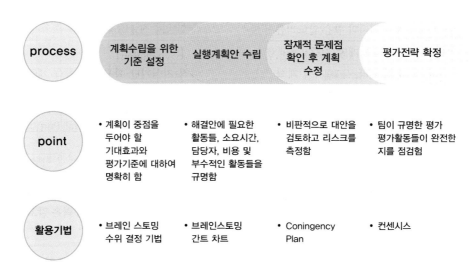

[그림 8-13] AI 시스템 실행 계획 프로세스

2. 시스템 구축 일정, 조직 구성 및 예산서 수립(Imaging Strategic Concept)

일정 계획은 총일수, 개시일, 최종일, 개별 작업별 소요 일수 등을 표시하는 것이 좋으며, 일반적으로 Gantt Chart를 활용한다.

세부 과제명	수행 내용	추진 일정(월)							비중(%)
		월	월	월	월	월	월	월	
AI 기획	활용 기관 수요 조사 및 데이터 규격 확정	■							5
	사람 동작 수집 및 정제	■							25
AI 설계	AI 시스템 엔지니어링(설계, 개발 준비)	■							
데이터 구축	레이블링 전처리(반자동) 기술 개발	■							5
	사람 동작 특화 레이블링 작업 툴 개발	■							5
	레이블링 작업				■	■	■	■	20
	레이블링 품질 검수					■	■	■	10
AI 알고리즘 개발	해외 데이터 활용 알고리즘 검토	■							3
	알고리즘 개발/검증			■	■	■			7
응용 서비스 개발	응용 서비스 개발			■	■	■			10
	알고리즘 적용/시범 서비스					■	■		3
데이터 홍보 및 활용 지원	구축 데이터 홍보 및 활용 지원						■		3
	경진대회 개최						■		3
	결과 보고서 작성							■	1
합계									100

[그림 8-14] AI 프로젝트 추진 일정(Gantt Chart)

추진 일정표(Gantt Chart)는 스케줄의 일반적인 표현을 위한 차트로서 총일수, 개시일, 최종일, 개별 작업 소요일 수, 고정과 변동의 대상 업무와 일수 등을 표시한다. 도구로서는 MS-Project를 사용한다. 계획안의 평가 및 최적안 선정은 비교 선택법 (Paired-Choice Matrix), 준거 평정법(Criteria Rating Method) 중에서 선택한다.

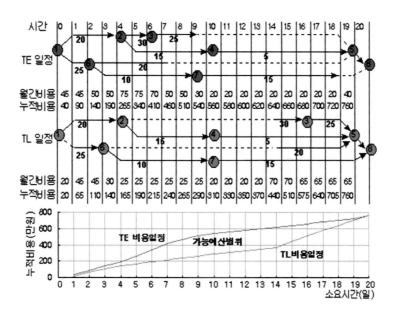

[그림 8-15] PERT/CPM(Program Evaluation Review Technique/Critical Path Method)(안)

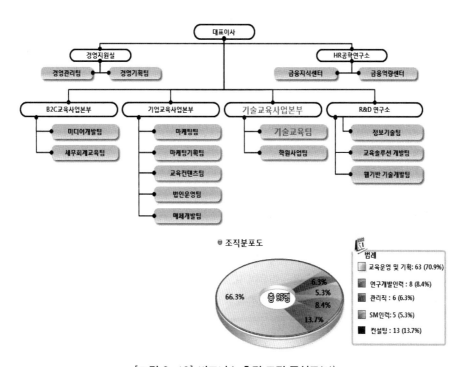

[그림 8-16] 비즈니스 추진 조직 구성도(안)

구분		초기소요 자본(예상수치)		다음 연도		비고
		내역	자금소요	내역	자금소요	
건물매입 등	강사숙소	1실1인 기준, 6실 임대	60			
	임차보증금	300평 정도	400			
	소 계		460		-	
개발비	프로그램개발	홈 스쿨링, 학원관리 등	50			
기타시설	인테리어	300평, 50만원/평	15			
	기계장치	PC 15대, 서버장비	38			
	Lab 실					
	사무용기기	전화기, 팩시밀리 등	5			
	소 계		58		-	
일반 관리 자금	인건비	4,000만원/월	480	10명	528	
	교재비	100만원/월	12	100만원/월	12	
	건물관리비	700만원/월	84	800만원/월	96	
	숙소관리비	100만원/월	12	100만원/월	12	
	홍보비	200만원/월	24	300만원/월	36	
	사무용품	50만원/월	6	50만원/월	6	
	식 비	5만원/1인	6	5만원/1인	6	
	홈페이지 관리					
	스넥바					
	유지보수비	50만원/월	6	50만원/월	6	
	기타잡비	100만원/월	12	150만원/월	18	
	소 계		642		720	
합 계			1,210		720	

[그림 8-17] 예산서 수립/연간(안)

제5절. 인공지능 시스템 기획서 작성

1. 의사 결정권자가 원하는 기획서

1) 도대체 무슨 말인지 모르겠네. 메시지가 정확히 무엇인가?
2) 형식적인 내용은 별로 관심이 없네?
3) 단계별로 무슨 일을 어떻게 할 것인지 말해 보게?
4) 이 프로젝트를 하면 우리에게 어떤 이득이 될 것인지 말해 보게?
5) 프로젝트를 하는데 예산과 인원이 뭐 이리 많이 필요한지 정확히 설명해 보게?
6) 남들이 어떻게 했는지 참 궁금한데?
7) 교과서적이고 당연한 얘기는 관심 없네?

[표 8-9] 예방 대책과 비상 대책의 수립

	예 방 대 책	비 상 대 책
목 적	• 유력한 원인에 대한 대책 • 리스크의 P를 감소시키는 대책	• 상정된 리스크가 발생한 경우의 대책 • 리스크의 s를 감소시키는 대책
	화 재 대 비	
예 시	• 불조심 포스터 부착 • 공공장소의 흡연을 금지 • 가스 취급법을 교육 • 민방위 방재훈련 실시	• 소화기, 스프링쿨러의 장치 • 귀중품의 도피 • 비상구 위치를 표시 • 화재 진화조 편성 및 훈련 • 화재보험의 가입

2. 시스템 기획의 프로세스(실행 계획서, Helping Survival)

실행 계획을 입안한 후 실행에 옮기기 전에 다음의 체크리스트를 이용하여 이를
평가해 본다. 15개 항목에 대한 점검을 통해 실행 과정에서 나타날 수 있는 문제점
을 사전에 방지하도록 한다.

1) 미래 상황이 충분히 반영되었는가?

2) 조직 전략, 방침(상위 목표)과 일치하는가? (목적 지향성과 윤리성)

3) 목표, 기준 및 책임 소재가 명확한가?

4) 필요 사항은 빠짐없이 고려되었는가? (목표, 효과, 내용, 방법, 시간, 비용, 장소 등)

5) 실시 내용은 타당한가?

6) 실행 과제 간의 우선순위는 정해져 있는가?

7) 실행 계획 간에 연계성이 있는가?

8) 실행자 간의 합의가 있었는가? (수용성)

9) 현실성이 있는가? (가용자원 확인)

10) 일정에는 무리가 따르지 않는가?

11) 실행자에게 필요한 지식, 정보, 기술 등의 내용이 언급되었는가?

12) 일상적인 Follow-up의 체크 포인트는 구비되었는가?

13) 진척 사항을 통제할 수 있는 시스템과 진행 과정상에서의 문제를 논의할 수 있는 조정 시스템이 있는가?

14) 변화에 대응할 수 있게 유연한가?

15) 상황 변화에 따른 비상 대책은 있는가?

3. 시스템 기획서의 표현 방법

1) 기획서 작성 방법에는 상대(client)의 입장에서 기술한다.

2) 무엇을 위한 기획인가를 명확히 한다. (목적, 배경, 기대 효과) 문체를 통일한다.

3) 간결하고 명쾌하게 작성한다.(KISS 원리) 논리적으로 작성한다. (So What? Why So?, MECE, Priority 원리)

4) 핵심이 되는 단어가 눈에 띄도록 한다.

5) 주장하는 목표, 전체를 한눈에 알아볼 수 있도록 작성한다.

6) 대체안도 고려한다.

7) 문서 표현의 시각화(이미지화)는 데이터나 수치는 그래프화한다.(막대, 원, 꺾은 선, 레이다 차트 등) 그림 및 플로우 차트(Flow chart), 투시도 등을 활용한다.

8) 컬러를 활용한다.

1. 상상력 훈련으로서 기획서(학생들이 실습을 할 수 있도록 비즈니스 모델 아이디어 창출법 및 시나리오)를 작성해서 발표하시오.

2. 각 팀별로 어떤 인공지능(AI) 비즈니스 모델을 선택할 것인가를 토론(Brain Storming) 후 각자 간단한 기획서를 작성(Brain Writing)하여 발표하시오.

   - What is our Biz (concept, domain)?
     우리의 AI 서비스 사업 영역은 무엇인가?

   - Who is our customer? (target customer)
     우리의 (목표)고객은 누구인가?

   - What is value to our customer? (Customer Needs Focus)
     우리 고객이 추구하는 가치는 무엇인가?

   - What is will our business be? (Finding signal of change)
     우리의 사업은 어떻게 될 것인가? (변화의 징후)

   - What should our business be? (Redefining Biz concept/domain in ever changing environment) 변화하는 환경에 대응해 생존하기 위하여 우리 팀은 무엇을 해야 하는가?

3. 우리 지역과 현실에 맞게, 우리 팀이 기획한 인공지능 비즈니스 모델 개발이 적합한지 수요 조사를 실시해서 토론해 보시오.

4. 기획가는 고객 지향 사고가 필요하다. 이를 시스템적 사고(Thinking Flow)로 바꾸는 플로우(Flow)를 정리(Brain Writing)하여 토론해 보시오.

5. 빅데이터 수집보다 우선으로 전략적 수요 조사가 필요하다. 이에 맞추어서 비즈니스 모델 기획서를 정리(Brain Writing)한 후 토론해 보시오.

6. 시스템 기획서 도출 시, 고객(Client)의 관심 사항은 해결(Taking-out Solution) 방법이다. 이러한 기획서를 작성하려면 어떠한 지혜가 필요한지 토론(Brain Storming)해 보시오.

7. 인공지능(AI) 프로젝트 추진 일정표(Gantt Chart)를 MS-Project로 작성해 보시오.

8. 인공지능 추진 조직 구성도(안)를 MS-Visio로 작성해 보시오.

9. 인공지능 개발 기획 예산서 수립/연간(안)를 MS-Excel로 토론해 보시오.

10. 의사결정권자가 원하는 기획서를 정리(Brain Writing)해서 토론해 보시오.

11. 고객에게 매력적인 UI/UX 화면 설계를 해보시오.

12. 친근한 UI/UX로 '내 손안의 Android SW 프로그램 App을 작성해 보시오.

인공지능 시스템 엔지니어링
[설계, 테스트, 운영(아웃소싱)]

학습주제

인간의 지식은 선언적 지식과 절차적 지식으로 이루어져 있으며, 복잡한 복합 모델 구조를 이룬다. 이러한 임의의 다양한 지식을 오류 없이 처리할 수 있는 인공지능(AI) 시스템을 갖는 것이 인간의 궁극적인 목표이다. 선도적 시스템 기술 개발을 위해 대표적인 요소 기술에 대하여, 개발 방법론을 이해해야 한다. 또한, 발생할 문제를 해결할 수 있는 핵심 기술들을 이해해야 한다.

아직 인공지능 프로그램 개발(SW) 엔지니어링에서 시스템 개발 이론에 대한 정립이 되어 있지 않다. 그러므로 인공지능 개발을 위한 체계적인 공법(Engineering)으로 소프트웨어 엔지니어링(공학) 방법론으로 정립하고 있다. 처음 개발하는 비용보다 유지보수 비용이 훨씬 더 많이 들어가므로 정확한 개발 방법을 선택해서 개발하면 유지보수 비용에도 절감이 되어 성공적인 비즈니스에 이를 것이다.

AI 소프트웨어 공학 분야는 소프트웨어 개발 방법론과 프로그램 설계 방법론, 개발 도구 사용 등 전체적으로 소프트웨어 개발 환경에 대하여 충분히 이해해야 한다.

제1절. 인공지능(AI) 소프트웨어 공학(SW Engineering)

인공지능 시스템 개발 소프트웨어 공학의 목표는 소프트웨어 위기 해결, 고품질(Quality) AI 소프트웨어 제품 개발, 서비스 운영, 유지보수 등의 생산성 향상(Productivity)과 원가 절감(Cost Reduction)에 있다.

1. 소프트웨어 엔지니어링 정의

[표 9-1] SW 공학 정의(저서: SW 엔지니어링)

발표자	정의
Dr. Fritz Bauer 교수	• 컴퓨터 하드웨어에서 신뢰성 있게 운영되는 소프트웨어를 경제성 있게 개발하기 위해 공학적 원리를 응용하고 확립 • 기계에서 안정적이고 효율적으로 작동하는 소프트웨어를 얻기 위한 올바른 공학 원칙을 수립하고 사용
Dr. Berry Boehm 교수	• 컴퓨터 프로그램을 설계, 개발, 운영, 유지보수에 관련된 문서를 작성하는 데 필요한 과학적인 지식의 실용화
Dr. Richard R. Fairley 교수	• 전산학, 경제학, 경영과학 및 의사소통 기술과 문제 해결을 위한 공학적 접근 방안을 토대로 소프트웨어 개발에 임하는 신기술 체계
(ANSI/IEEE)기구	• 소프트웨어 개발, 운영, 유지보수 및 폐기 과정에 적용되는 체계적인 접근 방식 및 일련의 기술

[표 9-2] SW 공학의 구성(저서: SW 엔지니어링)

구성	내용
계층	
도구(tool)	• 프로세스와 방법을 자동화나 반자동화를 지원하는 기능을 제공 • CASE: 생성한 SW 기술 도구들을 다른 도구가 사용할 수 있도록 상호 통합 • 소프트웨어 공학 환경을 만들기 위해 프로그램, 하드웨어, 데이터베이스, 소프트웨어 공학(분석, 설계, 코딩, 테스트)에 관한 중요 정보 저장소들을 결합시켜 놓은 것
방법론(method)	• 소프트웨어를 구축하는 기술적인 'How to'를 제공 • 요구 사항 분석, 설계, 프로그램 구축, 테스트, 유지보수 등의 태스크들로 구성

프로세스 계층	• 핵심 프로세스 영역(KPA, Key Process Areas): 소프트웨어 프로젝트의 관리 제 어에 대한 기준 설정, 기술 방법들을 적용, 작업 제품(모형, 문서, 데이터, 보고 서, 형식 등) 작성, 이정표를 설정, 품질 확인, 변경을 적절히 관리하는 내용과 효과적 인도를 위해 프레임워크 정의
품질 초점	• 정확성(Correctness): 기능적으로 맞게 동작, 표준에 적합, 요구 분석서 기능과 일치를 점검 • 신뢰성(Reliability): 소프트웨어가 주어진 기간 동안 제대로 작동할 확률, 오류 에 비례, 정확성을 위한 필요조건 • 강인성(Robustness): 요구 명세에 표시하지 않은 상황(오류 입력)에서도 제대 로 작동하는 성질

[표 9-3] **소프트웨어 공학 프로세스**(저서: SW 엔지니어링)

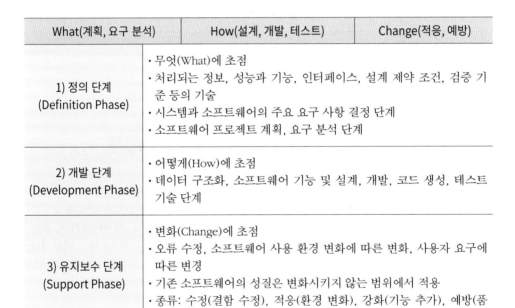

What(계획, 요구 분석)	How(설계, 개발, 테스트)	Change(적응, 예방)
1) 정의 단계 (Definition Phase)	• 무엇(What)에 초점 • 처리되는 정보, 성능과 기능, 인터페이스, 설계 제약 조건, 검증 기 준 등의 기술 • 시스템과 소프트웨어의 주요 요구 사항 결정 단계 • 소프트웨어 프로젝트 계획, 요구 분석 단계	
2) 개발 단계 (Development Phase)	• 어떻게(How)에 초점 • 데이터 구조화, 소프트웨어 기능 및 설계, 개발, 코드 생성, 테스트 기술 단계	
3) 유지보수 단계 (Support Phase)	• 변화(Change)에 초점 • 오류 수정, 소프트웨어 사용 환경 변화에 따른 변화, 사용자 요구에 따른 변경 • 기존 소프트웨어의 성질은 변화시키지 않는 범위에서 적용 • 종류: 수정(결함 수정), 적응(환경 변화), 강화(기능 추가), 예방(품 질 향상)	

2. 소프트웨어 개발 생명 주기(SDLC, Software Development Life Cycle)

소프트웨어 개발 생명 주기의 정의는, 소프트웨어를 개발하기 위한 정의 과정, 개발 과정, 유지 보수 과정, 폐기 과정까지를 하나의 연속된 주기로 보고, 효율적 수행하기 위한 방법론을 모델 화한 것이다.

소프트웨어 개발 생명 주기의 필요성은 소프트웨어를 획득하는 과정에서 나타나는 소프트웨어 위기를 극복하기 위함이다.

효과적으로 소프트웨어를 개발하기 위해 표준화된 수행 방법과 절차가 있어야 한다.

고품질 소프트웨어를 일정 수준 이상의 생산성을 확보하는 데 있다.

[표 9-4] 소프트웨어 생명 주기(SDLC) 분류(저서: SW 엔지니어링)

구분	내용
폭포수 모델 (Waterfall Model)	• 고전적 라이프사이클 패러다임(Classic Life-cycle Paradigm) • 분석, 설계, 개발, 구현, 시험, 유지보수를 순차적으로 접근하는 방법
프로토타이핑 모델 (Prototyping Model)	• 개발 대상인 시스템 주요 기능을 초기에 운영 모델로 개발하는 것 • 점진적 개발 방법(Waterfall Model의 단점 보완) • 일회용, 진화용 시제품
반복적 개발 모델 1) 증분 모델 2) 진화형 모델	(Incremental Development Model) • 폭포수 모델 변형으로, 소프트웨어를 구조적 관점에서 하향식 계층 구조의 수준별 증분을 개발하여 이를 통합하는 방식
	(Evolutionary Development Model) • 시스템이 가지는 여러 구성 요소의 핵심 부분을 개발한 후 각 구성 요소를 개선 발전시켜 나가는 방법
RAD 기법 모델	(Rapid Application Development) • 사용자의 주도로 요구 사항 정의, 분석, 설계 • Code Generator에 의한 신속한 시스템 개발 기법
4세대 모형 (4th Generation Technique)	• CASE 및 자동화 도구를 이용하여 요구 사항 명세로부터 실행 코드 를 자동으로 생성할 수 있게 해주는 기법

3. 소프트웨어 개발 방법론

소프트웨어 개발 생명 주기의 구체적 실천 방안 개발 방법론의 징의는 공학 원리를 소프트웨어 개발 생명 주기(SDLC)에 적용한 소프트웨어 개발 방법이다. 지능정보 시스템을 개발하기 위한 작업 활동, 절차, 산출물, 기법 등을 체계적으로 정리한 것이다. 지능정보 개발 방법론의 필요성은 개발 작업 공정을 표준화 및 모듈화하여 개발 경험 축적과 재사용을 가능하게 개발한다. 그리고 생산성(Productivity) 향상 방안은 수행 공정을 관리 가능하게 가시화하여 효과적인 개발 및 관리 방법을 제시한다. 그러므로 사용자 및 개발자 간의 의사소통의 수단으로 표준화된 용어를 필요로 한다.

[표 9-5] 소프트웨어 개발 방법론 구분(저서: SW 엔지니어링)

구분	특징
구조적 방법론	– Logic 중심, 제어 가능 모듈로 구조화→재사용 및 유지보수성 제고
정보공학 방법론	– 전사적 통합 데이터 모델, Logic은 데이터 구조에 종속(CRUD)
객체 지향 방법론	– 고도의 모듈화, 상속에 의한 재사용 (White Box Reuse)
CBD 방법론	– Black Box Reuse 지향, 컴포넌트 생산/선택/평가/통합의 개발 방법
애자일 방법론	–프로그램을 모듈 및 컴포넌트화하여 집단 지성으로 공동 개발 공유 방법

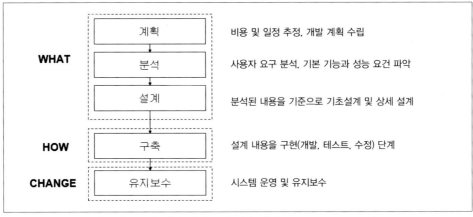

[그림 9-1] 개발 방법론의 적용 단계(저서: SW엔지니어링)

[표 9-6] 개발 방법론 구성 내용(저서: SW 엔지니어링)

구성 요소	내 용	비 고
작업 절차	• 프로젝트 수행 시 이루어지는 작업 단계의 체계 • 단계별 Activity의 정의, Activity별 세부 작업 열거, Activity의 순서 명시	단계별 작업 항목
작업 방법	• 각 단계별 수행해야 하는 항목 정의 • 절차와 작업 방법 명시(누가, 언제, 무엇을 작업하는지 기술)	작업 방법
산출물	• 각 단계별로 만들어야 하는 산출물의 목록 및 양식	설계서 등
관리	• 프로젝트의 진행 기록 • 계획 수립, 진행 관리, 품질, 외주, 예산, 인력 관리 등 기록	계획서, 실적, 품질 보증 등
기법	• 각 단계별로 작업 수행 시 기술 및 기법의 설명	구조적, 객체 지향, ERD, DFD
도구	• 기법에서 제시된 기법별 지원 도구에 대한 구체적인 사용 표준 및 방법	CASE 등

[표 9-7] 개발 방법론의 종류 비교(저서: SW 엔지니어링)

개발 방법론	구조적 방법론	정보공학 방법론	객체 지향 방법론	컴포넌트 기반 방법론	Agile 방법론
연대	1960 년대 ~ 1980년대 중반	1980년대 중반 ~ 1990년대 중반	1990년대 중반 ~ 2000년대	1990년대 후반 ~ 현재	2000년대
목표	비즈니스 프로세스 자동화	경영 전략적 정보 시스템 구축	재사용 시스템	컴포넌트 개발 및 활용	모듈 및 컴포넌트 활용
주요모형	프로세스 (기능)	데이터	객체	컴포넌트	모듈, 컴포넌트
주요 기술 환경	메인 프레임 환경 단위 업무 전산화 3세대 언어 (COBOL, Fortran, C) 소프트웨어 공학 태동(Top Down)	정보 시스템 RDBMS 4GL(Visual Basic, PowerBuilder, Delphi) 클라이언트/ 서버 UI 중심 설계 통합 CASE	인터넷 이용 확산·다양한 SW 요구 증대, 객체 지향 언어 (C++,Java) UML 분산 객체 Round–Trip CASE (BottomUp)	비즈니스 기능 단위 컴포넌트 J2EE, COM 기반 기술, 웹서비스 기술, 기존 시스템 연동 기술, 애플리케이션 서버	집단지성으로 공동 개발, 공유 클라우드 시스템 연동 기술 애플리케이션 서버

주요 기법	기능 모형 (자료 흐름도, 자료 사전, 기능 명세) 프로그램 구조 설계(구조도, 모듈 명세)	데이터 모형 (객체 관계도) 정보전략계획 BRP 분산설계	객체 모형 위험 관리 반복적/점진석 개발 분석/설계 패턴 설계 개선 (Refactoring)	컴포넌트 명세, 추출, 연동, 아키텍처 설계	모듈 관리
특징	학습 용어 보편적 활용	안정된 개발 방법론	실세계 개념 모형 UML 사용 확산	적기 개발 개발 비용 감소	최적기 개발, 비용 감소
산업 구조	소품종 다량 생산	다품종 소량 생산	인터넷 비즈니스	인터넷 비즈니스	인터넷 비즈니스
모델링	기능 모델링	데이터 모델링, 프로세스 모델링	객체 지향 관점, UML	객체 모델링, 컴포넌트 모델링	객체 모델링, 컴포넌트 모델링
설계 (항목)	프로세스 중심(기능 위주) (구조적 설계 기법)		데이터 중심(데이터+연산)(객체 지향 설계 기법)		
재사용성	확장 어려움/ 중복 많음		확장 용이/ 재사용성 높음		
DBMS/ CASE	전통적 DB(파일 및 관계형) / 상위 레벨 지원(다이어그램)		전통적 DB 와 객체 지향 DB 지원/ 상위 레벨 지원(다이어그램)		
제시 모델	Jackson, Yourdon, Warnier-orr 제시한 모델 도구		UML(Booch, Rumbaugh – OMT, Jacobson – OOSE)		

3.1. 구조적 방법론

구조적 기법의 정의는 업무 활동 중심의 방법론으로 정형화된 절차 및 도형 중심의 도구를 이용하여 사용자 요구 사항 파악 및 문서화하는 기법이다.

[표 9-8] **구조적 방법론의 구성 요소**(구조적 프로그래밍)

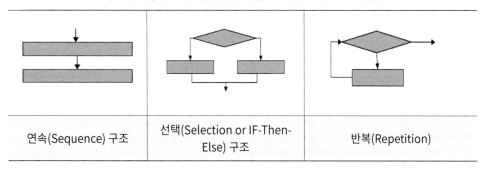

연속(Sequence) 구조	선택(Selection or IF-Then-Else) 구조	반복(Repetition)

3.2. 정보공학 방법론

정보공학 방법론의 정의는 기업 전체 또는 주요 부문을 대상으로 정보 시스템 계획 수립, 분석, 설계, 구축에 정형화 된 기법들을 상호 연관성 있게 통합. 적용하는 데이터 중심 방법론이다.

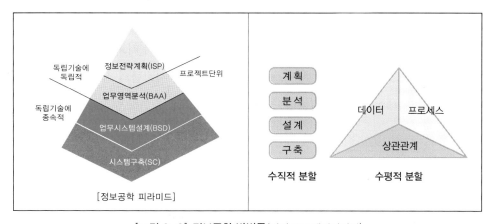

[그림 9-2] **정보공학 방법론**(저서: SW 엔지니어링)

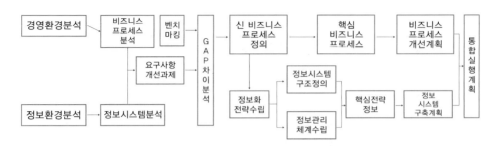

[그림 9-3] 정보공학 방법론 단계별 프로세스(저서: SW 엔지니어링)

[표 9-9] 정보공학 단계별 수행 내용(저서: SW 엔지니어링)

단계	수행 내용
1) 정보 전략 계획	• 경영 전략, 관련 조직, 업무 자료 거시적 분석, 현행 시스템 평가
2) 업무 영역 분석	• 데이터 모델링: ERD • 프로세스 모델링: PHD, PDD, DFD
3) 업무 시스템 설계(BSD)	• 업무 절차 정의, Presentation 설계, 분산 설계
4) 시스템 구축(SC)	• 응용 프로그램 작성

정보공학 방법론의 장점은 기업 간 경쟁 우위 확보의 전략적 기회 식별 및 방안을 제공한다. 일관성 있고 통일된 정보 시스템 구축 가능하며, 시스템의 장기적인 진화, 발전이 허용된다. 데이터 중심으로 업무 절차 및 환경 변화에 유연하게 적용한다.

3.3. 객체 지향 방법론

객체 지향의 정의는 현실 세계에서 개체(Entity)를 데이터(Attribute)와 함수(Method)를 결합시킨 형태로 표현하는 개념으로 객체 간의 메시지 통신을 통해 시스템을 구현하는 개발 방법이다.

[표 9-10] **객체 지향 기본 개념**(저서: SW 엔지니어링)

방법	개념 정의
1) 객체(Object)와 메시지(Message)	• 객체란 실세계에 존재하는 사물을 표현하는 것으로 데이터와 함수로 구성 • 객체 간의 통신은 메시지를 통하여 전달하며 외부 객체에 의해 함수를 구현하여 객체의 데이터(Attribute)에 접근함
2) 캡슐화 (Encapsulation)와 정보 은닉 (Information Hiding)	• 객체의 데이터와 함수를 하나로 묶고 블랙박스화하여 외부와 접근을 제한 • 데이터의 임의 변경을 통제하기 위해 메소드를 통해서만 접근이 가능토록 하는 것을 정보 은닉이라함
3) 클래스(Class)와 인스턴스(Instance)	• 같은 종류 및 특성을 가진 객체들을 모아서 공통의 특성으로 분류하고 탬플릿화하는 것을 클래스로 정의함 • 클래스의 실체들로서 탬플릿화된 클래스에서 파생된 하나의 실제 객체를 인스턴스로 정의함(예: 붕어빵 틀과 붕어빵을 생각하라)
4) 상속 (Inheritance)	• 클래스 간의 IS-A 및 IS-PART-OF의 계층 구조를 통하여 공통 특성을 상위 클래스로부터 물려받는 것을 상속이라 함 • 다중 상속: 두 개 이상의 상위 클래스로부터 상속으로 C++ 언어 지원 • 단일 상속: 오직 하나의 상위 클래스로부터 상속 가능하며 Java 언어 지원
5) 다형성 (Polymorphism)	• 하나의 함수의 이름이나 연산자가 여러 목적으로 사용될 수 있는 것 • Overriding: 상위 클래스에 정의된 Method를 하위 클래스에서 재정의 • Overloading: 매개변수의 데이터 형식에 따라 같은 이름의 Method 다중 정의를 하여 여러 목적으로 사용

[표 9-11] 소프트웨어 개발 산출물 단계별 검증 및 확인

단계	내용
1) 시스템 계획 단계	• 시스템에 대한 비즈니스 요구 사항(Business need)에 따른 요구 사항 정의 • 요구 사항 목표 달성을 위한 사례를 만들고 프로젝트의 범위를 정의하고 계획 수립 • 사례는 성공 기준, 위험 관리에 필요한 자원 평가, 중요한 일정을 보여 주는 단계별 전략 및 계획을 포함
2) 분석 단계	• 주어진 요구 사항의 문제에 대해 객체를 찾고, 이들 객체를 분류하고, 객체 간의 관계를 분석함(일반화, 특수화, 집단화) • 객체 모델링: 시스템의 정적인 표현으로 객체 및 클래스 정의하고 시스템에 대한 전반적인 개념적 모델링 과정 수행 • 동적 모델링: 객체의 활동 및 흐름을 분석하며 시스템의 동적인 표현으로 객체의 상태가 업무 처리 흐름에 따라 변화되는 과정 기술 • 기능 모델링: 처리 행위자, 데이터 저장, 정보의 흐름에 대하여 식별된 객체들의 기능 처리 표현을 목적으로 하는 과정 • User Interface: 사용자와 원활한 의사소통을 위해 요구 사항 전반에 대한 개념 이해를 돕기 위한 프로토타입 개발
3) 설계 단계	• 시스템 구조 설계: 문제 영역(Problem Domain) 분석에 따라 견고한 아키텍처 기초를 마련하여 프로젝트 위험 요소를 최소화하고, 아키텍처에 대한 결정은 전체 시스템에 대한 충분한 이해를 통하여 이루어져야 함 • 상세 객체 모델링: 분석 단계에서 개념 모델링(객체 모델링, 동적 모델링, 기능 모델링)을 구체화된 모습으로 모델링하며 주된 작업 내용은 문제 영역으로부터 클래스 도출, 동작(Operation) 정의, 객체 간의 관계 파악, 클래스 간 인터페이스 정의하고 구체화시켜 가는 과정임 • 설계 단계에서 User Interface는 실제 화면 설계이며 정적 모델링에서 도출된 객체를 데이터베이스 설계(ERD)로 전환을 포함
4) 구현 단계	• 설계 단계의 산출물을 이용하여 객체 지향 언어를 적용하여 프로그래밍 수행 • 클래스 변수 및 메소드 구현, 클래스 간의 인터페이스, 화면 구현 • 개발자는 화이트박스 테스트 및 블랙박스 테스트 수행
5) Validation &Verification	• 개발 산출물의 확인 및 검증 활동

4. 애자일 개발 방법론

4.1. Agile Process 정의

1990년대 중 반이후 애자일 방법론이 태동되었으며, 애자일은 어느 특정 개발 방법론을 가리키는 말이 아니다. 애자일(Agile=기민한, 좋은 것을 빠르고 낭비 없게 만드는 것) 개발을 가능하게 해 주는 다양한 방법론 전체를 의미한다.

2001년 애자일 선언문을 토대로 마련함 http://agilemanifesto.org/principles.html

1) 프로세스와 도구보다 개개인과 상호 소통

2) 포괄적인 문서화보다 제대로 동작하는 소프트웨어가 더 중요.

3) 계약 협상보다 고객과의 협력이 더 중요

4) 세워진 계획을 따르기보다는 변화에 대응이 더 중요

급변하는 비즈니스 환경에서 보다 많은 이익을 얻기 위해 스스로 변화하고 또 주위의 변화에 대응하는 능력을 Agility이라 한다. Agility를 갖춘 조직은 변화에 피하려 하기보다는 적극적으로 수용하고 대응함으로써 경쟁자들보다 앞서 나가려는 의지를 갖고 있으며 실행 능력이 있다. e비즈니스를 위한 소프트웨어 개발 분야에서도 다양한 변화를 수용하고 대응할 수 있어야 프로젝트를 성공시킬 수 있다. 이와 관련한 여러 방법론들이 주목받고 있으며, 이들을 Agile Methodology 혹은 Agile Software Development Ecosystem이라 부른다.

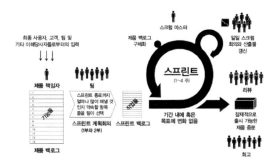

[그림 9-4] Agile 개발 방법론의 SCRUM(저서: SW 엔지니어링)

4.2. 애자일과 오픈소스

[표 9-12] 모델별 소프트웨어 공학 방법론

모델	방법론
오픈소스 모델 (Open Source Development)	• 무료 공개 소프트웨어 개발 방식
	• (사례) Linux는 초기 토발즈에 의해 커널 부분만 개발, 공개 후 많은 프로그래머들이 다양한 기능 추가
애자일 방법론(Agile Method)	• 요구 사항이 시시각각으로 변화하는 환경과 상황을 소프트웨어 개발에 기민하게 반영 • 단시일 내에 소프트웨어 시스템을 개발한 후에 매일 새로운 요구와 상황을 반영
	• 익스트림 프로그래밍(XP, Extreme Programming): 10여 명 이하의 개발팀을 구성하여 아이디어와 디자인을 상호 공유하는 환경

소프트웨어를 적절한 크기로 모듈화(세분화)하며, 프로그램 구성을 하향식(Top-Down)으로 진행한다.

[표 9-13] 애자일 방법에서의 모듈 비교

	모듈화
모듈 단위	• 프로시저들 간에는 Decoupling(가급적 독립적) • 프로시저는 응집력(Cohesion) 유지(관련된 내용으로 묶임)
객체	• 객체 지향 프로그램에서 모듈 단위
컴포넌트	• 객체, 클래스는 하나의 컴포넌트 기반 개발(component based development) • C++표준 템플릿 라이브러리, java·APL·C#·.NET 프레임워크 클래스 라이브러리

[표 9-14] 애자일 방법의 특성

개요	방법
Agile Process 필요성	• 기존의 방법론이 관료주의적으로 변화하면서 반드시 지켜야 하는 규칙이 증가(이는 전체적인 프로젝트의 생산성을 저해 원인) • 새로운 agile 방법론은 프로세스가 전혀 없는 것과 너무 많은 프로세스 사이의 타협을 함으로써 적정 수준의 프로세스를 제시 • 사용자의 요구 사항이 프로젝트 진행 시에 지속적으로 변화하며, 이러한 불안정성을 해결할 수 있는 좋은 대안 중의 하나는 현재 프로젝트의 진행 상태가 어떠한가를 명확히 아는 것 • Agile이 제시하는 Iterative Development를 수용함으로써 가능
Agile 방법론 특징	• predictive 하기보다는 Adaptive • 프로세스 중심이라기보다 사람 중심
Agile Process 종류	• XP(eXtreme Programming) 적합 • SCRUM: 비즈니스 요구에 초점을 맞추기 위해서 복잡함을 제거하는 관리 및 제어 프로세스 • DSDM, FDD

4.3. XP(eXtreme Programming)

[표 9-15] XP(eXtreme Programming) 개발 수행

	방법	
XP 개요	• 80년대 후반 스몰톡 커뮤니티의 Kent Beck과 Ward Cunningham이 시작 • 90년대 초 Adaptive, People-oriented 개념으로 확장 • 1996년 크라이슬러의 C3 프로젝트에서 XP 개념 정립	
XP정의	• SW를 개발하기 위한 가볍고, 효율적이고, 낮은 위험도를 가진, 유연하면서도 예상 가능하고 과학적인데 다 재미있는 방법 • '고객이 원하는 SW를 고객이 원하는 시간에 인도'하기 위하여 고안 • 라이프사이클 후반부라도 요구 사항 변경에 대해 용기 있게 대처하도록 격려	
XP의 특징	Core Value	• Communication, Feedback, Simplicity, Courage
	Practice	• 계획 세우기 우선 순위와 기술 사항 고려 범위 결정 • 작은 시스템 릴리스-짧은 사이클로 버전 발표 • 전체 시스템에 대한 은유 공유 • 단순한 설계 • 단위 테스트를 계속 작성 • 페어(pair) 프로그래밍 가장 좋은 전략적인 방법 구현 • 공동 소유 누구나 코드 수정/표준에 맞춘 코딩 • 지속적 통합(리팩토링) • 고객도 한 자리에(1주에 40시간 삽입)

1. UML 분석 설계

객체 기술에 관한 국제표준화기구(OMG:Object Management Group)에서 인정한 객체 지향 분석, 설계를 위한 통합 모델링 언어로서 Jabcoson(Use Case Model), Rumbaugh(OMT), Booch(Object Design)을 통합하였다.

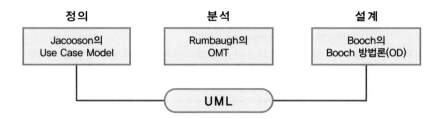

[그림 9-5] UML 수행 프로세스(저서: SW 엔지니어링)

[표 9-16] UML 특성(저서: SW 엔지니어링)

	내용
출현 배경	• 시스템 대형화 → 복잡도 증가 → 좋은 모델링 언어가 필요하고, 객체 지향 분석/설계 개발 방법론의 표준 부재로 인하여 탄생 • 모든 영역에 있어서 어떤 구조, 복잡도라도 설명할 수 있는 표기(notation)와 의미(Semantic)를 표현 가능한 모델링 언어 필요
특징	• 즉시 사용 가능하고 표현력이 강한 시각적 모델링 언어 • 특정 개발 프로세스, 개발 규모, 언어에 관계없이 적용 가능 • Framework, Pattern, CBD에 적용 가능 • 분산 처리/웹/Embedded System에 적합 • 개발자, 관리자, 공급자, 획득자에게 통일된 인터페이스 제공 • 단순 표기법이 아닌 형식과 표기에 의미를 가진 언어 • 이용 시 개발자 간 의사소통 원할, 객체 개발 프로세스: 반복적 점진적 과정 • 객체 지향 개발만을 위한 것이 아니라 통합 모델링이므로 다른 모델링 시 사용
방법론	• 생각과 행동을 구조화하는 방법 제공 • 모델을 만들 때 어떻게·언제·무엇을·왜? 방법 제시
모델링 언어	• 모델을 단지 표현하는 것

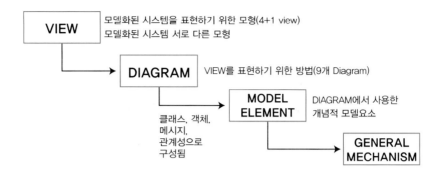

[그림 9-6] 통합 모델 언어 UML 전체 모형(출처: CBD엔지니어링)

1.1 UML 다이어그램

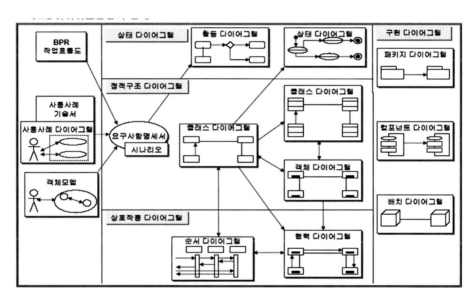

[그림 9-7] UML 다이어그램 단계(저서: SW 엔지니어링)

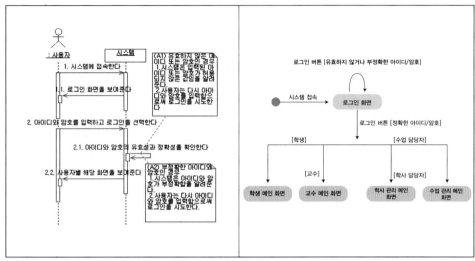

[그림 9-8] 이벤트 흐름 모델

[그림 9-9] 화면 흐름 모델

1.2 UML 모델

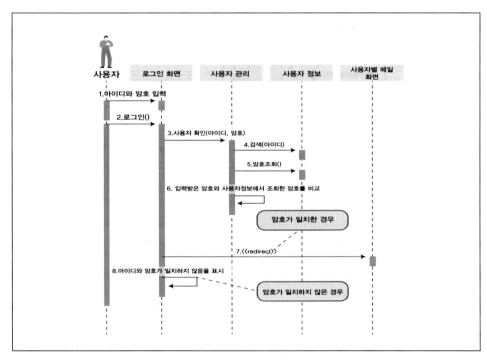

[그림 9-10] 분석 객체 모델(저서: SW 엔지니어링)

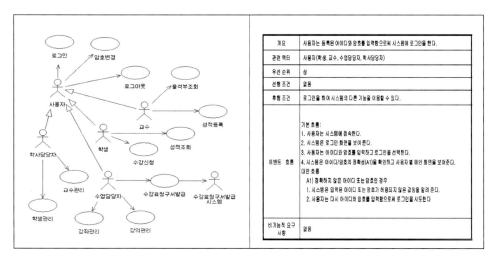

[그림 9-11] 유스케이스 모델　　　　　　[표 9-12] 유스케이스 명세서

1.3. 표준 비즈니스 융합도(BCD: Business Convergence Diagram)

비즈니스에서 UML보다 분석 설계가 편리한 한국적 설계 방법 사용을 권고드린다.

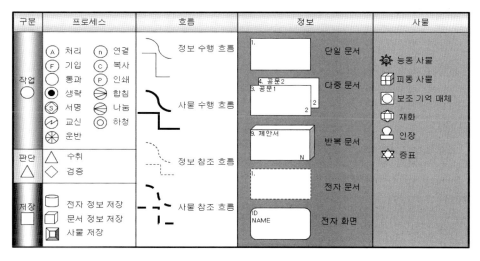

[그림 9-13] 기본적인 비즈니스 융합 표기(출처: 유홍준 저-SW 설계자동방법론)

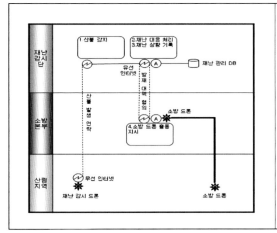

〈산불 대응으로 생물자원 보호하기〉 재난 감시 드론이 산불 발생 상황을 연락해 오면 재난 감시단은 산불을 감지한다. 재난감시단은 재난 대응 처리를 소방본부와 협의하고 재난 상황을 기록한다. 소방본부는 협의한 방안을 근거로 소방 드론에게 출동을 지시하여 산불을 진화함으로써 산림 생물자원을 보호한다.

[그림 9-14] BCD 업무 프로세스 설계 사례

2. 객체 지향 프로그래밍의 한계 극복 방안

2.1. 컴포넌트 개발방안

소프트웨어 컴포넌트(Component)를 통하여 공통 또는 특정 목적을 달성하기 위해 유사한 기능을 가진 애플리케이션들의 묶음이다. 표준 인터페이스 정의를 가진 컴파일된 이진 형태의 코드, 컴포넌트는 응용 개발 시 선택하며 조립한다. 개발 가능한 소프트웨어 조각을 모은다. 적당한 크기의 묶음을 통해 개발 생산성 및 확장이 용이한 형태로 시장에 유통할 수 있도록 표준 인터페이스를 지원하는 소프트웨어이다.

[표 9-17] 객체 지향 방법과 CBD(Component Based Development) 비교

항목	객체 지향 프로그래밍	CBD
개발 패턴	· 개발자들이 세부적으로 모든 프로그램을 개발하고 표준 부재 · White Box 수준 프레임워크	· 응용 개발 시 개발자들은 미리 제공된 컴포넌트를 업무와 연관 지어 결합시키는 일에만 주목 · 표준 인터페이스 제공

숙련도	·개발자들은 객체 지향 기술의 이해 수준의 고급이어야 함 ·모듈의 생산 기술 수준	·컴포넌트 전문가와 컴포넌트 조립 응용 개발자가 공동 작업 가능 ·개발자는 컴포넌트의 이해 및 조립
개발 프로세스	·전통적 소프트웨어 개발 생명 주기를 따름 ·단계별 반복(literation) 없음	·각 공정별로 반복적인 프로세스가 있어 미니 프로젝트가 가능함(literation)
상호 운용성	·서로 다른 유형 간의 상호 운영이 어려우며 특정 목적의 환경으로 개발될 가능성이 있음	·다른 객체와 컴포넌트를 연결시켜 하나의 대형 객체를 생성 가능 ·표준화된 기술 적용

2.2. 소프트웨어 재사용 향상을 위한 MVC 모델

MVC(Model View Controller)은 웹 애플리케이션 환경에서 개발 소프트웨어의 재사용 및 유지보수의 효율성 향상을 위해 시스템 구조를 표현부(View), 데이터 및 비즈니스 Logic부(Model), 제어부(Controller)로 구분하여 소프트웨어를 설계하고 구현하는 방법이다.

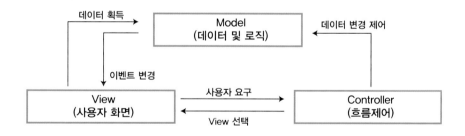

[그림 9-15] UML MVC프로세스(저서: SW 엔지니어링)

3. 컴포넌트 소프트웨어

3.1 CBD(Component based Development) 정의

테스트가 완료된 소프트웨어 컴포넌트를 조립하여 사용자의 요구에 맞는 응용 소프트웨어를 만드는 방법으로 전통적 개발 방법론 개념을 수용하면서 새로운 웹/앱 기반 개방형 아키텍처를 수용하려는 소프트웨어 공학적인 접근 개발 방법이다.

특징은 컴포넌트는 독립적인 단위의 소프트웨어 모듈이며 인터페이스를 통해 접근 가능하다. 컴포넌트는 구현(Implementation), 명세화(Specification), 표준(Standard), 패키지(Package), 그리고 독립적인 배포(Deployment)가 가능하다.

> CBD = CD + CBSD (컴포넌트 제작 + 컴포넌트 적용 응용 개발)
>   CD: Component Development
>   CBSD: Component – Based Software Development

CBD의 필요성은 비즈니스 라이프사이클 타임에 적절히 대응할 필요(Time to Market)가 있다. 그러므로 빠르게 변화하는 비즈니스 환경에 능동적으로 대처(flexibility)가 가능하다. 네트워킹 및 통합을 위해 개방형 표준에 따른 정보 시스템 간 상호 운용성 필요하다.

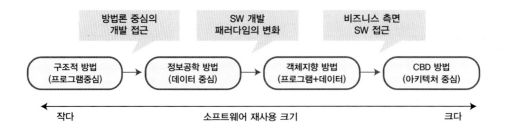

[그림 9-16] 컴포넌트 개발 과정(저서: CBD 엔지니어링)

3.2. 컴포넌트 기반 개발 방법론

[표 9-18] CBD 방법론의 특징(저서: CBD 엔지니어링)

특징	내용
쓰임새 주도 (Use Case Driven)	• 프로젝트 이해 당사자 간 원활한 의사소통을 위해 UML(Unified Modeling Language)을 적용하며, 비즈니스 영역별로 현실에 맞게 쓰임새 중심의 분석 및 설계 단계 지원
아키텍처 중심 (Architecture Centric)	• 소프트웨어 재사용 및 개발 생산성을 위해 프로젝트 시작과 함께 목적에 맞게 체계적인 아키텍처 계획 수립, 표준화, 지속적인 개선 노력을 병행 • 선택하고(Select), 적합화시키고(Adapt), 마무리하여 개선(Finalize & Evolution)시킨다. 소프트웨어의 가시성(Visibility), 적응성(Adaptability)을 위해 컴포넌트 중심으로 웹/앱 기반 다계층 아키텍처 등의 다양한 환경에 적응
반복과 점진 (Iteration & Inclement)	• 프로젝트 위험을 감소하기 위해 반복 계획 수립 시 목적을 명확히 하여 위험을 도출하며 계획대로 실행되었는지를 사용자 참여하에 평가가 이루어짐

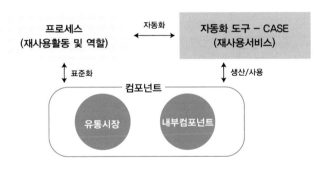

[그림 9-17] 자동화 도구 구성 도입 방법

3.3. CBD 관리 방안

[표 9-19] CBD 구성(저서: CBD 엔지니어링)

구성	요인
프로세스	CBD를 위한 프로세스를 구성하는 활동들과 역할을 명확하게 정의해야 함
자동화	프로세스를 적극적으로 지원하는 컴포넌트 재사용 과정의 자동화 도구
컴포넌트	활용 가능한 시험을 거친 검증된 컴포넌트 카탈로그 확보
접근 방법	CBD를 적용하기 위해 기반 구조 및 조직 문화의 충분한 이해를 전제로 추진

[표 9-20] CBD 수행 및 관리 방안(저서: CBD 엔지니어링)

방법		관리 방안
역할과 조직 (Role & Organization)		솔루션을 개발하는 팀, 컴포넌트를 개발하는 팀, 그리고 이를 지원하는 팀으로 역할 분담이 이루어지도록 하다. 프로젝트 수행 전략과 기술적, 문화적 환경에 따라 추진 조직과 프로젝트 주체 결정
	자체 주도형	사업 관리를 독자적으로 수행하며 조직 성숙도에 따라 성패 좌우
	일괄 발주형	사업 관리를 SI(System Integration) 수주 업체에게 위임, SI 선정 결과에 따라 성패 좌우
	관리 분산형	자체 주도형과 일괄 발주형의 중간으로 사업 관리만 위임
표준 및 방법론 (Standard & Methodology)		여러 부문의 표준이 존재할 수 있으며 컴포넌트 실행 환경 표준(.NET, J2EE, CCM), 개발 표준(UML 기반 컴포넌트 식별), 프로세스 표준(RUP, 마르미-III)의 정립이 필요
아키텍처 (Architecture)		소프트웨어 구조를 서브 시스템으로 나누고 인터페이스를 통해 연결하여 상호 운용성 측면의 재사용 품질 향상 방안 수립 및 시행
정책(Policy)		컴포넌트 활성화를 위한 제도적 장치(규정, 홍보, 인센티브 제도)를 마련하고 재사용 및 유지보수성의 빠른 개발 효과를 얻을 수 있어야 함

제3절. 인공지능 소프트웨어 테스트

1. 소프트웨어 테스트의 정의

노출되지 않은 숨어 있는 결함(Fault)을 찾기 위해 소프트웨어를 작동시키는 일련의 행위와 절차로 오류 발견을 목적으로 프로그램을 실행하여 품질을 평가하는 과정이다. 디버깅(Debugging)은 이미 노출된 소프트웨어의 결함을 없애는 작업을 의미한다.

[표 9-21] 테스트 목표와 특징

목표, 특징	내용
테스트 목표	• 프로그램에 잠재된 오류의 발견 • 기술적인 기능 및 성능의 확인 • 사용자 요구 만족도, 제품 신뢰도 향상
테스트의 특징	• 성공적인 테스트는 무결점이 아닌 결함을 찾는 데 있음 • 테스트 케이스 선정, 테스트 계획 수립에 따라 영향(미발견 결함을 발견할 확률) • 테스트 케이스는 기대되는 표준 결과를 포함하여 예측 오류, 기대되지 않는 결함이 있다는 가정하에 테스트 계획 수립 • 개발자가 자기 프로그램을 직접 테스트하지 않음(디버깅 수행) • 능력 있는 테스트 수행자는 성공적이고 효율적으로 시험을 수행

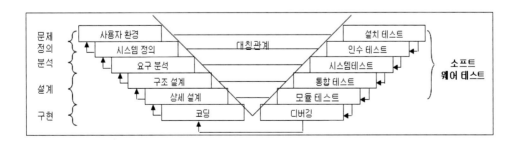

[그림 9-18] 소프트웨어 개발 단계별 테스트(저서: CBD 엔지니어링)

[그림 9-19] 테스트 전략(저서: SW 엔지니어링)

2. 소프트웨어 테스트 단계

[표 9-22] 단계별 테스트 방법(저서: SW 엔지니어링)

내용	테스트 방법	
설계의 최소 단위인 모듈 TEST - 화이트박스 기법 이용	인터페이스	– 다른 모듈과의 데이터 인터페이스에 대하여 TEST
	자료 구조	– 모듈 내의 자료 구조상 오류가 없는지를 TEST
	수행경로	– 구조 및 루프 TEST 등에 의해 논리 경로 TEST
	오류 처리	– 각종 오류들이 모듈에 의해 적절히 처리 여부 TEST
	경계	– 오류가 발생하기 쉬운 경곗값으로 TEST

[표 9-23] 테스트 유형(저서: SW 엔지니어링)

내용	테스트 유형		
- 단위 TEST을 거친 모듈들의 인터페이스 (Interface)오류 발견 목적 - 모듈들의 체계적 조합 모듈 간의 인터페이스와 관련 결함 들을 TEST로 발견과 제거 작업	하향식 (Top-down)	• 상위 모듈을 하위 모듈보다 먼저 TEST • 중요 모듈을 가능한 먼저 TEST • Stub(Dummy Module) 모듈 사용 • 4GL과 같은 Menu-Driven 화면 구성 방식 사용 • 회귀 TEST(Regression Test): 수정에 의해 새로운 결함 발생 가능성에 대비하여 이미 실시했던 TEST 사례를 전부나 일부 재시도	
		특성	• 실제 적용 가능한 테스트, menu 방식 소프트웨어 개발에 적용-, Stub Module 또는 대응 모듈 요구
		장점	• 실제 응용 가능, 테스트 사례 풍부
		단점	• Stub Module 구현 곤란
	상향식 (Bottom-up)	• 하위 계층 모듈을 상위 계층 모듈보다 먼저 TEST • 입/출력과 관련된 모듈을 먼저 TEST • TEST DRIVEN 작성 필요 • 소프트웨어 계층 구조의 최하위부터 점진적으로 모듈들을 통합시켜 나아가는 방식	
		특성	• 대규모 시스템에 적용, 모듈의 신뢰성 향상 가능, 최종 결과 산출 곤란
		장점	• 대형 시스템 테스트에 적용
		단점	• Cluster 분류 곤란
	샌드 위치형	• 하향식과 상향식 통합 방식을 절충한 방식 • 우선적으로 통합을 시도할 중요 모듈들의 선정 후, 그 모듈을 중심으로 통합 수행	

3. 소프트웨어 테스트 방법의 유형

[표 9-24] 테스트 유형(저서: SW 엔지니어링)

Black Box Test	White Box Test
• 원시 코드는 보지 않은 채 목적 코드를 수행시켜 결함을 발견 • 데이터 위주(Data-Driven) 혹은 입출력 위주(IO-Driven) • 대상 결함(부정확하거나 빠진 결함, 인터페이스 결함, 자료 구조상의 결함, 성능 결함, 시작과 종결상의 결함) 발인	• 논리적 경로를 파악하거나 경로의 복잡도를 이용 • 시험 영역(문장 영역, 물리적 경로 영역, 논리적 경로)

3.1. 블랙박스 테스트(Black Box Test)

블랙박스 시험은 원시 코드는 보지 않은 채 목적 코드를 수행시켜 가면서 결함을 발견할 수 있는 시험 사례를 준비하여 시험에 임하는 방식으로 데이터 위주 또는 입출력 위주 시험(Dynamic Test)라고 정의한다. 블랙박스 테스트의 목적은 부정확하거나 빠진 결함의 발견, 인터페이스 결함 및 자료 구조상의 결함 발견, 성능 결함과 시작, 종결상의 결함 발견에 있다.

[표 9-25] 블랙박스 테스트의 기법(저서: SW 엔지니어링)

기법	내용
동등 분할 기법	• 다양한 입력 조건들을 갖춘 시험 사례의 유형들로 분할 • 각 시험 사례 유형마다 최소의 시험 사례를 준비 • 시험 사례를 줄이기 위해 하나의 시험 사례가 비슷한 다른 유형의 시험 값에 대표될 수 있는 것으로 선정
경곗값 분석 기법	• 입력 조건의 경계치에 치중하며 출력 유형도 고려하여 시행 • 경곗값을 기준으로 경곗값 내의 것, 경곗값, 경곗값 밖의 것으로 시험 사례 선정

원인-결과 그래프 기법	• 입력 데이터 간의 관계가 출력에 영향을 미치는 상황을 체계적으로 분석하여 효율성 높은 시험 사례를 발견하고자 하는 기법 • 인과 관계 그래프를 이용하여, 명세서의 불완전성 및 애매모호함을 추출
결함 예측 기법	• 시험자의 감각과 경험으로 결함을 찾아보는 방식

3.2. 화이트박스 테스트(White Box Test)

프로그램상에 허용되는 모든 논리적 경로를 파악하거나 경로들의 복잡도를 계산하여 시험 사례를 만들어 시험(Static Test)을 수행하는 기법으로 정의한다.

[표 9-26] **화이트박스 테스트에서의 시험 영역**(저서: SW 엔지니어링)

영역	내용
문장 영역	• 각 원시 코드 라인이 한 번이라도 수행되도록 설계
물리적 경로 영역	• 프로그램의 모든 경로가 한 번이라도 수행되도록 설계
논리적 경로 영역	• 물리적 경로의 순서가 결과에 영향을 미친다는 가정하에 논리적 경로들이 수행되도록 설계

제4절. 유지보수(Maintenance)

1. 유지보수의 정의

[표 9-27] **소프트웨어 유지보수 내용**(저서: SW 엔지니어링)

목표	내용
정의	• SDLC(Software Develop Life Cycle)의 마지막 단계로 소프트웨어의 생명을 연장시키는 작업 • 소프트웨어 공학 재검토 과정의 각 단계에서 고려 • 오류의 수정, 원래의 요구를 정정, 기능과 수행력을 증진시키는 일련의 작업 • 소프트웨어가 인도된 후 결함의 제거, 성능 향상, 변화된 환경에 적용토록 수정 • 소프트웨어 유지보수 및 운영 전담 조직이 필요(Maintenance-bound) • 개발은 제작 중심의 작업이며 유지보수는 운영 중심의 작업 • 소프트웨어가 인수되어 설치된 후 일어나는 모든 소프트웨어 공학적 작업
유지보수의 필요성	• 유지보수 비용이 전체 비용의 70~80%를 차지 • 소프트웨어 인력이 신규 프로젝트보다 유지보수 업무에 투입되는 낭비 요소 발생 • 유지보수의 비효율성으로 인해 패키지 소프트웨어의 도입 확산 • 프로젝트보다 기존 소프트웨어 개선에 더 많은 인력과 비용 소요 • 소프트웨어 기능의 복잡화에 따른 난해함으로 문서화 등의 관리 업무가 증가 • 개발은 1~2년 정도지만 유지보수는 5년 또는 10년 정도로 장기 • 용역 개발보다 패키지의 선택이 확산됨에 따라 유지보수 부문이 증가 예상
유지보수의 목표	• 소프트웨어의 성능 개선 • 소프트웨어의 하자 보수 • 새로운 환경에서 동작할 수 있도록 이식 및 수정 • 예방적 조치

[표 9-28] **소프트웨어 유지보수 종류**(저서: SW 엔지니어링)

분류기준	유지보수의 종류
사유	• 교정, 적응, 완전 유지보수
시간	• 계획, 예방, 응급, 지연 유지보수
대상	• 데이터/프로그램, 문서화, 시스템 유지보수

2. 유지보수의 구성

[표 9-29] **유지보수 유형**(저서: SW 엔지니어링)

형태	내용
정정 유지보수 (Corrective Maintenance)	• 처리 오류: 비정상적인 프로그램 중단, 입력 데이터 검증 누락, 출력 프로그램의 부정확 • 수행 오류: 느린 응답 시간 또는 부적절한 트랜잭션 처리율 • 구현 오류: 프로그램 설계에 있어서 표준, 범칙 또는 불일관성/불완 전성
적응 유지보수 (Adaptive Maintenance)	• 프로그램 환경 변화에 소프트웨어를 적응시키도록 수행 • 데이터 환경의 변화: 데이터 매체의 변경, 일발 파일에서 데이터 베 이스 관리 시스템의 변환 • 처리 환경의 변화: 새로운 하드웨어 플랫폼 또는 운영 체제로 이전
완전화 유지보수 (Perfective Maintenance)	• 수행력 향상, 프로그램 특성을 변경 또는 첨가, 또는 프로그램의 장 래 유지보수성을 향상시키기 위해 수행

[표 9-30] **유지보수 활동 내용**(저서: SW 엔지니어링)

활동	내용
문서 유지 관리	분석/설계 산출물, MRF, CR, SCR 등
품질 보증	소프트웨어 유지보수 시기, 구성 계획 등의 적절성과 유지보수 내용 의 관련 문서와 일치성 확보

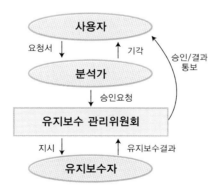

[그림 9-20] **유지보수 활동**(저서: SW 엔지니어링)

3. 유지보수 프로세스

[표 9-31] 유지보수 순서

[표 9-32] 유지보수 추진 단계(저서: SW 엔지니어링)

단계	주요 활동	활동 주체
요청	• MRF(Modification Request Form) 작성 CR(Change Request) 작성	사용자
분석	• 유지보수의 유형 분류, 심각성 판단 • 유지보수의 내용 분석, 영향도 분석 • 유지보수 우선순위 결정	분석가
승인	• 분석 내용에 따라 유지보수 여부 승인 • 유지보수 실행에 대한 승인	유지보수 관리위원회
실행	• 유지보수 대상에 대한 유지보수 실행 • 소프트웨어 변경 보고서(SCR) 작성 • 관련 문서 변경	유지보수 담당

4. 프로젝트 관리에서의 위험 관리 영역

[그림 9-21] 프로젝트 관리에서의 위험 관리 영역(저서: SW 엔지니어링)

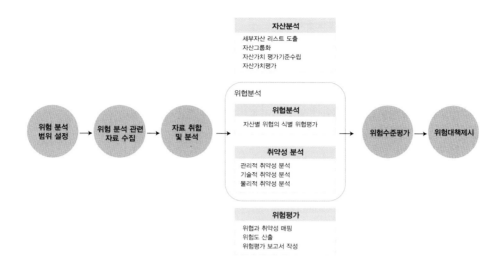

위협분석

위협분석
자산별 위협의 식별 위협평가

취약성 분석
관리적 취약성 분석
기술적 취약성 분석
물리적 취약성 분석

자산분석
세부자산 리스트 도출
자산그룹화
자산가치 평가기준수립
자산가치평가

위험평가
위협과 취약성 매핑
위험도 산출
위험평가 보고서 작성

위험 분석 범위 설정 → 위험 분석 관련 자료 수집 → 자료 취합 및 분석 → 위험수준평가 → 위험대책제시

[그림 9-22] **위험 분석 모델**(저서: SW 엔지니어링)

제5절. 아웃소싱(Outsourcing) 전략

1. 아웃소싱(Outsourcing) 정의

핵심 역량 집중을 위해 기업 내 정보 시스템 자원의 개발·관리·운영 등을 외부에 위탁하고 기업은 핵심 업무에만 주력하도록 하는 아웃소싱(Outsourcing) 전략이다.

Outsourcing의 필요성은 외부 고급 기술(지능정보 시스템 개발)을 이용하여 급변하는 기술 환경에 적응하고, 이직 등 인력 이동에 따른 부작용을 해소한다. TCO(Total Cost Ownership) 전산 비용 절감과 RFP(Request For Proposal)를 통한 계약 발주로 핵심 사업 위주의 역량 집중이 가능하다.

인공 지능정보 시스템 아웃소싱 추진 시 고려 사항은
• 대상 업무 선정 시 업무별 중요도와 핵심 역량 정도를 파악하여 업무 선정
• 협상 및 계약 단계에서 명확한 서비스 수준에 대한 협상을 통한 SLA(서비스 수준 협약서, Service Level Agreement) 도출
• 전환 및 이행 시 자산의 이전과 인력의 고용 유지 정책 필요
• 계약 관리 시 협상 단계에서 도출된 SLA를 바탕으로 성과를 측정 관리하는 SLM(서비스 수준 관리, Service Level Management)

[표 9-33] Outsourcing 발전 과정(저서: SW 엔지니어링)

아웃소싱	내용	
아웃소싱 등장 배경	• 비용 절감, 원가 절감 • 자체 기술력의 부족, 개발인력 부족 • 전문 지식을 가진 업체나 기술 인력으로부터 기술 이전 • 전략적 차원에서 전문 분야에 집중하여 고부가가치의 업무 형태로 전화	
정보 시스템 아웃소싱 전략적 가치	• 업무 수행 부문의 위탁으로 경쟁 우위를 위한 전략적 핵심 이슈 전념 가능 • 아웃소싱 회사가 신기술·도구·방법론·전문가 등 기술 및 기능 이전 가능 • 내부 운영, 기능 및 프로세스의 생산성 제고 • 물적/인적 자원의 유연성 제고 • 비핵심 분야의 운영비용 절감	
기대 효과	1) 경영 측면	핵심 사업의 역량 집중 가능
	2) 재정 측변	투자에 대한 Risk 관리 가능
	3) 기술 측면	Quality의 향상 기대(신기술, 신시스템, 전문인력
	4) 정책 측면	위기 관리의 적절한 대응 가능
	5) 조직 측면	인력 적절한 배치와 기술 인력 교육 등의 효율적

2. 아웃소싱(Outsourcing)의 대상과 유형

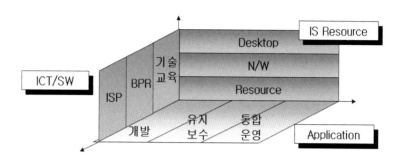

[그림 9-23] Outsourcing 대상(저서: SW 엔지니어링)

[표 9-34] Outsourcing 유형(저서: SW 엔지니어링)

유형	장점	단점
Total Outsourcing	책임 소재 명확, 친밀한 관계 유지 Outsourcing 비용 효과	독점적 선택 문제 가격 경쟁의 어려움
Selective Outsourcing	경쟁으로 인한 품질 향상 효율적인 가격 경쟁 가능	책임 소재 불명확, 요구 사항 파악 문제 관리 비용 발생
IT 자회사 설립 Outsourcing	Family 의식 의사소통 및 단결감 조성	나태함 필요 이상의 전산 투자 발생 가능
Co-Sourcing	IT 기획, 총괄과 수행의 분리 급변하는 환경에 적합	전략과 수행의 Gap 발생 가능

[표 9-35] 지능정보 시스템 아웃소싱 추진 절차(저서: SW엔지니어링)

절차	내용
1) 대상 업무 선정	• 지능정보시스템 전략 및 아웃소싱 수행 계획 수립 • 아웃소싱 대상 업무의 선정
2) 서비스 제공자 선정	• RFP에 의한 우선 서비스 제공자 선정 • 서비스 제공자 확정
3) 협상 및 계약	• 서비스 수준, 비용, 업무 분담에 대한 협상 • 협상 결과를 바탕으로 계약

4) 전환 및 이행	• 정보 자원의 이전 및 서비스의 전환 • 자산, 인력 등의 이전
5) 계약 관리	• 서비스 수준에 따른 성과 관리 • 계약 기간 만료 후 계약 갱신
6) 계약 전환	• 제3의 서비스 제공자와 계약 또는 내부 전환

[표 9-36] 지능정보 시스템 아웃소싱 과제(저서: SW 엔지니어링)

구분	해결 과제
서비스 제공자	• 아웃소싱 서비스에 대한 평가 방법론 수립 • 엄격한 SLA의 실행 • 아웃소싱 서비스에 대한 비용 산정 기법의 개발 • 체계적인 정보 시스템 운영 관리 방법론의 수립
발주자	• 아웃소싱의 본질 이해 • 아웃소싱을 통한 효과의 기대 수준 조정 • 아웃소싱의 수행 방법론 이해 • 아웃소싱 전문가 양성
핵심 성공 요소	• 아웃소싱 목표와 필요성의 명확한 정의와 이해 • 가장 적절한 아웃소싱 방법 선택, 파트너 선정 • 목표에 부합되는 적절한 대상 활동 선정 • 계약의 명료성과 효과성 확보: SLA • 외주 관리 절차 수립(업무 진도 관리, 품질 관리 절차) • 외주 비용 견적의 명확화 및 합리적 선정 • 검수와 평가 철저 • 계약 조건은 융통성 있게, 서비스 수준은 상세하게

1. AI SW 개발 생명주기(SDLC: Software Development Life Cycle)의 정의와 필요성에 대하여 토론해 보시오.

2. 애자일 개발 방법론과 오픈소스가 왜 적합한지 토론해 보시오.

3. Agile Process에서 XP(eXtreme Programming) 개발 수행의 특성에 대하여 토론해 보시오.

4. 국제설계표준인 UML(Unified Modeling Language)로 꽃배달 시스템을 설계하고 발표해 보시오.

5. 기업 전체 시스템 중 고객 관리 업무(CRM)를 파악한 후, 비즈니스 융합도(BCD) 기호를 사용하여 팀별로 작성한 후 발표하시오.

6. AI SW를 재사용(Reuse)하려면 소프트웨어 컴포넌트(Component)로 구성해야 한다. CBD 수행 및 관리 방안에 대하여 토론해 보시오.

7. AI SW 테스트 단계에서 블랙박스 테스트 및 화이트박스 테스트에 대하여 토론해 보시오.

8. AI SW 유지보수 활동이 반드시 필요하다. 비즈니스를 지속하려면 어떤 방법으로 유지보수할 것인가 토론해 보시오.

9. AI SW 개발 프로젝트를 아웃소싱(Outsourcing)으로 진행하려고 한다. 원청업체서 어느 정도 기본 및 상세 설계서를 가지고, 어떠한 능력을 가진 기업에 아웃소싱을 줄 것인가에 대하여 토론해 보시오.

10. 인공지능 개발만 전문 개발 기업에 Outsourcing을 하려고 한다. 아웃소싱 개발 성공 요소(CSF:Critical Sucess Factor)와 기대 효과에 대하여 토론해 보시오.

인공지능 AI 학습 구축(Fitness AI 학습) 사례

 학습주제

다양한 자세와 체형을 가진 사람들로부터 3D human pose를 capture 하는 것을 넘어서 사람의 다양하고 세밀한 운동 종류 및 상태를 추가적으로 capture를 통하여 데이터 세트를 만드는 것이다. 자세를 인식할 뿐만 아니라 운동 동작과 행동 등과 같은 세밀한 행동을 인식할 수 있는 AI 모델을 개발하여 데이터 인프라(데이터 댐)를 구축하고자 한다.

구축 목적은 피트니스 데이터 구축을 통해서 비대면(Untact) 시대에 적합한 홈트레이닝 서비스를 만들 수 있는 기초를 만들고, 인공지능 경쟁력을 강화시킬 수 있다. 활용 분야는 홈트레이닝(운동 자세 분석 및 추천), 메타버스 서비스(5G 기반 AR 콘텐츠), 피트니스 수집 플랫폼(머신러닝 모델 적용), 의료 분야(재활치료 및 재활운동 자세 교정, 원격 치료) 등이며 인간 자세 인식은 로봇과 인간의 상호작용과 CCTV를 통한 범죄 및 위험 상황 감시를 위해 반드시 필요한 연구 분야로 많은 컴퓨터 비전 연구자들에 의해서 오랫동안 연구되어 왔다. 다양성이 높은 비디오들을 모두 포함하는 큰 규모의 데이터 세트 취득의 어려움 때문에 꼭 연구되어야 하는 분야이다. 최근 비대면 시대에 집에서도 운동 동작에 대한 정확한 코칭이 가능한 서비스에 대한 수요가 증대되는 만큼 해당 데이터 세트는 활용 가능성이 있다

(공개 사이트) hhtp://www.Aihub.or.kr

[openpose]https://github.com/CMU-Perceptual-Computing-Lab/openpose

제1절. 피트니스 자세 이미지 AI 데이터

1. 피트니스 자세 이미지 AI 데이터 세트

피트니스 자세 교육의 다양한 자세와 체형을 가진 사람들로부터 3D human pose

를 capture 하는 것을 넘어서 사람의 다양하고 세밀한 운동 종류 및 상태를 추가적으로 capture 하는 것이다. HumanFit 데이터 세트를 통해 일상생활을 행동을 인식할 뿐만 아니라 운동 동작 및 자세 등과 같은 세밀한 행동을 인식할 수 있는 AI 모델을 개발할 데이터 인프라를 구축하였다.

[표 10-1] 피트니스 자세 동작 이미지 데이터 세트 내용(출처: Aihub, Github 공개 제공)

요약	내용
활용 분야	• 인간 행동 인식 분야(홈트레이닝, 피트니스센터 내 운동, 재활치료) • 스마트시티(내 공용 공간, 상점가 등 인구 밀집 공간)
데이디 요약	• 피트니스 동작 200,000Clip(건당 15초)에서 영상 이미지(초당 1~3개)를 추출, 총 300만 장 이상의 24 Keypoint로 레이블링한 데이터 세트 • 영상 이미지에 24개의 Keypoint로 가공되어 1개의 JSON 파일로 생성 • 영상 정보는 FHD(해상도 1920*1080), mov 파일로 구성 • 총 40여 개의 운동 동작에 대한 800여 개의 상태 값에 따른 시나리오를 360도 촬영(5개 Multiview)

[표 10-2] 피트니스 자세 이미지 AI 데이터 구축 절차(출처: Aihub)

2. 피트니스 자세 이미지 AI 데이터 세트 구성

2.1. 피트니스 자세 이미지 데이터 세트 획득

구분	데이터종류	포맷	데이터정보	예시
데이터 정제	촬영 Clip	MOV	원천데이터	
데이터 가공	영상이미지	JPEG	데이터셋 정보 비디오 정보 키포인트 운동종류 운동상태	
	레이블링 정보파일	JSON		{"nose": [916, 265, 0.43630969524383545], "left_eye": [929, 259, 0.28550705313682556], "right_eye": [917, 257, 0.30138906836509705], "left_ear": [960, 279, 0.15484392642974854], "right_ear": [962, 280, 0.22129996120929718], "left_shoulder": [910, 338, 0.11093627661466599],

[그림 10-1] 피트니스 자세 이미지 데이터 포맷(출처:Aihub)

2.2. 피트니스 자세 이미지 AI 데이터 어노테이션 포맷

[표 10-3] 데이터 세트 어노테이션 포맷(출처: Aihub)

NO	항목명		길이	타입	필수여부	비고
	한글명	영문명				
	데이터셋정보	info			Y	JSON Object
1	데이터셋명	info.name	100	String	Y	
2	데이터셋상세설명	info.description	1000	String		
3	데이터셋URL	info.url	200	String		
4	데이터셋생성일자	info.date_created	100	String	Y	
	비디오정보	{VIDEO_NAME}.jason		List	Y	각 비디오마다 하나의 JSON
5-1	비디오식별자	id	100	String	Y	
5-2	비디오시나리오식별자	s_id	100	String	Y	같은 시나리오를 공유하는 비디오
5-2	비디오너비	width	4	Number	Y	
5-3	비디오높이	height	4	Number	Y	
5-4	비디오명	name	100	String	Y	
5-5	비디오촬영정보	mat	64	Object		카메라 촬영정보
5-6	프레임 별 파일명	frames[]		List		
5-6-1	-	-	1000	String	Y	
5-7	프레임 별 어노테이션	infos[]		Object		
5-7-1	키포인트	keypoints		Object	Y	
5-7-2	운동 종류	category	1000	String	Y	
5-7-3	운동 상태	status	1000	String	Y	
5-8	비디오길이	length	4	Number		
5-9	비디오라이선스	license	100	String		
5-10	비디오촬영일자	date_captured	100	String		
	라이선스	licenses		List	Y	List of JSON Object
6-1	라이선스명	licenses[].name	100	String	Y	
6-2	라이선스URL	licenses[].url	200	String	Y	

2.3. 피트니스 자세 이미지 AI 데이터 세트 구조

[표 10-4] 피트니스 자세 데이터 세트 구성(출처: Aihub)

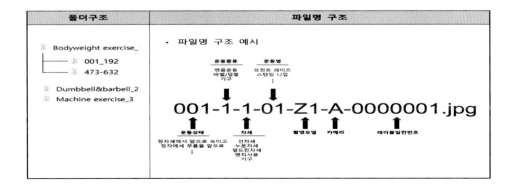

[표 10-5] 피트니스 자세 원시 데이터 특성(출처: Aihub)

분류		내용
대상 분류		• 홈트레이닝, 피트니스센터 내 운동에서 일상생활에 주로 하는 운동 중 맨몸, 바벨과 덤벨, 기구 등 분야에서 운동을 선정 • 각각의 운동에 대해서 3~5가지의 바른 자세를 정의하고 바른 자세에 대한 모든 경우의 수의 틀린 자세를 시나리오로 생성 • 사람의 키와 체중, 운동 횟수에 따라 바른 자세와 틀린 자세가 다르게 나오므로 동일 운동 동작에 대해 5회 이상 반복 동작을 실시, 평균 48명의 동일 동작을 촬영 • 인공지능 데이터 구축·활용 가이드라인 양식 v1.0
제약 조건		• 제약 있음(constrained). 360도 촬영을 위해 카메라 5대를 배치해야 하고 운동 동작의 특징에 따라 카메라를 재배치해야 하므로 실내 스튜디오 또는 체육관으로 촬영 장소를 한정하여 촬영
속성		• 해상도 FHD 1920*1080 (초당 프레임 수 2개 이상)
기타 정보	포괄성	• 성인 남녀의 평균키와 체중의 ±20%를 포함
	독립성	• 초상권을 해결한 한국인 평균 체격의 ±20%, 연령대 20~30대, 운동 연수 2~5년 남녀 70여 명을 모델로 실내 스튜디오에서 촬영
	유의 사항	• 인간 행동 인식 분야에서 몇 가지의 데이터 세트가 존재하고 있으나 운동 동작과 동작에 따른 세밀한 자세에 대한 데이터 세트는 처음 만들어지므로 피트니스 및 재활치료 분야에서 활용할 수 있는 새로운 데이터 세트 기반 마련

3. 구축 데이터 세트의 역할

[표 10-6] HumanFIT AI 데이터 세트 역할

	역할
HumanFIT AI 데이터 세트 구축	• 홈트레이닝, 피트니스센터 운동, 재활치료, 스마트시티의 일상생활 등 인간 행동 인식 분야와 관련한 AI 모델과 서비스를 개발할 수 있는 기반을 마련하기 위한 피트니스 자세 평가 및 피드백 구성
human action class	• 정확한 수행을 위해 바른 자세에 대한 포인트 정보 구축 • 다양한 신체 모습을 세밀하게 분석할 수 있어야 하는 운동 동작의 특징에 맞춰 기존에 널리 사용되던 17keypoint에서 neck, palm, spine1/2, instep 등을 추가하여 24keypoint로 annotation구축
동작 중 가려져 보이지 않는 부위	모두 24keypoint로 annotation
촬영 중 마스크를 쓰는 경우	코와 입 부위의 경우 추측하여 keypoint 부여
초상권 사용 동의서	Keypoint에 얼굴의 눈, 코, 입, 귀 등을 전부 annotation 해야 하므로 얼굴 사용에 대하여 를 모델(피사체)에게서 전부 수령

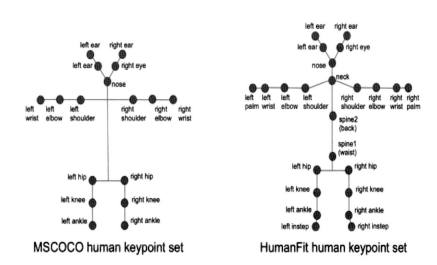

[그림 10-2] 왼쪽: 기존에 널리 사용되는 MSCOCO[4] human keypoint set,
오른쪽: 제안하는 HumanFit 데이터 세트의 human keypoint set(출처: Aihub)

바른 자세와 틀린 자세에 대한 세밀한 정보를 통해 서비스 이용자들은 현재 자세 및 동작이 어떻게 잘못되었는지 실시간으로 피드백을 제공받을 수 있다. 구축되는 데이터 세트는 RGB 카메라로 촬영한 영상정보를 사용하여 이용자가 스마트폰, 외부 RGB 카메라 등 손쉬운 장비를 통해 피드백을 받을 수 있도록 구축한다.

제2절. 데이터 세트 획득 정제

1. 원시 데이터 선정

홈트레이닝과 피트니스센터에서 가장 많이 수행되는 운동을 중심으로 선정한 후 각각의 운동 동작에 대해 중요한 바른 자세 중 사람들이 쉽게 틀리는 상태를 정의한다. 그리고 위에서 정의된 운동 상태에 대해 바른 자세와 틀린 자세의 모든 경우의 수를 시나리오로 채택한 후 실제 시뮬레이션을 통해 인간의 신체로 구현 가능 여부를 확인하고 불가능한 상태의 시나리오를 삭제, 최종 시나리오를 선정한다.

[표 10-7] 피트니스 자세 원시 데이터 일부 구성(출처: Aihub)

운동 분류	운동 부위	운동 이름	운동 상태				
			1	2	3	4	5
맨몸 운동	가슴	푸시업	척추 중립	이완 시 팔꿈치 90도	가슴의 충분한 이동	손의 위치 가슴 중앙	고개 중립
		니푸쉬업	척추 중립	이완 시 팔꿈치 90도	가슴의 충분한 이동	손의 위치 가슴 중앙	고개 중립
	등	굿모닝	무릎 구부린 채 고정	시선 방향 정면 고정	척추 중립		
		Y-Exercise	양팔 높이 동일	엄지손가락 하늘 방향	경추 중립		

2. 획득 · 정제 절차

[표 10-8] 촬영 전 카메라 설정 정보 및 위치, 각도 확인(출처: Aihub)

센서 크기	Focal length (35mm기준)	Frame rate	Shutter	Iris	ISO	WB	Resolution
1/2	30.3	29.97	1/60	6.8	default	5200K	1920*1080
22*11.88mm(super 35)	24	29.97	1/60	4.8	1600	5200K	1920*1080
1/3	28.8	29.97	1/30	2.8	default	5200K	1920*1080
22*11.88mm(super 35)	24	29.97	1/60	4.8	1600	5200K	1920*1080
1/2	30.3	29.97	1/60	6.8	default	5200K	1920*1080

촬영 데이터의 획득 기준 확인 후 15초 단위로 영상 편집 및 파일 네이밍 규칙 부여 및 파라미터 값을 정리하고 메타 정보 및 파일 구조를 확인한다.

[표 10-9] 피트니스 자세 데이터 세트 구성(출처: Aihub)

파라미터	구조
내부 파라미터	– 초점 거리(Focal Length) – 주점(Principle Point)
외부 파라미터	– 월드 좌표(공간상의 위치 X, Y, Z 값) – 카메라 좌표(광학축 기준 roll, yaw, pitch 값)

원본 데이터 영상을 확인하여 영상의 흔들림 여부, 초점이 맞았는지 여부 확인하는 등의 촬영 데이터 적절성 확인한다. 그리고 오토 라벨링 작업 전 파일 네이밍과 1세트당 파일 개수를 확인한다.

Step 1

운동 동작이 촬영된 영상에서 운동을 하고 있는 인물을 찾습니다.

Step 2

본 가이드에서 정의한 각 신체 부위 종류에 따른 구조를 숙지하여 각 영역의 신체 부위마다 정의된 **Keypoint**를 부여합니다.

Step 3

가리워져 보이지 않는 신체 부위도 **Keypoint**를 부여합니다.

[그림 10-3] 어노테이션/라벨링 절차(출처: Aihub)

Class	설명	가공 예시
Left/Right Ear	양쪽 귀의 중앙 부분을 선택, viewpoint에 따라 한 쪽 귀만 보일수 있는데, 보이지 않는 귀도 표시함	
Left/Right Eye	양 눈의 중앙 부분을 선택, 측면에서는 실제 눈이 위치할 법한 안쪽을 택하여 작성. 뒷모습에는 작성하지 않음	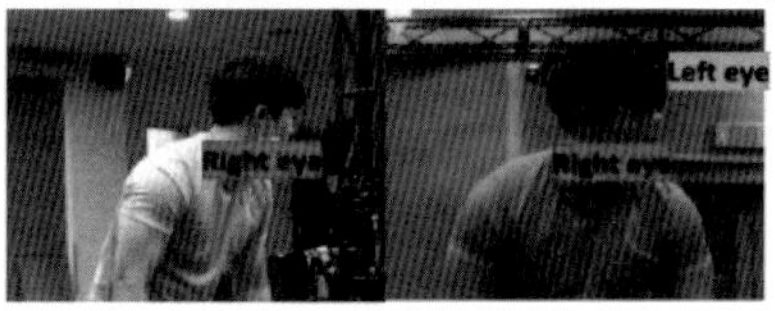

[그림 10-4] 어노테이션/라벨링 기준(출처: Aihub)

3. 데이터 세트 검수 절차

[표 10-10] 검수 절차(출처: Aihub)

차수	절차
1차 전수 검수	• 원천 데이터는 데이터 가공 시 5multiview에 의해 5대 카메라에서 추출한 영상 이미지를 동시에 비교 분석하여 동작이 일치하지 않는 경우 가공에서 제외하고, 편집 단계로 이관, 촬영 영상 정보에서 재편집 • 가공 데이터는 24keypoint의 라벨링 기준 부합 여부를 확인하여 손쉬운 수정은 검수자가 수정하고 동일 촬영한 영상 정보와 비교 분석 등 복잡도가 있는 경우는 작업자에게 재작업 요청
2차 무작위 표본 추출에 의한 샘플링 검수	• 가공한 전체 영상 이미지 중 1% 이상을 무작위로 추출하여 1차 전수 검수의 가공 데이터 검수와 동일한 방식으로 검수
3차	• AI 모델 및 활용 서비스를 통한 검증

[그림 10-5] 검수 기준 비교(출처: Aihub)

4. AI 데이터 세트 활용 모델

4.1. 인공지능 모델 학습 알고리즘의 디자인

HumanFit 데이터 세트에 학습할 인공지능 모델은 [그림 10-7]과 같이 입력 비디오로부터 운동하는 사람이 하고 있는 운동 종류(Exercise Name)와 운동 상태 (Exercise Status), 즉 해당 운동을 올바른 자세로 수행하고 있는지, 만약 올바르지 않다면 어떤 실수를 하고 있는지를 추정한다.

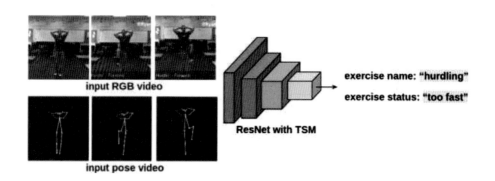

[그림 10-6] 인공지능 모델의 개요도(출처: Aihub)

4.2. 모델/알고리즘 작동 원리

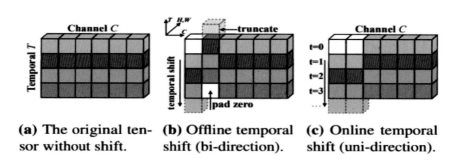

[그림 10-7] TSM의 동작 방식(출처: Aihub)

[표 10-11] 데이터 세트 구축 순서

순서	작동 원리
1	• 입력 비디오는 T개의 HxW 해상도를 가지도록 샘플링된 RGB 비디오와 프레임마다 사람의 Keypoint 위치를 RGB 비디오와 같은 Dimension으로 된 Heatmap 형식으로 표현한 Pose 비디오로 구성
2	• RGB 비디오는 사람 자세와 동작, 운동 기구 등을 포함한 Contextual 정보를 포함하고, Pose 비디오는 사람의 자세와 동작에 대한 정보만을 포함하여 인공지능 모델이 사람의 동작과 자세에 집중. 입력 비디오는 1회 운동을 포함
3	• 입력 비디오로부터 사람의 자세와 행동을 정확히 분석하기 위해서는 각 프레임이 제공하는 2차원 공간 정보(Spatial Information)뿐 아니라 여러 프레임으로부터 추가로 제공되는 1차원 시간 정보(Temporal Information) 활용
4	• Temporal Shifting Module(TSM)[1]에 기반한 Deep Residual Network (ResNet)[2]를 디자인하여 입력 비디오로부터 Spatial Feature뿐 아니라 Temporal Feature까지 모두 추출하여 최종적으로 Spatio-Temporal Feature를 추출할 수 있도록 함
5	• ResNet은 단일 이미지 분류 문제를 위해 디자인되었으며, 단일 입력 이미지로부터 유용한 Spatial Feature를 효율적으로 추출할 수 있음
6	• Temporal Feature를 추출하지 못하기 때문에 사람이 시간에 따라서 움직이면서 발생하는 모션 정보를 분석할 수 없는 단점이 있음
7	• TSM을 ResNet의 각 Building Block에 추가하여 ResNet의 유용성은 그대로 유지하면서 Temporal Feature를 추출
8	• TSM은 FeatureMap의 Channel Dimension을 Shifting하여 추가 Computational Cost 없이 Temporal Feature를 ResNet이 추출해 주는 Module임
9	• TSM이 적용된 ResNet을 사용하여 효과적이고 효율적으로 Spatio-Temporal Feature를 프레임마다 추출할 수 있음
10	• TSM이 적용된 ResNet으로 추출한 각 프레임의 Spatio-Temporal Feature를 사용하여 인공지능 모델의 최종 출력인 사람의 운동 상태를 추정
11	• 각 프레임의 Spatio-Temporal Feature에 Temporal Global Average Pooling을 수행하여 하나의 Time Step에서의 Feature로 만든 후, Fully-connected Layer와 Softmax Activation Function을 사용하여 운동 종류마다의 확률과 미리 정의한 사람의 운동 상태마다의 확률을 추정

4.3. 휘트니스 인공지능 모델의 학습과 평가 방법

[표 10-12] 학습 모델의 학습과 평가 방법(출처: Aihub)

종류	평가 방법
학습 방법	• Action Classification에서 추정된 운동 종류마다의 확률은 Cross-entropy Loss Function을 통해 Supervise 됨. 또한, 운동 상태마다의 확률은 Binary Cross Entropy Loss Function을 이용하여 Supervise 됨
평가 방법	• 운동 종류와 운동 상태의 정확도를 계산 • 운동 종류의 정확도는 추정한 운동 종류의 확률 중 가장 높은 확률을 가진 것과 정답 운동 종류를 비교해서 계산 • 운동 상태는 각 운동 상태의 확률이 0.5보다 크면 해당 운동 상태가 일어났다고 고려하여 정확도를 계산

[표 10-13] 운동 상태 추정 정확도 평가 항목(출처: Aihub)

주요 평가 항목	단위	목표 성능	측정 방법	성능 근거
운동 상태 추정 정확도	Average Precision (AP)	0.70	전체 비디오 중 올바르게 운동 상태를 추정한 비디오의 비율	Kinetics dataset에서 baseline 모델의 AP:0.70

(출처:(1) Lin, Ji, Chuang Gan, and Song Han. "Tsm: Temporal shift module for efficient video understanding." ICCV. 2019.
(2)He, Kaiming, et al. "Deep residual learning for image recognition."CVPR.2016.

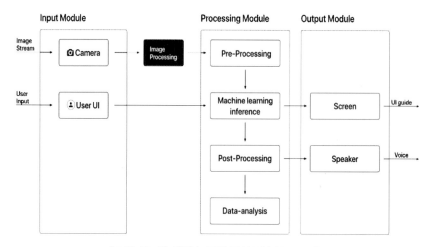

[그림 10-8] 서비스 모듈 구성도(출처: Aihub)

[표 10-14] 서비스 활용 시나리오(출처: Aihub)

기능	시나리오
서비스 활용 시나리오	• 학습된 인공지능 모델은 입력 비디오로부터 운동 수행자의 운동 종류 (Exercise Name)와 운동 상태(Exercise Status)를 추론 • 운동 상태는 해당 운동을 올바른 자세로 수행하고 있는지, 만약 올바르지 않다면 어떤 실수인지 여부 추정 • 모델을 활용하여 헬스장에서 사용 가능한 동작 인식 서비스를 제공 • 헬스장에의 PT 데이터가 Gym과 Home에서 연동될 수 있도록 제공
유저 로그인 기능	• 사용자는 헬스장에 마련된 라이크핏 Gym 입력 콘솔을 통해 Gym 유저로 가입할 수 있으며, 라이크핏 Gym을 통해 운동한 데이터는 라이크핏Home 데이터와 통합되어 seamless 연동되며 일체화된 운동 경험을 누릴 수 있음
헬스장 전용 운동 가이드 서비스	• 라이크핏 Gym 서비스를 통해 사용자는 헬스장의 도구들을 활용한 전용 운동을 경험해 볼 수 있음. 운동 도구를 구비하기 어려운 집에서의 환경과 달리 헬스장에서 제공되는 기구들을 통해 강도 높고 전문화된 운동을 경험 가능 • Tablet을 통해 원하는 운동을 선택하여 알맞은 기구 운동을 수행하면 적절한 운동 수행에 대한 가이드를 스피커와 모니터를 통해 제공받을 수 있음
운동 데이터 분석 및 정보 공유	• 라이크핏 서비스는 사용자의 운동 종류와 운동 상태를 저장하여 기록하며, 이를 분석하여 사용자에게 가치 있는 데이터를 제공 • 사용자는 라이크핏 Gym 활용 시 모니터를 통해 데이터에 접근 가능하며, 향후 라이크핏 Home과의 통합을 통해 모바일을 통해서도 데이터의 활용이 가능

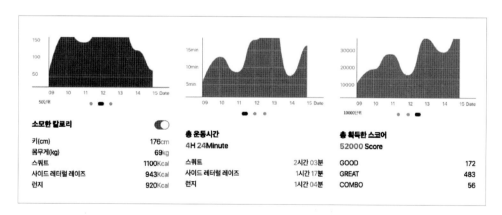

[그림 10-9] 운동 데이터 분석 화면(출처: Aihub)

제3절. AI Fitness 구축 사례

    오픈소스인 openpose skeleton tracking 기술을 이용하여 특정 운동 자세를 영상 처리 기술과 딥러닝 기술로 인체 동작에 대한 인지 상황을 판단하여 운동 자세에 대한 인식 결과를 도출한다. 우선 입력된 영상 학습 데이터를 받아 딥러닝 인식 시스템를 통해 인식 결과를 추출한다. 시스템에서 비교·분석한 후, 사전 등록된 운동 동작 명칭으로 화면에 표시하여 이용자가 정확한 동작을 취할 수 있도록 지도하는 데 활용한다. 또한, 이 기술은 행동 인식부터 얼굴 인식, 손동작 인식 등에 다양하게 활용된다.

영상 인식 분야는 딥러닝(Deep learning) 기술을 접목하여 사물(object)에서 상황 인지 분야 (context awareness)까지 여러 분야에서 활용되고 있다.
오픈소스인 openpose의 스켈레톤 인식 기술을 통하여 인체의 자세를 실시간으로 인식하고, 이를 통해 특정 행동을 인식하여 그 결과를 통해 사용자가 스스로 화면을 보고 정확한 운동 자세를 취할 수 있도록 피드백하는 시스템이다. 이 기술과 사물인터넷(IoT) 디바이스 또는 에지컴 퓨팅을 이용하여 행동 인식으로 인해 자세 교정과 같은 시스템을 구축할 수 있다. 비대면(Un-tact) 시장의 확대로 인하여 사람의 행동을 제품의 동작과도 연결할 수 있다. 인체 동작을 이용한 게임에서 손동작을 인식하여 제품 기능과 연결하여 실행하는 등의 다양한 분야의 활용과 다른 딥러닝 분야도 응용이 가능하다.

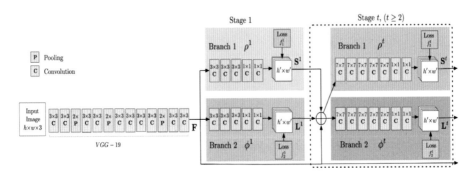

[그림 10-10] Multi-Person Pose Estimation model architecture

1. 딥러닝과 스켈레톤 인식

디지털 PI 카메라를 통해서 입력을 받은 뒤, 딥러닝 기술과 오픈소스 라이브러리인 openpose를 이용하여 행동 인식을 통한 동작을 분석·판단한다.

스켈레톤 인식을 위한 openpose는 YOLO, OpenCV와 같은 사물 인식, 얼굴 인식 등과는 다르게 스켈레톤 인식에 최적화된 라이브러리로써 행동, 얼굴, 손동작 인식 등을 수행하도록 제공

[그림 10-11] (Github OpenPose) Python OpenPose 시작하기
(출처: Openpose/.Github/https://github.com/CMU-Perceptual-Computing-Lab/openpose

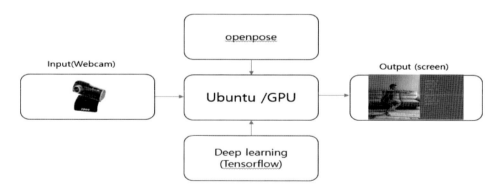

[그림 10-12] proposed model(논문: 경운대-운동 자세 훈련 시스템 개발)

권장 시스템은 ubuntu 18.04, tensorflow 1.13.1, cuda 10.0, cudnn, tensorRT, Python 3.6과 OpenPose(Caffe와 OpenCV를 기반으로 구성된 손, 얼굴 포함 몸의 움직임을 추적해 주는 API)를 추천한다.

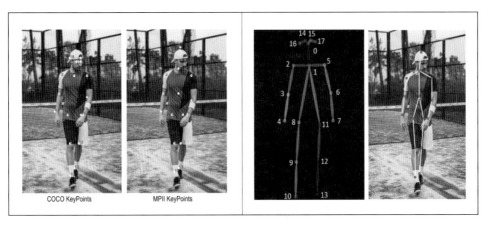

[그림 10-13] Pre-trained models for Human Pose Estimation
(출처:Openpose using OpenCV)

[표 10-15] skeleton location data(출처: Openpose using OpenCV)

COCO Output Format	Nose − 0, Neck − 1, Right Shoulder − 2, Right Elbow − 3, Right Wrist − 4, Left Shoulder − 5, Left Elbow − 6, Left Wrist − 7, Right Hip − 8, Right Knee − 9, Right Ankle − 10, Left Hip − 11, Left Knee − 12, LAnkle − 13, Right Eye − 14, Left Eye − 15, Right Ear − 16, Left Ear − 17, Background − 18
MPII Output Format	Head − 0, Neck − 1, Right Shoulder − 2, Right Elbow − 3, Right Wrist − 4, Left Shoulder − 5, Left Elbow − 6, Left Wrist − 7, Right Hip − 8, Right Knee − 9, Right Ankle − 10, Left Hip − 11, Left Knee − 12, Left Ankle − 13, Chest − 14, Background − 15

2. 특정 행동 인식 결과

OpenPose의 Realtime Action Recognition을 이용하여 미리 학습된 행동 데이터 세트를 카메라에서 입력받은 실시간 영상을 딥러닝과 openpose를 행동 인식 알고리즘을 통하여 추정한 행동 타입을 결정하여 스크린에 보여 주게 된다.

아래 그림에서 볼 수 있듯이 인체 특정 위치 관절을 인식하고 뼈대로 연결하여 그래픽으로 표시하며, 시계열 연속된 좌표 정보로 처리해서 인체 행동을 인식하도록 지원한다.

Step 4 : Make Predictions and Parse Keypoints

```
1 H = out.shape[2]
2 W = out.shape[3]
3 # Empty list to store the detected keypoints
4 points = []
5 for i in range(len()):
6 # confidence map of corresponding body's part.
7 probMap = output[0, i, :, :]
8
9 # Find global maxima of the probMap.
10  minVal, prob, minLoc, point = cv2.minMaxLoc(prob-
Map)
11
12 # Scale the point to fit on the original image
13 x = (frameWidth * point[0]) / W
14 y = (frameHeight * point[1]) / H
15
16 if prob > threshold :
17 cv2.circle(frame, (int(x), int(y)), 15, (0, 255, 255), thick-
ness=-1, lineType=cv.FILLED)
18 cv2.putText(frame, "{}".format(i), (int(x), int(y)), cv2.
FONT_HERSHEY_SIMPLEX, 1.4, (0, 0, 255), 3, lineType=cv2.
LINE_AA)
19
20 # Add the point to the list if the probability is greater
than the threshold
21 points.append((int(x), int(y)))
22 else :
23 points.append(None)
24
25 cv2.imshow("Output-Keypoints",frame)
26 cv2.waitKey(0)
27cv2.destroyAllWindows()
```

[그림 10-14] Image with keypoints detected using the MPI model plotted.

(출처: Deep Learning based Human Pose Estimation using OpenCV)

Step 5: Draw Skeleton

```
1 for pair in POSE_PAIRS:
2     partA = pair[0]
3     partB = pair[1]
4
5     if points[partA] and points[partB]:
6         cv2.line(frame
          Copy,points[partA],
          poin ts[partB], (0, 255, 0), 3)
```

(Dection type for human pose)		
stand=0	walk=0	run=0
jump=0	sit=0	squat=1
kick=0	punck=0	wave=0

[그림 10-15] skeleton location data (Human pose Estimation using openpose and tensorflow)
(출처: Deep Learning based Human Pose Estimation using OpenCV)

아래 표와 같이 행동 타입에 대해서는 지속적으로 추가하여 다양한 행동 타입을 적용해 볼 수 있다. 인식된 행동 타입을 음성 API나 디바이스에 연결하여 기능을 실행하거나 화면을 전환하는 등의 추가적인 시스템을 구축할 수 있다.

[표 10-16] 딥러닝 기반 포즈 인식을 이용한 체력 측정 시스템 상황별 음성 안내(사례)

①	두 발을 측정 위치에 올려 주세요
②	지금부터 올바른 측정을 위한 자세를 판단하도록 하겠습니다.
③	정상 자세입니다. 신호가 울리면 최대한 높이 뛰어 주세요.
④	비정상 자세입니다. 다음 안내에 따라 자세를 교정해 주세요.
	④-1 두 발의 간격을 어깨 너비로 유지하세요.
	④-2 무릎을 최대한 구부려 주세요.
	④-3 두 팔은 사선으로 내려 주세요.

3. 다양한 행동 데이터 세트 구성

MPII Human Pose Dataset를 활용하여 행동 인식을 추가하여 정확한 운동 동작을 인식하도록 구성하였다. (25,000 images, 40,000 people, 410 Human activities)

현재 9가지 운동 동작에 대한 인식이 가능하고, 410가지 MPII에서 제공하는 학습된 데이터 세트를 이용하여 훈련하고자 하는 운동 동작을 추가할 수 있다.

인간의 행동을 행동 인식(openpose) 기술을 이용하여 특정 운동 동작에 대해서 인식하고, 정확한 동작을 취할 수 있도록 면에 표시하여 피드백하여 운동 동작에 대한 훈련되도록 개발하였다. 이를 활용하여 더욱 다양한 분야에 이용할 수 있도록 확장 가능하다. 행동 인식, 웃거나 울거나 화내는 등의 얼굴 안면 인식 그리고 손동작을 인식할 수 있어 손동작으로 특정 기능을 수행할 수가 있다. 현재는 기술을 이용하여 수화 인식까지 진행되고 있다.

4. 인공지능 피트니스(AI Fitness) 서비스(안)

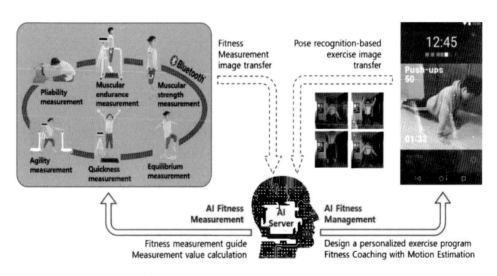

[그림 10-16] AI Fitness 개발 서비스 프로세스

(출처: Conceptual diagram of AI Fitness Measurement & Management system)

[표 10-17] **기획 배경**(시장조사)(출처: Sleek)

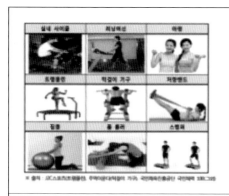 [그림 10-17] 홈트레이닝 기구	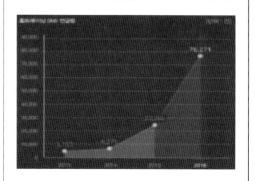 [그림 10-18] 홈트레이닝 SNS 언급 급증

홈트레이닝 동작 인식 서비스의 인기	홈트레이닝은 '집(Home)'과 '운동(Training)'을 합한 용어로 집 안에서 아령, 러닝머신, 실내 사이클, 요가/필라테스, 요가 타월/요가 블럭, 헬스 사이클 등으로 간단하게 할 수 있는 운동을 의미 주로 전문가의 영상이나 사진을 참고해 스스로 운동법을 습득하는 방식
	시장 또한 동영상 공유 사이트, 인터넷TV(IPTV) 및 스마트폰 앱(APP) 등을 통해 홈트레이닝 관련 콘텐츠가 대거 보급 홈트레이닝 운동복, 체지방 체중계 등 다양한 연관 상품 출시로 쇼핑몰 운영
	국내외 홈트레이닝 시장의 급속한 성장에 맞추어 스마트폰을 활용한 인공지능 운동 코치 어플(AI Fitness)이 개발되고 있음

[그림 10-19] 현 서비스 중인 AI Fitness (구글스토어, 홈트레이닝 부문 1위)(출처: Sleek)

[그림 10-20] 헬스장 전용 운동 가이드 서비스 예시(출처: Aihub)

1. Ai 허브(http://www.aihub.or.kr)에서 22종 171개 빅데이터에서 어느 부문을 선택하여 어떠한 AI 개발을 할 것인지 팀별로 조사하고, 토론해 보시오.

2. 인공지능 구축 서비스 기획서를 팀별로 작성하여 토론하여 보고, 담당 교수에게 기획서를 제출하시오.

3. AI 데이터 구축 절차에 대하여 정리(Brain Writing)해서 토론해 보시오.

4. 데이터 세트 획득 · 정제에서 원시 데이터 선정에 대하여 토론해 보시오.

5. 획득 · 정제 절차와 검수 절차에 대하여 토론해 보시오.

6. 인공지능 활용에서 모델 학습 알고리즘 디자인에 대하여 토론해 보시오.

7. 인공지능 모델의 학습과 평가 방법에 대하여 토론해 보시오.

8. AI 개발 서비스 프로세스에 대하여 토론해 보시오.

9. 각 팀에서 오픈소스 tracking 기술을 이용하여 특정 자세 영상 처리 기술과 딥러닝 기술로 인체 동작에 대한 인지 상황 판단하여 자세에 대한 인식 결과를 도출하여 발표하시오.

10. 국가 Ai 허브에서 빅데이터를 받아서 팀에서 원하는 인공지능 학습 데이터 시스템을 구축한 후 시연해 보시오.

제3부

인공지능 기술 경영

인공지능 데이터 검증, 서비스 품질 및 표준

학습주제

인공지능 학습용 데이터를 구축할 때는 대량의 데이터를 수집-정제-가공하는 과정을 수작업 또는 크라우드 소싱 플랫폼을 통해 구축하거나 라벨링 도구를 이용하여 구축함으로써 완벽한 품질을 확보하기가 어려운 특성이 있다. 비교적 신뢰성을 확보한 MS COCO, 구글 오픈 이미지 정확도의 경우에도 완벽한 품질을 보증하지는 않으며 활용 단계에서 지속적인 유지보수 작업이 필요하다.

양질의 데이터 세트를 구축하기 위해서는 고품질 데이터를 확보하거나 라벨링 정확도를 향상하기 위한 노력이 필수적이다. 이를 위하여 원시 데이터 수집 단계를 포함한 학습 데이터를 구축하는 각 단계별 품질 관리와 더불어 구축된 데이터 세트의 유효성을 검증하는 과정이 필요하다. 인공지능 학습용 데이터는 적합성, 신뢰성을 포함한 품질의 유효성을 확보하여야 한다. 인공지능 서비스에 대한 정확한 개념을 정립하고 특징과 범위를 설정하여 이에 적합한 품질 측정과 측정 항목, 평가 방법, 표준 방법에 대한 이해가 반드시 필요로 한다.

(웹사이트) 영어권은 캐글(http://www.kaggle.com), 깃허브(http://www.gihub.com)
국가디지털뉴딜정책: AI 허브(http://www.aihub.or.kr) 학습용 데이터 공개

제1절. 인공지능 소프트웨어 품질(Software Life Cycle)

1. 인공지능 품질 요건

인공지능 소프트웨어를 대하는 입장에 따라 품질에 대한 관점이 달라진다.

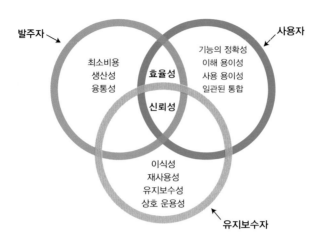

[그림 11-1] 인공지능 소프트웨어 품질(출처: 저서 SW Engineering)

[표 11-1] 인공지능 소프트웨어 품질 요건

품질 요건		품질 내용
정확성 (Correctness)		• 기능적으로 맞게 동작, 표준에 적합 • 요구 분석서의 기능과 일치하는지 점검
신뢰성 (Reliability)		• 소프트웨어가 주어진 기간 동안 제대로 작동할 확률 오류에 비례 정확성을 위한 필요조건
강인성 (Robustness)		• 요구 명세에 표시하지 않은 상황(오류 입력)에서도 제대로 작동하는 성질
성능(Performance)		• 수행 속도 알고리즘의 시간 복잡도 시뮬레이션, 스트레스 테스트
사용 용이성 (Usability)		• 시스템을 친근하게 느낄 수 있는 성질 • 사용 대상에 따라 달라질 수 있음 • 사용자 인터페이스, Human factor
유지보수성 (Maintainability)	보수성	• 정해진 기간에 소프트웨어 결함을 해결할 수 있는 성질
	진화성	• 잠재적 발전 가능성
재사용성 (Reusability)		• 소프트웨어 부품(라이브러리, 클래스 등)의 성질 • 확장 가능성(openness) • 적응성(adaptability) • 이용 용이성(closeness)

2. 인공지능 SW 품질 적합성

품질의 적합성은 소프트웨어에 포함된 오류가 중요한 판단 기준이 된다. 개발 과정에서 설계나 코딩, 검사 과정에서 발견한 오류의 개수를 파악하여야 한다. 이는 최종 소프트웨어 제품의 품질 판단 기준이 된다. 개발하는 과정이 소프트웨어 품질에 많은 영향을 주며, 개발 및 유지보수하는 프로세스의 품질이 프로덕트 자체의 품질 못지않게 중요하다.

[표 11-2] 인공지능 개발 과정의 소프트웨어 품질

소프트웨어	품질 기준
인공지능 소프트웨어 품실 (Quality)	• 특정 오류가 언제 어디서 발견되는가? • 어떻게 하면 개발 과정에 오류를 조기에 발견할 수 있는가? • 어떻게 하면 오류에 대한 내성이 있는 시스템, 즉 오류가 소프트웨어를 징지시키기는 확률이 낮은 시스템으로 만들 수 있는가? • 프로세스가 좋은 품질을 보장하는 더 효율적이며 효과적인 다른 방법이 있는지를 항상 측정하여야 함
소프트웨어 생산성 (Productivity)	• 생산 과정(process)의 Process improvement에 영향을 줌 • 개발 경험의 성숙도에 의해 좌우 • CMM(Capability Maturity Model): Level 1~5 • 생산성에 영향을 미치는 요소 – 프로그래머의 능력 – 팀 의사 전달 – 제품 복잡도 – 기술 수준 – 관리 기술을 항상 측정하여야 함

1. 인공지능 데이터 품질 개요

인공지능 정확성의 목적은 오류 데이터를 넣으면 오류를 학습한다(Garbage in Garbage out)는 취지에서 데이터 품질을 관리하여야 한다. 인공지능 학습용 데이터의 구축 절차 및 품질 평가 범위는 원시 데이터를 수집하고 정제 과정을 거쳐 데이터 라벨링을 수행한 후에 이를 인공지능 시스템에서 활용하는 전 과정을 포함한다. 즉 원시 데이터의 품질과 라벨링된 데이터의 품질뿐만 아니라 이를 응용 시스템에서 활용할 때 유효성 평가하는 과정이 포함된다.

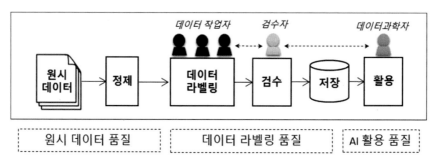

[그림 11-2] 인공지능 학습용 데이터의 구축 절차(출처: NIA)

[표 11-3] 품질의 정의(출처: 저서 SW Engineering)

품질 종류	운영
품질	• 제품이나 서비스가 일정한 표준에 얼마나 가까운가 하는 척도로써 제품이 어떤 성능 혹은 광고된 성능을 만족시키는 정도
품질 관리	• 고객이 요구하는 품질의 제품을 생산하기 위한 수단의 총체계 제품이나 서비스의 특정 값이 일정한 표준에 적합하도록 보장하는 것이 목적
통계적 품질 관리 (SQC)	(Statistical Quality control) • 허용 발취 검사법(acceptance sampling): 모집단과 표본집단을 구별, 확률론적 관계 이해 • 표본을 크게 잡으면, 정밀성을 얻을 수 있는지를 규명하여 표본 추출(sampling)에 의해 전 제품 및 부품의 특성 도출 방법

통계적 품질 관리 (SQC)	• 관리도법: 통계학의 이론을 응용하여 생산 공정 중에 있는 기계나 공정의 상태 를 파악, 통제하는 기법 • 품질의 합격 상·하한을 정해서 관리도를 작성한 후 공정을 통제하는 기법	
전사적 품질 관리 (TQC)	(Total Quality Control) • 경영 전반에 걸쳐 지속적인 노력을 통해 조직의 모든 구성원이 품질의 향상을 위해 노력하고 협조하고 자발적인 연구를 해야 한다는 것으로 품질 하나를 위해 모든 기업 조직의 노력을 결집시킨다는 것을 의미	

2. 인공지능 학습용 데이터 품질 평가 범위

인공지능 기법의 데이터 품질 관리 도입 필요성은, (외부 현황) 인공지능을 활용한 Text 분석 등 관련 주요 기술 및 분석 사례 연구와 (내부 현황) 주요 데이터 항목 품질 및 문제점 분석으로 구분한다.

[표 11-4] 인공지능 학습용 데이터 품질 구성

구성	방안	내용
품질 목표 및 품질 관리 방안의 적정성	품질 목표 설정 및 관리 체계 구축 적절성	• 수행 기관 품질 목표 학습용 데이터 품질 관리 역량 • 수행 기관 품질 관리 체계(조직/절차/품질기준/도구 등) 준비도
학습용 데이터 품질 확보	인공지능 학습용 데이터 품질 관리 방안의 적정성	• 인공지능 학습용 데이터의 품질 확보 방안의 구체성 • 외부 기관 등을 활용한 제3자 품질검사 방안 타당성
인공지능 기반 오류 검증 기법	자료의 기계학습을 통한 분류 검증 방법	• 데이터명, 규격 등 Text 항목 검증 방법 • 데이터 특성에 의한 최적 학습 데이터 구성 방안 • 기타 세 번, 표준 품명 코드의 오류 검증 방안 • 데이터 명·규격 등 Text 항목 오타 개선 방안
머신러닝을 통한 과제 수행	• 신고 오류 개선 과 제 수행 • 검증의 효과가 큰 1~2개 아이템 적용 방안	• 인공지능을 활용한 데이터 품질 제고 추진 과제 도출 • 자체 진화 가능한 인공지능 기반의 데이터 품질 추진 체계 설계(시스템, 프로세스, 조직 등 과제 수행)

데이터 품질 분야 인공지능 도입 방안 제시	오류 유형 1, 2형태의 인공지능 모델 생성 및 시뮬레이션 결과 제출	• (오류 유형1: 잘못 신고된 오류) • (오류 유형2: 기타로 신고된 오류)
시범 과제의 운영 시스템 등	학습 결과 예측치와 실데이터의 Gap 최소화 방안 제시	• 자체 진화 가능한 인공지능 기반의 데이터 품질 추진 체계 설계(시스템, 프로세스, 조직, 데이터 분류 등) • 오류 유형 1, 2형태의 인공지능 모델 생성 및 시뮬레이션 결과 제출 • 학습 결과 예측치와 실데이터의 Gap 최소화 방안 제시 • 데이터 품질 정제 서비스 구축 및 운영 정보 시스템 규모 산정 • 우선순위 및 연차별 이행 계획 수립(시범 과제 운영)

3. 인공지능 데이터 품질 관리

3.1. 데이터 품질 관리 개념 및 진단/개선 절차

[표 11-5] 데이터 품질 진단 및 개선 절차 6단계(출처: 공공데이터품질관리매뉴얼 V.2.0)

	단계	정의
품 질 진 단	진단 대상 정의 (Define)	• 품질 이슈에 대한 수요 및 현황을 조사하여 품질 진단 대상 데이터베이스를 선정하고, 진단 방향성을 정의
		• 일반적으로 데이터(Data)란, 특정 목적의 활동이나 이벤트로 인해 '발생된 사실(Fact)'이나 바탕이 되는 자료'를 의미하며, 광의의 개념으로 정보(Information) 또는 지식(Knowledge)과 혼용하여 사용

품질 진단	품질 진단 실시 (Measure)	• 품질 진단 대상에 대한 상세 수준의 품질 진단 계획 수립 후 품질 진단 영역별 진단 실시 • 데이터 품질(Data Quality)이란, '데이터의 최신성, 정확성, 상호 연계성 등을 확보하여 사용자에게 유용한 가치 수준'으로 정의
	진단 결과 분석 (Analyze)	• 오류 원인 분석, 업무 영향도 분석을 통해 개선 과제를 정의(단기 개선 과제, 중·장기 개선 과제 등) • 데이터 품질 관리(Data Quality Management)란, 사용자에게 유 용한 가치를 제공하도록 '데이터의 품질을 확보하기 위한 품질 목 표 설정, 품질 진단 및 개선 활동과 지원 도구'를 의미
품질 개선	개선 계획 수립 (Improvement Plan)	• 품질 개선 과제별 개선 방향 정의 및 개선 추진을 위한 추진 계획 을 수립(데이터 품질 진단 및 개선 절차)
	개선 수행 (Implement)	• 상세 수준의 품질 개선 계획 수립 및 개선 영역별 품질 개선 실시 • 자료의 학습을 통한 분류(예측) 및 품명, 규격 등 Text 항목의 검 증 기법 연구를 위해 머신러닝(기계학습) 기술 적용
	품질 통제 (Control)	• 목표 대비 결과 분석, 평가를 통한 품질 관리 목표 재설정 및 지속 적 품질통제 수행 • 머신러닝은 컴퓨터가 많은 데이터 학습을 통해 새로운 데이터에 노출 시 결과를 도출하므로 많은 수의 학습 데이터 요구

[표 11-6] 모델별 체계

모델	체계
기계학습 기반 분류 (예측) 모델	• 부호와 품명, 모델/규격 정보의 불일치 발생 • 데이터 정제(수작업 정제) 체계에서는 부호와 품명, 모델/규격 정보 불일치 신고를 효율적으로 정제/관리가 어려움 • 기계학습 기반의 분류(예측) 모델 연구를 통하여 정확한 부호 신고를 유도하며 통계 정확도 개선을 위한 고품질 데이터 확보 체계 마련
분류(예측) 모델	• 신고 데이터 중 부호, 신고 품명, 거래 품명, 모델/규격, 성분 정보를 활용하여 부호의 신고 정확도를 예측할 수 있는 기계학습 기반의 분 류 및 예측 모델을 연구

[표 11-7] 모델 구성을 위한 분류 알고리즘

분류 알고리즘	구성
SVM(Support Vector machine)	· 기계학습 기반의 분류(예측) 모델로서 정확도 개선을 위한 고품질의 데이터 확보 체계 구축
Logistic	· y값이 {0, 1}의 이진 분류일 때 사용되는 모델로, 기존 선형 회귀 모델에 sigmoid 함수를 적용
Random Forest	· 확률 기반의 분류 모델로 대부분 SVM보다 낮은 성능 구현
Ensemble	· 여러 모델의 성능을 합산하는 Ensemble 효과(과적합 방지)를 가진다는 점에서 높은 성능 구현
Softmax	· 분류별 예측값을 확률값으로 변환

기계학습 기반 분류(예측) 모델은 '학습 시나리오 도출', '세부 학습 모델 도출 및 성능 평가', '성능 평가를 통한 최적의 분류 알고리즘 선정'의 절차를 통해 데이터 특성에 따른 최적의 기계학습 모델을 구성한다.

[표 11-8] 성능 평가 방안

평가	방안
평가 대상 모델	– 알고리즘(SVM, Logistic, Random Forest, Ensemble)
모델 평가 방법	– Accuracy, Precision, Recall, F1 score를 이용하여 성능평가
정확도	– Accuracy와 'F1 score'를 높게 평가된 분류 알고리즘과 시나리오 선정

3.2. 인공지능 학습용 데이터 품질 관리

인공지능 학습 데이터를 포함하여 정보의 기본 요소로 작용하는 데이터의 품질은 양과 질적인 측면에서 데이터를 구축한 용도와 목적의 적합에 따라 품질 수준이 결정된다. 데이터 품질에 관한 정의는 데이터 구축의 동기가 되거나 구축 목적 및 필요성에 따른 데이터 활용의 관점에서 대표적 방법으로 사용한다. 데이터 모집단 전체를 대표하는 관점에서 구축된 데이터가 모집단이라는 현실 세계를 표상하는 수준으로 정의한다.

[표 11-9] 데이터 품질의 결정 요인(출처: Aihub)

- 접근성(accessibility or availability)
- 정확성(accuracy or correctness)
- 비교성(comparability)
- 완전성(completeness or comprehensiveness)
- 일관성(consistency, coherence, or clarity)
- 신뢰성(credibility, reliability, or reputation)
- 연관성(relevance, pertinence, or usefulness)
- 현재성(timeliness or latency)
- 유일성(uniqueness)
- 유효성(validity or reasonableness)

어떤 데이터가 고품질 데이터인지를 평가 방식은 데이터가 모집단 표상 정도로는 계산히기 쉽지 않다. 이유는 모집단이라는 현실 세계를 명확히 정의하기가 어려울 뿐만 아니라, 구축된 데이터 집합이 현실 세계를 표상하는 정도를 계산하는 평가 척도(evaluation measure)가 존재하지 않기 때문이다. 따라서 데이터의 품질을 평가하기 위한 현실적으로 방법으로 구축된 데이터의 활용성·적합성 등의 관점에서 데이터를 활용하는 대표 시스템에 적용했을 때, 시스템 성능 수준을 평가하는 간접적인 방식을 사용하게 된다. 즉 데이터 품질의 평가는 데이터를 활용·운영되는 시스템의 작동과 성능 수준이라든지, 데이터를 이용하여 구현된 의사 결정 시스템 또는 예측 시스템에 적용했을 때 시스템의 성능 수준에 의해 평가할 수 있다.

3.3. 학습 데이터 범위

데이터 품질 관리 센터 조직별 주요 역할은 인간성을 위한 인공지능(AI for Humanity) 데이터 품질 정제 조직의 기준이 필요하다.

[표 11-10] 3대 원칙과 10대 핵심 요건

3대 원칙	10대 핵심 요건
1) 인간의 존엄성 원칙 2) 사회의 공공성 원칙 3) 기술의 합목적성 원칙	3대 기본 원칙을 실천하고 이행할 수 있도록 인공지능 개발~활용 전 과정에서 1) 인권 보장 2) 프라이버시 보호 3) 다양성 존중 4) 침해 금지 5) 공공성 6) 연대성 7) 데이터 관리 8) 책임성 9) 안전성 10) 투명성의 요건 충족

[표 11-11] 학습 데이터 실제 데이터 품질

종류	학습 데이터
통계 오류로 인하여 발생한 종류 신고 데이터	• 신고서 정보 불일치(품목 부호와 모델/규격 항목의 정보 불일치)로 인한 통계 오류 발생 • 급증하는 '전자상거래' 데이터와 관련하여 '품목 부호 오류 신고'가 빈번할 것으로 예상되는 품목 데이터
학습 데이터 구성을 위한 원시 데이터는 정보 시스템에 축적된 실제 데이터를 활용함	• 기존 수작업 정제 기법의 비효율성 및 기술적 한계를 극복하기 위하여 인공지능의 한 분야인 머신러닝(기계학습) 기술을 도입, 기계학습 기반의 분류(예측) 모델을 통하여 혁신적인 방법으로 데이터 정제와 데이터 품질을 도모

3.4. 인공지능 품질관리 로드맵

데이터 품질 관리를 위한 인공지능 도입 절차는 3단계 절차를 통하여 도입된다.

[표 11-12] 인공지능 품질 관리 단계별 로드맵

단계	단계별 수행 내용
1단계	• 과제 수행을 통한 해당 과제의 타당성 검토 수행
2단계	• 도입 타당성이 확보된 과제를 대상으로 실효성 검증을 위한 시범 프로젝트 수행
3단계	• 시범 사업을 통해 실효성이 검증된 서비스의 실사용자 제공 및 활용 • 데이터 품질 관리를 위한 인공지능 도입은 3단계로 진행하며 1단계, 2단계에 기반 구축과 서비스 적용을 성공적으로 이행하며 점진적 서비스 확대 및 안정화 수행

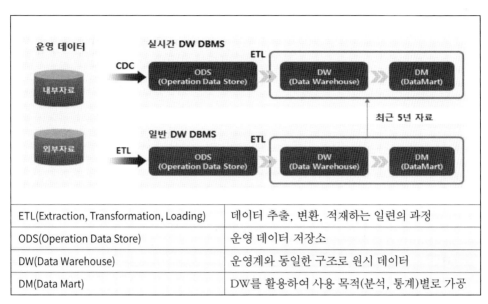

ETL(Extraction, Transformation, Loading)	데이터 추출, 변환, 적재하는 일련의 과정
ODS(Operation Data Store)	운영 데이터 저장소
DW(Data Warehouse)	운영계와 동일한 구조로 원시 데이터
DM(Data Mart)	DW를 활용하여 사용 목적(분석, 통계)별로 가공

[그림 11-3] 데이터 품질 관리 인공지능 도입 로드맵(출처: NIA)

3.5. 데이터 아키텍처 구성

데이터는 운영 데이터와 CDW 데이터로 구분되며 운영 데이터 전체를 CDW의 일반 DBMS 일배치로 이관하고 있다. CDW는 전체 자료를 관리하는 '일반 DBMS'와 최근 5년간 자료와 실시간 자료를 관리하는 '실시간 DBMS'로 구성된다.

[표 11-13] 데이터 아키텍처 구성

단계	구성
1단계	·R&D 플랫폼을 구축, 인공지능을 활용한 데이터 품질 향상을 위한 프로젝트나 시범 사업을 수행하여 실효성 검증 환경 마련
2단계	·인공지능 플랫폼 구축하여 사용자에게 실제 서비스 제공
3단계	·국내 서비스를 지속적으로 확대 적용하며 해외에도 서비스로 확대 적용

3.6. 인공지능 학습용 데이터 세트의 품질 검증

인공지능 학습용 데이터의 품질 확보를 위해서 한국정보통신기술협회(TTA)에서는 ICT 표준화와 시험 인증 업무를 수행하고 있으며 적합성·정확성·유효성을 먼저 핵심 지표로 정의하고, 향후 국제 표준 등을 반영하여 개선하는 방식을 취하고 있다. 이때 데이터 세트의 품질 검증은 원시 데이터 품질과 데이터 라벨링 품질, 그리고 기계학습 유효성 평가 및 품질의 검증 과정을 수행한다.

[표 11-14] 학습 데이터 품질 지표

대상	품질 지표	내용
원시 데이터	적합성	• 대표성, 포괄성, 다양성, 사실성 등 AI 학습용으로 해당 문제를 해결하는데 데이터 세트가 적합하게 구성되어 있는지 확인
학습 데이터	정확성	• AI 학습용 정답 라벨링이 정확하고 일관성 있게 구축되었는지 측정
성능 측정	유효성	• 학습용 데이터로 인공지능 알고리즘을 훈련시켰을 때 목표로 했던 수준의 성능을 달성하는지 측정

[표 11-15] 보편적으로 사용되는 알고리즘 평가 지표

목표	평가 지표
라벨링 정확성	• 데이터 레이블의 정확성과 일관성 등에 대한 평가를 수행
기계학습 유효성	• SVM, logistic regression 등 기계학습 알고리즘 사용 인공지능 시스템을 구축하는데 적합한지를 평가하는 방법을 사용
데이터 적합성 평가 지표	• 통상적으로 정보 검색 관련 시스템에서 사용하는 지표: 재현율(recall)과 정확률(precision), BLEU(BiLingual Evaluation Understudy), ROUGE(Recall-Oriented Understudy for Gisting Evaluation) • 기계 번역, 자연어 이해, 문서 요약 등 자연어 처리 응용 시스템이 실행 결과로 생성한 문장의 품질을 평가하는 데 사용

4. 인공지능 학습용 데이터 품질 검증

[표 11-16] 4단계 검수 프로세스 수립-데이터 품질 검증 프로세스(출처: NIA)

단계	담당	진행
1차 검수	데이터 수집, 구축 기관 담당(자체 검수)	• AI를 활용한 데이터 전처리 진행 • 자체 전수 검수/수정을 거쳐 AI 모델 개발 기관에 데이터 전달 • 크라우드소싱 인원의 동작의 정확도 검수 진행
2차 검수	• AI 모델 개발 기관 • 모델 개발로서 데이터 유효성 검수	• AI 모델의 데이터 학습을 통한 검수를 실시하고, 검수 피드백 전달, 목표 성능 달성을 위해 반복적으로 검수 실시 • 목표 구축량을 초과로 성능 개선에 필요 시 추가 데이터 요청 • 정확 동작/오류 동작의 서비스 개발을 통한 issue 데이터 파악
3차 검수	외부 전문가를 통한 검수	• 외부 검수 기관(TTA)이 중간, 최종 산출물에 대해 최종 검수, 전문기관 및 전문가 그룹을 통한 검증
4차 검수	Competition을 통한 데이터 검수	• AI 교육기관을 통한 데이터 세트 활용 (외부 모델 경진대회 플랫폼 및 교육 프로그램 활용)

단계	내용
[데이터 스펙] 명확한 데이터 스펙 및 가이드라인 수립	· 데이터 구축 공정 전 주기(수집→정제→가공→검수→활용)에 대해서 명확하고 구체적 가이드라인 제시하고 작업자에게 교육
[교육 체계 수립] 데이터 전문 가공 인력 확보를 위한 교육 체계 구축	· 상호 협력하에 Labeling 교육 체계 구축 후 시행 Off-line 집합 교육(월 단위) 및 On-line 교육 동영상(주간 단위)을 활용한 교육 진행
[품질 담당 그룹 운영] 고품질 데이터 확보를 위한 품질 담당자 지정	컨소시엄 내 수행 기관별 데이터 전문가 배정 후, 월 1회 미팅 진행

실시간 소통 채널 구축 컨소시엄 내 수행 기관별 데이터 품질 관리 조직 구성

 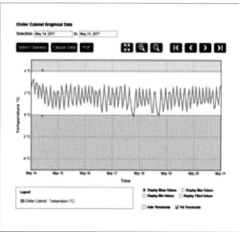

[그림 11-4] 데이터 세트 품질 단계별 교육 체계

1. 인공지능 표준 개요

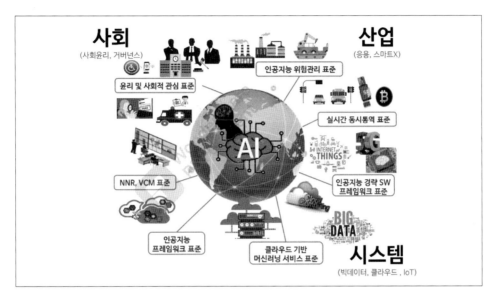

[그림 11-5] 인공지능 표준화 로드맵(자료: TTA)

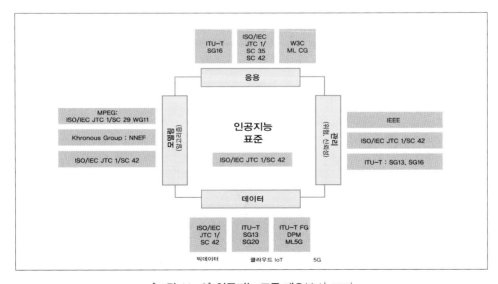

[그림 11-6] 인공지능 표준 개요(출처: TTA)

1.2. 인공지능 안전 기술 국제표준기구

IT 분야의 국제표준화기구인 ISO와 IEC의 합동기술위원회 JTC1(Joint Technical Committee 1)은 정보기술 분야 표준을 공동 제정하기 위해 1987년 설립된 표준화 기관이다. JTC1에서는 2017년 인공지능 총회인 JTC1 SC(Subcommittee) 42 설립을 결정하고 2018년 4월 인공지능의 표준화를 전담하는 SC 42를 신설하였다. SC 42는 개설 당시 기반 표준을 연구하는 1개의 WG(Working group)과 각각 인공지능 시스템, 신뢰성, 사례 및 응용에 대해 연구하는 3개의 SG(Study Group)으로 시작하였다.

[표 11-17] AI 표준 이슈와 안전 표준화(출처: JTC1 SC 42 5차 총회)

WG	제안
Data(WG2)	• 데이터 품질 구현 및 유지 관리, 개선을 위한 상세 요구 사항 및 가이드라인 제공 • 조직 관점에서 ML 데이터의 학습 및 평가를 위한 가이드라인 제공
Trust worthiness (WG3)	• 기능 실현을 위해 안전 관련 기능 내에 AI 사용 • AI 제어 장비 안전을 보장하기 위해 AI 이외의 안전 관련 기능 사용 • 안전 관련 기능을 설계하고 개발하는 데 AI 시스템 사용 등에 대한 속성, 관련 위험 요소, 사용 가능한 방법 및 프로세스를 제공

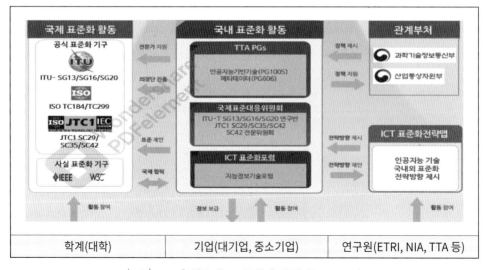

[그림 11-7] 인공지능 표준화 추진 체계(출처: TTA)

1.3. 전략 맵 중점 표준화 항목

기술표준의 목적은 컨볼루션 신경망 응용 또는 프레임워크 개발자가 기존의 다양한 컨볼루션 신경망 연산 라이브러리를 사용 시 효율적인 개발을 할 수 있도록 제공한다. 이 기술 보고서는 임베디드 시스템상에서 경량 딥러닝을 위한 컨볼루션 신경망 기본 연산 인터페이스 구성과 동작 구조를 제시한다.

[표 11-18] 전략 맵 중점 표준화 항목(출처: TTA)

표준화 항목	정의	ITC
인공지능 개념 및 용어 정의 표준	•인공지능 기술 및 서비스에 활용되는 용어 및 개념 정의	JTC1SC42WG1 (22989)
머신러닝 프레임워크 표준	•인공지능 서비스를 지원하기 위해 요구되는 기능, 요구 사항 및 참조 구조 표준	JTC1SC42WG1 (23053)
인공지능 위험 관리 체계 표준	•인공지능 시스템과 서비스의 개발 및 도입 시 발생 가능한 위험 요소들의 관리를 위한 지침 표준	JTC1SC42WG3 (23894)
인공지능 윤리 및 사회적 관심 표준	•인공지능 시스템이 준수해야 되는 윤리성 가이드라인	JTC1SC42WG3 (24368)
신경망 표현 포맷 (NNR) 표준	•멀티미디어 기반의 딥러닝 학습 모델의 효과적인 압축을 위한 인공지능 신경망 압축 및 표현(Coded representation of Neural Networks) 표준 기술	JTC1SC29WG11 (15938-17)
머신러닝 기반의 특징점 부호화VCM) 표준	•5G 시대의 스마트시티에서 필요한 인공지능 기반의 영상 특징 정보를 효율적으로 부호화(Video Coding for Machine)하는 국제표준기술	JTC1SC29WG11 (PWI)
클라우드 기반 머신러닝 서비스 표준	•클라우드컴 퓨팅 환경에서 머신러닝 서비스를 지원하기 위해 머신러닝 기반 서비스 기능 및 시스템 구조에 대한 요구 사항	ITU-TSG13 (Y.MLaaS-reqts)
인공지능 경량 소프트웨어 프레임워크 표준	•인공지능 서비스를 지원하기 위해 단말 측에서 제공해야 되는 인공지능 경량 소프트웨어 기능 및 참조 구조	ITU-TSG20 (Y.IoT-LISF)
실시간 동시 통역 표준	•강연이나 회의 등에서 활용되는 연속된 자유 발화에 대한 실시간 동시 통역 표준 기술	JTC1SC35 (23773)

2. 인공지능 표준 전략

인공지능 신뢰성 표준기술 연구 및 전략 수립 필요하다. 그래서 TTA에서는 인공지능 기반 ICT 기술 국내 표준화를 추진, 국제표준화 협력을 위하여 인공지능 기반 기술 프로젝트 그룹(PG1005)을 신설하였다.

[표 11-19] 인공지능 기반 기술 프로젝트 그룹(PG1005) 임무(출처: TTA)

임무	업무 범위
업무 범위	• 인공지능 기반 기술 분야 표준화 및 표준 적합 · 상호 운용 · 시험 표준화, 국제표준화 협력, 표준 유지보수 등
표준화 기술	• 인공지능 기반 기술(용어, 지식 표현, 참조 구조, 프레임워크) • 인공지능 컴퓨테이셔널 모델
표준화 협력	• 국제(공식)표준화기구: ITU-T SG11, SG13, SG20, JTC1/SC42 • 국제(사실)표준화기구: W3C, IEEE, Khronos group 등

그리고 지능정보기술포럼은 다음과 같이 운영하고 있다.

[표 11-19] 지능정보기술포럼(출처: TTA)

No	표준명	구분
1	인공지능산업분류체계	제정
2	언어지능성능검증방법제1부의미역인식	제정
3	언어지능성능검증방법제2부기계독해(MRC)	제정
4	언어지능성능검증방법제3부개체명인식	제정
5	언어지능성능검증방법제4부상담QA품질	제정
6	언어지능성능검증방법제5부지식추출	제정
7	언어지능성능검증방법제6부Deep-Symbolic하이브리드질의응답성능	제정
8	음성AI제품·서비스에대한분석	개정
9	인공지능제품및서비스USECASE에대한분석	개정
10	인공지능국내외산업전망과미래	개정

• 2016년 4월 지능 정보 분야 기술 및 표준화 정책 방향 제시, 국제표준화 기구 및 포럼 참여·지원 등을 위하여 설립
  ※ 수행기관: (사)지능정보산업협회
• (활동 범위) 국내외 지능 정보 기술 분야 산업 활성화를 위한 정책 발굴 및 포럼 표준 · TTA 단체 표준 제안, 국제 표준 기고 추진 등
• (회원 구성) 산·학·연 회원사로 구성
  ※ 회원은 SKT, LGU+, Naver, 현대차, 서울대, KISTI, KB 금융 등이며, 의료 AI, 자동차 AI, 금융 AI 3개 분과로 구성
• (표준 현황) 인공지능 산업 분류 체계, 언어지능 성능 검증 방법 등 포럼 표준 제정

3. 국내 기술표준 기준

기술표준은 인공지능 기술 기반의 전자상거래 구매 패턴 분석을 위한 데이터 수집 요구 사항을 제시한다. 그리고 기술표준은 전자상거래 시스템과 기계학습 기반 구매 패턴 분석 시스템을 정의하며 시스템 간에 발생되는 문제점을 표기한다. 예를 들어 전자상거래 시스템을 대상으로 데이터를 쉽게 분류하기 위해 전자상거래 구매 행동 유형과 전자상거래 데이터 항목을 정의한다.

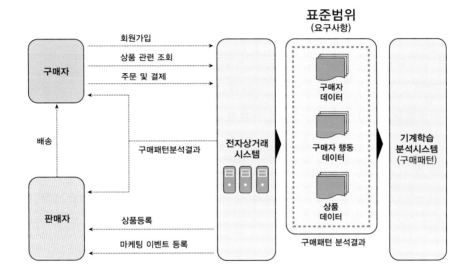

[그림 11-8] 기계학습 기반 기술표준 전자상거래 시스템 구성도(자료: TTA)

기술표준의 목적은 병원에서 방대하게 수집된 의료 영상 이미지 데이터를 인공지능 기술을 활용하여 질병을 예측할 수 있도록 피사체 촬영 영상 이미지 데이터와 메타데이터를 구조화된 표준 양식을 제공한다. 표준에서 제시하는 피사체 촬영 영상 이미지 구조화 방법은 이미지와 메타데이터를 통해, 타 기관에서 수집 저장되어 있는 서식을 구조화할 수 있고, 이 구조 데이터들을 공개함으로써 의료 영역에서 지능 기술로 질병 예측 모델을 구축하여 산학계에서는 다양한 기술 개발을 하고 있다.

4. 인공지능 학습용 데이터 품질에 대한 국제표준 활동

국제표준위원회(International Organization for Standardization)는 데이터 품질에 대한 국제표준으로 ISO/IEC 25024를 제정하였다. 정확성·완전성·일관성·현재성·정밀성 등을 품질 평가의 주요 기준으로 삼고 있다. 또한, ISO는 인공지능 관련 분야의 표준화를 위해 국제전기기술위원회(International Electro-technical Commission)와 합동기술위원회(Joint Technical Committee1)를 구성하였다. 현재 31개 회원국이 참여하고 있다. ISO/IEC JTC1의 소위원회인 SC42는 인공지능 학습용 데이터에 대한 품질 관련 논의를 하고 있다. 그리고 SC42의 Working Group2(https://www.iso.org/committee/6794475/x/catalogue/p/0/u/1/w/0/d/0)의 데이터 품질에 관한 논의는 초기 단계를 진행 중이다.

인공지능은 각 분야별로 발전이 가속되면서 기술 전반에 걸친 보안 적용에 대한 충분한 안전성 제고 및 제반 시스템 확보가 필요하다. 현재 주요국은 인공지능 기술을 각 분야에 본격적으로 적용하기에 앞서 인프라 및 제반 기술 확보뿐 아니라 발생 가능한 안전 문제를 인식하고, 기술표준이나 법 등 안전성 확보를 위한 체계적인 준비하고 있다. 국제기구와 각 정부에서 제시하고 있는 인공지능 가이드라인에 대한 실질적인 테스트의 필요성이 절실하다. 또한, 현재 주로 연구되고 있는 약 인공지능(Artificial Narrow Intelligence) 기술, 단순한 인공지능 통계적 학습에 대한 표준은, 현재 기준과 기반이 마련되어 있다. 그러나 추후 출현 가능성이 존재하는 강 인공지능(Artificial General Intelligence)을 이용한 시스템에 대한 안전성 확보가 필요하다. 이처럼 인공지능 이용의 실질적 안전성 확보를 위해서는 끊임없이 진화·발전하는 인공지능 기술에서 전략의 방향을 찾아야 한다.

(토론해 보시오.)

1. 인공지능용 학습 데이터 품질 관리 진단과 개선 절차에 대하여 토론하시오.

2. 인공지능 서비스의 특징과 측정 항목에 대해 토론해 보시오.

3. 인공지능 품질 평가 범위에 대해 토론해 보시오.

4. 인공지능 e-서비스의 개념에 대해 토론해 보시오.

5. 인공지능 고객과 서비스 제공자 간에 일어나는 품질 측정에 대하여 토론해 보시오.

6. 인공지능 표준이 왜 필요한지 토론해 보시오.

7. 지구상의 어떤 사람보다 더 지능적인 시스템을 어느 정도 개발해야 하는가?

8. 이와 같은 시스템들을 개발할 수 있는 사람들의 자유와 권리 문제는 어떠한가요?

9. 사람의 생각을 대체하기 위해서 얼마만큼의 학습 능력이 필요한지 혹은 (전문가 시스템과 같이) 그와 같은 학습 능력 없이 주어진 일을 할 수 있는지 단일성의 문제를 토론해 보시오.

10. AI 시스템에 대한 사용자 영향 수준에 따라 책임은 어떻게 변하는가요?

11. 강 인공지능(Artificial General Intelligence)의 출연에 대비한 제반 안전성 확보가 필요하다. 기술표준과 법, 안전성 대책에 대하여 토론해 보시오.

인공지능 지식재산권과 특허권 권리

 학습주제

4차 산업혁명 핵심이 되는 인공지능(AI) 관련 기술은 ICT 산업 고도화에 따른 디지털 전환의 최정점 기술이다. 기술 발명과 특허는 인류의 삶을 향상시키는 것은 물론 인간의 존엄성을 잃지 않으면서 인류 모두가 함께 잘 살 수 있는 세상이 되기 위한 것이어야 한다. 그런데 AI 서비스 관련 발명, 특허 요건에 대한 정보와 전문성 부족으로 지식재산권의 기술 경영에 어려움이 있다고 한다. 인공지능 관련 발명 기술의 특허 법적 보호 기준에 관한 내용을 충분히 학습하여 개인 · 기업 · 국가는 지식재산에 대하여 기술 보호를 받아야 한다. 또한, 학습자들은 체계적인 교육을 통하여 특허 기술에 대한 충분한 이해가 있어야 한다. 그리고 세계 시장을 주도할 인공지능 핵심 · 원천 · 표준 및 국내외 특허 출원과 등록에 관한 포트폴리오 전략을 갖추어야 한다.

(웹사이트) 한국발명진흥회 https://www.kipa.org/

제1절. 지식재산권으로서 발명과 특허

발명으로부터 시작하여, 특허를 출원하여 특허권을 취득하고, 산업재산권으로 '독점 배타적 권리'를 획득하는 과정이다. 특허법에서는 발명을 '자연 법칙을 이용한 기술적 사상의 창작으로서 고도한 것'이라고 정의한다(특허법 제2조 제1호).

[표 12-1] **지식재산권 분류**(출처: 발명진흥회)

1. 발명과 특허

발명(Invention)은 '창의적 아이디어로 지금까지 없던 새로운 물건을 만들거나 새로운 방법을 생각해 내는 것'이다. 특허(Patent)는 새로운 산업 지식재산을 만들어 낸 발명자에게 일정 기간 독점적 권리를 주는 제도다. 특허 제도의 첫 번째 목적은 발명자의 권익을 보호함으로써 발명을 장려하는 데 있다. 두 번째 목적은 정보를 공개함으로써 관련 분야의 기술 발전에 기여하도록 한다.

[표 12-2] **발명의 종류**(출처: 발명진흥회)

종류	내용
물건의 발명	• 물건이나 물질 자체와 같이 구체화된 형태를 가진 발명·방법의 발명 • 제법, 용도 등과 같이 구체적인 형태는 없으나 이용하여 편리함을 얻기 위한 발명
물건을 생산하는 방법의 발명	• 물건을 생산하는 생산 과정의 발명
시스템의 발명	• 형태가 없으면서도 사무 처리의 속도를 변화시키는 발명

2. 발명과 창의력

창의력이란 지금까지 없었던 새롭고 기발한 것을 만들어 내거나 생각해 내는 능력을 의미한다.

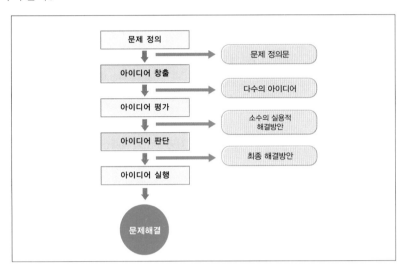

[그림 12-1] 창의력 문제 해결 과정(출처: 발명진흥회)

창의력은 교육 활동을 통해서 후천적으로 기를 수 있는 능력이며, 기존의 요소들로부터 쓸모 있는 결합을 이루어 내는 능력도 창의력에 포함된다. 발명의 가치는 지식과 기술의 가치가 높아지면서, 그 가치도 급격히 높아지고 있다.

구분	설 명
착상 발명	초보 단계로, 순간적으로 떠오르는 아이디어를 이용한 발명이지만 생활에 편리하게 활용된다. 십자(+) 드라이버, 콜라 병, 주전자 뚜껑의 삼각 구멍, 가시철망과 같은 간단한 아이디어로 상품화하기 쉬운 것들이다. (지우개 + 연필)
응용 발명	과학 발명보다 한 단계 낮은 발명으로, 약간의 수련과 전문지식만 있으면 가능하다. 더하기 발명 기법을 응용한 발명으로, '휴대폰 + 카메라'와 같이 서로 다른 것을 합쳐서 새로운 것을 만든다.
과학 발명	가장 고도한 발명으로 무에서 유를 창조하는 발명이다. 과학 원리를 응용하거나 복잡한 메커니즘을 통한 발명으로, 고도의 전문 지식과 수련이 필요하다.

[그림 12-2] 발명의 종류(출처: 발명진흥회)

3. 발명과 특허 기본 요건

[표 12-3] **발명의 특허권 취득 요건**(출처: 발명진흥회)

요건	내용
발명의 성립성	– 자연 법칙을 이용한 고도의 것
산업상 이용 가능성	– 산업에서 이용 가능한 것
진보성	– 쉽게 생각하기 어려운 진보성이 있는 것
신규성	– 기존에 없던 새로운 것

특허 불허 요건으로서는 위의 요건을 충족시킨다 해도 특허를 받을 수 없는 발명은 공공질서와 미풍양속을 해치는 발명이나. 공중위생에 해를 끼칠 수 있는 발명은 성립되지 않는다. 산업재산권 취득은 특허, 실용신안, 디자인, 상표로 새로운 지식재산을 만든 사람에게 일정 기간 독점적으로 주어지는 권리로, 지식재산권의 하나다. 지식재산권은 지적 창작물을 보호하는 무형 재산권이며, 그 보호 기간이 한정되어 있다. 산업재산권을 가진 사람은 이 권리를 이용하여 물건을 독점적으로 생산·판매할 수 있으며, 다른 사람에게 기술료(로열티)를 받고 사용하는 것을 허락할 수도 있다. 발명 특허의 취득 과정에서 우리는 선출원주의(先出願主義)를 따르므로 특허를 출원하기로 결정했으면 신속하게 출원해야 특허권을 취득할 수 있다.

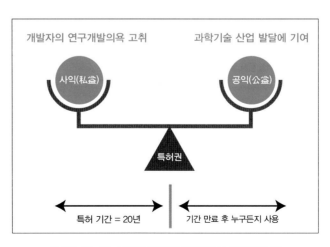

[그림 12-3] **성과물 관리아 특허**(출처· 발명진흥희)

4. 특허 제도 목적

특허 제도는 근대 국가에 있어서 기술 개발과 산업 발달을 목적으로 하는 기본 정책으로 되어 있다. 발명을 장려·보호함으로써 기술의 진보 발전을 도모하고 국가 산업의 발전에 기여하게 한다는 것이 제도의 목적이다.

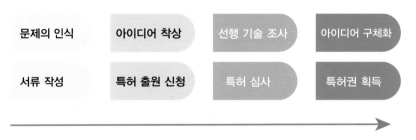

[그림 12-4] 특허 신청 프로세스(출처: 발명진흥회)

특허 제도의 시작은 14세기 영국에서 새로운 산업 기술을 도입하기 위하여 외국의 우수한 기술자에게 특권을 부여하고 길드(guild)의 독점권을 주었다. 그 이후 전세계 모든 국가가 발명·기술 개발을 장려하기 위하여 법률로써 발명 특허권을 주기시작하였다.

5. 특허 분석에 의한 TRIZ 방법

TRIZ는 러시아어 Teoriya Resheniya Izobretatelskih Zadach(TRIZ의 창시자는 Genrich H. Altshuller)의 약어로서 Theory of Inventive Problem Solving(TIPS)이다. 과학과 공학 분야의 기술 과제에 대한 시스템적 혁신을 위한 창조적이고 다양한 지식을 체계화한 Inter-Disciplines적인 문제 해결 방법론이다. TRIZ를 개발한 동기는 창조성이 뛰어난 특허에서 발명적 문제 해결을 위하여 과학기술적, 규칙성의 원리를 발견하여 《발명하는 수법, 방법》, 《창조하는 방법》을 체계적으로 절차화한 이론이다.

[표 12-4] 에디슨의 발명법과 TRIZ 특허 분석법 비교

에디슨 발명법	TRIZ 특허 분석법
문제 정의: 테마를 충분히 고찰해 개발의 방향을 결정	ARIZ: 시스템적이고 객관적으로 시행하여 문제 해결 도구로 해결 시도
영감: 명쾌한 아이디어가 도출되기 위해 근본 아이디어가 존재	발명 원리: 아이디어로 연결되는 40개의 사고 방식을 모아 체계화
백과사전: 폭넓고, 깊이 있는 지식으로 상호 연결	이펙트: 단순한 백과사전이 아닌 지식의 상호 연결을 색인, 인출
Little People: 자신의 감정을 대상물에 이입	Small Smart People: 자신이 아닌 타인의 감정을 대상물에 이입
선견력: 사물의 장래 예견, 사회 시스템의 변화 예측	S커브: 박테리아의 증식 현상으로 비유 사회 현상을 S커브로 설명 멀티스크린: 사물을 9개의 눈으로 관찰 사물의 전체와 부품 상호 관련 이해 가능

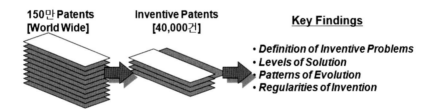

[그림 12-5] TRIZ 특허 분석(출처: 발명진흥회)

[표 12-5] 과학 현상 및 Effects(출처: 발명진흥회)

분류	과학 현상
목적	창조적 문제 해결을 위한 Knowledge Fund로써 이용하기 위하여 과학적 현상을 기능별로 정리하여 분류함으로써 누구나 이용하기 쉽게 재구성 TRIZ에 접목함
자료의 구분	물리/화학/기하학적 현상과 Effects를 대상으로 분류
자료의 갱신	과학적 현상의 발견을 매년 발전하므로 TRIZ 관련 기관에서 지속적으로 갱신함

Ideality	이상 지향 목표(시스템 기능은 유지하면서 부작용이나 추가적 비용을 발생시키지 않는 문제 해결 빙향 제시)
Contradiction	목표를 이루는 데 있어서 장애 요인(하나의 특성이 개선되면 다른 하나의 특성이 악화되는 갈등 관계)
Resource	시스템의 이상적 목표 달성을 위해 사용되는 시스템 내·외의 가용 자원(시스템을 구성하고 있는 물질, 에너지장, 공간, 부산물 등)
System Approach	문제를 정의하고 해결하는 관점(과거~미래, Sub System~Super System)

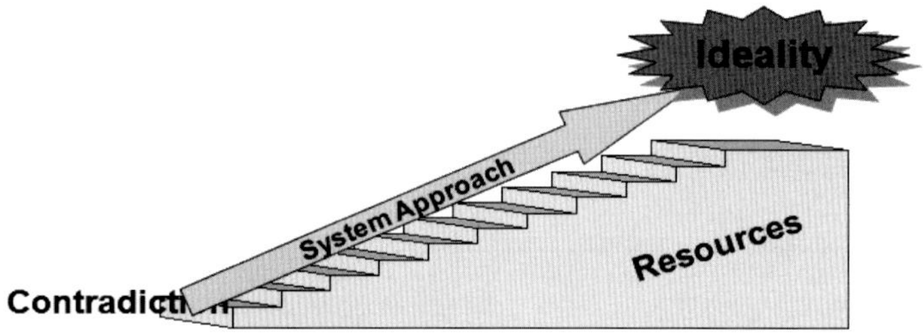

[그림 12-6] TRIZ의 Basic Elements(출처: 발명진흥회)

6. 특허 출원과 등록

특허 출원의 단계에서는 지식재산권을 보호받지 못하고 권리도 없다. 다만 모방 업체에 경고장을 보내면 특허가 인정된 후 경고장을 증빙으로 보상을 청구할 수 있는 권리가 발생한다.

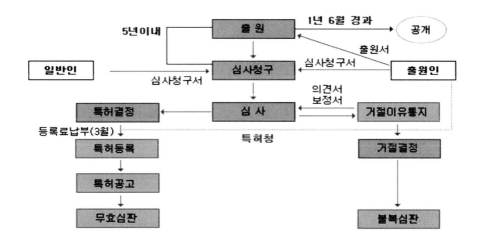

[그림 12-7] 특허 심사 절차도(출처: 발명진흥회)

특허 출원이 완료되면 특허청에서는 제출된 서류 누락 여부와 증명서가 첨부되었는지, 수수료 납부는 잘 되어 있는지를 점검하는 절차를 밟는다(심사 절차). 그리고 실체 심사를 통해서 내용을 파악하고 선행 기술에 대한 조사를 한다. 심사관이 특허로서 인정하면 특허 등록이 된다. 특허 등록 절차를 마치게 되면 특허권을 취득하게 된다. 이 특허권은 출원 후 20년간 유효하고 그 권리를 독점적으로 행사할 수 있다. 거절 결정의 경우는 출원인은 거절 결정의 불복 심판을 재심 신청할 수 있다.

제2절. 4차 산업혁명과 지식재산권

1. 4차 산업혁명. 특허권과 지식재산권 범위

인간의 창작 활동에 의한 지적 창작물을 재산으로 인정하고, 부여하는 권리를 지식재산권이라고 한다. 새로운 제품과 시스템은 지적 활동의 산출물로서 지식재산권을 갖는다. 4차 산업혁명 시대에는 인공지능(AI)의 지식재산권 보호 문제로 중요성이 부각되고 있다.

논　　문	특　　허	서지사항DB	초록 DB	전문DB
논문게재일 논문권호페이지 -- -- -- 저자 저자소속기관 -- (논문지명)	출원번호,출원일 공개번호,공개일 공고번호,공고일 등록번호,등록일 우선권주장사항 발명자 출원인 대리인 심사관			
과학기술분류	국제특허분류			
논문제목	발명의 명칭			
초록	발명의 요약			
연구의 상세한 내용 .서론 .재료 및 방법 .연구결과 .결론	발명의 상세한 설명 .기술 분야 .종래기술의문제점 .실시예 .산업상 이용가능성			
--	청구의 범위			
Figure, Table	도면			
참고문헌	인용문헌			

[그림 12-8] 특허 정보 데이터베이스 구조(출처: 발명진흥회)

특히 차세대 산업혁명에서는 AI, IoT, VR, 드론, 자율주행차, 바이오 산업 등은 인간과 사물을 포함한 모든 것들이 연결(초연결)되고, 현실과 사이버가 융합되는 새로운 패러다임이 나타나며 공유 기반 경제가 시작된다. 이는 4차 산업혁명 시대에서 국가의 신성장 동력은 지식재산권을 확보하고 활용하는 새로운 기업 가치가 산업 정책의 핵심 전략이기 때문이다.

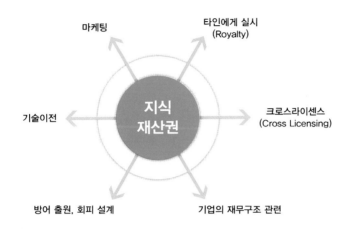

[그림 12-9] 특허 출원은 왜 하는가?(출처: 발명진흥회)

　인간 중심의 보호법 체계를 가지는 현행법에서 AI가 스스로 창작하고 발명한 대상은 보호받지 못한다. 창작 AI 산업에 대한 투자와 진흥을 도모하기 위하여 AI 창작물 보호를 위한 독립된 법률(sui generis)의 제정이 필요하다.

[표 12-6] 4차 산업혁명 특허권과 지식재산권 범위(출처: 발명진흥회)

권리	범위
특허권 (Patent rights)	넓은 의미에서 지식재산권 혹은 지적재산권(intellectual property rights)으로 분류되는 산업재산권
WTO(World TradeOrganization) 기준	저작권(Copyright)과 산업재산권(Industrial Property Rights)으로 나누어지고, 산업재산권은 상표권(Trademark), 특허권(Patent), 실용신안권, 디자인권
신지식재산권	정보 기술과 첨단 기술의 급속한 발달로 인한 새로운 보호 체계로, 반도체 배치 설계, 유전자 조작 동식물, 데이터베이스, 인공지능(AI), 캐릭터, 트레이드 드레스(Trade Dress), 퍼블리시티권(Publicity) 등
저작권	학문이나 예술 등의 영역에 있는 저작물에 대해 저작자가 가지는 권리. 즉 창작자가 일정 기간 자신의 창작물에 대해 가지는 권리 표 참조

저작권 분류표:

분류	권리
저작인격권	- 공표권, 성명 표시권, 동일성 유지권 등
	- 공연권, 방송권 등
저작인접권	- 실연자(實演者)(녹화 · 녹음, 방송 권리)
	- 음반 제작자(음반 복제 · 배포 권리)
	- 방송 사업자(프로그램 복제 · 동시 중계 권리)

AI/빅데이터 산업 발전의 핵심은 데이터의 융합에 있으므로 데이터를 거래하고 가공·분석할 수 있는 법제의 정비가 있어야 한다. 블록체인은 중개자의 개입 없이 창작자와 이용자의 직거래가 가능하므로 비용을 절감할 수 있고, 스마트 계약에 따라 모든 거래가 온전히 기록되므로 음악, 미술 등 콘텐츠 거래의 투명성을 제고하고 창작자에게 정당한 몫을 돌려줄 수 있다.

2. 지식재산권과 표준화

    표준화와 지식재산권은 서로 밀접한 관련을 갖고, 국가 간의 무역이 활발해질수록 중요해지고 있다. 각 나라의 핵심 기술은 지식 재산권으로 보호받고, 세계 시장으로 나아가기 위해서는 국제표준화를 따라야 하기 때문이다. 지식재산권과 표준화는 서로 보완하며 발전하여야 한다.

산업 저작권	정보 저작권	첨단 산업 저작권	멀티미디어 정보 재산권	기타
컴퓨터 프로그램, 데이터 베이스 등과 같이 산업 재산권과 저작권의 성격을 동시에 포함하는 권리	서비스 산업의 발달과 함께 생산, 제조, 기획, 영업 등의 정보가 상품화된 것을 보호	동식물 및 미생물 관련 첨단 기술과 전가, 정보 산업 관련 첨단 기술을 보호	텍스트, 소리, 영상 등을 매체에 결합한 멀티미디어 정보 집합물을 보호	프랜차이징, 캐릭터, 색채 상표, 입체, 소리, 냄새상표 등을 보호

[그림 12-10] 신지식 재산권(출처: 발명진흥회)

3. 소프트웨어의 소유권/저작권

    응용 소프트웨어의 소유권/저작권 관계에 따른 분류는 아래와 같다.

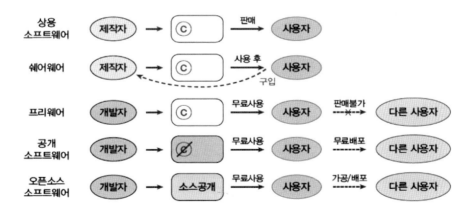

[그림 12-11] 응용 소프트웨어의 소유권/저작권에 따른 분류

4. 디지털 콘텐츠의 권리 보호와 발전법

자유 시장경제에서 분업에 의해 생산된 재화는 수요와 공급의 관계에 의해 형성된 가격에 사회 구성원들에게 분배된다. 이러한 자유 시장경제의 메커니즘이 제대로 작동되지 않는 시장이 있다. '디지털 콘텐츠' 시장은 재화를 재생산 비용이 0이지만, 다른 재화와는 달리 아무리 경쟁이 치열해진다고 하더라도 가격이 한계비용, 즉 0으로 떨어지지 않을 뿐 아니라 비용과 관계 없이 가격이 결정되는 경우가 많다. 그래서 누구나 손쉽게 디지털 콘텐츠를 복제하고 배포할 수 있기 때문에 항상 불법 복제, 불법 다운로드가 이슈로 따라다닌다. 콘텐츠법의 목적은 온라인 디지털 콘텐츠 산업의 발전에 필요한 사항을 정함으로써 온라인 디지털 콘텐츠 산업의 기반을 조성하고 그 경쟁력을 강화하여 국민생활의 향상과 국민경제의 건전한 발전에 이바지함을 목적으로 한다(법 제1조).

[표 12-7] 디지털 콘텐츠 법조문

제목	저작권 법조항	내용
디지털 콘텐츠	(법 제2조 1호)	• 부호·문자·음성·음향·이미지 또는 영상 등으로 표현된 자료 또는 정보로서 그 보존 및 이용에 있어서 효용을 높일 수 있도록 전자적 형태로 제작 또는 처리
온라인 디지털 콘텐츠	법 제2조 2호 (정의)	• 정보통신망 이용 촉진 및 정보보호 등에 관한 법률 제2조 제1항 제1호 규정에 의한 정보통신망에서 사용되는 디지털 콘텐츠
	법 제18조 제1항 본문	• 금지 행위와 손해 배상 청구는 타인의 온라인 콘텐츠를 복제·전송 등의 행위를 금지
	법 제19조 제1항	• 위반하는 행위에 대해서는 그 위반 행위의 중지나 예방 및 그 위반 행위로 인한 손해의 배상을 법원에 청구
	법 제18조 제1항 단서	• 권리의 보호 기간은 온라인 콘텐츠를 최초로 제작하여 표시한 날부터 5년 이내

5. BM(Business Model) 특허

BM 특허는 사업상의 아이디어를 컴퓨터, 인터넷 등 정보통신 기술을 이용하여 구현한 영업 방법을 의미한다. BM 특허는 특허법에 명시된 개념은 아니지만 인터넷, 네트워크의 발달로 출원 및 등록 사례가 늘고 있는 분야로 우리 법은 '컴퓨터 관련 발명의 심사 기준'을 통해 BM 특허 심사 기준을 밝히고 있다. (특허법 제29조 제2항: 특허 요건)

[표 12-8] BM 특허 요건

특허 요건	내용
산업상 이용 가능성	· 컴퓨터, 네트워크 등 기술적인 구성 요소 없이 영업 방법만을 청구하는 경우 특허 대상이 될 수 없음 · BM 특허가 인정되기 위해서는 하드웨어와 같은 기술적 수단과 결합된 형태로 청구 가능
진보성	· 이미 공개된 영업 방법을 컴퓨터 기술을 이용하여 자동화한 것에 불과한 경우, 진보성이 없는 것으로 특허를 인정 불가
신규성	· 기술 수준이 통상의 기술 수준을 넘어선 새로운 기술을 이용하였다는 것이 인정된다면 특허로 인정

제3절. 인공지능 발명의 성립

발명의 성립성 판단을 발명의 정의 규정 및 정보 처리가 하드웨어를 구체적으로 이용하고 있는지 여부에 기초하여 판단하고 있다. 그리고 특허청에서는 해외 국가 특허청에서 성립성을 부정한 경우에도 이를 인정하여 발명의 성립성을 비교적 폭넓게 인정하고 있다.

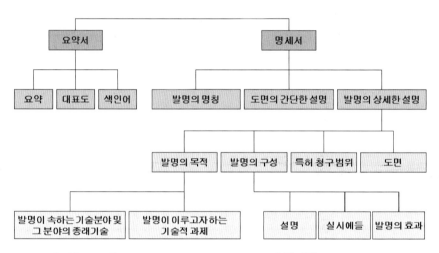

[그림 12-12] PCT(Patent Cooperation Treaty) 출원 내용(출처: 발명진흥회)

미 특허청에서는 특허법상의 특허 대상(방법, 기계, 제조품, 조성물)을 형식적으로 청구하더라도, 사법적(司法的) 불특허 대상의 하나인 '추상적 사상'(abstract idea)으로 될 수 있다. 그러나 추상적 사상에 추가되어 있는 구성이 '발명적 착상'(inventive concept)에 이를 정도로 '상당한 추가적 요소'로 인정된다면 특허 적격성이 인정된다. 특허 적격성이 부정되는 경우, 하드웨어의 구성을 추가하여 특허 적격성을 다시 인정받을 수 있으나 이러한 사례는 많지 않다.

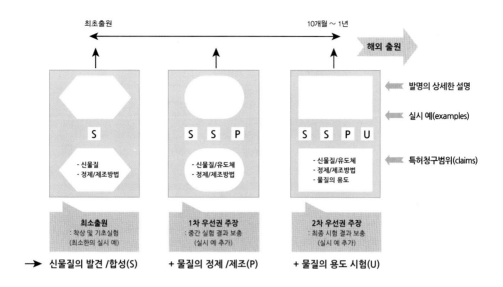

최초출원   10개월 ~ 1년

해외 출원

발명의 상세한 설명

실시 예(examples)

특허청구범위(claims)

S

- 신물질
- 정제/제조방법

S S P

- 신물질/유도체
- 정제/제조방법

S S P U

- 신물질/유도체
- 정제/제조방법
- 물질의 용도

최소출원
: 착상 및 기초실험
(최소한의 실시 예)

1차 우선권 주장
: 중간 실험 결과 보충
(실시 예 추가)

2차 우선권 주장
: 최종 시험 결과 보충
(실시 예 추가)

➡ 신물질의 발견 /합성(S)   + 물질의 정제 /제조(P)   + 물질의 용도 시험(U)

[그림 12-13] 특허가 도와주는 시간적 경쟁력 제고(출처: 발명진흥회)

AI의 수학적 모델링 방법 자체는 비기술적 정신작용이지만 기술적 시스템과 상호작용을 보여 준다면 기술적 특징으로 취급된다.

[표 12-9] 특허청의 인공지능 명세서 기재 요건

경우	요건
AI 관련 발명 경우	학습 데이터와 기계학습 모델과의 구체적인 상관관계 요구
기계학습을 수행하는 발명 경우	① '학습 데이터'의 특정 ② 학습 데이터의 특성 상호 간에 목적으로 하는 '상관계'가 존재한다는 점 ③ 학습 데이터를 이용하여 학습시키고자 하는 '학습용 모델'(신경망 모델 등) 및 그 '학습 방법' ④ 이와 같은 학습 데이터 및 학습 방법에 의하여 목적으로 하는 '학습(된) 모델'이 생성
당해 발명을 통상의 기술자가 발명을 용이하게 실시할 수 있어야 명세서 기재 요건이 충족된 것으로 간주	

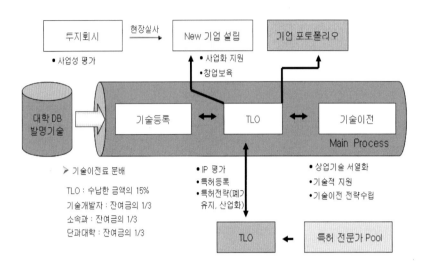

[그림 12-14] STANFORD TLO Business Model(특허)(출처: 발명진흥회)

청구항의 형식은 발명의 성립성이 부정되지 않고 청구항 기재 문언의 의미가 명확하다면 발명의 실체적 내용에 따라 가능한 한 폭넓게 인정하는 편이다. 신규성·진보성 판단한 AI 발명과 관련하여 특허청에서는 학습 데이터와 학습 모델을 기준으로 진보성을 판단하고 있다. 미 특허청의 경우는 AI, IoT 관련 발명의 경우에는 신규성·진보성 판단에 나아가기 전에 발명의 특허 적격성 부정으로 거절되는 경우가 있다.

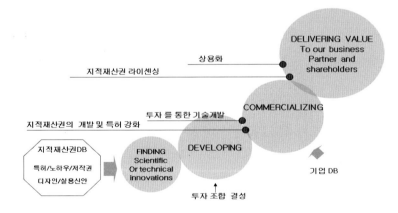

[그림 12-15] BTG Business Model 특허 상용화(출처: 발명진흥회)

기존의 발명을 다른 응용 분야에 적용할 때에는 기술 분야가 동일하거나 밀접한 경우 진보성이 부정될 가능성이 높지만, 이러한 응용 분야의 차이로 인하여, '목적'에서 차이가 발생하거나 '새로운 효과'의 발생 가능성이 높음으로 이에 대한 주의 깊은 검토가 필요하고, 이에 따라 '목적의 특이성'이 인정되거나, '효과의 차이점이 현저'한 경우에는 응용이나 전용(轉用)에 따른 구성의 차이가 적은 경우라 하더라도 전체적으로 보아 발명의 진보성을 인정하는 것이 타당하다. AI 또는 IoT 서비스 기술의 접목으로 오차율, 정밀도, 재현율, F1 값 등의 지표에 의하여 표시되는 성능 지표의 향상이 있다면, 그 향상의 정도에 따라 효과의 현저성 및 이에 따른 발명의 진보성을 인정받을 수 있다.

제4절. AI 관련 발명의 종류

1. AI 학습 모델링 발명

AI의 학습 모델을 형성하는 방법에 특징이 있는 발명이다. 그러므로 AI 응용 발명은 AI의 학습 모델 형성에 특징이 있는 발명이 아니라, 일반적인 AI 발명의 적용이나 응용 분야를 새로운 기술 분야에 적용하는 것에 특징이 있는 발명이다.

[표 12-10] CPC 분류 중에서, AI 관련된 발명이 속하는 분류(출처: 발명진흥회)

AI 관련 특허 분류	
G06N(특정 계산 모델에 기초한 컴퓨터 시스템)	20/0(기계학습)
	3/0(생물학적 모델을 기반으로 하는 컴퓨터 시스템)
	5/0(지식 기초 모델을 사용하는 컴퓨터 시스템)
	7/0(특정 수학 모델에 기초한 컴퓨터 시스템)
G06Q(데이터 처리 시스템 또는 방법)	10/0 (행정, 경영)
	30/0 (상거래, 예: 쇼핑 또는 전자상거래)
	50/0 (특별한 사업 영역에 적합한 시스템 또는 방법 예: 유틸리티 또는 관광)
G06K 9/0 (인쇄되거나 쓰인 문자 또는 패턴의 인식을 위한 방법이나 배열)	H04N(화상 통신, 예: 텔레비전)
	5/0(텔레비전 시스템 세부)
	7/0(텔레비전 시스템)
	21/0(선택적 콘텐츠 배포, 예: 인터액티브 TV, VOD)
A61B (진단, 수술, 식별))	1/0(신체 내부의 시각적, 사진술에 의한 의학적 진단을 수행하는 기술)
	3/0(안구 시험 장치)
	5/0(진단 목적을 위한 탐지, 측정, 기록)
	6/0(방사선 진단을 위한 장치)
	8/0(초음파, 음파, 저주파를 사용하는 진단)

2. 특허청 AI 관련 발명에 대한 '신특허 분류'

특허청에서는 4차 산업혁명 관련 기술특허 출원에 대해서는 '4차 산업혁명 관련 신 특허 분류'([특령9(2의2), 고시4(2)(너)]를 제정하여 시행하고 있다. 관련 신특허 분류는 '4차 산업혁명 ICT 기반 기술'(인공지능, 빅데이터, 클라우드 컴퓨팅, 차세대 통신, IoT 등)의 핵심 기술 요소에 대하여 부여한다. 신특허 분류 체계는 2018.1.1. 이후 출원부터 적용되어 기존 국제 특허 분류(IPC) 및 선진 특허 분류(CPC)와는 별도의 분류 체계를 구성하였으며, 특허 분류는 부분류 또는 부가 정보로만 사용된다. 신특허 분류에 의하여 기존의 IPC 혹은 CPC의 분류가 변경되지는 않는다.

[표 12-11] 4차 산업혁명 관련 신특허 분류(출처: 발명진흥회)

4차 산업혁명 기술 분야	4차 산업혁명 관련 신특허 분류('19.6기준)
인공지능	Z01A
사물인터넷	Z01I
3차원 프린팅	Z05P
자율주행차	Z03V
빅데이터	Z0IB
클라우드 컴퓨팅	Z0IC
지능형 로봇	Z03R
스마트시티	Z03C
가상증강현실	Z03A
혁신 신약	Z03M
신재생 에너지	Z05E
맞춤형 헬스케어	Z03H
드론(무인기)	Z03D
차세대 통신	Z01T
지능형 반도체	Z05S
첨단 소재	Z05M

AI 관련 발명의 '키워드'
AI, 인공지능, 人工知能, 人工智能, Artifcial inteligence, 기계학습, Machine learnig, 심층학습, Deep learnig, 신경망, Neural network, etc.

2. 특허청: 특허실용신안 심사기준('특허실용신안 심사기준'(2019.3. 추록)

[표 12-12] 심사기준 제10장 컴퓨터 관련 발명(9A23면)

- 인공지능 기술 관련 발명은 인간의 정신적 활동의 개입이 없이 반복하여 동일한 효과를 얻을 수 있도록 '사용 목적에 따른 특유의 정보의 연산 또는 가공을 실현하기 위한 소프트웨어와 하드웨어가 협동한 구체적 수단 또는 구체적 방법'이 청구 항에 기재되어 있는지 여부에 따라 '자연 법칙을 이용한 기술적 사상의 창작'에 해당하는지를 판단하여야 한다.
- 컴퓨터 소프트웨어 기술 분야에서 청구항 전체를 고려하더라도 '사용 목적에 따른 특유의 정보의 연산 또는 가공'을 실현하는 발명의 수행 주체(하드웨어)가 명확하게 파악되지 않는 경우에는 원칙적으로 해당 청구항은 '사용 목적에 따른 특유의 정보의 연산 또는 가공을 실현하기 위한 소프트웨어와 하드웨어가 협동한 구체적 수단 또는 구체적 방법'이 구축되지 않은 것이다(컴퓨터 관련 발명 심사 기준 2.1. 발명의 성립 요건 2.1. 판단의 구체적인 방법, 참조),
- 해당 청구항이 명확히 기재되어 있는 것도 아니라는 점('컴퓨터 관련 발명 심사기준 1.2 청구 범위 기재 요건 1.2, 3 유의사항' 참조)에 심사관은 유의한다.

→ 기존의 컴퓨터 프로그램 발명이나 영업 방법 발명의 성립성 판단 기준과 유사한 것이다.

[표 12-13] 인공지능 발명 특허 성립 기준(출처: 발명진흥회)

기준	내용
발명의 성립성	• 기본 원칙은 자연 법칙을 이용한 기술적 사상의 창작인지 여부 • 자연 법칙을 이용한 기술적 사상에 해당하기 위해서, '소프트웨어'에 의한 정보 처리가 하드웨어를 구체적으로 이용하고 있어야 한다는 점이 확립된 판례의 기준 • AI 서비스 발명의 구현을 위해서 소프트웨어의 사용이 일반적이므로 하드웨어를 구체적으로 이용하고 있는지 여부가 판단의 쟁점
명세서 기재 요건	• 원칙은 인공지능 관련 발명에서는 '학습용 데이터'로부터 '학습(된) 모델'의 형성 과정이 통상의 기술자가 수준에서 용이하게 파악하여 실시할 수 있을 정도로 기재되어 있는지 여부를 기준으로 판단 • 기계학습을 통하여 학습된 모델의 생성은, 학습 데이터에 존재하는 일정한 규칙 등의 상관계의 존재를 전제로, 학습시키고자 하는 모델의 종류, 학습 데이터를 이용한 모델의 파라미터의 결정 등에 의하여 생성

신규성· 진보성	· AI 발명의 '학습 데이터', '학습 모델'의 차이와 신규성, 진보성 판단 · AI 발명의 기계학습에 사용되는 학습 데이터 혹은 학습 모델에 차이가 있는 경우, 특허 청구항에 기재된 발명을 구성하는 학습 데이터, 학습 모델에 차이가 있다면 발명의 신규성이 인정되어야 함 · 인용 발명은 명시적 기재가 없더라도 통상의 기술자가 일의적으로 파악할 수 있 는 내용에 해당한다면 인용 발명에 기재된으로 간주

제5절. 발명 특허와 비즈니스 연계

1. 발명 특허의 변화된 위상

지금의 비즈니스 환경과 과거와는 완전히 달라지고 있다. 4차 산업혁명의 중심인 첨단 기술들이 발명되면서 혁신이 곳곳에서 일어나고 있다. 자동차의 예로 보자.

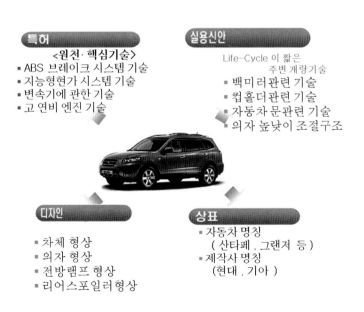

[그림 12-16] 산업재산권 종류 승용차 사례(출처: 발명진흥회)

기업이 생존에 대한 지속적 성장을 위해서는 기존 제품의 개선뿐만 아니라 새로운 신성장 동력의 발명품 창안에 노력하고 있다. 4차 산업혁명은 다양한 분야의 융·복합을 통해 인류가 경험하지 못한 새로운 변화가 촉진된다. 인공지능(AI)과 ICBM[사물인터넷(IoT), 클라우드컴퓨팅(Cloud Computing), 빅데이터(Big Data), 모바일(Mobile)]로 대체되고 대규모 설비 인력 대신 창의적 역량이 경쟁력과 일자리를 창출하고 있다. 발명 특허를 기반으로 한 창업의 지식재산은 기업이나 개인의 자산으로서, 활용도를 높일수록 가치는 향상되며 특허 경영의 가치가 높아진다. 특허 창업은 지식재산의 관리와 아이디어 발굴 및 장려 활동, 영업 비밀 보호, 아이디어 발상법, 토론 등 청년 창업을 지원하는 특허 기술 노하우를 융합하여 창업으로 연계된다.

2. 지식재산 보호로 특허 괴물 퇴치

'특허 괴물(Patent Troll)'은 개인 또는 기업으로부터 특허 기술을 사들여 보유한 특허를 이용하여 생산 또는 판매를 하지 않고 특허 소송을 제기하거나 특허 소송을 빌미로 라이선스를 요구하여 막대한 로열티 수입을 올리는 특허 전문 기업을 의미한다. 이에 대처 방안으로서 지식재산(Intellectual Property)에 대한 권리를 철저히 보호하여야 하며, 특허 기술 평가를 통하여 창업하려는 업종 간 기술이 동반 성장할 수 있어야 한다.

특허정보   학술논문정보

[그림 12-17] R&D의 창출과 재창출(출처: 발명진흥회)

각국 특허청
한국특허청: www.kipo.go.kr 　　　　특허로 www.patent.go.kr 　　　　특허정보 검색서비스 www.kipris.or.kr 　　　　윕스 www.wips.co.kr 　　　　델피온 www.delphion.com 미국 특허청: www.uspto.gov 일본특허청: www.jpo.go.jp 유럽 특허청: www.epo.org 중국 특허청(国家知识产权局): www.sipo.gov.cn 대한변리사회(대학생 무료 변리): www.kpaa.or.kr 한국지식재산연구원: http://www.kiip.re.kr 한국발명진흥회: http://www.kipa.org

　　지식재산권의 학습은 특허 괴물로부터 자기의 경영권을 지켜 내는 중요한 지식을 제공뿐만 아니라 방어 수단이다. 따라서 향후 창업을 염두에 두고 있는 창업자는 지식재산권의 인식을 높여, 성공한 CEO가 될 수 있도록 만반의 준비가 필요하다.

1. 무엇을 개발할 것인가? – 새로 시작하는 과제의 선정

2. 어떻게 선행 기술을 극복할 것인가? – 경쟁적 연구과제의 성공 방안

3. 어디로 갈 것인가?
   – 진행하고 있는 과제의 방향성에 대하여 토론해 보시오.

4. 각 팀별로 비즈니스 모델을 기획하여서 공동 특허를 출원해 보시고, 발표하시오.

5. 누구나 생각(창의성)할 수 없는 아이디어를 BM 특허 출원을 특허청에 직접 진행하여 보시오.

6. 인공지능 로봇 뉴스 저널리즘이 있다. 인공지능 기자가 작성한 기사에 대한 저작권은 보호받아야 한다고 한다. 이 주제로 토론해 보고 내용을 정리(Brain Writing)해 보시오.

7. 인공지능 '로봇세'에 대해서 어떤 견해를 가지고 있는지 찬성과 반대의 입장 중 하나만 선택하여 정리(Brain Writing)해서 토론해 보시오.

8. 4차 산업혁명의 모바일 혁명은 자율주행, 플라잉카, 드론, 핸드폰으로 이루어진다. 이 중 모바일폰이 가장 핵심적인 위치에 있는지를 토론해 보시오. 당신은 4차 산업혁명 시대에 어떠한 모바일을 가지고 싶은지요? 이를 바탕으로 아이디어를 선 출원해 보시오.

9. 세계가 하나의 공간 안에서 소통이 된다면 당신은 전 세계에서 무슨 말을 하고 싶은가? 어떤 이야기를 하고 싶은가? 그리고 그 이야기를 어떤 식으로 표현하고 싶은가?

10. 미래는 분야별 플랫폼 기업이 시장을 장악해야 성공한다고 하다. 그러면 4차 산업시대에 등장할 기술에서 자율주행 자동차, 전기차, 플라잉카, 드론, 분야별 각종 IoT 기업 등은 왜 플랫폼을 가져야 하는지 토론해 보시오.

인공지능 비즈니스 모델 창출 전략

 학습주제

'AI 알고리즘'을 비즈니스에 활용하는 기업이 급속히 증가하고 있다. 알고리즘은 문제 해결을 위한 순서화된 절차나 방법을 의미한다. 인공지능 알고리즘은 정보 공유 활성화, 거래 비용 절감, 생산성 극대화 등에 기여하며, 공급자와 소비자의 후생을 증진시키는 방향으로 발전하고 있다. 최근 고도화된 알고리즘이 인공지능(AI) 개발에 활용되면서 전통적인 경제에서는 생소했던 이슈들이 제기되고 있다. 기업은 AI 알고리즘이 비즈니스에 어떻게 적용되는지 알아야 한다. AI 알고리즘 기반의 비즈니스 모델로 소비자를 만족시키는 디지털 트랜스포메이션(Digital Transformation) 전환 전략을 수행해야만 경쟁에서 우위를 점유할 수 있다.

앞으로 AI 기술은 보다 편리하고 따뜻한 세상을 끊임없이 만들어 줄 것이다. 조만간 고성능 AI 소프트웨어(SW)를 탑재한 자율자동차가 서비스될 것이다. AI 음성 기술이 내장되어 "아리야! 우리 집 가자!"라고 명령하면 바로 AI 비서처럼 말을 알아듣고 자율주행차 스스로 안전하고 똑똑하게 운행할 것이다. 향후 교통 약자, 장애인, 노인을 위해 셔틀로 제공되는 모델도 나올 것이다.

인공지능은 ICT 기반으로 모든 산업 영역에서 융합 지능으로, 세상을 편리하고 안전하게 만들어 감으로써 삶을 보다 풍요롭게 만들어 준다. 스타트업을 원하는 학생들도 창의력을 발휘하여 개인과 기업 사이의 지능 모델로 비즈니스를 이끌어가야 한다.

(웹사이트) 한국발명진흥회 https://www.kipa.org/

제1절. 인공지능 비즈니스 모델 캔버스

1. 성공적 프로젝트를 위한 AI 비즈니스 모델 수립

[표 13-1] AI 비즈니스 모델 준비 과정(출처: 김영락 저, 이것이 인공지능이다)

과정	AI 모델 구축
1	• 가치 판단과 창조성이 필요한 일은 인간이 직접 수행
2	• 데이터 수집 단계에서 인간의 판단력으로 IT(Information Technology)가 아닌 것과 구분하지 않아야 함
3	• 데이터를 수집한 후에 AI Model을 개발하는 것보다 AI Model을 어떻게 만들지를 충분히 기획(조사와 토론)한 후에 데이터를 수집
4	• 데이터 분석의 결과가 인간이 원하는 방향이 되도록 데이터 전처리(Feature Engineering)를 하지 말아야 함
5	• 가치가 큰 중요한 의사 결정에 AI 모델을 활용

[표 13-2] AI 비즈니스 모델이 어려운 이유(출처: 김영락 저, 이것이 인공지능이다)

분류	사유
납득이 어려운 AI	• 중요하지 않은 의사 결정을 인공지능에 맡기는 상황 • 기대할 수 있는 효용이 낮음
Output에 비해서 Input이 큰 AI	• AI에 투입하는 자원보다 기대할 수 있는 효용이 너무 적은 한계
납득하기 어려운 AI	• 범용 AI 개발은 아직 한계가 있으며, 특정 종류에 최적화된 AI가 나오기 전에는 통계나 정보 시스템으로 처리 • AI는 이성적인 과정이 아니고 감성적인 과정

2. AI 비즈니스 모델 수립 절차

무엇을 가지고, 누구와 협력해서, 일을 어떻게 해서/어디에서 고객을 만나, 핵심 고객에게 맞게, 좋은 관계를 유지하며, 비용과 수익 구조의 균형을 통해, 끊임없이 가치를 창출(9개 모듈)하는 비즈니스 모델이다.

[표 13-3] 비즈니스 모델 수립 프로세스

2. Who= 누구와 협력해 서	3. How= 일을 어떻게 해서	9. 나도 원하 고, 고객도 원 하는 가치를 찾음	6. When= 좋은 관계를 유지하며	5. Whom= 핵심 고객에게 맞게
	1. What = 무엇을 가지고		4. Where= 어디에서 고객 을 만나	
7. 지출 비용, 지출 시기, 자금 필요 시기 등		8. 수익은 생산 활동의 가치이고, 측정은 매출액		

[표 13-4] 인공지능 시장 수요 지향 접근

고객 지향 접근

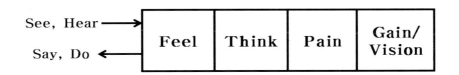

고객 감성 지도를 그려 놓고 고객을 통찰	• 다른 사람의 입소문(hear)과 본인의 경험(see)에 의해 말과 행동(say & Do)이 변화 • 마음속 감정(feel & Think)이 고통(pain)과 바람(gain, vision)에 의해 말 과 행동(say & Do)으로 표현

자기 중심 접근

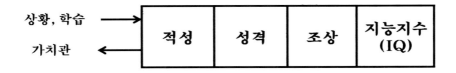

자기 본성 지도로 자신을 성찰	• 고객 감성 지도를 그려 놓고 고객을 통찰하듯, 자기 본성 지도를 그려 놓고 자기를 성찰하라! • 고객의 마음부터 읽으려 하지 말고, 내 마음부터 읽어라. 내 마음에 있 는 것이 고객의 마음에도 있다! • 자신이 먼저 지속적으로 마음을 살피면서 고객을 통찰해야 한다!

[표 13-5] 비즈니스 AI 도입 5단계(출처: 미 스탠퍼드대학 앤드류 응 교수)

단계	앤드류 응의 비즈니스 AI 도입 5단계	
	비즈니스 문제 규정 → 브레인 스토밍 → AI솔루션 평가 → 구체적 AI 전략 기획 → 자원 예산 확정	
1	– 기업 비즈니스 목표를 정확히 규정하고, 문제점 파악	AI팀 구축
2	– AI에 의한 해결책을 찾기 위해 브레인 스토밍	토론
3	– 잠재적으로 꼽은 AI 솔루션의 타당성과 가치를 평가	결정
4	– AI 전략을 짜는 일(목표로 삼을 만한 지표 설정)	AI 도메인 전문가 자문
5	– 리소스(자원)를 위한 예산을 짜는 일	예산, 인재 확보

제2절. 빅데이터 이용 비즈니스 모델 발굴

1. 빅데이터를 이용 인공지능(AI) 비즈니스 모델(BM) 아이템 발굴 필요성

벤처 창업을 시작하거나, 기업의 지속 성장을 위해서는 무엇보다 기존의 정체 구간을 돌파하기 위한 신성장 비즈니스 모델과 아이템 발굴은 필수 조건이다. 실제 기업 성장의 걸림돌은 창업 생태계의 불완전성, 신규 비즈니스 아이템 발굴 능력 부족, 신성장 동력 발굴 어려움이 근본적 요인으로 작용한다.

[표 13-6] 미래 사회의 빅데이터의 역할(출처: 데이터 사이언스)

특징		빅데이터의 역할
불확실성	통찰력	• 사회 현상, 현실 세계의 데이터를 기반으로 한 패턴 분석과 미래 전망 • 여러 가지 가능성에 대한 시나리오 시뮬레이션 • 다각적인 상황이 고려된 통찰력을 제시 • 다수의 시나리오의 상황 변화에 유연하게 대처

리스크	대응력	• 환경, 소셜, 모니터링 정보의 패턴 분석을 통한 위험 징후, 이상 신호 포착 • 이슈를 사전에 인지, 분석하고 빠른 의사 결정과 실시간 대응 지원 • 기업과 국가 경영의 명성 제고 및 낭비 요소 절감
스마트	경쟁력	• 대규모 데이터 분석을 통한 상황 인지, 인공지능 서비스 등 가능 • 개인화, 지능화 서비스 제공 확대 • 소셜 분석, 평가, 신용, 평판 분석을 통해 최적의 선택 지원 • 트렌드 변화 분석을 통한 제품 경쟁력 확보
융합	창조력	• 타 분야와 결합을 통한 새로운 가치 창출 • 인과관계, 상관관계가 컨버전스 분야의 데이터 분석으로 안정성 확보, 시행착오 최소화 • 방대한 데이터 활용을 통한 새로운 융합 시장 창출

2. 신성장 아이템 발굴의 현주소

빅데이터는 데이터 분석을 통하여 산업을 포함한 모든 영역에서 다가올 일들에 대한 예측이 가능하고 새로운 발전의 기회를 제공하거나 다양하고 복잡한 문제를 해결할 수 있는 단초를 제공한다.

[표 13-7] 빅데이터 효용성과 가치

발표 기관	빅데이터의 가치
Economist	• 데이터는 자본이나 노동력과 거의 동등한 레벨의 경제적 투입 • 자본으로 비즈니스의 새로운 원자재 역할 • 비지니스 트렌드 파악, 질병 예방, 범죄 해결 등 효과
PwC	• 빅데이터는 이전까지 다루지 못하고, 시도하지 못했던 데이터의 활용을 가능하게 하며 잠재적 가치와 영향력이 높음 • 빅데이터의 중요성에 대해 기업들이 주목하고 있으며, 새로운 비즈니스 가치 창출의 핵심 키가 될 것
Mckinsey	• 글로벌 비즈니스 지형을 뒤바꿀 기술 트렌드의 3가지 핵심은 '클라우드', '빅데이터', '스마트 자산' • 빅데이터는 혁신, 경쟁력, 생산성의 핵심 요소 • 의료, 공공행정 등 분야에서 6천억 달러 이상의 가치 창출

성숙기에 진입한 기업들의 경우 성장통에 직면해 있는 동시에 성장통을 극복하기 위한 신규 사업 추진과 본업 확장의 딜레마에 봉착하고 있다.

[표 13-8] 비즈니스에 적용 방안

기업	비즈니스 적용
성장과 정체 반복으로 초일류 기업 성장	• 성장 정체 후 새로운 성장을 위한 신규 사업을 추진한 기업들의 90% 이상은 실패하며, 7년이 경과한 후에야 Cash Cow 역할을 수행
중소기업 경우	• 체계적인 방법론과 경험 부족 등 기획 역량의 한계 • 신성장 아이템 발굴의 경우 적시에 따른 제품 투입으로 시장에서 우위를 차지하기 위해 시장 동향과 기술 동향 파악이 빨라야 하고 그에 따른 추가 인력도 투입 필요 • 신규 사업 추진에 따른 시장 정보 수집 역량, 자금 조달 역량, 인력 확보 역량이 부족한 실정 • 신성장 아이템의 경우 단기간에 조직에서 원하는 성과가 나올 수 없기 때문에 최고 경영진의 추진 의지가 중요 • 실효성 있는 중소기업형 유망 아이템 발굴을 위한 체계적 기반 필요

3. 빅데이터를 활용 비즈니스 모델 발굴 전략

[표 13-9] 빅데이터를 활용한 아이템 발굴 전략

전략	아이템 내용
신성장 아이템	• 기업의 성장 활력을 강화하고, 지속 성장의 견인 역할 • 사업 리스크를 감소시킬 뿐만 아니라 조직의 미래 비전 제시 등을 통해 기업 가치를 제고
연구 개발의 패러다임 (과제 발굴)	• 선진 기술 모방형 연구 기획에서 사업성과 시장성을 기초로 하는 창조형 미래 기술 발굴로 변화
사업 포트폴리오 재편	• 경기 민감형 사업/저수익 고착화 사업의 철수와 경기 영향 최소 사업 및 고성장 유망 사업의 비중 확대 추진
사업 영역 활대로 위기 극복	• 제품 다각화 전략을 통해 위기 극복과 성장 목표를 설정하여 신사업, 신제품 발굴에 집중

신경영 전략	• 신사업 육성, 매출 증대, 신흥시장 진출 등 수익률이 낮은 주력 사업의 투자를 과감히 삭감하고 신규 사업 분야 집중 육성
생산성 극대화로 수익 발생	• 제품 및 부품의 생산 과정의 정보를 기록·분석하여 프로세스의 자동화, 최적화, 정지 시간 감축, 고장 시기 예측 등을 통해 이득 발생

3.1. 신성장 비즈니스 발굴 방법론 및 활용

성장 비즈니스 발굴을 위한 빅데이터 분석 방법으로는 수집된 데이터에서 유용하고 가치 있는 정보를 찾아내는 의미 분석 기술과 인공지능 기술 등이 필요하다.

[표 13-10] 비즈니스 적용 기술 발굴

기술	적용
분석	• 데이터 분석은 자료를 토대로 의사 결정을 할 때, 중요한 정보로써 사용되기 때문에 최선의 대안을 선택할 수 있도록 근거를 제시하는 중요한 역할
결정	• 의사 결정 외에도 마케팅, 고객 관리, 금융, 의학, 교육, 환경 등의 분야에서 혁신적으로 적용
활용	• 복합하고 다양한 지식 자원을 활용하여 객관적인 의사 결정 정보를 얻고자, 이를 분석, 모니터링, 예측, 평가 등 다양한 분야에서 활용 가능

[표 13-11] 정량적 데이터 분석 기반 방법론

정량적	방법론
정보 시스템	• 전문가들의 오류 및 편향된 의견 보완이 가능하고 합리적인 유망 기술 발굴 가능
정보력	• 객관적 데이터에 근거한 기술 개발의 방향성과 시장 니즈에 부합하는 유망 기술 발굴 및 평가에 대량의 특허 및 시장 정보 활용

빅데이터 기반으로 한 다양한 데이터 마이닝 기법을 적용하여 논문/특허 분석 및 공백 기술 도출한다.

[표 13-12] 빅데이터 분석과 인공지능 적용

적용	분석 방법
분석	· 과학 기술 연구 동향의 이해, 기술적 발전 방향 파악, 유망 기술 도출 등을 위해 논문과 특허를 주로 분석
기능성	· 논문 및 특허 데이터는 급부상 기술 영역 탐색, 기술 간 연관관계 분석, 기술 수명 주기의 측정, 핵심 기술 도출, 공동 연구망 분석 등 다양한 목적을 위해 분석 가능

[표 13-13] 빅데이터를 기반으로 하는 분석 방법

발표 소스	빅데이터의 가치
데이터 마이닝 (Data Mining)	· 대용량의 데이터, 데이터베이스 등에서 감춰진 지식, 기대하지 못했던 경향, 새로운 규칙 등의 유용한 정보를 발견하는 과정 · 데이터 마이닝을 통해 정보의 연관성을 파악함으로써 가치 있는 정보를 만들어 의사 결정에 적용
텍스트 마이닝 (Text Mining)	· 텍스트 뭉치에서 의미 있는 정보를 추출해 내고, 다른 정보와의 연계성을 파악하여 단순 정보 검색 이상의 결과 도출 · 텍스트 마이닝은 인간의 언어를 이해할 수 있는 자연어 처리 기술에 기반
평판 분석 (Opinion Mining)	· 웹사이트와 소셜미디어에 나타난 여론과 의견을 분석하여 실질적으로 유용한 정보로 재가공하는 기술 · 이용자들의 생각과 표현의 파편을 모아 일정한 법칙성을 찾아내어 새로운 의견을 형성·발굴·탐사하는 방식
소셜 분석 (Social Analytic)	· 소셜미디어에 올라오는 글과 사용자를 분석해 소비자의 흐름이나 패턴 등을 분석하고, 판매나 홍보에 적용 · 마케팅 분야뿐만 아니라 사회의 흐름과 트렌드, 여론 변화 추이를 읽어 내는 소셜미디어 시대의 새로운 마이닝 기법
군집 분석 (Cluster Analysis)	· 하나의 큰 데이터군을 통계 기법을 활용하여 유사성을 지닌 여러 개의 작은 묶음으로 분류하는 방법
현실 마이닝 (Reality Mining)	· 사람들의 행동 패턴을 예측하기 위해 사회적 행동과 관련된 정보를 기기(스마트폰, GPS)를 통해 얻고 분석하는 기법 · 휴대폰 등 모바일 기기들을 통해 현실에서 발생하는 정보를 기반으로 인간관계와 행동 양태 등을 추론

[표 13-14] 특허 분석은 기술 기획 초기 단계에 신기술 비즈니스 필요

방법	특허 정보 분석
필요성	・특허 정보는 기술적 문제와 기술적 해결 방안에 관한 정보를 포함하고 있으나, 특허의 양이 방대하여 분석에 많은 시간이 소요되어서 단기간에 원하는 정보를 추출하기 위한 텍스트 마이닝 필요성 대두
효율성	・특허 정보에 텍스트 마이닝을 적용하여 문제와 해결 방안을 추출하는 방법은 기술 전문가가 직접 분석하는 것보다 더욱 효율적
기술도출	・특허 데이터로부터 문제와 해결 방안에 해당하는 구문을 추출하고 이를 시각화한 뒤 빈 곳을 찾아 향후 R&D가 필요한 공백 기술 도출 가능

기술군 관점에서 대상 특허의 기술성 및 시장성을 평가하며, 특허 속성 정보, 특허 경과 정보, 해외 특허 정보 기반으로 설계된 다양한 지표에 의하여 대상 특허 수준을 평가한다.

[표 13-15] 특허 정보 분석

	평가 방법
기술성	・기술성 분석에서는 대량 특허 문헌을 기반으로 텍스트 마이닝, 데이터 마이닝을 통해 객관적이며 정량적 데이터 기반의 특허 평가 프로세스를 구축함으로써 기술의 집중도, 성장성, 파급성 등 평가
시장성	・시장성 분석에서는 국내외 신뢰성 높은 시장조사 기관의 시장 분석 및 예측 정보를 근거로 산업 분야에 대한 시장 정보를 구축하고, 기술군의 응용 분야별 시장성을 평가
시장 탐색	・기술군의 시장 성장성과 시장 파급성을 평가하기 위해 미국 특허와 약 100개 산업의 시장 정보에 대한 KDD/KM 방법론 기반의 연계 분석으로 기술-시장 매트릭스를 도출하여 기술군의 시장 응용 분야를 탐색
객관성	・문헌 계량학 기반(KDD/KM; Knowledge Discovery in Database/Knowledge Map) 후보군 도출을 통해 요소 기술 후보군을 구성함으로써 기술의 객관성과 도출 타당성을 마련
수준 산출	・등록 특허를 기준으로 평가 대상 특허에 대한 도메인 평가, 개별 특허 평가(특허 속성 정보, 특허 경과 정보, 해외 특허 정보 등을 기반으로 한 지표 평가)를 수행함으로써 평가 대상 특허에 대한 기술군별 상대적 수준을 산출
활용	・기술-시장 매트릭스를 바탕으로 특허에 대한 출원인 분석을 수행하여 평가 대상 특허가 속한 기술군의 예상 수요자 군을 도출이 가능하여 해당 기술의 성과 확산에 유용하게 활용 가능

지식 자원(특허, 논문, 저널, Market Report 등)의 계량화 및 가시적인 매핑을 통해 산업의 메가 트렌드를 분석함으로써 신성장 비즈니스의 발굴이 가능(KDD/KM)하다.

[표 13-16] 조사 분석을 통한 지식 매핑

	조사 분석
사업성	• 신성장 아이템 탐색은 막대한 인적, 물적 자원이 요구되어, 탐색의 효과성, 효율성을 위해서는 고가능성 분야 혹은 아이템을 우선적으로 선정한 후 심층 조사, 분석을 통해 사업성 검토가 필요
효율성	• 내부적 측면(보유 기술) 및 외부적 측면(기술/시장/경쟁 환경)에 대한 포지셔닝과 연관 정보를 근간으로 신규 아이템 탐색을 수행할 경우 물리적, 시간적 효과성 및 효율성을 극대화 가능

4. 신규 비즈니스 모델 발굴 방법

[표 13-17] 신규 비즈니스 탐색 프로세스(후보 비즈니스 아이템 탐색)

Phase 1.	(신사업 방향 수립) 신성장 비즈니스 모델 도출 프로세스 Input(기업의 사업 계획, 중장기 전략, 인프라 등) output(유망 분야)
Step 1 유망 범위 설정	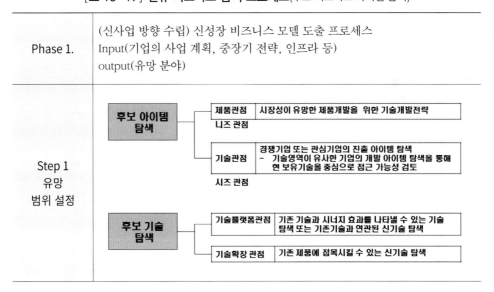

Step2 유망 분야 관련 검색	특허 DB 구축	유망 분야 관련 미국 특허청 등록 특허 DB(〈표13–14〉 특허 분석)
Step3 특허간 인용 정보	1st Clustering 실시	특허 간 Grouping 결과 (〈표13–15〉특허 정보 분석)
Step4 특허 간 인용 정보 Grouping 정보	1st 후보 품목 도출	Grouping 결과 도식화 (〈표13–16〉 조사 분석을 통한 지식 매핑)

Phase 2.	유망 비즈니스 발굴
	1차 Clustering을 통해 도출된 각 Group별 영향력 지수, 경쟁력 지수, 파급도 지수, 집중도 지수 등을 측정하여 1차 유망 후보 품목 선정
	기업에서 실행 가능한 사업 확장 분야를 도출하기 위하여 기업의 생산 및 연구 인프라, 연구 개발 능력, 중장기 사업 방향, 기술 개발 로드맵, 추가 투자 계획 등의 기업 분석을 시도
	기업의 사업 확장 전략 분석 방법은 현재 기업이 당면해 있는 기존 주력 아이템의 시장성 지속형, 기존 주력 아이템의 시장성 정체형, 기존 주력 아이템의 시장성 감소형으로 나누어 생각해 볼 수 있음
Step 5 : 후보 품목 도출	존 주력 아이템의 시장성 및 기술성은 우수하나 한 단계 도약을 위해 주력 아이템을 유지하고자 하는 경우 기존 주력 아이템과 동일 기술 및 제품으로 유망 분야를 설정
	기존 주력 아이템의 성장이 정체하여 새로운 아이템 도출이 필요하나 기존에 투자한 R&D 및 생산 인프라를 활용한 유사한 아이템으로 사업 확장 전략을 구축한 경우에는 주력 아이템과 유사 기술 및 제품으로 유망 분야를 설정
	기존 주력 아이템의 시장성이 감소하여 새로운 주력 아이템 도출이 필요한 경우에는 최소한의 투자로 신규 분야로 진출할 수 있는 기술 및 제품으로 유망 분야를 설정

Step 6 (특허)	(1st 시장·기술성 평가 및 2nd 후보 품목 도출) • 1차 후보 품목을 대상으로 시장성 및 기술성을 분석하여 이를 토대로 2차 후보 품목 도출 • 시장성 분석에서는 국내외 시장 데이터를 기반으로 후보 아이템의 현재의 시장 성과 향후 유망성을 나타내는 시장 매력도 및 특허 분석을 통한 후보 아이템의 국내외 시장 진입도 평가 • 기술성 분석에서는 국내외 최근 특허 등록 현황을 활용한 기술 트렌드를 평가하고 특허 간의 인용 관계 분석을 통해 특허의 질적 평가 실시
Step 7 (특허)	(키워드 추출 및 2nd Clustering 실시) • 2차 유망 품목별로 특허 기반의 빈도수가 높은 키워드를 주요 키워드로 도출하고 한 특허 내에서 키워드 간의 연관도를 측정하여 Clustering 실시
Step 8 (특허)	(2nd 시장·기술성 평가) • 1차 시장 기술성 평가 지표에 정성적 평가 지표를 추가하여 후보 품목에 대한 2차 평가 실시 • 시장성 평가의 경우 경쟁 기업의 현황, 시장 진입 장벽, 산업 동향 등의 정성적 지표를 추가하여 전문가 자문 및 조사·분석 실시 • 기술성 평가의 경우 기술의 독창성, 모방 가능성, 기술 난이도 등의 정성적 지표를 추가하여 전문가 자문을 통해 평가

Phase 3.	신성장 아이템 도출
Step 9	(신성장 아이템 선정) – 후보 아이템의 기술적 우수성 및 시장 경쟁력을 정량적 측면과 정성적 측면에서 분석하여 유망 아이템 후보군 선정(최종 후보 아이템 선정)
Step 10	(사업성 평가) • 후보군을 대상으로 사업 매력도 평가와 사업 적합도 평가의 2가지 측면을 고려한 사업성 평가를 통해 사업 타당성 평가를 실시하여 유망 신성장 아이템을 최종 선정 • 아이템에 대하여 객관적이고 정량적 지표 분석을 통해 2차 기술성, 시장성, 평가 및 사업성 평가 결과를 반영하여 최종 신성장 아이템을 도출 가능 • 사업성 평가 결과에 따라 유망 사업군(사업 매력도 자사 적합도 모두 우수), 조건부 유망 사업군(자사 적합도는 낮으나 사업 매력도 우수), 비유망 사업군(사업 매력도 자사 적합도 모두 미흡)으로 선별

제3절. 인공지능 비즈니스 미래상 및 시나리오

1. 인공지능 비즈니스 모델 예측

인공지능 기반 비즈니스 모델 기술을 예측하기에는 많은 어려움이 있다. 현재 부각되고 있는 인공지능 기술은 '딥러닝' 위주이며, 이를 넘어서는 기술 예측은 아직 나타나지 않고 있는 상황이다. 인공지능 기술을 일반적으로 보고, 미래 사회의 인간 생활 및 산업상에 미칠 영향을 중심으로 미래상 및 시나리오를 예측하려면 편의성, 효율성, 창의성, 안전성의 네 가지 측면으로 분류한다. 본 예측을 기반으로 미래 전망이 높은 산업군과 서비스군을 선정하여 9개의 기술군을 선정하여 기술하였다.

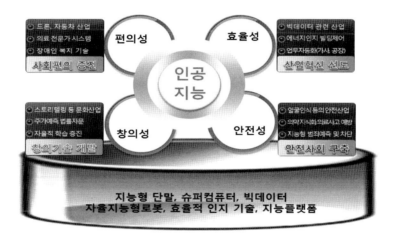

[그림 13-1] 인공지능 예측 기본 분류도(출처: NIA)

2. 편의성 측면 미래상 및 시나리오

자녀 돌봄, 다국어 소통 	**가사 업무 자동화** 
집 안팎 상황 상시 확인/보고 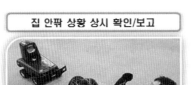	**건강/욕구 충족 인공지능 Cooking**

– 자녀 안심 돌봄 및 교육에 활용: 자녀의 상태 파악, 말 벗, 다국어 소통
– 가사노동 지원, 생활 편의: 여가활동 증가, 건강 증진, 삶의 질 향상
– 자체 경비로 안심 외출/안심 귀가, 보안 비용 절감: 외부인 인식, 애완동물 밥주기, 집안 비상 상태 보고 등
– 삶의 질 향상: 의, 식, 주 중 식의 문제를 해결해 주는 인공지능

[그림 13-2] 편의성 측면 비즈니스(출처: NIA)

3. 효율성 측면 미래상 및 시나리오

[그림 13-3] 효율성 측면 비즈니스(출처: NIA)

[표 13-18] **인공지능 서비스 확대 가능성으로 비즈니스 모델의 변화**(출처: NIA)

서비스 확대	비즈니스 모델의 변화
인공지능 서비스	• 인간 능력 증강: 인간의 한계를 뛰어넘는 보완적 인공지능 슈트
	• 모바일형 인공지능 서비스: 인공지능 프로세싱 고효율화를 통한 모바일 인공지능 서비스
	• 개인 서비스 분야 외에 공공 분야, 산업 분야, 군사 분야 확대 가능
	• 의료, 국방, 제조 산업 등 인공지능 슈트 생태계 조성
인공지능 로봇	• 로봇은 신체 절단 환자의 수족을 대신하기 위해 의수·의족 형태로 제작되거나, 노약자의 일상생활을 지원하고자 동력형 외골격 형태로도 개발되고 있음
	• 산재, 교통사고, 전쟁 등의 외상으로 인한 수족의 절단 후 기능·외관을 재현하기 위한 로봇 의수·의족은 여러 기업들이 개발 중이며, 로봇 의수나 의족을 근전도, 뇌파 등 신호로 정교하게 제어하고자 하는 연구개발 활발
	• 인간의 근력을 강화하도록 입을 수 있는 형태로 제작된 동력형 외골격은 근력이 약화된 노약자 일상생활 지원이나 산업·군사적 목적에서 개발이 진행 중
	• 외과 수술 정밀도를 높이기 위한 수술용 로봇의 활용 사례가 확대되는 추세
	• 환부를 절개하는 수술에 비해 인체 침습을 최소한으로 줄여, 출혈량이 억제되고, 감염 위험이 낮고, 수술 시간이 단축되며, 흉터도 작게 남는 장점 존재
	• 복강경의 경우 2차원 영상으로 수술을 진행하는 것에 반해, 로봇을 활용한 수술의 경우 3차원 영상을 통해 환부를 정밀하게 살펴보면서 수술 가능

[표 13-19] 인간의 신체 기능 강화·대체 기술 등장(출처: NIA)

구분	주요 내용	기관
눈(시각)	• 시각 피질에 이미지를 주입할 수 있는 인터페이스 개발 중	DARPA
	• 야간에 사물을 선명히 볼 수 있는 점안액 '클로린 e6' 개발	Science for the Masses
	• 건강한 눈의 3배가 되는 슈퍼 시력이 가능한 생체 렌즈 개발	Ocumetics
귀(청각)	• 3D 프린팅, 은나노, 배양 세포 등을 이용 고성능 인공 귀 개발 • 보통 사람이 듣기 힘든 주파수까지 청취 가능한 인공 귀를 개발	Princeton Univ.
손(촉각)	• 물체의 촉감과 모양을 느낄 수 있는 인공 손 개발	EPEL
피부	• 분자 연결고리(molecular bridge) 구조의 신소재 물질을 개발해 재생 가능한 자가 치유 인공 피부 개발	Univ. of Southern Mississippi
	• 피부처럼 부드럽고 질긴 콜라겐 구조를 모방한 인공 피부 개발	Univ. of Illinois
	• 온도·습도·촉감을 갖는 초소형 센서 기반 스마트 인공 피부 개발	서울대학교
혈관	• 크고 복잡한 조직 배양에 필수적인 인간의 순환 체계를 모방한 바이오프린팅 인공 혈관 네트워크 개발	Sydney, Harvard, Stanford, MIT
장기	• 제약사의 약물 독성검사를 위한 3D 간(liver) 조직 판매 개시	Organovo
	• 인공 장기 프린팅을 위한 합성 DNA와 펩타이드로 구성된 젤 개발	Tsinghua Univ.
팔/다리	• 팔 다리를 보조·대체·강화하는 인공 팔, 다리 및 외골격 로봇	전 세계 학계/기업
유전자 치료·조작	• 크리스퍼(CRISPER-Cas9) 유전자 가위로 특정 질병을 유발하는 DNA 부분을 잘라내고 새로운 DNA로 교체하는 유전자 편집 기술	전 세계 생명과학계
장기	• 이식이 가능한 전체 장기를 3D 프린트할 목표로 현재 뼈, 혈관, 심장 조직도 찍어낼 수 있으며, 안구 조직을 프린팅 준비	

4. 창의성 측면 미래상 및 시나리오

| 실시간 상호교감형 서비스 | 자녀돌봄, 다국어 소통 |
| 이종의 언어와 문자가 서로 소통가능 | 사람 수준의 효율적 인지 |

- 인공지능이 인간의 커뮤니케이션을 대체
- 스토리텔링 등 문화 산업, 주가 예측 · 법률 자문 등 전문가 서비스, 자율적 학습 증진
- 사람 수준의 효율적 인지

[그림 13-4] 창의성 측면 미래상(출처: NIA)

5. 안전성 측면 미래상 및 시나리오

- 대국민 사회 안전망 제공 및 미래 사회 문제 해결
- 전문지식 빅데이터 분석 및 지능형 플랫폼을 통한 미래 경쟁력 확보

[그림 13-5] 안전성 측면 미래상(출처: NIA)

1. 인공지능 산업 범위

[표 13-20] 인공지능 산업적 정의 및 현황

	현 수준
산업적 정의 산업적 정의	• 인지, 학습, 추론 등 인간의 사고 능력을 모방하는 인공지능 관련 기술을 접목해 제품 및 서비스 경쟁력을 제고시키는 산업
	• 인공지능의 산업 영역은 모호하며 다양한 현실 문제 해결 가능하게 하는 기술을 이용한 분야로 사실상 거의 모든 산업 분야가 해당
인공지능 산업 분야	• 완전한 형태의 인공지능 제품이 출시되지는 않고 있으며, 지속적인 기술 개발을 통해 특정 분야의 재화나 서비스로 응용하는 형태로 진전 중
	• 현재 가장 인공지능에 가깝다는 IBM의 Watson의 경우 최근 의학 연구 부문, 요리, 데이터 서버, 로봇 등 다양한 분야에 응용되어 새로운 재화 및 서비스를 제공할 수 있도록 도움을 줄 예정
현 상용화 수준	• 소프트웨어나 솔루션 형태로 존재하며 시스템적 접근을 위해 물리 계층에 적용할 수 있는 방안에 대한 상용화 기술이 개발 중
	• 이미지, 소리 인식을 통한 자동차 제어로서 이미지 인식 부문(hardware)과 이를 판단(software)하고 명령을 통해 제어하는 부문(hardware)으로 연결되며 이는 물리 계층과 소프트웨어 간의 지속적인 상호작용 필요
	• Tractica(2015)는 인지 컴퓨팅, 기계학습, 딥러닝, 자연어 처리, 영상 및 대화 인식 등 인공지능 기술이 활용되는 산업 분야로 광고, 소매, 미디어, 투자, 농업, 교육, 헬스케어, 소비자 금융, 자동차, 제조, 데이터 스토리지, 메디컬 진단, 법률 등을 제시
주도 산업	• 인공지능 시장을 주도할 것으로 예측된 응용 영역(응용 애플리케이션)은 광고 서비스(Ad Service)와 투자(자문) 분야이며, 그 외에 제조, 자원 관리(Oil and Gas, Retail), 미디어 분야가 선전할 것으로 예측

[표 13-21] 인공지능 비즈니스 사업도 분석표

사업도(120)					
사업매력도			자사 적합도		
사업진입에 매력이 있는가?			진입사업이 자사에 적합한가?		
No.	항목	평가	No.	항목	평가
1	매출이익 가능성	10	1	자금 조달	10
2	성장가능성	10	2	마케팅 능력	10
3	경쟁강도	10	3	제조 및 운영능력	10
4	위험분산도	10	4	기술력 및 고객서비스 능력	10
5	업계재편 가능성	10	5	원재료 부품 정보 입수력	10
6	특별한 사회적 상황	10	6	경영지원	10
	합계	60		합계	60

[표 13-22] 인공지능 응용 산업 영역(출처: NIA)

적용 산업	적용 분야	내용	주요 업체
IT	SW 분석 솔루션	• 의료, 보험, 제조 등 다양한 분야	• IBM: Watson • GE: Predix • ETRI: 엑소브레인
헬스케어	인공지능 기반 의료 서비스	• 의료 데이터 수집 및 제공, 신약 개발 등	• Aircure: HIPAA-compliant • Next IT: Alme Health Coach
농업/에너지	기상 데이터 활용 상품 개발	• 위험 분석, 기호 조건 모델링, 기상 변화 관련 위험 회피	• Mansanto: Climate Insurance
	실시간 석유 시추 의사 결정	• 사례 기반 추론 SW 활용, 유전관리 적용	• Verdande Tech : DrillEdge
무인기기	무인 자동차	• 사고, 차량, 인간 인식 및 차량 제어	• TESLA, Audi, GM, 폭스바겐 등 • MOBILEYE:ADAS • Apple, Google 등
	무인 항공기	• 군사, 유통, 재난 현장, 영상 촬영 등 새로운 분야 개척	• Northrup Grumman : RQ-4 Global Hawk, X47-B
	제조 및 서비스용 로봇	• 인간 협업, 스마트폰 기반, 바이노닉스 등	• ABB: FRIDA • KUKA: LWR • Rethink Robotics: Baxter

지식 서비스	유통	옴니채널 플랫폼	• 다양한 고객 채널의 데이터를 통해 O2O 솔루션 제공	• Sailthru : Delivers A 360
	금융	대출 서비스 플랫폼	• 신용평가, 사기 방지, 대출 연체율 감소	• Lending Club • Bloomberg: Trade book
	법률	문서 검색 및 분석 서비스	• 판례, 계약서 등 법률 문서 검토	• Lex Machina: Legal An- alytics • Kira: Quick Study
	교육	온라인 교육 서비스	• 개인 맞춤형 온라인 강좌 및 학위 과정	−Coursera: MOOC −KNEWTON
	부동산	부동산 마케팅 솔루션	• 부동산 매물 분석 및 예측	−SmartZip
	광고	광고 및 미디어 플랫폼	• 실시간 사용자 기반 광고 매칭	−ROCKET FUEL −DSTILLERY
	통신	지능형 topology	• 트래픽 데이터 분석 및 주파수 자원 효율적 배분 등	−NEC −Qualcomm

2. 시대 변화에 따른 비즈니스 모델 혁신 필요

인공지능으로 인해 소프트파워 경쟁의 시대가 열리고 있다. 인공지능 기술의 발전에 따라 제품과 서비스에 AI 중심으로 하는 사이버 물리 시스템이 적용되어 가고 있다. 이 때문에 산업 분야에 상관없이 모든 기업은 하드웨어 측면의 경쟁 우위를 확보하기 위한 전략뿐만 아니라 소프트웨어 경쟁우위를 확보하기 위한 전략도 반드시 필요하게 된다.

[표 13-23] 비즈니스 모델 및 사업 전략 필요성

과제	비즈니스 모델 및 사업 전략
한계	• 신흥국과 경쟁해야 하는 전통 제조업체의 경우, 기술의 평준화로 하드웨어 측면에서 기술적 우위를 확보하는 것이 점점 더 어려워지고 있음 • 기업은 자사의 제품과 서비스가 하드웨어 측면에서의 기술 발전이 한계에 직면
전략적 선택	• 끝없는 제품 가격 경쟁 구도에 진입하는 것 • 사업 철수 • 소프트 파워 경쟁을 시작
O2O 융합	• 미래 소프트 파워 경쟁의 핵심 축이 될 것이며, 지금까지는 브랜드를 중심으로 한 기업 이미지 및 스토리 등이 소프트 파워 경쟁의 대부분을 차지 • 현 시점부터는 O2O 융합이 고객에게 제공하는 가치를 중심으로 소프트 파워 경쟁이 이루어짐
창조성	• '변화를 선도하면 미래가 열리고, 변화를 부정하면 도태된다'라는 명제의 징조가 빠른 속도로 나타나고 있음 • 첨단 기술로 무장한 핀테크 기업들은 전통 은행을 해체하고, 넷플릭스와 유튜브는 TV를, 쿠팡이나 아마존은 오프라인 리테일 업체의 자리를 위협하고 있음 • 소프트 파워 경쟁을 도외시하는 기업은 변화를 선도하는 경쟁자에 의해 자연 도태될 가능성이 높음

[표 13-24] 비즈니스 전략 필요성

방향	개발·활용 비용 감소
투자 비용 감소	• 선진 기술을 보유한 기업들이 자사의 인공지능 소스 코드를 오픈소스화 시킴에 따라 인공지능 개발에 필요한 투자 비용이 대폭 감소함
오픈소스	• 2015년 11월 9일, 구글이 인공지능 오픈소스 'TensorFlow'를 공개한 것을 기점으로 기업 보유의 인공지능 기술들이 차례차례 일반에 무료 공개
사이버 구축	• 인공지능을 직접 개발하지 않더라도 인공지능 SaaS(Software as a Servies)를 활용하면 손쉽게 사이버 물리 시스템을 구축할 수 있음
활용 가능	• IBM의 Watson과 애플의 Siri 등 상업적으로 즉시 활용 가능한 수준의 인공지능들이 SaaS화되면서 자체 IT 개발 역량에 구애받지 않고 누구나 고도의 인공지능을 활용할 수 있음
전략 필요	• 인공지능이 주도할 4차 산업혁명은 기존의 사회 흐름을 통째로 바꿀 거대한 흐름으로 다가오고 있으며, 이 변화를 피할 수 없다면 앞서기 위한 국가적 전략이 필요한 시점임

3. XAI 모델 가능성(개발 사례)

XAI는 기계가 작동하는 콘텍스트와 환경을 이해하고 시간이 지남에 따라 실제 현상을 특성화할 수 있는 기본 설명 모델을 구축하는 '제3파 AI 시스템'을 가능하게 할 것으로 예상되는 현재 DARPA 프로그램 중 하나이다.

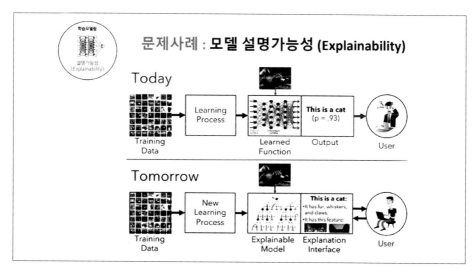

[그림 13-6] XAI 모델-설명 가능성(Explain ability)있는 인공지능 개발 중(자료: DARPA)

XAI 프로그램은 다중 시스템의 영역에서 도전 문제 해결을 목표로 개발하고 있다.

> 1) 이기종 멀티미디어 데이터에서 관심 있는 이벤트를 분류하는 기계학습 문제
> 2) 자율 시스템이 다양한 시뮬레이션 임무를 수행하기 위한 의사 결정 정책을 구성하기 위한 기계학습 문제

이 두 가지 도전 문제 영역은 두 가지 중요한 기계학습 접근 방식(분류 및 강화학습)과 DoD를 위한 두 가지 중요한 운영 문제 영역(지능 분석 및 자율 시스템)의 교차점을 나타내기 위해 선택되었다. XAI 연구 프로토타입은 프로그램 과정 내내 테스트되고 지속적으로 평가된다. 2018년 XAI 연구원은 설명 가능한 학습 시스템의

초기 구현을 시연하고 1단계 평가의 초기 파일럿 연구 결과를 발표하였다. 프로그램이 끝나서 최종 제공되는 것은 미래의 설명 가능한 AI 시스템을 개발하는 데 사용할 수 있는 기계학습과 인간-컴퓨터 인터페이스 소프트웨어 모듈로 구성된 툴킷 라이브러리(Toolkit Library)이다. 프로그램이 완료되면 이러한 툴킷을 추가로 개선하고 국방 또는 상업용 응용 프로그램으로 전환할 수 있다.

제5절. 4차 산업혁명 시대 성장 동력 산업

세계 시장에서 우리는 4차 산업혁명 시대 성장 동력과 유망 비즈니스 영역을 발굴/육성하는 일이 경제의 최대 현안 과제로 등장하고 있다. 그동안 세계에서 가장 가난한 국가(GDP 기준 1인당 67달러/1962년)에서 세계 경제 G8에 들어가 있으며, 무역 5위 강국으로 부상하였다. 과거 식민지 국가에서 선진국(32번째)으로 진입한 유일한 국가이기도 하다. 이는 자원 없는 국가가 인재를 활용하여 생산 제조 강국에서 최첨단 제조 경제 대국으로 발전하였다. 다음 과제는 동북아 경제 통합을 이룩하기 위해서라도 미래 기술 트렌드를 정확히 판단하여 인재를 지속적으로 육성해야 한다.

1. 비즈니스의 당면 과제

4차 산업의 당면한 성장 한계를 돌파하고, 선진국으로서 미래 성장 동력과 차세대 유망 산업 및 유망 비즈니스를 적극 발굴 육성하여야 한다. 향후 우리 경제를 이끌 차세대 유망 산업 후보를 포착하기 위해서는 글로벌 차원의 수요 트렌드와 기술 트렌드를 포괄적으로 연구할 필요가 있다.

[표 13-25] **우리 경제의 당면 과제와 도전**(자료: LG경제연구원)

21세기 한국 경제의 도전	경제의 중장기적인 성장 활력 저하	당면한 성장 한계를 돌파하고, 경제의 선진화를 이끌어낼 미래 성장 동력 (4차 산업혁명)과 차세대 유망 산업 및 유망 비즈니스를 적극 발굴과 인재 육성 필요
	• 중국 등 후발개도국의 추격과 선진국의 견제 • 노동 투입 및 자본의 한계 수익성 저하 • 금융의 낙후성, 노동시장의 경직성 등 제도 측면의 걸림돌 • 반시장/반기업적인 국민 정서 • 서비스업의 비효율성	
	Red Ocean에 빠진 주력 산업들	
	• 기존 강자의 수성과 신흥국의 맹렬한 도전 • 롤러코스터형 기업 성과 • 첨단 지식과 창의적 아이디어보다는 제조 경쟁력에 의존 • R&D 투자의 비효율성	

그러므로 기업들은 끊임없이 미래 비즈니스 전략과의 기술 혁신에서 구체적 연계성을 공고히 해야 성공이 지속된다.

2. 미래 기술 수요와 트렌드

선진 경제를 이끌 차세대 유망 산업 후보를 포착하기 위해서는 글로벌 차원의 수요 트렌드와 기술 트렌드를 포괄적으로 이해해야 한다.

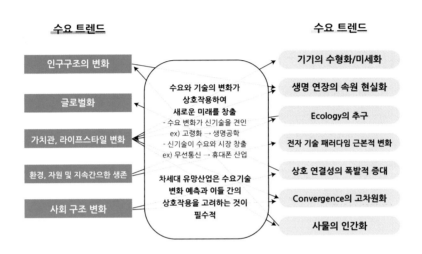

[그림 13-7] **미래 기술 트렌드와 진화 방향**(자료: LG경제연구원)

소비자 니즈의 변화를 이끌어 미래의 산업 지형과 시장 구도와 기업의 비즈니스 전략에 중대 영향을 미칠 수요 변화의 핵심 동인을 보면 다음과 같다.

3. 다양성과 통합성의 미래 사회

수요 변화 트렌드에 기초해 그려본 미래 사회 특징은 'Diversity & Integration'으로 요약할 수 있다. 다양성의 중요를 강조하면서 통합의 필요성은 더욱 커지고 있다.

[표 13-26] Diversity & Integration (자료: LG경제연구원)

특징	진화	중요도
Diversity	· 인구 구성의 다양화: 노년층의 확대 및 세분화 · 가족의 재핵분열: Single족, No Kids족, 독거노인 증가 등 · 개인주의, 개성 중시 현상의 심화 · 사고/활동 공간의 확대(Local→Global) · 제품/서비스 유통 채널의 확대(다양한 Online 채널 등장)	· 고객들은 다양한 대안 가운데서 자신에게 맞는 최선의 선택을 추구. · 다양성을 풍부하게 하는 동시에 이를 효과적으로 통합하는 능력이 매우 중요 · 지식 경제의 속성과 IT 발전이 이를 가능하게 함
Integration	· 다양성에서 오는 갈등, 모순 등을 해소하기 위한 통합의 필요성 · 다양하고 빠르게 변하는 시장 환경에 신속 대응하기 위한 차원에서 통합의 중요성 · 지식 경제의 확산: 엄청난 양의 데이터와 다양성을 효과적으로 통합할 필요성 · 기술 발전에 따른 통합의 용이성 증대: 디지털화 및 컨버전스 · 소비자들도 통합되고 정리된 정보 속에서 다양성을 강화하려는 욕구 증대	

4. 미래 비즈니스의 진화 방향

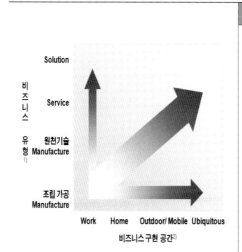

	유형
	· Product를 생산하는 제조업으로는 아무리 광범위한 포트폴리오를 가져간다 해도 '다양성 속의 최선의 선택'이라는 고객 욕구 충족에는 한계 · 시간이 지날수록 Service나 Solution 대비 입지 약화 불가피 · 비즈니스 유형: 제조 → Service → Solution 중대형 컴퓨터 → SI →비즈니스 컨설팅(IBM) · 조립/가공형 제조 → 원천기술형 제조: 카메라 → 이미지 센서 · 비즈니스 구현 공간: Work → Home → Mobile → Ubiquitous(창구 업무 → ATM →인터넷 뱅킹 → 모바일 뱅킹)

[그림 13-8] 미래 비즈니스의 진화(자료: LG경제연구원)

다양성과 통합에 대한 욕구를 동시에 만족시켜 주는 비즈니스가 향후 10년은 유망하다는 결론을 얻게 된다.

[표 13-27] 미래 비즈니스의 진화(자료: LG경제연구원)

Key Trend	주요 내용	Disruptive 기술/제품
상호 연결성 폭발적 증대	· 글로벌 단위의 초고속 교통망, 통신 네트워크, 물류 정보망 구축 · 시공간을 초월한 인간, 사물, 정보의 자유로운 이동에 대한 갈구	· 교통: 무인항공기, WIG 선 · 초고속 통신망: 5G, MESH Networks · 물류 정보망: RFID
Convergence의 고차원화	· 다양한 기술, 산업, 네트워크 융합 · 편의성, 휴대성, 경제성 제고 측면에서 소비자의 All-in-One 니즈 충족 · 궁극적으로는 인간, 사물, 정보의 융합으로 고도화	· 산업 내/간 융합: 플랫폼 부품, 통합 반도체, 모듈 부품 · 네트워크 간 융합: Reconfigurable 반도체, SDR★ · 인간과 IT의 융합: Wearable Robot
사물의 인간화	· 오감 인식, 자율 구동 등 인간의 능력이 사물에 접합 · 3D, 저부가가치 노동을 대행할 인간의 보조자(Agent) 필요, 증가에 따라 지속 확대	· 오감: Smart Sensor, CMOS 센서 · 사고: Controlling Units · 동작: 인공 근육 · 소통: 음성 인식 Algorithm
기기의 소형화/ 미세화	· 기능 집적화, 설계 기술 발전을 통해 기기의 소형화 지속 · 소비자들의 다기능, 휴대성 증대 니즈의 충족 · 점차 마이크론, 나노 단위의 초소형 기기도 등장할 전망	· 미세 설계: 고밀도 3차원 실장 기술 · 소형화 부품: 1인치 HDD · 소형화 전원: 아웃도어용 연료전지 팩
생명 연장의 숙원 현실화	· 의학, 생체공학, 바이오 기술의 비약적인 발전으로 다양한 돌파성 기술이 등장 · 인간의 본원적인 '불로장수'의 욕망을 실현	· 난치병 치료: 안티센스 치료제 · 맞춤형 치료: 유전자 카드 및 판독기 · Bionics: 줄기세포, 고분자 생체 소재
Ecology의 추구	· 환경친화적 에너지 및 부품, 소재의 채용 확산 · 환경 파괴를 최소화하여 산업 문명의 지속 가능성 확보 · 쾌적하고 자연 지향적인 생활 환경과 관련된 시장 대응	· 대체 에너지: 바이오 디젤 등 · 응용제품: 하이브리드카 · 부품, 소재: 차세대 분해성 플라스틱

전자 기술 패러다임 근본적 변화	· 유기(Organic), 광자(Photon), 양자 (Quantum) 등 새로운 기술 패러다임 이 대두 · 현존 전자 기술이 봉착한 물리적 한계 극복	· 유기 전자: 유기 반도체, 유기 태양전지 · 광자: 광전자, 홀로그래픽 스 토리지 · 양자: 양자컴퓨터

5. 미래 트렌드 관점에서 본 유망 비즈니스

[그림 13-9] 세계 산업 패러다임과 주력 산업의 변화(자료: LG경제연구원)

(자료: Freeman & Soete(1997), 시기 구분은 Kontratieff 파동주기 이론)

미래 사회의 핵심적 변화 트렌드에 비추어볼 때 특히 소비자 개개인의 생활과 직접적으로 연계되는 B2C 서비스 산업군이 유망할 것이다.

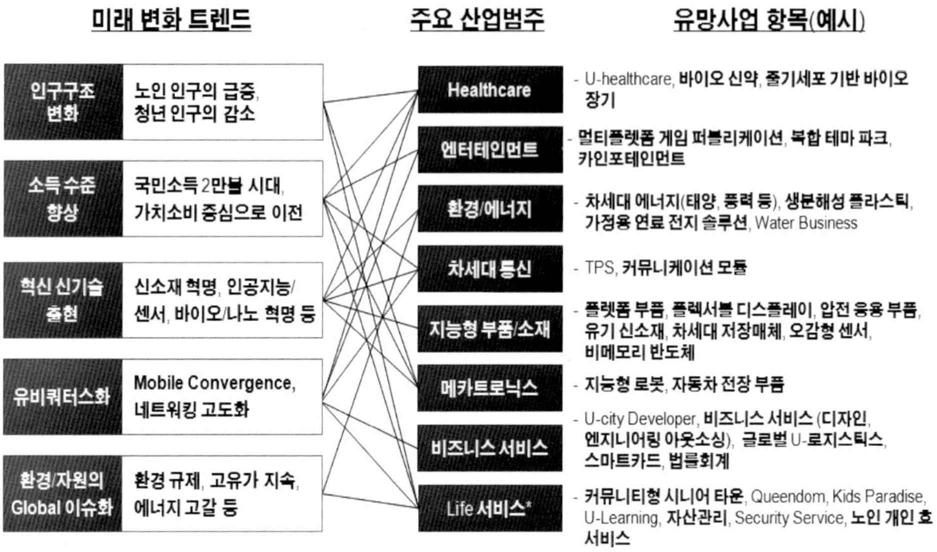

미래 변화 트렌드	주요 산업범주	유망사업 항목(예시)
인구구조 변화 노인 인구의 급증, 청년 인구의 감소	**Healthcare**	- U-healthcare, 바이오 신약, 줄기세포 기반 바이오 장기
소득 수준 향상 국민소득 2만불 시대, 가치소비 중심으로 이전	**엔터테인먼트**	- 멀티플렛폼 게임 퍼블리케이션, 복합 테마 파크, 카인포테인먼트
혁신 신기술 출현 신소재 혁명, 인공지능/센서, 바이오/나노 혁명 등	**환경/에너지**	- 차세대 에너지(태양, 풍력 등), 생분해성 플라스틱, 가정용 연료 전지 솔루션, Water Business
유비쿼터스화 Mobile Convergence, 네트워킹 고도화	**차세대 통신**	- TPS, 커뮤니케이션 모듈
환경/자원의 Global 이슈화 환경 규제, 고유가 지속, 에너지 고갈 등	**지능형 부품/소재**	- 플렛폼 부품, 플렉서블 디스플레이, 압전 응용 부품, 유기 신소재, 차세대 저장매체, 오감형 센서, 비메모리 반도체
	메카트로닉스	- 지능형 로봇, 자동차 전장 부품
	비즈니스 서비스	- U-city Developer, 비즈니스 서비스 (디자인, 엔지니어링 아웃소싱), 글로벌 U-로지스틱스, 스마트카드, 법률회계
	Life 서비스*	- 커뮤니티형 시니어 타운, Queendom, Kids Paradise, U-Learning, 자산관리, Security Service, 노인 개인 호 서비스

[그림 13-10] 미래 유망 비즈니스(자료: LG경제연구원)

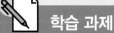
0. 이력서와 자기 소개서를 작성해 담당 교수께 지도를 받아 보시오.

1. (인공) 지능정보화 사회에서 살아남기 위한 여러분의 선택은 무엇인가?

2. 세계 시장에 통할 비즈니스 모델을 구상해서 토론해 보시오.

3. 혁신적이라고 생각되는 디지털 기술은 무엇인가? 이 기술이 어떻게 우리 기업의 제품/서비스와 결합할 수 있을지 정리해서(Brain Writing) 토론해 보시오.

4. 우리는 생산 제조 강국이다. 앞으로 제품과 서비스를 결합하여 수출해야 생존한다. 그래서 제품에 숨어 있는 서비스적 요소를 찾아보시오. 이 서비스 내에서 얻은 경험을 습관으로 바꾸어 어떻게 설계에 반영할 것인가?

5. 고객 간의 연계, 온라인/오프라인/온오프라인 공간의 연결을 가능하게 하는 디지털 전환(Digital Transformation) 기술을 찾아서 발표하시오.

6. 설명 가능한 XAI가 왜 필요한지 설명하시오?

7. 가상공간 환경에서 특정 사용자를 지원하기 위한 자율화된 인공지능이 있다. 자율화가 가능하다면 어떤 인공지능 자율형 에이전트를 개발할 것인가를 정리해서(Brain Writing) 발표하시오.

8. 기술과 소프트웨어, 인공지능의 발달은 예술에도 많은 영향을 미칠 것이다. 기술과 과학 그리고 인공지능 등을 영화계에 접목하여 볼 수 있는 아이디어를 팀원들과 공동 정리해서(Brain Writing) 토론해 보시오.

9. 인공지능과 다양한 기술들이 통합한 의료기기들이 끊임없이 개발되고 있다. 의료용 로봇은 수술을 도우면서 의료 수준을 끌어올리고 있다. 그러나 건강보험이 적용되지 않는 로봇 수술은 모든 분들이 혜택받기 어렵고, 의료 로봇은 고가여서 일반 병원의 도입은 어려울 것으로 본다. 이렇게 국민 모두에게 평등한 혜택을 주지 못하는 의료 로봇에 대해 문제점으로 지적하고 이를 해결할 수 있는 방안을 정리해서(Brain Writing) 토론해 보시오.

10. 가상공간 내에서 개인의 맞춤 교육이 가능하며 지식의 보편화가 가능하다. 그러면 온라인상에서 배울 수 있는 교육 프로그램이 무엇이 있는지 토론해 보시오. 그리고 당신은 지식 학문을 습득하기 위해 대학을 어떻게 이용하고 있는가? 당신이 대학교를 설립한다면 어떤 대학을 만들고 싶은가?

인공지능 윤리와 법제도

 학습주제

4차 산업혁명 시대의 인공지능의 발전은 인류의 삶을 향상시키는 것은 물론 인간의 존엄성을 잃지 않으면서 인류가 함께 잘 살 수 있는 세상이 되어야 한다.

그러나 급격히 발전하면 할수록 인공지능의 윤리 문제가 사회 문제로 대두되어 가고 있다. 과학기술을 다루는 과학자와 공학자들이 기술을 오남용하게 되면 그 기술은 인류의 목숨을 겨누는 칼이 된다. 특히 인공지능 자율 시스템은 '인간의 개입 없이 주어진 환경 안에서 반응할 수 있는 존재'이다. 이 인공지능이 일상생활에 보편적으로 개입하고 상호작용하는 과정에서 기존에 없었던 새로운 이슈가 발생한다. 기존 법질서에서 새로운 이슈들을 무리 없이 규율할 수 있는지, 혹은 새로운 원칙과 규율이 필요한지에 대한 물음으로 해결책을 마련해야 한다.

인공지능의 가장 두드러진 특징 중 하나는 인간의 개입 없이 판단하고 행동할 수 있다는 것이다. 이 특징은 법적 공방으로 이어질 수 있다. 즉 인간 개입 없이 발생한 행위로 인해 손해가 발생하였다면, 그 책임 소재가 불분명한 경우 다툼이 있을 수 있다. 손해에 대한 책임, 특히 민사적인 책임을 묻기 위해서는 손해와 관련되어 있는 주체가 법체계 내에서 권리 주체이어야만 한다. 즉 법인격을 가진 주체만이 책임의 주체가 될 수 있다. 현행법에서 인정하는 법인격은 자연인과 법인뿐이다. 인공지능은 그 대상이 아니다. 그렇다면 개입한 법적 권리 주체가 부재한 상황에서 어떻게 민사적 책임을 물을 수 있을까?. 이 물음에 답하기 위한 법적 논리는 현행법에서 찾거나 필요하다면 새로운 규율 체계를 정립하여야 한다.

미래를 사는 우리는 인공지능 윤리와 사회적 책임을 함께 해결책을 찾아야 한다.

1. 인공지능 윤리

4차 산업혁명으로 제조·의료·교통·환경·교육 등 산업 전 분야에 걸쳐 인공지능 기술이 접목되면서, 기술의 오남용·알고리즘에 의한 차별·프라이버시 침해 등 윤리가 급속히 문제화되고 있다.

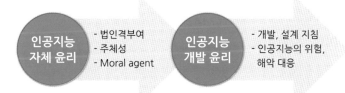

[그림 14-1] 인공지능 개발 윤리 대응

[표 14-1] 인공지능의 사회적 기능

기능	내용
순기능	• 다양하고 정확한 정보가 전달되어 모든 면에서 편리한 생활을 하게 함 • 시간적, 공간적 의사소통의 불편함을 제거함
역기능	• 인간성 상실 • 공동체 소멸 • 가상공간에서의 비도덕적 행위 • VDT 증후군 • 전자파의 노출

이미 인공지능에서 공리주의 원칙을 설계하거나, 학습을 통해 비교 평가하여 자신의 의무를 결정하도록 설계하고, 다양한 경우의 수를 두고 시뮬레이션 과정을 거치도록 하는 설계 방법론이 제시되고 있다. 인공지능 개발 단계에서의 윤리적 기준을 알고리즘 소프트웨어를 인간이 통제 없이도 지요 윤리적 행동이 가능하도록 설

계하고 동작하게 해야 된다. 인공지능 알고리즘이 인간의 가치 판단 및 의사 결정 수준까지 가능해질 것으로 예상되므로 인간 중심의 윤리적, 법직, 사회적인 영역 규범까지도 근본적인 변화가 필요하다.

2. 로봇 윤리 헌장 윤리 초안

인공지능과 더불어 인간과 로봇, 로봇이 매개된 인간과 인간 사이의 바람직한 관계 정립을 위해 로봇 윤리가 대두되고 있다. '로봇 윤리론'이란 로봇공학자 지안마르코 베루지오에 의해 처음으로 제시된 개념으로, 로봇을 사용하는 주체인 인간의 통제권, 로봇이 지켜야 하는 윤리적 규범, 인간 수준의 자율적인 윤리 판단에 관한 내용이 담겨 있다. 그러므로 법적으로 윤리의 논리 중 의무론, 공리주의, 덕 윤리, 책임 윤리의 개념을 로봇학에 적용하여 로봇 윤리를 정립할 수 있다고 한다.

[표 14-2] **로봇**(인간과 관계, 자율적 판단 규제, 행동 규범) **윤리 발표**

년도	발표 당국	윤리 초안
1942년	아이작 아시모프	· 로봇의 행동을 규정하는 '로봇의 3원칙'을 발표
2004년	이탈리아	· '제1회 로봇 윤리 국제 심포지엄'에서 로봇 윤리 공론화
2004년	일본	· 인간과 로봇이 공존하는 관계를 강조하는 '세계 로봇 선언' 발표
2010년	영국	· 로봇은 인간을 절대 해쳐서는 안 되므로 로봇 설계·사용·운용에 있어서 법·규범에 부합해야 함을 강조하는 '로봇 원칙' 발표
2007년	한국	· '인본주의' 철학에 따라 세계 최초로 로봇 산업이 지향해야 할 제조업자의 법적·윤리적 책임과 로봇의 개조·파괴 등에 대한 사용자의 윤리 등을 정립하는 로봇 윤리 헌장 초안 발표

3. 인공지능 자율 행동과 인정 범위

약한 인공지능의 발전은 이미 상당한 수준에 도달했고, 인간보다도 더 다양한 능력을 가진 수준의 자율 의사 결정 및 행동이 가능한 강한 인공지능이 출연 가능성이 대두되고 있다. 인공지능의 자율 행위로 인하여 인간만이 향유했던 인간 본연의 권리가 침해되고, 인류를 말살시킬지도 모른다는 우려와 위기의식도 확산되고 있다.

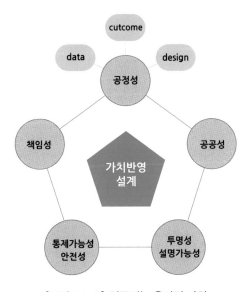

[그림 14-2] 인공지능 윤리적 가치

인공지능은 딥러닝에 의해 사람보다 더 일관된 윤리적 판단이 가능할 수는 있으나 사회, 문화적, 시대적 흐름에 맞지 않는 윤리 기준이 적용되면 잘못된 윤리적 판단을 할 수도 있다. 이는 인공지능의 윤리 알고리즘으로 합리적인 의사 결정이 가능할 수도 있겠으나 또 다른 사회적 혼란을 야기할 수도 있다. 인공지능이 빅데이터를 활용하게 될 경우 개인 맞춤형 서비스가 가능해질 수 있지만 개인 정보나 프라이버시를 침해할 가능성도 많이 있다. 이미 개발 완료되어 판매 중인 성인용 로봇이 인간의 외로움을 해결해 줄지도 모른다는 기대감이 있지만, 반면 왜곡된 성 문화가 확산되고, 인간의 존엄성이 상실될 것이라는 우려도 확산되고 있다.

[표 14-3] 미 FTC의 인공지능 알고리즘 이용 주요 지침(출처: KISDI)

구분	주요 내용
AI 및 알고리즘 활용의 투명성 제고	– 소비자 기만 금지
	– 민감한 데이터 수집 시 투명성 담보
	– 불리한 조치에 대한 통지
AI 및 알고리즘을 활용한 의사 결정에 대한 설명	– 결정에 대한 구체적 이유 설명
	– 영향을 미친 상위 주요 요인 공개
	– 거래 조건 변경 시 통지
결과의 공정성에 대해 보장	– 특정 집단·층에 대한 차별 금지
	– 결과의 공정성 보장
	– 정보 접근 권한 및 수정 기회를 소비자에게 제공
데이터·모델의 견고성 및 실증적 타당성 보장	– 정보의 정확성과 최신성 유지
	– 명문화된 정책과 절차 마련
	– AI 모형의 유효성 검사
법령 준수, 윤리, 공정성 및 비차별성에 대한 책임 견지	– 자가 점검을 통한 편견·피해 방지
	– 무단 사용에 대한 알고리즘 보호
	– 책임 메커니즘 구축 방안 고려

4. 인공지능 윤리 3대 원칙

지능 로봇의 활용이 여러 영역에서 확대되는 '팍스 로보티카'의 시대가 될 것으로 예상된다. 그러나 인간보다 뛰어난 자율적 판단과 의사 결정이 가능한 강한 인공지능이 인류를 해칠지도 모른다는 공포가 확산되면서 인공지능의 윤리적 행동·판단·권한 등에 대한 논란은 지속되고 있다. 인공지능이 윤리적 판단의 유일한 주체가 되는 것은 막아야 하며, 인공지능이 초래할 비인간적·비윤리적 문제는 최소화해야 한다.

[표 14-4] 인공지능 윤리 3대 원칙(출처: KISDI)

인간 주제	최종 결정
1) 인공지능 알고리즘은 의무 공개되어야 함	강한 인공지능을 통제하기 위해서 인공 지능의 알고리즘 코드 공유·개방
2) 인공지능을 윤리적으로 설계	운영, 활용되기 위해서는 글로벌 표준에 준하는 AI 윤리 기준 수립
3) 10년 내 강한 인공지능을 규제할 기술을 개발해야 함	강한 인공지능이 머지않은 미래에 개발·완성될 것이라는 예측이 발표되면서 이에 대응하는 기술 개발 필요

제2절. 인공지능 안전성

1. 인공지능 기술의 안전성

최근 인공지능의 발전이 가속화되고 있으며 적용 분야와 정도가 점차 확산되고 있다. 따라서 인공지능의 보안 이슈는 선제적인 안전성 제고 및 제반 시스템 확보가 필요하다. 인공지능 기술의 통계적 학습에 대한 표준은 기준과 기반이 마련되어 있다. 현재 주로 연구되고 있는 약 인공지능(Artificial Narrow Intellgience) 기술만이 아니라, 추후 출현 가능성이 존재하는 강 인공지능(Artificial General Intelligence)을 이용한 시스템에 대한 안전성 확보가 필수 조건이다.

[표 14-5] 인공지능의 안전 및 보안 이슈(출처: KISA)

보안 이슈	설명	사례
Security by AI	인공지능이 사람을 위협하는 상황에 대한 보안 이슈	강 인공지능의 문제, 무인자동차의 트롤리 문제 등
Security of AI	인공지능 시스템이나 서비스의 악의적인 침입자에 대한 보안 이슈	AI에 대한 적대적 공격(Adversarial attack) 데이터 포이즈닝 공격 등
Security from AI	인공지능 기술을 활용하여 다른 보안 이슈를 해결하는 것	바이오 인증, 침입 탐지, DDOS 탐지, 이상 거래 탐지 등

인공지능은 인간 지능을 재현하기 위해 다양한 SW·HW 기술의 융합으로 구현되는 복합체이다. 이러한 특성상 인공지능은 필연적으로 물리적 손상, 경제적 손해, 신체적 상해, 데이터 유출 등 보안 이슈를 가지며, 기능적인 오작동과 논리적 오류의 위험성을 내포한다. 인공지능 안전(AI Safety)이란 이처럼 기술 구조적 한계 및 특징으로 인해 발생할 수 있는 오류 및 위험에 대비하는 개념이다. 인공지능 관련 제품 및 서비스의 오작동은 개인 차원 안전성의 침해를 넘어서 사회적 불안정성을 심화시킬 소지가 있어 국가 차원의 대책이 필요하다.

2. 인공지능 안전 가이드라인

한 가지는 AI 기술에 대한 대중의 신뢰를 강화하고, 적용 시 시민의 자유, 프라이버시 및 미의 가치를 보호해야 한다는 것이다. 다른 하나는 산업에서 새로운 AI 관련 산업을 창출하고 AI를 채택할 수 있도록 적절한 기술표준을 개발·추진하고 AI 기술의 안전한 시험과 배치에 대한 장벽을 줄여야 한다는 것이다.

[표 14-6] EU의 신뢰할 수 있는 인공지능 윤리 가이드라인 주요 내용(출처: KISDI)

구분	주요 내용
Trustworthy AI	· 인간 존중을 윤리 원칙으로 준수하는 AI 시스템 개발·배포·사용
	· 어린이·장애인·고용주와 근로자 또는 기업과 소비자 간 권력이나 정보의 불균형에 대응
	· AI 기술이 개인과 사회에 상당한 혜택과 이익을 주지만 특정 위험도 초래할 가능성에 주의
Realization Trustworthy AI	· 인간의 기본권·존엄성·자율성 보장
	· 기술적 견고성 및 안전성
	· 개인정보 및 데이터 거버넌스
	· 투명성
	· 다양성, 차별 금지 및 공정성
	· 사회·환경 복지
	· 책임성
Assessing Trustworthy	· AI 2단계에서 언급한 요구 사항을 실제 사례에 적합하게 적용할 수 있는 기틀 마련

미 정부는 AI 혁신을 이루기 위해 '인공지능 분야 국가 전략을 위한 인텔의 권고 사항'을 제안하였다. 이는 정부를 위한 4개의 주요 AI 혁신 전략과 의무 사항을 담고 있으며, 각 분야별로 실행 가능한 단계를 제시하였다. 이 권고 사항에는 인공지능 안전과 관련된 항목으로 '책임감 있는 자유로운 데이터 사용 및 공유'가 있다.

[표 14-7] AI 혁신을 위한 미 국가 전략 권고 사항(출처: 인텔)

사항	제안 내용
개인정보 보호	• 데이터 사용의 투명성과 국가적 데이터 보안 규제 개발을 장려해 혁신적이면서 윤리적인 데이터 활용을 허용
개인정보 법규 통과	• 개인과 사회가 입을 피해를 최소화할 수 있도록 미 FTC의 역량을 향상시킬 포괄적 법규 제정
법규 개발	• AI의 진화 및 도입을 가속할 국제적인 데이터 상호 운용성
기술 및 안전 표준 개발	• 행정 명령에 따라 인공지능 시스템에 적합한 미 표준기술연구소(NIST)에 요청. NIST는 '기술 표준 및 관련 도구 개발에 대한 연방 정부의 계획' 초안 발표
	• 인공지능 기술 및 시스템의 기능, 상호 운용성 및 신뢰성에 대한 중요한 목표를 충족하고 안전하게 수행할 수 있는 인공지능의 요구 사항, 사양, 지침 특성을 명확하게 명시
	• 개념 및 용어, 데이터 및 지식, 인간 상호작용, 지표, 네트워킹, 성능 테스트 및 보고 방법론, 안전, 위험 관리, 신뢰성 각각의 항목에 대해 현재 진행된 AI 표준화의 상태 및 필요성
	• 데이터 세트, 테스트베드 및 책임 및 감사 도구의 표준화된 형식을 비롯해 필요한 표준 관련 도구에 중점

3. 의·생명과학과 인공지능 윤리 프로세스

[표 14-8] **헤븐 프로젝트**(The Head anastomosis Venture project)

전신 마비된 사람의 머리(A)와 뇌사자의 몸(B)을 연결해 정상 인간으로 만드는 시도

① 인간 동일성의 문제
   – 스피리도노프는 수술 전과 후 동일한 인간인가?
   – 동일한 인간이라면 그 기준은 무엇인가?
 ② 과학기술로 향상된 인간, 인간 이해의 전복인가?

[그림 14-3] 인공지능 접목 스피리도노프 인간

[표 14-9] **제4차 산업혁명+인공지능 시스템+의·생명과학 기술**

제4차 산업혁명의 생명공학		의생명과학 기술
인간 향상이라는 의도하에 인체에 대한 각종 시술을 감행함으로써 인체를 인공적으로 확장시키거나 인간과 유사한 종을 산출해 낼 가능성		인간 생명과 인체에 관여함으로써 발생될 인간 변이에 대하여 주목
	– 제4차 산업혁명과 연관된 의·생명과학 기술의 방향	
	– 인간성에 대한 숙고와 인간성을 증진시키는 사회 질서에 대한 숙고를 동시에 성찰	

제3절. 사람 중심 인공지능(AI) 윤리 기준

1. 인공지능(AI for Humanity) 윤리 기준(안)

인공지능 기술의 발전·확산은 생산성·편의성을 높여 국가 경쟁력을 높이고 삶의 질을 높일 것으로 기대되지만, 한편으로는 기술 오용·데이터 편향성과 같은 인공지능 윤리 이슈도 제기되고 있다. 윤리 기준은 시대의 흐름을 고려하여 '인공지능 개발과 활용 전 단계에서 정부·공공기관, 인공지능 기술 개발자, 인공지능 기술을 활용한 제품·서비스 공급자·활용자 등 모든 사회 구성원이 인간 중심 인공지능' 구현을 위해 고려해야 할 기본적이고 포괄적인 기준 제시를 목표로 한다.

[표 14-10] '인간성을 위한 인공지능(AI for Humanity)' 윤리 기준(안)

분야	윤리 기준(안)
인간 중심 인공지능	• 구현을 위해 지향되어야 할 최고 가치로 '인간성(Humanity)'을 설정
	• 인간에게 유용할 뿐만 아니라 나아가 인간 고유의 성품을 훼손하지 않고 보존하고 함양하도록 개발되고 활용
	• 인간의 정신과 신체에 해롭지 않도록 개발되고 활용
	• 개인의 윤택한 삶과 행복에 이바지하며 사회를 긍정적으로 변화하도록 이끄는 방향으로 발전
	• 사회적 불평등 해소에 기여하고 주어진 목적에 맞게 활용
	• 목적의 달성 과정 또한 윤리적
	• 목표는 인간의 삶의 질, 사회적 안녕, 공익 증진에 기여하도록 개발
산업·경제 분야 원칙과 요건	• 자율 규제 환경을 조성함으로써 인공지능 연구 개발과 산업 성장을 제약하지 않고, 정당한 이윤을 추구하는 기업에 부당한 부담을 지우지 않는 것을 목표
	• 범용성을 원칙으로 사안별·분야별 인공지능 윤리 기준 제정의 근거를 제공하여 영역별 세부 규범이 유연하게 발전해 나갈 수 있는 기반 조성
	• 사회경제·과학기술의 변화로 새롭게 제기되는 인공지능을 윤리 쟁점을 반영하여 지속적으로 수정·보완되는 '인공지능 윤리 플랫폼'으로 기능

산업·경제 분야 원칙과 요건	• 상황에 따라 상충 관계가 발생할 수 있으며, 상충하는 문제의 해결 방식은 개별 맥락과 상황에 따라 달라짐
	• 각각 원칙들 사이에 고정된 형태의 우선순위를 제시하지는 않으며, 직간 접적으로 영향을 받는 이해관계자가 지속적인 토론과 숙의 과정에 참여하여 절충점과 해결 방안을 모색하도록 권유

[표 14-11] 인공지능 이슈 사례

이슈	사례
기술 오남용	EU의 에너지 기업 CEO는 영국 범죄자들이 AI를 활용해 정교하게 만든 모회사 CEO의 가짜 음성에 속아 22만 유로를 송금하는 피해(2019.9월)
데이터 편향성	아마존의 인공지능 기반 채용 시스템이 개발자, 기술 직군에 대부분 남성만을 추천하는 문제가 발생함으로 아마존에서 시스템 사용 폐기(2018.10월)
알고리즘 차별	인공지능 기반 범죄 예측 프로그램인 'COMPAS'의 재범률 예측에서 흑인 범죄자의 재범 가능성을 백인보다 2배 이상 높게 예측하는 편향 발견(2018.1월)
프라이버시 침해	아마존 '알렉사', 구글 '어시스턴트', 애플 '시리' 등이 AI 스피커로 수집된 음성 정보를 제3의 외부 업체가 청취하는 것으로 밝혀져 논란(UPI, 2019.9월)
개인정보 유출	• '이루다' 챗봇은 구글에서 공개한 딥러닝 알고리즘인 BERT와 메시 인코더라는 자연어 처리 기술로 만든 2020년 12월 공개되고 인기 상승 • 그러나 딥러닝 알고리즘이 가질 수밖에 없는 한계성과 개인정보 유출 논란이 생기면서 결국 사이트 중단(2020.12월)

2. 인간 중심 '인공지능(AI) 윤리 기준' 준칙

윤리 기준 마련의 시대적 배경과 윤리 기준이 지향하는 목표, '인간성을 위한 인공지능' 가치 제시, 상충 관계 조항이 있다.

2.1. 3대 기본 원칙

[표 14-12] '인간성을 위한 인공지능'을 위해 고려할 3대 기본 원칙

원칙	목표 지향점
① 인간 존엄성 원칙	• 인간은 신체와 이성이 있는 생명체로 인공지능을 포함하여 인간을 위해 개발된 기계 제품과는 교환 불가능한 가치가 있다. • 인공지능은 인간의 생명은 물론 정신적 및 신체적 건강에 해가 되지 않는 범위에서 개발 및 활용되어야 한다. • 인공지능 개발 및 활용은 안전성과 견고성을 갖추어 인간에게 해가 되지 않도록 해야 한다.
② 사회의 공공선 원칙	• 공동체로서 사회는 가능한 한 많은 사람의 안녕과 행복이라는 가치를 추구한다. • 인공지능은 지능정보사회에서 소외되기 쉬운 사회적 약자와 취약 계층의 접근성을 보장하도록 개발 및 활용되어야 한다. • 공익 증진을 위한 인공지능 개발 및 활용은 사회적, 국가적, 나아가 글로벌 관점에서 인류의 보편적 복지를 향상시킬 수 있어야 한다.
③ 기술의 합목적성 원칙	• 인공지능 기술은 인류의 삶에 필요한 도구라는 목적과 의도에 부합되게 개발 및 활용 되어야 하며 그 과정도 윤리적이어야 한다. • 인류의 삶과 번영을 위한 인공지능 개발 및 활용을 장려하여 진흥해야 한다.

[그림 14-4] 인공지능 15대 실행 원칙 주요 키워드(자료· NIA)

2.2. 3대 기본 원칙을 실현하기 위한 세부적인 10대 핵심 요건

모든 사람이 모든 분야에서 자율적으로 준수하며 지속 발전하여야 한다.

[표 14-13] 실천적 10대 세부 요건

핵심 요건	세부 내용
① 인권 보장	• 인공지능의 개발과 활용은 모든 인간에게 동등하게 부여된 권리를 존중하고, 다양한 민주적 가치와 국제 인권법 등에 명시된 권리를 보장하여야 한다. • 인공지능의 개발과 활용은 인간의 권리와 자유를 침해해서는 안 된다.
② 프라이버시 보호	• 인공지능을 개발하고 활용하는 전 과정에서 개인 프라이버시를 보호해야 한다. • 인공지능 전 생애주기에 걸쳐 개인정보의 오용을 최소화하도록 노력해야 한다.
③ 다양성 존중	• 인공지능 개발 및 활용 전 단계에서 사용자의 다양성과 대표성을 반영해야 하며, 성별·연령·장애·지역·인종·종교·국가 등 개인 특성에 따른 편향과 차별을 최소화하고, 상용화된 인공지능은 모든 사람에게 공정하게 적용되어야 한다. • 사회적 약자 및 취약 계층의 인공지능 기술 및 서비스에 대한 접근성을 보장하고, 인공지능이 주는 혜택은 특정 집단이 아닌 모든 사람에게 골고루 분배되도록 노력해야 한다.
④ 침해 금지	• 인공지능을 인간에게 직간접적인 해를 입히는 목적으로 활용해서는 안 된다. • 인공지능이 야기할 수 있는 위험과 부정적 결과에 대응 방안을 마련하도록 노력해야 한다.
⑤ 공공성	• 인공지능은 개인적 행복 추구뿐만 아니라 사회적 공공성 증진과 인류의 공동 이익을 위해 활용해야 한다. • 인공지능은 긍정적 사회 변화를 이끄는 방향으로 활용되어야 한다. • 인공지능의 순기능을 극대화하고 역기능을 최소화하기 위한 교육을 다방면으로 시행하여야 한다.
⑥ 연대성	• 다양한 집단 간의 관계 연대성을 유지하고, 미래 세대를 충분히 배려하여 인공지능을 활용해야 한다. • 인공지능 전 주기에 걸쳐 다양한 주체들의 공정한 참여 기회를 보장하여야 한다. • 윤리적 인공지능의 개발 및 활용에 국제사회가 협력하도록 노력해야 한다.

⑦ 데이터 관리	· 개인정보 등 각각의 데이터를 그 목적에 부합하도록 활용하고 목적 외 용도로 활용하지 않아야 한다. · 데이터 수집과 활용의 전 과정에서 데이터 편향성이 최소화되도록 데이터 품질과 위험을 관리해야 한다.
⑧ 책임성	· 인공지능 개발 및 활용 과정에서 책임 주체를 설정함으로써 발생할 수 있는 피해를 최소화하도록 노력해야 한다. · 인공지능 설계 및 개발자, 서비스 제공자, 사용자 간의 책임 소재를 명확히 해야 한다.
⑨ 안전성	· 인공지능 개발 및 활용 전 과정에 걸쳐 잠재적 위험을 방지하고 안전을 보장할 수 있도록 노력해야 한다. · 인공지능 활용 과정에서 명백한 오류 또는 침해가 발생할 때 사용자가 그 작동을 제어할 수 있는 기능을 갖추도록 노력해야 한다.
⑩ 투명성	· 사회적 신뢰 형성을 위해 타 원칙과의 상충 관계를 고려하여 인공지능 활용 상황에 적합한 수준의 투명성과 설명 가능성을 높이려는 노력을 기울여야 한다. · 인공지능 기반 제품이나 서비스를 제공할 때 인공지능의 활용 내용과 활용 과정에서 발생할 수 있는 위험 등의 유의 사항을 사전에 고지해야 한다.

OECD, EU 등 세계 각국과 주요 국제기구 등은 인공지능 윤리의 중요성을 인식하고 윤리적인 인공지능 실현을 위한 원칙들을 발표하였다.

[표 14-14] 국내외 인공지능 윤리 규범 동향

구분	윤리 규범
UNESCO	· 인공지능 윤리에 대한 권고 사항 초안(2019.5월, 특별전문가그룹)
미국	· AI 활용에 대한 구글 원칙(2018.6월, 구글)
일본	· 일본의 AI 연구개발 목표 및 산업화 로드맵에 따라 25명의 산학연 전문가로 구성된 '인간 중심의 AI 사회 원칙 위원회'를 통해 '인간 중심의 AI 원칙' 발표(2019.3월, 통합혁신전략추진회의) · (주요 원칙) 인간 중심 AI, 교육 평등 제공, 개인정보 보호, 보안 확보, 공정 경쟁, 공정·책임·투명성·혁신성

OECD	• '디지털경제정책위원회' 주관하에 신뢰 가능한 AI 5개 원칙과 5개 제언을 담은 'Recommendation of the Council on AI' 발표(2019.5월), 권고안 G20 정상 선언문 반영(2019.6월) • (주요 원칙) 포용적 성장, 지속 가능한 발전, 인간 중심 가치, 공정성, 투명성, 설명 가능성, 견고성, 보안 및 안전, 책무성
EU	• EU 산하 AI 고위 전문가 그룹 주도로 신뢰할 수 있는 인공지능 윤리 가이드라인 관련 7개 윤리 원칙과 원칙별 평가 리스트를 담은 'Ethics Guideline for Trustworthy AI' 발표(2018.12월) • (주요 원칙) 인간 행위자와 감독, 기술적 견실성(Technical robustness), 안전, 사생활, 데이터 관리, 투명성, 다양성, 차별 금지, 정당성, 사회환경적 복지, 책무성
한국	• 지능정보사회윤리가이드라인(2018.4월, 정보문화포럼): '사람 중심의 인공지능 구현'을 위해 윤리 기준이 지향하는 최고 가치를 인간성(Humanity)로 설정 • 이용자 중심의 지능정보사회를 위한 원칙(2019.11월, 방통위): '인간성을 위한 인공지능(AI for Humanity)'을 구성하는 4개 속성과 이를 달성하기 위한 3대 기본 원칙 15대 실행 원칙을 수직적으로 구조화

[표 14-15] 인공지능 윤리 제도화

기준	제도 실천 방안
윤리 기준에서 인공지능의 지위	• 윤리 기준에서 지향점으로 제시한 '인간성을 위한 인공지능(AI for Humanity)'은 인공지능이 인간을 위한 수단임을 명시적으로 표현 • 인간 종 중심주의(humanspecies-centrism) 또는 인간 이기주의를 표방하지는 않음 • 윤리 기준에서 인공지능은 지각력이 있고 스스로를 인식하며 실제로 사고하고 행동할 수 있는 수준의 인공지능(이른바 강 인공지능)을 전제하지 않으며 하나의 독립된 인격으로서의 인공지능을 의미하지도 않음
적용 범위와 대상	• 본 윤리 기준은 인공지능 기술의 개발부터 활용에 이르는 전 단계에 참여하는 모든 사회 구성원을 대상으로 하며, 이는 정부·공공기관, 기업, 이용자 등을 포함
인공지능 윤리 기준의 실현 방안	• '인공지능 윤리 기준'을 기본 플랫폼으로 하여 다양한 이해관계자 참여하에 인공지능 윤리 생김을 논의하고, 지속적 토론과 숙의 과정을 거쳐 주체별 체크리스트 개발 등 인공지능 윤리 실천 방안 마련

1. 인공지능 특별법 필요성

[표 14-16] 인공지능 윤리 법안 필요성

법안	법안 필요성
법제도 개선	• 개인정보 보호, 사생활 침해, 보안 등 기존의 법제도를 정비하고, 인공지능 시스템 개발 및 보급에 관한 새로운 공론화 추진 필요
개인정보 보호	• 사회적 편익을 제공하는 인공지능 기술의 존재 의의 및 발전을 저해하는 기존 법제도 및 규제 정비 필요 • '개인정보 보호법, 위치 정보의 보호 및 이용 등에 관한 법률', '정보통신망 이용 촉진 및 정보보호 등에 관한 법률', '클라우드 컴퓨팅 발전 및 이용자 보호에 관한 법률' 등 일반적 접근의 법제도의 정비 필요 • 의료, 금융, 교육, 범죄 예방, 재난 방지 등 개별적 접근에서의 인공지능 활용 분야별 법제도 정비 필요 • 특히 일반적 접근의 법제도와 개별 법제의 체계적인 내용적 통일성·일관성 확보 필요
보안	• 정보가 중앙 집중적으로 공적 주체 및 사적 주체에 제공되고 기록, 저장됨에 따라 야기되는 보안 및 오남용 문제 취약성에 대한 제도적 방안 연구 필요 • 해킹, 고의적 정보 누출, 조작, 허위 정보, 통신장애 공격 등 2차 피해 문제 대한 제도적 방안 연구 요구 • 그 밖에 인공지능 기기의 보안품질인증 제도 및 관리감독 제도 설계 문제, 보안 강화를 위한 민형사상 책임 제도, 행정형벌 제도 등의 정비 필요
개발 규제	• 인공지능 시스템 개발 및 보급에 관한 공론화 추진 및 민주적 합의의 선결적 문제 해결 필요
기타	• 인공지능 관련 분야의 신속한 입법 절차가 필요하며, 각 산업 분야별로 인공지능 개발 및 상용화에 필요한 제도 발굴 및 선행적 연구 필요

[표 14-17] 주요 법제 및 내용

주요 법제	주요 내용
정보통신 진흥 및 융합 활성화 등에 관한 특별법	신규 정보통신 융합 기술 및 서비스 진흥 등
지능형 로봇 개발 및 보급 촉진법	한국로봇산업진흥원 설립, 품질인증 제도 및 로봇랜드 조성 등
뇌연구 촉진법	뇌연구 실무추진위원회 설치 등
클라우드 컴퓨팅 발전 및 이용자 보호에 관한 법률	클라우드 컴퓨팅 서비스의 신뢰성 향상 및 이용자 보호 등
건축법	빠른 정보 서비스와 아울러 에너지 절감이 극대화되고 그로 인해 업무의 생산성을 극대화할 수 있는 건물에 대한 인증(지능형 건축물 인증제도, 제65조의 2)
유비쿼터스 도시의 건설 등에 관한 법률	공공시설에 건설·정보통신 융합 기술을 적용하여 지능화된 시설을 건립 등
지능형 전력망의 구축 및 이용 촉진에 관한 법률	정보통신 기술 적용으로 공급자와 사용자 간의 정보 교환의 효율성이 극대화된 전력망(지능형 전력망, 제2조 2호)
국가통합교통체계 효율화 법	교통 체계의 운영 및 관리를 과학화·자동화하고 교통의 효율성과 안전성을 향상시키는 교통 체계(지능형 교통체계, 제2조 16호)

[표 14-18] 인공지능 법 제도·규제·정비 로드맵

추진 과제		세부 과제
인공지능 공통 기반	데이터 경제 활성화 기반 조성	• 데이터 기본 법제 마련, 설명 요구권/이의 제기권 도입 • 인공지능 학습용 데이터 등의 저작물 활용
	알고리즘 투명성·공정성 확보	• 자율적인 알고리즘 관리·감독 환경 조성, 플랫폼 사업자 공정성 강화
	인공지능 법인격 및 책임체계 정립	• 인공지능 창작물 권리 관계 정립/ 민·형사상 법인격 인정, 인공지능에 의한 계약 효력 명확화
	인공지능 윤리 정립	• 윤리 기준 마련

인공지능 활용 확산 (분야)	의료	인공지능 의료기기 국제 기준 마련/건강보험 적용 개선
	금융	사설인증 제도 안전성 강화/전자금융사고 대응력 강화
	행정	자동화 행정 근거/권리 구제 절차 등의 마련
	고용·노동	플랫폼 종사자 보호 방안 마련
	포용·복지	디지털 포용 정책 추진/인공지능 성년후견제 도입
	교통	자율주행차·자율운항선박 규제 혁신

2. 인공지능 관련 특별법

급속 발전하는 인공지능 기술을 법적으로 규율하기 위하여 특별법을 두고 있다. 인공지능 로봇에 관하여는 '지능형 로봇 개발 및 보급 촉진법'을, 행정 업무의 전자화와 빅데이터의 활용에 관하여는 '전자 정부법'을 제정하여 시행 중에 있다. 인공지능이 외부와 통신하기 위하여 사용되는 클라우드 컴퓨팅 기술에 관하여는 세계 최초로 '클라우드 컴퓨팅 발전 및 이용자 보호에 관한 법률'[일명: 클라우드 발전법(2015년)]을 제정하였다. 그 외에도 '뇌 연구 촉진법' 등 관련 특별법의 제정 배경과 내용을 소개한다.

[표 14-19] 지능형 로봇 개발 및 보급 촉진법 요약

법제	법안
제정 배경	• 지능형 로봇 개발 및 보급 촉진법(약칭: 지능형로봇법)은 2008년 3월 28일 첨단 기술의 융합체인 지능형 로봇을 국가가 체계적으로 연구·개발하여 차세대 성장 동력인 지능형 로봇을 국가 핵심전략산업으로 육성하기 위한 제도적 기반 구축하여 국가 경제 발전과 국민의 삶의 질 향상이 목적
주요 내용	• '지능형 로봇', '지능형 로봇 헌장' 등 법상 필요한 주요 개념을 정의하고(제2조), 지능형 로봇의 개발 및 보급을 위한 기본 계획을 수립하며(제5조), 지능형 로봇의 개발 및 보급 정책 협의를 위해 로봇산업정책협의회를 설치하고(제5조의2), 지능형 로봇 산업의 분류 체계를 확보하고 그에 따른 산업 통계를 작성하고 있다(제7조). 지능형 로봇 개발자·제조자 및 사용자가 지켜야 할 윤리 등을 포함한 지능형 로봇 윤리헌장을 제정·공표할 수 있으며(제18조), 지능형 로봇 투자회사의 설립, 투자대상 사업, 존립 기간, 감독·검사 등을 하도록 하였으며(제20조에서 제29조까지), 로봇랜드 조성에 관한 사항을 규정하였으니(제30조 및 제40조), 한국로봇산업진흥원의 설치 및 운영과 지능형 로봇 전문 연구원의 지정(제41조 및 제42조)

[표 14-20] 클라우드 컴퓨팅 발전 및 이용자 보호에 관한 법률 요약

법제	법안
제정 배경	• 정보가 데스크톱·노트북·태블릿 컴퓨터·스마트폰 등의 ICT 기기인 클라이언트에는 일시적으로 보관되고, 클라우드(Cloud, 구름)로 표현되는 인터넷 서버에 영구적으로 저장되는 컴퓨터 환경 • 정보통신망을 통하여 정보통신 자원을 신축적으로 이용할 수 있는 클라우드컴퓨팅 기술을 충분히 활용할 수 있게 하도록 2015. 3. 27. 법률 제13234호로 클라우드 컴퓨팅 발전 및 이용자 보호에 관한 법률 제정
주요 내용	• 제2조 제1호에서는 클라우딩 컴퓨팅을 '집적·공유된 정보통신 기기, 정보통신 설비, 소프트웨어 등 정보통신 자원을 이용자의 요구나 수요 변화에 따라 정보통신망을 통하여 신축적으로 이용할 수 있도록 하는 정보처리 체계라고 규정 • 제25조 제1항은 정보 보호를 침해하는 사고가 발생하거나(제1항) 이용자 정보가 유출된 때(제2호), 서비스 중단이 발생한 때(제3호) 그 사실을 해당 이용자에게 알리도록 의무화 • 제29조는 클라우드 컴퓨팅 서비스 제공자가 이 법을 위반한 행위로 이용자가 손해를 입은 경우 제공자에게 손해 배상을 청구할 수 있다고 규정 • 해당 클라우드 컴퓨팅 서비스 제공자는 고의 또는 과실이 없음을 입증하지 아니하면 책임을 면할 수 없다(동조 제2항). 서비스 제공자의 책임은 과실 책임에 기초함에도 그 입증 책임은 서비스 제공자에게 전환 • 클라우드 컴퓨팅 서비스는 국경을 초월하여 제공되는데 이러한 역외 서비스 제공이 이루어지기 위해서는 전제 조건으로 각 국가가 요구하는 기술 표준에 걸맞은 서비스를 제공할 능력이 있어야 함 • GDPR 적정성 평가 기준을 충족하면 국내 기업들도 EU 국가에서 영업 활동 가능

[표 14-21] 뇌연구 촉진법 요약

법제	법안
(뇌연구 촉진법) 인공지능에 대한 연구의 한 분야	• 인간의 뇌 분야 연구를 통해 인간 뇌와 같은 인공의 뇌를 구성 • 연구 촉진법은 1998년 6월 3일 뇌연구 촉진의 기반을 조성하여 뇌연구를 보다 효율적으로 육성·발전시키고 그 개발 기술의 산업화를 촉진하는 것을 목적으로 법률 제5547호로 제정
정부 '제2차 뇌연구 촉진 기본 계획'	• 뇌연구 분야 간 통합 및 융합 연구가 강화됨에 따라 '뇌인지', '뇌융합' 분야를 신설해 뇌신경생물, 뇌인지, 뇌신경계 질환, 뇌신경 정보 및 뇌공학, 뇌융합 등 5개 분야로 구분하고, 분야별 중점 영역과 세부 로드맵 제시

[표 14-22] 기타 SW 관련 개발을 촉진하는 법률 요약

법제	법안
소프트웨어 산업 진흥법	• 소프트웨어 산업의 진흥을 국가 및 지방자치단체의 책무로 규정(제 3조). 이를 위하여 소프트웨어 진흥 시설의 지정(제5조), 소프트웨어 진흥 단지의 지정 및 조성(제6조), 소프트웨어 사업 창업의 활성화(동법 제8조) 등의 진흥책 강구
정보통신 진흥 및 융합 활성화 등에 관한 특별법 (정보통신융합법)	• 정보통신의 진흥 및 융합의 활성화를 위한 각종의 방안을 강구하도록 규정
빅데이터와 관련된 개인정보를 활용하여 효율성을 높이려는 전자정부법	• 제4조(전자정부의 원칙) 제4호에서 행정기관 등은 전자정부의 구현·운영 및 발전을 추진할 때 '개인정보 및 사생활의 보호'를 우선적으로 고려하고 이에 필요한 대책을 마련토록 규정 • 제5호는 '행정정보의 공개 및 공동 이용의 확대'도 규정하고 있어 개인정보의 보호와 이용의 양자를 함께 도모 • 제30조의4(공개된 인터넷 데이터의 수집·활용) 제1항에서 '행정기관 등의 장은 정책의 수립, 의사 결정 등을 위하여 데이터 활용 공통 기반 시스템을 통하여 개인정보보호법 제2조 제1호에 따른 개인정보를 제외한 공개된 인터넷 데이터를 수집·활용할 수 있다'고 규정 • 제2항은 '제1항에 따른 공개된 인터넷 데이터의 수집 범위, 활용 절차 등에 관하여 필요한 사항은 대통령령으로 정한다'고 규정

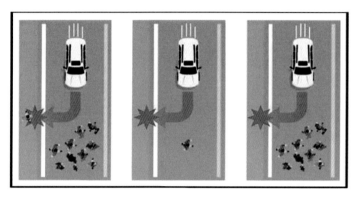

[그림 14-5] 인공지능 자율자동차의 트롤리 딜레마(Trolley Problem)

트롤리 딜레마(Trolley Problem)는 윤리학 사고 실험으로 3가지 상황이 있다. SPRI의 칼럼 〈인공지능은 어떻게 현실화되는가?〉에서 제기된 그림과 같이

첫 번째 상황	차량 앞에 여러 명의 사람이 있고 차량이 멈출 수 없을 때, 여러 명의 사람들을 살릴 수 있는 방법은 경로를 옆으로 비껴나가 그곳에 있는 한 사람과 부딪히는 방법뿐이라면 누구를 살릴지 고르는 윤리적 판단 실험이다.
두 번째 상황	차량 앞에 있는 사람이 한 사람이고, 이 사람을 살릴 수 있는 방법은 차량 옆의 벽으로 경로를 바꿔 운전자를 희생하게 하는 경우이다.
세 번째 상황	차량 앞의 사람이 여러 명일 때, 이 사람들을 살릴 수 있는 경우는 차량을 옆의 벽에 부딪히게 해 운전자를 희생시키는 경우이다.

세 가지 상황이 모두 윤리적 판단이 필요한 경우일 때, 자율주행차의 인공지능은 어떻게 판단하도록 설계하는지에 대한 문제가 발생한다. 운전자를 보호하고 여러 명의 사람들을 희생시킨다면 자율주행차의 인공지능은 비도덕적인 판단을 하게 된다. 하지만 공리적으로 여러 명의 사람을 살리고 운전자를 희생하는 방식으로 설계가 되었을 때 사람들은 자율주행차를 구매하고 싶어 하지 않을 것이다. 자율주행차의 신뢰성을 위해서는 인공지능이 트롤리 딜레마에 대해 어떤 판단을 내리는지 설계 문제를 해결해야 한다.

1. 조지 오웰의 《1984》에 등장하는 '빅브라더'를 인공지능 컴퓨터 네트워크라고 가정하면, 이 인공지능 시스템에 의해 발생되는 문제점은 무엇이며, 해결할 수 있는 방안은 무엇이 있는지를 정리해서 발표하시오.

2. 인공지능 활성화를 위한 제도 및 관련 법 정책 사항 개선을 도출해 발표해 보시오.

   2.1. 지방자치 단체 주관 지능정보 기술 정책 현황 및 연계 방향을 제시해 보시오.

   2.2. 기업에 인공지능 도입 활성화를 위한 제도 개선 사항을 제시해 보시오.

   3.3. 장기적인 인재 육성 및 기술 개발(R&D) 수단이 있는지?

3. 인공지능 로봇 사회에서 순기능과 역기능에 대하여 토론해 보시오.

4. 인공지능의 특징 중에서 새로운 혁신 기술로 사회적 대전환이 벌어질 경우, 보편적인 특징으로 무엇이 있는지 나열한 후, 어떤 절차로 새로운 윤리 원칙을 수립하는 것이 효과적일지 도출 과정을 토론해 보시오.

5. 인공지능의 특징 중에서 다른 혁신 기술과 달리 인공지능 자체의 차별화된 특징으로 무엇이 있는지 나열 후, 이를 토대로 어떤 인공지능 원칙을 수립할 수 있는지 토론해 보시오.

6. 인공지능 개발자를 위한 윤리 가이드라인과 소프트웨어 개발자를 위한 윤리 강령에 있어서 공통점과 차이점을 토론해 보시오.

7. 인공지능 제품과 서비스를 이용하여, 현 전자정부 서비스를 업그레이드한다고 할 때 사실 원칙에 의거하여 정부가 인지해야 할 인공지능 윤리 가이드라인을 도출하시오.

8. AI를 인간의 의사 결정 과정에 포함시켜야 할까요, AI 스스로 의사 결정을 내리게 할까요, 아니면 이 둘을 혼합해야 할까?

9. 하나의 초연결 인공지능 플랫폼과 5G가 만들어 내는 세상이 좋은 세상일까? 나쁜 세상일까? 서로의 의견을 나누어 보시오. 특별히 다섯 가지 정치, 경제, 문화, 교육, 의료의 민주화의 관점에서 토론해 보시오.

10. 인공지능 로봇에게 '전자인간'으로서의 법적 지위를 인정해야 하는 이유를 '인간의 입장'에서 주장하여 보시고 토론해 보시오.

11. 여러분이 인공지능 재판관에게서 법률 재판을 받는다면 어떤 기분이 들까요? 모의 법정을 구성해서 토론해 보시오.

12. 인공지능 변호사의 장점은 무엇이 될 것인지 토론해 보시오.

13. 인공지능 미래 가치 창출에 대한 필요성과 사회 문제 해결 방안에 대하여 토론해 보시오.

4차 산업혁명 시대 직업 변화와 필요 역량, 기업가 정신

 학습주제

급격한 기술 발달로 인간의 삶이 크게 변화시킬 것에 대해 기대와 우려가 공존한다. 우리 사회는 첨단 기술 시대에 경쟁력을 갖기 위해 고심하면서 다른 한편으로는 노동 시장의 변화를 포함한 사회적 변화에 대비하려는 논의를 진행하고 있다. 고령화와 인구 감소, 청년 실업, 사회적 격차 확대 등 오래된 현안들을 미처 해결하기도 전에 조만간 인공지능에 의해서 광범위하게 인간이 대체되어 새로운 문제가 발생할 것으로 예측하고 있다. 일자리 규모 축소, 일하는 방식과 고용 관계의 변화가 있을 것이다. 이에 대응하기 위해서는 교육과 노동시장, 복지와 관련된 사회 전반의 틀을 정교하게 개편해 가는 노력이 필요하다.

모든 경제·산업·사회·문화·교육 분야에서 현재를 성찰하면서 미래 사회에 대하여 현명하게 대처하여야 한다. 앞으로 전문 교육은 4차 산업혁명 핵심 기술의 인간 지능 시대를 예견하고 있다. 이 준비를 위해서 지능정보 기술 적용, 기술 변화로 인한 직업 변화, 미래에 요구되는 역량, 기업가 정신 등을 필요로 한다.

제1절. 4차 산업혁명 시대, 직업의 변화

1. 4차 산업혁명 시대의 직업과 인재상

학생들은 졸업 후 미래 직업 세계에 참여함으로써 사회적 기능을 행사하게 된다. 직업은 생활을 영위하는 방편이며, 직장을 통하여 개인의 능력을 성장시키고, 사회에 기여한다는 점에서 삶의 매우 중요한 부분을 차지한다. 그러므로 4차 산업혁명 시대를 살아가는 직업에 대한 올바른 이해와 인식은 성공적인 직업 선택의 첫걸음이다.

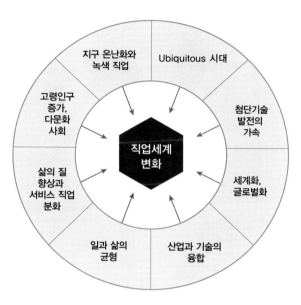

[그림 15-1] 4차 산업혁명 시대의 직업 세계 변화(출처: NCS)

[표 15-1] 직업의 정의

직업	정의
협의의 직업	• 개인이 정신적 혹은 신체적 노동을 활용하여 지속적이고 합법적으로 경제적 수입을 목적으로 수행하는 활동
광의의 직업	• 경제적 수입의 목적과 더불어 사회적 발전과 자아 실현을 목적으로 하는 지속적이고 합법적인 활동 • 개인은 직업을 통해 사회적 역할을 맡게 되고, 역할 수행을 통해 경제적 목적과 자아 실현을 성취

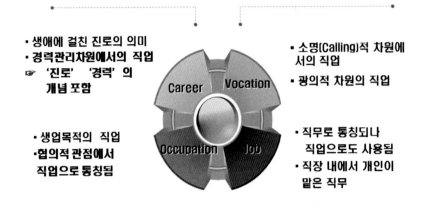

[그림 15-2] 직업의 개념(출처: NCS)

[표 15-2] 인재상 정의(출처: NCS)

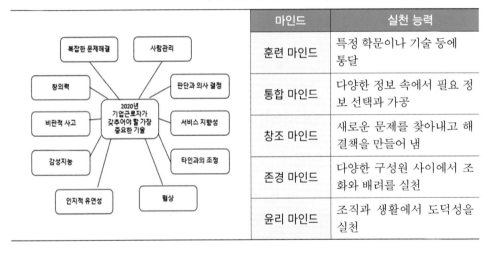

마인드	실천 능력
훈련 마인드	특정 학문이나 기술 등에 통달
통합 마인드	다양한 정보 속에서 필요 정보 선택과 가공
창조 마인드	새로운 문제를 찾아내고 해결책을 만들어 냄
존경 마인드	다양한 구성원 사이에서 조화와 배려를 실천
윤리 마인드	조직과 생활에서 도덕성을 실천

2. 인공지능 사회의 고용 전망

4차 산업혁명은 기술 및 산업 변화로 고용 구조에도 영향을 미친다. 컴퓨터 연산 능력이 비약적으로 향상되면, 인공지능 로봇으로 노동 대체 기술이 개발된다. 단순 반복적인 사무 행정직 및 저숙련 업무의 고용률은 크게 감소된다. 반면에 4차 산업 혁명에 관련된 기술군 및 산업 분야에서 새로운 일자리가 등장하고, 고숙련 노동자에 대한 수요가 증가하게 된다. 이로 인한 고용 구조 변화는 고용 인력의 직무 역량에 직접적인 영향을 미칠 것이므로 ICT(Information Communication Telephone) 및 시스템 분야 지식과 더불어 복합 문제 해결 능력과 변화에 유연하게 대처하는 소프트 스킬(Soft Skill) 직무 역량이 필요하게 된다. 인간 본연의 영역 능력인 창의성 및 혁신성을 바탕으로 한 분야는 일자리가 증가한다.

[표 15-3] 미래 일자리 주요 경향(Trend)

문제	대응 방안	
일자리 주요 경향	• 정형화된(매뉴얼로 작성 가능한) 업무의 자동화 • 문제 해결 능력 및 기술을 갖춘 근로자 선호 • 근로 시간 및 장소의 제약 감소 • 단기 프로젝트형 일자리 증가 • 네트워크 기반의 업무 수행 증가 • 근로자 간의 글로벌 경쟁	
인공지능 로봇 시대 일자리 문제	축소	매뉴얼에 기반한 직종, 반복성 높은 직종, 일부 전문 서비스 직종
	확장	면대면 직업, 창의적/예술적/감성적 직업, 복잡성 높은 육체적 직업
	기대	노동 시간 축소, 고용 구조 변화 → AI 대체 불가능한 분야의 노동 가치 상승 → 여가 시간 증대 → 새로운 라이프 스타일 → 삶의 질 향상

[표 15-4] 기술에 의한 소멸되는 직업

파괴적 기술	소멸되는 직업
자율주행차	택시기사, 버스 및 트럭기사, 우편배달부, 교통경찰, 주차장 직원, 대리운전기사, 세차장 직원
드론 (무인비행기)	택배기사, 음식 및 피자 배달, 우편배달, 해충 구제 서비스, 토지 현장 측량사, 지질학자, 긴급구조요원, 비상구조대원, 소방관, 경비원
3D 프린터	보석과 신발 등 산업 디자이너, 건축건설 자동차 우주항공 노동자, 치과 및 의료산업 노동자, 토목공학자, 기계기술자, 물류창고 직원
3D 빌딩 프린터	목수 등 건설노동자, 홈-리모델링 노동자, 도시계획가, 주택보험사, 부동산 전문가, 부동산 중개사
빅데이터	기자, 저자 및 소설가, 군사기획관, 양호 전문가, 다이어트 전문가, 영양사, 방사선과 의사, 회계사, 경리, 판사, 변호사, 법률사무소 직원

인공지능	이벤트 기획사, 피트니스 트레이너, 통번역 전문가, 교사, 고객 서비스 전문가
로봇 기술	소매점 직원, 계산대 점원, 외과의사, 약사, 수의사, 경비원, 미화원, 해충구제 및 산림관리자

4차 산업혁명으로 인해 위험해지거나 소멸되는 직업들이 많겠지만 새로운 기술 등장 및 보급으로 인해 새로운 일자리도 많이 창출될 것이 분명하다. 그리고 인공지능이 할 수 없는 고용 직업이 제시되고 있다. 노인 및 장애인 도우미, 홈 헬스케어 서비스, 건강 관련 전문 사무소 등 상위 직업들은 모두 건강 관련 직업들이다. 미래에는 무병장수를 추구하는 직업이 각광받을 전망이 분명하다. 경영 및 과학기술 컨설팅, 컴퓨터 시스템 설계 등도 미래 유망 직업이 된다.

[표 15-5] 미래 유망 직업(출처: UN 미래 보고서)

분야	미래 직업 (출처: jobs selected by the UN future report)
IT 및 로봇 분야	• 증강현실 전문가, 인공지능 전문가, 홀로그래피 전문가, 양자컴퓨터 전문가, 무인자동차 엔지니어, 로봇 기술자, 정보보호 전문가, 군사로봇 전문가
금융 및 기업 분야	• 브레인 퀀트, 대안화폐 전문가, 매너 컨설턴트, 금융기술 전문가, 인재관리자, 오피스 프로듀서, 개인 브랜드 매니저, 글로벌 자원 관리자, 인도 전문가, 최고 경험 관리자(CXO), 창업투자 전문가
의료/복지 분야	• 복제 전문가, 생체로봇외과의사, 기억수술외과의사, 장기 취급 전문가, 유전자 상담사, 치매치료사, 임종설계사, 두뇌 시뮬레이션 전문가
환경 및 에너지 분야	• 날씨 조절 관리자, 우주 관리인, 에너지 수확 전문가, 4세대 핵발전 전문가, 종복원 전문가, 극초음속 비행기 기술자, 환경병 컨설턴트, 미세조류 전문가, 탄소배출권 거래중개인, 탄소배출 점검 전문가, 수소연료전지 전문가
문화/예술 분야	• 나노섬유 의류전문가, 미래 예술가, 디지털 고고학자, 캐릭터 MD, 내로 캐스터(Narrow caster), 특수효과 전문가
생활 및 여가분야	• 미래 가이드, 건강관리 전문가, 배양육 전문가, 결혼 및 동거강화 전문가, 아바타 관계 관리자, 식료품 구매대행, 단순화 컨설턴트, 우주여행 가이드, 익스트림 스포츠 가이드, 세계윤리 관리자

미래 직업은 IT 및 로봇 분야에 주로 있다는 것을 유추할 수 있다. 인공지능, 로봇, 양자컴퓨터, 무인자동차 등에서 하드웨어를 담당하는 일을 할 수 있다. 소프트웨어 및 데이터(데이터 폐기물 관리자, 데이터 인터페이스 전문가, 개인정보 보호 관리자 등), 드론(드론 조정인증 전문가, 드론 설계 및 엔지니어, 자동화 엔지니어 등), 3D 프린터(소재, 잉크, 패션 디자이너 등), 무인자동차(시승 체험 디자이너, 교통 수요 전문가, 충격 최소화 전문가 등) 등 미래 혁신 기술들에 의해 나타날 직업들이다.

3. UN 미래 보고서(6개 미래 유망 분야의 54개 미래 직업)

아래 [표 15-6]의 미래 직업들을 살펴보면 아직 표준 직업으로 분류되지 않은 새 직업들이 등장하였지만 초기 단계의 직업들이 대부분을 차지하고 있음을 알 수가 있다. 표에서 열거한 직업들은 과거 우리 직업의 양대 산맥이었던 블루칼라와 화이트칼라를 넘어서는 뉴 칼라(New Collar) 직업군이다. 뉴 칼라 직업의 특징은 빠른 기술 개발 속도에 부응하는 첨단 연구 개발 능력을 필요로 하거나, 풍부한 인간적 감성을 요구하고 있다. 4차 산업혁명 시대에 우리에게 대두된 최대의 과제는 인공지능과 로봇 등 혁신 기술 주도 세력에 의해 대폭 소멸할 블루칼라와 화이트칼라 직업을 대체할 수 있는 뉴 칼라 직업을 많이 만들고 키워 가는 것이다.

[표 15-6] 6개 미래 유망 분야 54개 미래 직업

플랫폼	분류	미래 신산업 및 미래 직업
인간	신산업	차세대 바이오, 새로운 식량, 미래형 섬유/패션, 스마트 교육
	미래 직업	생체로봇 외과의사, 원격진료 코디네이터, 장기 취급 전문가, 스마트팜 구축자, 정밀 농업 엔지니어, 유전자공학 작물 재배자, 스마트 식품 안전관리사, 의류 신발 3D 프린팅 전문가, 가상현실 교육 전문가, 스마트 스쿨 사업자
가정	신산업	지능형 전자, 미래형 유통/물류, 실감형 콘텐츠
	미래 직업	스마트센서 개발자, 사물 공간 스캐너, 인식 알고리즘 전문가, 사물인터넷 전문가, 마이크로시스템 엔지니어, VR/AR 전문가, 스마트그리드 엔지니어, 가정에코 컨설턴트, 빅데이터 큐레이터, 가상현실 쇼핑/투어 사업사

도시	신산업	스마트 시티, 스마트 행정/법률, 스마트 금융, 생활안전
	미래 직업	공유경제 컨설턴트, 오피스 프로듀서, 환경복원 전문가, 민간조사원, 로봇어드바이저 전문가, 지능형 범죄정보 분석가, 블록체인 전문가, 스마트 재난대응 전문가, 범죄예방환경 전문가, 디지털 세탁인
공장	신산업	스마트 기계, 스마트 엔지니어링, 첨단 에너지
	미래 직업	착용 로봇 개발자, 기계언어학자, 인터페이스 컨트롤러, 디지털 목수, 제조공학 기술자, 양자컴퓨터 전문가, 로봇 상담가, 융/복합 컨설턴트, 4세대 핵발전 전문가, 양자 컴퓨팅 전문가
이동성	신산업	미래형 자동차, 미래형 선박, 첨단 비행
	미래 직업	무인자동차 엔지니어, 자율주행차 사고보상 전문가, 크루즈 승무원, 해상운송 분석가, 예측 수리 엔지니어, 드론 운항 관리사, 드론 교통관제사, 드론 표준/인증 전문가, 극초음속 비행기 기술자, 우주선 조종사
첨단소재/기술	신산업	지능형 반도체, 차세대 디스플레이, 신철강, 신석유화학, 첨단 S/W
	미래 직업	인공지능 전문가, 지능형 반도체 개발자, 로봇 트레이너, 바이오 연료 엔지니어, 마이크로 디스플레이 전문가, 투명 디스플레이 기술자, 친환경 소재 전문가, 스마트 스토리지 전문가, 클라우드 시스템 전문가, 인공지능 번역기 개발자

[출처: 6Major platforms and future jobs of 4th industrial revolution(UN 미래보고서)])

영국 옥스퍼드대학 인간미래연구소의 Grace팀(AI 인공지능에 의한 인간 추월 전망: Grace et al. 2017)에서는 미래 전문 직업에서 비즈니스 및 금융 투자, 경영, 컴퓨터 및 수학, 건축 및 엔지니어링, 영업 및 교육훈련 관련직에서는 일자리는 증가한다. 그리고 번역, 기사 및 에세이 쓰기, 트럭 운전은 인공지능이 인간보다 비용이 적게 들면서 잘할 것이라고 하였다. 소매업은 2031년, 뉴욕타임스 베스트셀링 책 쓰기는 2049년, 외과의사는 2053년이 되면 인공지능이 인간보다 잘할 것이라고 한다. 반면에 예술 분야는 약 120년이 걸리고, 인간이 하는 모든 과업이 완전 자동화되는 데는 120년이 걸릴 것으로 보고 있다.

4. 우리의 미래 고용 전망

우리는 국제사회에서 4차 산업혁명의 영향을 받을 가능성이 높다. 현재 주력 수출 산업인 반도체, 자동차, 조선, 철강, 건설, 스마트폰, 석유화학, 바이오, 배터리 등 주요 제조업들이 스마트화, 무인화, 환경 친화, 에너지 절약 등을 추구하는 4차 산업혁명의 주요 혁신 대상이기 때문이다. 또한, 미국, 유럽, 일본 등의 기술 선진국 및 중국 등 후발국들이 산업의 주도권을 쟁취하기 위해 전략적 집중을 하고 있는 분야이다. 대한민국이 4차 산업혁명 시대에 주도자로 자리매김할 수 있는 기회이다.

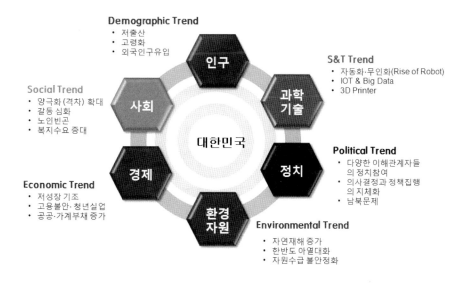

[그림 15-3] 분야별 Present & Future Trends

4차 산업혁명에 대한 관심이 정부와 민간 기업에 이르기까지 무척 높고, 정보통신에 관련된 하드웨어 인프라가 잘 갖추어져 있으며, 신기술을 받아들이고, 흡수하는 능력이 우수하기 때문이다. 반면에 극심한 규제, 경직된 노사 관계, 과도한 이념 갈등, 빈부 격차, 비정규직 문제 등은 4차 산업혁명에서 선두로 가는 길의 장애물이 되고 있다. 이를 극복하려면, 미래 일거리 창출로 4차 산업혁명 시대에 어떻게 현명하게 대응하느냐에 따라서 완전 고용 사회로 갈 수 있다.

제2절. 미래 전문 직업에서 요구되는 역량

1. 미래 직업 세계에서 요구되는 혁신 역량

4차 산업 기술 혁명으로 미래 전문 직업 세계가 변화하면서 직업에서 필요로 하는 중요한 개인적인 역량의 변화도 예상된다.

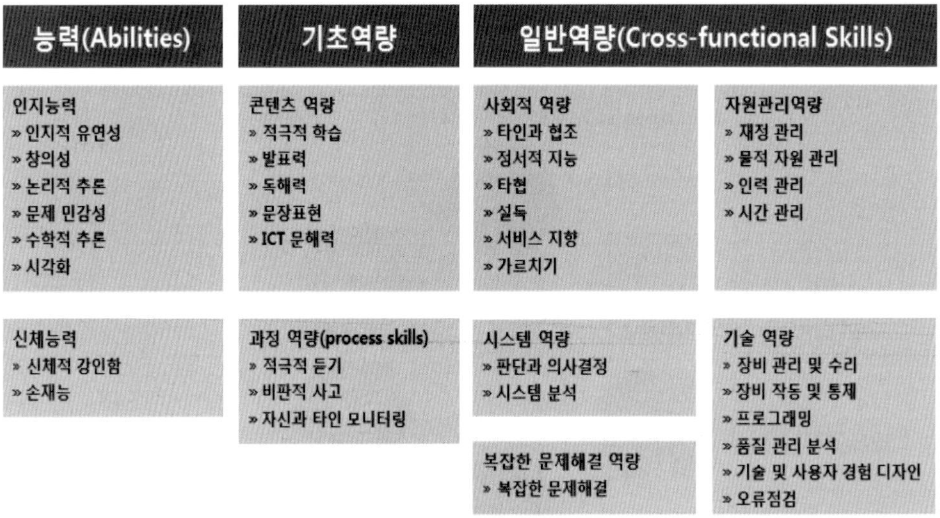

능력(Abilities)	기초역량	일반역량(Cross-functional Skills)	
인지능력 » 인지적 유연성 » 창의성 » 논리적 추론 » 문제 민감성 » 수학적 추론 » 시각화	**콘텐츠 역량** » 적극적 학습 » 발표력 » 독해력 » 문장표현 » ICT 문해력	**사회적 역량** » 타인과 협조 » 정서적 지능 » 타협 » 설득 » 서비스 지향 » 가르치기	**자원관리역량** » 재정 관리 » 물적 자원 관리 » 인력 관리 » 시간 관리
신체능력 » 신체적 강인함 » 손재능	**과정 역량(process skills)** » 적극적 듣기 » 비판적 사고 » 자신과 타인 모니터링	**시스템 역량** » 판단과 의사결정 » 시스템 분석 **복잡한 문제해결 역량** » 복잡한 문제해결	**기술 역량** » 장비 관리 및 수리 » 장비 작동 및 통제 » 프로그래밍 » 품질 관리 분석 » 기술 및 사용자 경험 디자인 » 오류점검

[그림 15-4] 미래 직업 선택의 능력(출처: 김혜양 외, 2018)

전문가들은 전체 일자리의 3분의 1 이상에서 복잡한 전문 문제 해결 능력이 요구된다고 한다. 그리고 사회적 역량, 사고 과정 역량, 기술적 역량, 인지 능력이 필요하다고 한다.

[표 15-7] 미래 전문가로서 요구되는 역량(출처 : Oxford Economy(2012)

역량	능력
디지털 역량	가상현실에서 일할 수 있는 능력, 사업 관련 소프트웨어와 시스템 이해 능력, 디지털 디자인 역량, 사회적 미디어 활용 능력 포함
민첩한 사고력	다양한 시나리오를 고려하는 능력, 혁신 역량, 복잡함과 모호한 상황에 대처할 수 있는 능력, 모순에 대응하고 반대 의견을 조율할 수 있는 능력, 큰 그림을 그릴 수 있는 능력 포함
대인관계, 의사소통 능력	협력하면서 창의적 작업을 할 수 있는 능력, 고객과 관계를 형성하는 능력, 팀 작업 능력, 협업 능력, 문서와 말로써 의사소통할 수 있는 능력 포함
글로벌 역량	다양한 근로자 관리 능력, 글로벌 시장 이해 능력, 다양한 지역에서 근무 역량, 외국어 역량, 문화적 민감성 포함

2. 기술 변화에 의한 필요역량

[표 15-8] 기술 변화로 인한 핵심 역량 특성 5가지(출처: Daves et al.[2011])

핵심 특성	핵심 대비책
도약적 사고 (Disciplinary Mind)	• 어떤 일에 정기적이고 지속적으로 매진하여 향상하는 것 • 과학, 역사, 수학, 그리고 예술에 있는 주요 학문에서 인류의 주요 학문적 사고방식을 완전히 익힘 • 최소한 한 가지에서 전문가가 된다는 것
종합적 사고 (Synthesizing Mind)	• 정보의 홍수 속에서 의미 있는 정보를 선택하고 자신의 것으로 종합하여 의미 있고 의사소통 가능한 방식으로 정보 배치
창의적 사고 (Creative Mind)	• 최소한 하나의 분야(학문, 예술, 또는 공예)를 마스터해야 함
존중하는 마음 (Respectful Mind)	• 자신과 다르게 생겼고, 생각을 달리하고, 다른 신념과 가치 체계를 가진 사람들을 수용하고 함께하려는 것
도덕적 마음 (Ethical Mind)	• 개인이 각자 처한 다양한 수준의 위치 전체를 고려할 때, "내가 어떻게 행동해야 하는가?"라는 질문을 하는 것 • 높은 수준의 추상적 사고 능력 필요 • "나의 책임(의무)이 무엇인가"에 기초한 행동 포함

3. 기술 변화에 따른 교육 변화

미래에는 사전에 규정할 수 없는 프로세스와 전략이 요구되는 일이 많아서 전략적 사고를 필요로 분야가 발전 가능성이 많다고 한다.

[표 15-9] 기술 변화에 따른 대학 교육 변화(출처: NCS)

1) 대학 교육에서 개인 전문 지식의 가치는 지속적으로 중요
2) 인공지능 기술을 적극적으로 활용할 경우 개별화된 맞춤 학습이라는 오래된 교육의 이상을 실현할 가능성이 높아짐
3) 첨단 기술의 적용이 교육 결과에서의 평등, 다양성의 존중, 이를 통한 사회적 통합됨
4) 전문교육 MOOC를 통한 하이브리드 교육의 장점과 한계를 주목
5) (조력자와 안내자로 변환되는 교수의 역할) 교수의 광범위한 전문 지도역량 개발 과정이 필요하며, 지도자 교육 역량 과정의 변화가 필요

[표 15-10] 기술 변화에 따른 교육 변화(출처: NCS)

교육 변화	내용
전문 교육 내용	• 인문학적 소양과 인성 교육, 인간과 삶에 대한 성찰, 정서 교육, 가치 및 윤리 교육 등이 필요
	• 의사소통 능력, 문제 해결 능력 등을 포함하는 전문 직업 기초 능력이 중요한 교육 내용
전문 기술 교육	• 구체적인 기능 습득 교육의 중요성은 낮아질 것
인지 능력	• 논리와 수학적 추론, 사고력, 창의력 교육이 중요
미래 대학 전문 교육 방법	• 대학 중심의 학생들의 요구와 특성이 반영된 개별화된 교육
첨단 기술이 교육에 적용	• 가상현실, 빅데이터, 로봇 기술이 사용 • 온라인 수업, 다양한 교과와 전공 간 융합
미래 대학교수	• 코치, 퍼실리테이터, 코디네이터, 인생디자이너, 진로가이더, 상담가로서 안내자와 조력자 역할을 할 것 • 교수는 연구와 봉사에 중점

미래 지향적 관점에서 평가한 현행 전문 직업교육은 산학 일체형 도제 사업과 NCS(국가직무능력표준) 기반 교육 과정 운영, 산업체 현장 실습이 반드시 필요하다.

[표 15-11] 미래 전문 교육의 방향(출처: NCS)

방향	내용
인력 수요 관점에서 학생의 미래 경쟁력 중심으로	• 학생들이 불확실한 미래에 성공적으로 적응하고 사회와 의미 있게 연결되어 살아갈 수 있도록 준비
전문가 기초 능력은 개념적 사고와 고등 정신 기능으로	• 실용적 지식을 습득하더라도 그 원리를 이해하여 새롭게 전개되는 상황에 적용할 수 있도록 학교 교육에서 개념적이며 이론적 지식을 학습하는 것은 학생들의 행복한 삶과 미래 경쟁력을 위해서 반드시 필요
현장 실습에서 장인, 그리고 Makerspace로 현장 실습	• 장인으로서의 경로를 안내하고, 창의적이며 자발적인 기능 발휘가 가능한 공간을 제공하는 메이커스페이스를 구축하는 것이 필요

제3절. 인공지능 시대 직업 변화와 필요 역량

1. 미래를 대비하기 위한 역량 준비

인간이 미래에 기계에 비해서 상대적 우위가 있는 분야로 패턴 인식과 복잡한 의사소통을 꼽은 적이 있다. 인공지능이 고도로 발달하면, 이마저도 우위가 유지된다고 장담할 수 없게 되었다. 급격한 기술 변화가 일어나서 인공지능이 인간의 일들을 빠르고 폭넓게 대치할 것이라는 전망이다. 그럴수록 인간으로서의 가치와 존엄을 갖기 위해서 인간이 우위에 있을 수 있는 역량이 무엇인가에 대한 질문을 하지만, 답변을 내리는 것은 조심스럽다. 왜냐하면 이전의 논의에서 절대 불가능할 것이라고 예측했던 것들을 번복하는 방식으로 인공지능 기술이 발달하고 있기 때문이다.

[표 15-12] 미래 변화에 준비 방법(출처: NCS)

역량	준비 능력
Brynjolfsson & McAfee(2012)	· '제2의 기계'에서, 인간이 기계와 함께 일하면서 사회적 문제를 해결할 수 있는 의제 제시 · 고용 확산을 위한 세금 우대, 유연성 확보, 보편적 보장 확대를 통한 창업 확장, 플랫폼에 대한 자유 보장, 대규모 주택담보대출에 대한 보조금 삭감 또는 폐지, 금융 서비스에 대한 유무형의 보조금 감소, 특허 제도 개혁, 공정하고 유연한 지적재산권 사용을 위하여 저작권 보호 기간을 줄일 것
피닉스대학 2020 역량 (미래연구소 Davies et al. 2011)	· 의미 파악(Sense-Making), 사회 지능(Social Intelligence), 창의역량(Novel and Adaptive Thinking), 다문화 역량(Cross Cultural Competency), 데이터적 사고(Computational Thinking), 미디어 역량 (New Media Literacy), 다학문적 역량(Trans-disciplinarity), 디자인 사고(Design Mindset), 인지부담 관리(Cognitive Load Management), 가상 협력의 능력(Virtual Collaboration)

그러므로 다양한 정보를 통해서 의미를 해석해 내는 능력, 사회적 상호작용 능력, 새로운 해결 방안을 내는 능력, 다양한 양의 데이터를 해석하고 데이터를 분석하여 추론할 수 있는 능력, 미디어 내용을 비판적으로 평가하고, 내용을 개발하고, 활용할 수 있는 능력, 다양한 학문적 개념을 이해하고 활용할 수 있는 능력, 원하는 결과를 얻기 위한 과제와 작업 과정을 기획하는 역량, 중요한 정보를 구분해 내고, 다양한 툴을 이용해서 인지 기능을 극대화하는 역량, 증강 사회 속에서 생산적으로 일하고, 구성원으로 참여하는 역량 필요하다.

2. 미래 인재 육성 방법

[표 15-13] **기업에서 요구하는 인재 양성 목표**(출처: 한국직업정보시스템)

담당	인재 양성 목표	기업이 원하는 인재상
학생	• 꿈을 먹고 비전을 만들자! • 인성이 경쟁력이다!	• 취업 서류(자기소개 표현법) 작성법 및 기법 • 인성 면접 대응법 및 스킬
지도교수	• 1% 차이를 만들어 내는 '대학, 선후배, 친구들의 진로 지도 방법론' • 대학 교양으로서의 인성 교육 방법론	• 전문 지식과 커뮤니케이션 능력을 갖춘 전문가
대학당국 상담교수	• 노동시장 특성 기반 진로 지도 방법론 • 학교에서 진로 지도 및 상담 기법(Skill) • 미래의 직업 전망과 직업 선택 지도 방법	• 통찰력을 갖춘 교양인

[표 15-14] **전문 직업 정보**(출처: 한국직업정보시스템)

구성	직업 정보	활용 대상	내 용	정 보 원
직업 정보	직업 사전	성인	우리나라에 존재하는 전체 직업의 직무 개용, 학력 수준, 숙련 수준, 근무 환경 등에 관한 정보 제공	한국직업정보 시스템(know. work.go.kr) 무료 배포
	대학생을 위한 직업 사전	대학생	직업 사전을 대학생의 눈높이에 맞게 구성하여 직업정보 제공	
	직업 전망	대학생, 성인	국내 노동시장을 대표하는 13개 분야, 약 220여 개 직업의 직무 개요, 향후 5년간 일자리 전망에 관한 정보 제공	
훈련 정보	직업 전망 신생 및 이색 직업	대학생, 성인	새롭게 탄생한 직업을 탐색하고, 해당 직업의 내용, 입직 방법 등에 관한 정보 제공	

고용 정보	Job Map	대학생, 성인	전국 취업자를 대상으로 고용 구조를 조사하여, 직업·산업별로 종사자 수, 월평균 임금, 근로 시간 등에 관한 정보 제공	워크넷(www. work.go.kr)
	인력 수급 전망	대학생, 성인	계량적 방법론을 활용하여 향후 10년 동안의 직업별 인력 수요 전망에 관한 정보 제공	
한국직업정보템		대학생, 성인	우리나라 대표 직업 630개에 대한 업무 수행 능력, 지식, 성격, 흥미 등의 근로자 특성 정보 제공	한국직업정보시스템(know. work.go.kr)

제4절. 4차 산업혁명 시대의 기업가 정신

기업가 정신(entrepreneurship)은 리차드 드 칸틸런이 처음 사용한 용어로, 위험(risk)이 있는 새로운 사업을 운영하기 위한 경영자들의 창의적이고 모험적인 성향을 의미한다. 미래를 예측할 수 있는 통찰력, 새로운 것에 과감히 도전하는 열정과 혁신적이고 창의적인 정신을 의미한다.

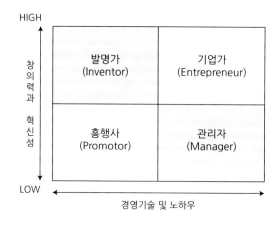

[그림 15-5] 기업가의 자질(출처: Timmons, New Venture Creation)

기업가는 전문가(전문 기술 보유, 미래를 내다보는 선견지명), 도전가(과감한 결단력 및 추진력), 관리자(경영 감각, 전문가 네트워크, 큰 전략 수립)의 자질을 갖추어야 한다. 그리고 주인 정신(혁신, 리더십)과 지식의 융합 및 활용, 경영적 마인드 및 인적 네트워크를 통한 팀을 구성하는 능력이 있어야 한다.

비즈니스를 위한 벤처기업(Startup)은 Venture+기업으로서 아이디어와 첨단 기술을 바탕으로 도전적인 사업을 갓 시작한 소기업이다. 창업 요소는 아이디어 및 사업 기회, 자본, 팀워크이다. 또한, 정부 지원인 창업 절차 간소화, 청년 전용 창업자금, 기술 창업 활성화 대책을 잘 이해하여야 한다. 그리고 국내외 유일한 기업체로서 열세 극복(자본, 인력, 마케팅)할 수 있는 지혜가 필요하다.

기업가로서 비즈니스 모델 선정은 해결이 필요한 사회 문제, 이 문제에 대해 사회의 대응 방법과 기업이 제공하는 해결 방법을 숙지해야 한다. 그리고 사회 문제 해결 시 창출되는 가치를 최대한 구체화(Impact)할 수 있도록 노력해야 한다.

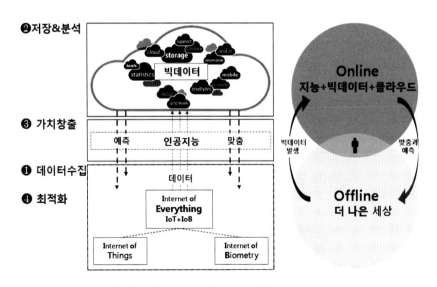

[그림 15-6] **창업가의 기술 이해도**(자료: 벤처협회 고 이민화 회장 발표)

2. 준비하라! 도전하라! 꿈을 이루어지게 하라!

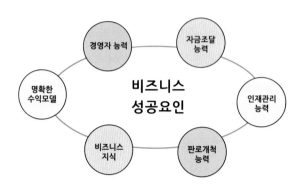

[그림 15-7] 비즈니스 성공 요인(출처: 벤처기업협회)

비즈니스 창업 아이디어 선정의 기본 원칙은 성장 및 발전 가능성이 있는 업종 선택, 경험이나 특징을 활용할 수 있는 업종 선택, 인허가 유무, 실패의 위험이 작은 업종, 자기의 적성이 맞는 업종 등이다.

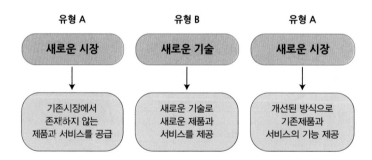

[그림 15-8] 비즈니스 아이디어의 유형(출처: 벤처기업협회)

[그림 15-9] 비즈니스 아이디어의 원천(출처: 벤처기업협회)

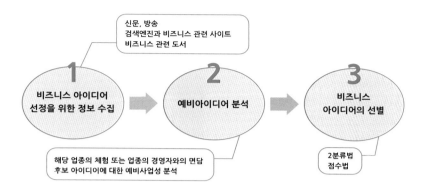

[그림 15-10] 비즈니스 아이디어의 선정 절차(출처: 벤처기업협회)

[표 15-15] 성공한 기업가의 특성(출처: 벤처기업협회)

기업가 정신	특성
높은 사업 몰입도, 결단력, 인내심	• 성공한 기업가들은 자기 사업에 대한 몰입도가 높고 결단력과 강한 인내심
강한 성취 욕구와 성장 욕구	• 스스로 설정한 목표가 달성되면 상향 조정된 새로운 목표와 기준을 설정하여 계속적으로 도전
목표 지향적 성향	• 높은 목표 설정과 목표 달성을 위해 모든 힘을 집중
주도적이고 강한 책임감	• 주도적으로 문제를 탐색하고 해결책을 제시하며 일의 결과에 대해 스스로 책임짐
끈질긴 문제 해결 능력	• 하려는 일에 장애가 나타날 경우 이를 극복하려는 욕구가 강하고 문제 해결을 위해 끈질기게 노력
긍정적 현실주의	• 외부 환경이나 자신의 강점·약점에 관한 냉철한 판단을 중시하는 등 매우 현실적이며 매사를 긍정적으로 봄
지위와 권력에 대한 낮은 욕구	• 사업가는 정치가와 달리 권력 욕구보다는 성취 욕구에 의해 행동
정직과 신뢰	• 정직과 신뢰가 없으면 궁극적으로 실패한다는 신념으로 장기적 관점에서 인간관계를 유지하고 사업 활동 진행
신속한 결단과 실천 및 인내심	• 신속하게 움직여야 하는 일에 대해서는 빠른 결정을 내리고 실천에 들어가지만 일이 장기적으로 진행되거나 일의 결과가 오랜 기간에 걸쳐 나타나는 경우 인내심을 가지고 기다림
실패에 대한 적절한 관리	• 실패에 실망하지 않고 실패를 통하여 배우려는 자세가 강함

청년 비즈니스 정보 사이트
www.smba.go.kr 중소기업청 www.changupnet.go.kr 창업넷 www.venturenet.or.kr 벤처넷 www.sbdc.or.kr 소상공인지원센터 www.sohokorea.org 소호진흥협회 www.nfte.com 미 창업교육재단 www.yeo.org 청년창업가들의 모임 www.upside.com 하이테크 전문 www.entreworld.org 카우프만 창업 리더쉽 센터 www.youngandsuccessful.com 청년 창업가 성공사례 www.bizhouse.co.kr 창업 시작에서 성공까지 www.kova.or.kr 한국벤처기업협회 www.koef.or.kr 한국청년기업가재단
\<내일을 JOB아라!\> (직업정보 시스템 접속(http://know.work.go.kr → 직업자료실 → 생생 동영상)
커리어넷(CareerNet): (http://www.career.go.kr) (워크넷: 훈련정보) 직업 정보 시스템(KNOW) (http://know.work.go.kr) (월드잡) 해외 취업 정보망 http://www.worldjob.or.kr (HRD훈련정보) 직업 훈련 정보망 http://www.hrd.go.kr (고령자 취업) 고령 구직자 http://senior.work.go.kr 일자리 정보: http://www.work.go.kr 영삼성(http://www.youngsamsung.com) 진로진학정보센터(http://www.jinhak.or.kr/) 한국산업인력공단 Q-Net: http://www.q-net.or.kr 대한상공회의소 http://license.korcham.net 한국직업능력개발원 http://www.pqi.or.kr/

1. 나의 미래의 직업은? 개인별로 발표하여 보시오.

   1.1. 직업의 특징(가족 구성원의 특정 직업에 대해) 토론해 보시오.

   – 이 직업의 장점이 있다면 무엇이 있을까?

   – 이 직업의 단점이 있다면 무엇이 있을까?

   – 가족들의 직업 활동을 관찰하면서 직업의 어떤 특징들을 발견하였는지요?

   – 이 직업에 대해 더 알고 싶으면 어떤 방법으로 알 수 있을까?

   – 내가 좋아하는 직업과 내가 좋아하는 가족 구성원 사이에는 관계가 있을까?

   1.2. 직업 선호도에 대하여 토론해 보시오.

   – 가족들 직업 중에서 미래 직업으로서 좋다고 판단되는 직업은 어떤 것이 있을까?

   – 이 대답에 영향을 미친 가족이 있다면 누구이며 어떻게 영향을 받는가?

   – 가족들의 직업에서 미래 직업으로 부적합하다면, 어떤 직업이 좋은가?

   – 가족들은 본인이 어떤 직업을 가졌으면 좋겠다고 생각하는가?

   1.3. 기업가 정신은 무엇인가?

   – 도전해 보고 싶은 비즈니스는 무엇인가?

   – 가까운 친구들과 비즈니스 계획을 세워 보았는가? 토론해 보시오.

2. 미래에 생겨날 직업에는 무엇이 있는지 정리해서(Brain Writing) 토론해 보시오.

3. 인공지능과 로봇 기술의 진화로 더욱 발전하게 될 직업들로 예측된 것에는 무엇이 있는지 정리해서(Brain Writing) 토론하시오.

4. 데이터 사용에는 어떤 계약이 필요하며 AI에 적용되는 현지 및 국제법은 무엇입니까?

5. 기업에서 고객을 유치하는 것이 우선이다. 우리의 고객이 된 분들을 지키는 것도 중요하다. 고객이 우리 기업의 서비스를 유지할 명분이 무엇인지 토론해 보시오.

6. 4차 산업혁명에서 예술은 무엇인가? 산업혁명이 있을 때마다 예술의 변화는 어떤 식으로 이루어졌는가? 4차 산업혁명에서 성공한 예술가를 찾아보고 그가 추구하는 목표를 토론하여 보시오.

7. "미래는 인간을 지배하는 인공지능 로봇을 소유한 부자들만의 세상이 될 것"이라고 지적하는 사람들이 염려하는 바가 무엇인지 생각해 보시요. 이를 해소할 수 있는 방안이 무엇인지 정리해서(Brain Writing) 토론해 보시오.

8. 4차 산업혁명에서 인재의 중요성은 강조되고 있다. 왜 인재가 중요하다고 생각하는가?

9. 각 팀별로 예비 창업 팀으로서 국가 공공 데이터를 활용하여 국민생활과 밀접하게 융합한 창의적 아이디어 앱/웹 기반 비즈니스 모델 경진대회에 참여하고 결과를 발표하여 보시오.

부록

부록 1. AI 개발 전문가가 되려면 어떻게 하나요?

인공지능 개발 핵심은 프로그램의 쉬운 코드부터 시작해서 핵심적인 내용을 차근차근히 지식을 습득하면 전문 프로그램 개발자가 될 수 있다. 그러나 인공지능 비즈니스에서 성공하려면 오케스트라 악단장(부서장)·지휘자(기업체 임원)·공연 감독자(사업가)가 되어야 하며, 일반적인 성공은 연주자(기획가)가 되어야 한다.

[표 1] 인공지능 비즈니스와 예술 중 피아노 부문 비교

음악	피아노 제작자	피아노 작곡가	피아노 연주가	청중
컴퓨터 과학	개발 도구 (Phython, Tensorflow)	Model 개발자	모델 활용 Domain Knowledge 기획가	정부, 기업, 수요층 고객

[표 2] 인공지능 머신러닝 전문 개발자 필요 지식 학습

	지식	인공지능 개발을 위한 프로그래밍 기초 기술 습득
개발자	기초	• 수학, 통계(확률), 컴퓨터 공학(소프트웨어), 기하, 물리학 지식
		• 수학I, II(행렬, 벡터, 공간, 복소수, 상관관계, 방정식, 극좌표, 회귀분석, 선형회귀함수, 시그모드함수, 미적분 등) 지식 습득
		• 예측, 분류, 군집, 시뮬레이션, N 좌표기 사용 기술 습득
	응용	• 트레인(train)과 테스트(test) 세트 분리 과정 습득
		• 지도학습과 비지도학습을 나누어서 학습
		• 신경망 구조에서 행렬 곱을 이해
		• CNN과 RNN 등의 특이한 프로그램 구조를 습득
		• 다양한 문법 sklearn, tensorflow, pytorch, keras 등을 학습

신 개념 지식	기초	• one-hot encoding, softmax, cross-entropy 등 습득, 프로그램 구성	
		• 과적합의 문제 해결하기 위한 앙상블·샘플링·드롭아웃(dropout) 등 과정	
	응용	• '넘파이'와 '판다스' 단계는 기초적인 형태를 만드는 방법 습득	
		• 넘파이(NumPy) 경우 행렬을 만들고 사칙연산을 할 수 있는 방법 습득	
		• 라이브러리를 만드는 기초 문법을 이해하고, 다른 소스 코드들을 통해 사용법을 익히며, 모르는 넘파이 문법이 나오더라도 함수 내용 이해	
		• 판다스(Pandas)의 경우도, 시리즈(Series)와 데이터프레임(Data-Frame) 개념과 색인(index) 등을 습득하고, 다른 소스 코드를 이해	
딥러닝 알고리즘	신경망 구조를 만드는 부분		소스 코드도 라이브러리마다 약간 상이함
	• 경사 하강(gradient descent), 역전파 (back-propabation) 이해		
신경망 구조	• 퍼셉트론(perceptron) 구조를 만들고 웨이트(weight)를 학습시키는 과정 이해		• 1950년대 퍼셉트론 완성 • 2012년 AlexNet 등장
	알고리즘	MLPMulti-Layer Perceptron	
		CNN, RNN을 충분히 이해	

부록 2. AI 관련 Web Site

국가 대표 AI 허브(www.aihub.or.kr)는 빅데이터의 개별 구축이 어려운 AI 학습용 데이터를 대규모로 구축하고 있다. 2017~2020 기간 중 171종의 데이터를 구축하였다. 2025년까지는 1,300종의 데이터 수집을 목표로 하고 있으며, 전체(자연어 처리 32종, 이미지 인식 분야 30종, 의료 분야 21종, 교통 및 물류 분야 13종, 농축산 분야 15종, 재난·안전·환경 분야 19종 등) 모집 중이다.

[표 3] 국제 오픈소스 사이트(출처: 웹사이트 정리)

URL	내용
https://www.arduino.cc/	아두이노는 메이커 세계에서 가장 유명한 오픈소스 하드웨어
https://blog.arduino.cc	아두이노 공식 블로그(프로젝트)
https://create.arduino.cc/projecthub	아두이노 프로젝트 허브
https://www.raspberrypi.org/	라즈베리파이는 메이킹 하드웨어 개발 초소형 컴퓨터
https://www.futurelearn.com/partners/raspberry-pi	라즈베리파이재단이 운영하는 무료 온라인 강의를 들을 수 있는 퓨쳐런 라즈베리파이 교육 페이지 사이트
http://fritzing.org/home/	프릿징은 전자 관련 비전공자들이 쉽게 쓸 수 있도록 만들어진 무료 소프트웨어
https://scratch.mit.edu/	스크래치(Scratch)는 코딩을 쉽게 학습 목적으로 설계된 교육용 오픈소스 소프트웨어 및 프로그래밍 언어
https://scratch.mit.edu/projects/editor/?tip_bar=home	스크래치 프로그램을 실시간 체험용 튜토리얼 서비스
https://scratch.mit.edu/explore/projects/all	스크래치를 활용한 다양한 프로젝트를 공유 페이지
http://www.instructables.com/	DIY 작품 소스의 천국 인스트럭터블스(instructables)는 미국 MIT 미디어 연구소에서 시작된 크라우드소싱 기반의 웹사이트
https://www.codeguru.com/	Visual C++, C# and Visual Basic 및 윈도우즈. Net에 관련되 소스 코드들이 공유되는 대표 사이트

[표 4] Open Source Community list(출처: 웹사이트 정리)

URL	이름	내용
www.code.gogle.com	Google code Hosting	· 오픈소스 개발 지원 사이트 · 오픈소스 개발 방법론
www.microsoft.com/ en-us/openness/ default.aspx#home	Openness	· Microsoft 지원 오픈소스 프로젝트
www.launchpad.net	LaunchPad	· 오픈소스 프로젝트 호스팅 사이트 · 오픈소스 번역 지원 사이트
www.savannah.gnu.orf	Savannah	· the software forge for people committed to fee software
www.phpschool.com	PHP School	· 1998년 9월 개설, 2005년 4월 법인화하며 PHP 교육 및 자격 인증과 IT 서비스 등 비즈니스 활동 시작, 일일 방문자 수 3만 명 내외, 일일 페이지 뷰는 약 10만 건
www.jco.or.kr	JCO	· 자바라인, 자바랜드, 자바카페, 하이텔자바동, 자바스터디가 연합해 구성(2000. 3), 매년 JCO 컨퍼런스개최 · 소속 JAVA 관련 커뮤니티: 자바스터디, 자바서비스넷, 모바일자바, JStorm, 자바카페, 자바모델링, 자바캔, 오브젝트우러드, 한국스프링사용자모임, KSUG, 자바랜드, 파란자바동, JavaCraft.Net, JSP School, 자바유저스넷, 아첸자바커뮤니티, OKJSP, 자바라인, 지니월드, 프로자바, OpenSeed Project

부록 3. AI 용어 사전

용어	용어 설명
강 인공지능 (strong AI, AGI, 범용 인공지능)	어떤 문제를 실제로 사고하고 해결할 수 있는 컴퓨터 기반의 인공적인 지능을 만들어 내는 것에 관한 연구
약 인공지능(weak AI)	어떤 문제를 실제로 사고하거나 해결할 수는 없지만 컴퓨터 기반의 인공적인 지능을 만들어 내는 것에 관한 연구
관리자(Maintainer)	비전을 주도하고 프로젝트의 조직 측면을 관리하는 책임 있는 기여자
기여자(Commiter)	프로젝트에 기여한 모든 사람
작성자(Core Developer)	프로젝트를 만든 사람 혹은 조직
소유자(Owner)	조직 또는 저장소에 대한 총 관리 권한을 가진 사람(작성자와 일치하지는 않음)
라이센스(Licence)	해당 프로젝트의 소스 코드를 활용하려 할 때 참고해야 할 법적 내용을 포함한 가이드라인
로지스틱회귀(Logistic Regression)	독립변수의 선형 결합을 이용하여 사건의 발생 가능성을 예측하는 데 사용되는 통계 기법
인공어(Contructed Language, Conlang)	자연어와 달리 사람의 의도와 목적에 따라 만든 언어
인공지능 (AI, Artificial Intelligence)	사고나 학습 등 인간이 가진 지적 능력을 컴퓨터를 통해 구현하는 기술
자연어 (Natural Language)	사람들이 일상적으로 쓰는 언어를 인공적으로 만들어진 언어인 인공어와 구분하여 부르는 개념
저장소(Repository)	깃허브 내 오픈소스 프로젝트(Git)별 독립된 게시판
지식 표현(Knowledge Representation)	대화하는 동안에 제공된 정보를 저장하기 위해 또는 대화를 시작하기 전에 필요한 정보를 준비하기 위해
자동 추론(Automated Reasoning)	질문에 답하기 위하여 저장 정보를 이용 새로운 결론 유도

용어	용어 설명
패턴 인식(Pattern Recognition)	컴퓨터가 어떠한 대상을 인식하는 문제를 다루는 인공지능의 한 분야
인지과학(Cognitive Science)	심리학, 컴퓨터 과학, 신경생물학, 언어학, 철학을 이용하여 지능과 인식의 문제를 다루는 포괄적인 학제적 과학 분야
기여 가이드라인 (Contributing)	사람들이 프로젝트에 기여하는데 도움이 되도록 필요한 기여 유형과 프로세스 작동 방식을 설명
행동 강령 (Code_ofF_Conducct)	참여자의 기본 원칙(모든 프로젝트에 존재하진 않음)
이슈 기록 (Issue Tracker)	소스 코드 기여 과정에서 발생했던 이슈를 시계열로 저장하는 곳
포크(Fork)	기존 프로젝트의 개선을 위한 추가 개발(Branch) 시작을 위해 원 저장소를 복사하는 행위
병합 요청 (Pul Request)	브랜치 프로젝트의 종료 시점에 다시 원 소스 코드 저장소에 병합(Merge)을 요청하는 행위
서지(Bibliography)	개개의 자료(도서, 원고, 기타 출판물)를 명확히 식별하도록 여러 가지 서지 사항을 체계적으로 기술하여 일정하게 배열/편성한 것. 특정 자료를 검색하기 위한 도구
시소러스(Thesaurus)	시소러스란 용어의 사용법과 용어들 사이의 관계에 대한 정보를 제공하는 어휘 도구
프로젝트 설명서 (Readme)	새로운 커뮤니티 구성원을 위한 프로젝트 설명서로, 프로젝트 가치와 시작하는 방법을 설명
커뮤니티 멤버 (Community Members)	프로젝트를 사용하고 기여하는 사람들로 깃허브 내 의견 기능을 활용하여 프로젝트 방향에 대한 의견을 표명할 수 있음
클러스터링분석 (Cluster Analysis)	비슷한 특성을 가진 데이터들의 집단
토폴로지(Topology)	망 구성 방식

용어	용어 설명
역전파	(=오차 역전파, Backpropagation, 오류 역전파법) 다층 퍼셉트론 학습에 사용되는 통계적 기법
순전파와 역전파	오차 역전법은 동일 입력층에 대해 원하는 값이 출력되도록 error 에 따라 개개의 weight을 조정하는 방법으로 사용
선형 함수	예측 가능, 직선의 형태인 함수
비선형 함수	예측 불가능, 직선의 형태가 아닌 함수
비용 함수(Cost function) 손실 함수(loss function)	모델의 정확도를 측정할 때 활용되며, 비용 함수란 예측값과 실제값 차이의 평균을 의미
포화(Saturation)	sigmoid, tanh 함수는 어떠한 값이 들어와도 −1~1, 혹은 0~1 사이의 값을 배출함 => 그렇다면 큰 값이 들어왔을 때도, 저 사이의 값을 내놓아 saturation(포화)됨
독립 성분 분석	(ICA: Independent Component Analysis) 다변량의 신호를 통계적으로 독립적인 하부 성분으로 분리하는 계산 방법
주 성분 분석	(PCA: Principal Component Analysis) 고차원의 데이터를 저차원의 데이터로 환원시키는 기법
잡음(Noise)	검색된 부적합 문헌
누락(leakage)	검색되지 않은 적합 문헌
추상화(Abstractions)	다량의 데이터나 복잡한 자료들 속에서 핵심적인 내용 또는 기능을 요약하는 작업
회귀분석(Regression)	관찰된 연속형 변수들에 대해 두 변수 사이의 모형을 구한 뒤 적합도를 측정해 내는 분석 방법
선형회귀 (Linear Regression)	종속변수 y와 한 개 이상의 독립변수 x와의 선형 상관관계를 모델링하는 회귀분석 기법

용어	용어 설명
Artificial(인공)	인간이 만듦
Activation Function	활성 함수
Batch Size	한 번에 몇 개씩 데이터를 학습시킬지를 의미 (일괄 처리)Batch size * iteration = 전체 데이터 수
Consciousness(의식)	개인이나 단체가 가진 사고: 마음가짐, 의견과 감성 조합
Epoch	학습용 데이터 전체를 한 번 학습시켰을 때 1 epoch라고 함
Intelligence(지능)	지식을 얻고 적용하는 능력: 생각, 추론, 이해, 해석, 사고하고, 아는 능력
Intelligent(지능적)	지능을 보여 주는 능력
Knowledge(지식)	문제를 풀기위해 특정 규칙으로 해석할 수있게 가공한 정보
Mind(마음)	두뇌에 의해 지배되는 의식: 사고, 인지, 느낌, 의지, 기억, 상상이 가능 · 지식의 원리
Iteration	몇 개의 batch를 사용할 건지를 의미
MLP	Multi-Layer Perceptron, Multi-layer NN, MLNN
FFNN(Feed-Forward Neural Network)	인풋 x를 받아서 이것의 y = Wx+b를 계산하고, 여기에 activation function (=활성 함수, 예를 들면 sigmoid, tanh, ReLU)를 적용
NBC(Naive Bayes Classifier)	베이즈(Bayes) 정리를 활용한 단순(naive) 분류기, 입력값이 서로 독립이라 가정하기 때문에 Naive하다고 함
Overfitting (과적합, 과잉 적합)	통계 모델이 과도하게 학습 데이터 맞춤형으로 만들어져 다른 상황에 일반화되지 못하는 것
Underfitting (Overfitting 반대 개념)	데이터에 모델을 너무 대충 맞춰서 error가 너무 많이 발생하는 현상
Hyper Parameter	모델 학습 전에 미리 지정해야 하는 학습 알고리즘이 자체적으로 가지고 있는 파라미터
Model Parameter	학습을 통해 만들어진 모델의 파라미터
K-NN (K-Nearest Neighbor)	최근접 이웃 알고리즘
Thought(사고)	생각하는 행위나 과정
Thinking(사고함)	마음으로 하는 행위: 추론하고 판단하는 방법: 이성적 판단

Localization	주로 Bounding box를 많이 사용하며 주로 bounding box의 네꼭지점 pixel 좌표가 출력되는 것이 아닌 left top, right bottom 좌표를 출력
Object Recognition :	검출된 object 의 형상을 따라서 object 의 영역을 표시
Image Segmentation	이미지의 영역을 분할, 분할된 영역들을 적당한 알고리즘을 사용해 합쳐서 object segmentation을 수행
CUDA	(Computer Unified Device Architecture) NVIDIA 제공의 GPU 병렬 특성을 이용한 API 레이어
CUDNN(CUDA Deep Neural Network)	NVIDIA 제공 패키지 라이브러리로서 하드웨어에 최적화된 기본 루틴으로서 딥러닝 알고리즘을 위한 기본 요소를 제공
Numpy	고도로 최적화된 수학 연산 패키지. 강력한 N차원 배열 객체를 갖고 있으며 numpy 라이브러리의 행렬 연산은 속도를 위해 고도로 최적화. 이미지는 3차원 배열 객체로 저장
Scipy	과학 및 공학 연산을 위한 여러 가지 루틴이 있음
Scikit-learn	머신러닝 라이브러리로 다양한 헬퍼 함수를 사용할 예정
Pillow	이미지 로딩과 기본적인 연산을 하는데 유용
H5py	HDF5 바이너리 데이터 포맷을 위한 파이썬 인터페이스, 이것은 케라스를 이용해 훈련된 모델을 저장하는 포맷
Curse of Dimension (차원의 저주)	데이터의 차원이 증가하면 해당 공간의 크기(부피)가 기하급수적으로 증가하기 때문에 동일한 개수의 데이터 밀도는 차원이 증가할수록 급속도로 희박짐
Classification	입력으로 주어진 이미지 안의 객체 Object의 종류(Label이라고 불림)
Localization	이미지의 두 번째 경우 같이 모델이 주어진 이미지 안의 Object가 이미지 안의 어느 위치에 있는지 위치 정보를 출력해 주는 것

참고문헌

[1] 최 성(단독), 1994.1.1. 비즈니스 리엔지니어링 핵심('94년도 베스트셀러), 한국생산성본부

[2] 최성(단독), 1996. 1, "경영정보 길라잡이", 학문사

[3] 최성(단독), 1989. 10, "소프트웨어공학기초", 혜원출판사(국내 최초 SW 공학)

[4] 최성(단독), 1999. 6, "소프트웨어 공학" 웅보출판사

[5] 최성(공저), 2006. 1, 차세대 성장 동력 "가상화 스토리지 네트워크" (세계 최초 클라우드 저서), 홍릉과학출판사

[6] 최성(공저), 2003. 5, "21세기 사이버대학 가이드", 한국경제신문사 출판국 - 최초 가상대학

[7] 최성(단독), 2003. 3, "기업정보화에 대비한 ERP시스템 기초", 전자신문사 출판국

[8] 최성(단독), 2005. 2, Open UNIX "Free BSD", 남서울대 출판국

[9] 최성(단독), 2006. 12, "CBD엔지니어링" 홍릉과학기술출판사

[10] 최성(공동), 2007. 12, "데이터 리엔지니어링" 전자신문사 출판국

[11] 최성(단독), 2013. 9, "소프트웨어 엔지니어링", 남서울대 출판국

[12] 최성(공저), 2016. 6, "핀테크 보안경영" 진한M&B

[13] 최성(연구책임), 2015. 6~11. (클라우드발전법) ""클라우드 활성화를 저해하는 규제 실태조사 및 개선방안 연구", 과기정통부

[14] 최성(연구책임) 2014. 03~09. 클라우드 컴퓨팅 서비스 브로커리지(CSB) 육성정책 방안, 정보통신부

[15] 최성(연구책임) 2013.03~09. 클라우드 성공 참조모델 발굴을 통한 중소기업 IT경쟁력 강화연구, 과기정통부

[16] 최성(연구책임) 2015. 11~02, "국내외 핀테크 관련 기술 및 정책 동향 분석을 통한 연구분야 발굴(연구책임: 우수연구), 한국인터넷진흥원

[17] 최성(연구책임) 2017. 12, "금융보안(블록체인) 사이버교육 교재개발", 금융보안원(휴넷교재개발)

[18] 장윤종(KIET)·김석관(STEPI) 외, 경제·인문사회연구회 미래사회 협동연구총서 17-19-0, "제4차 산업혁명의 경제사회적 충격과 대응 방안: 기술과 사회의 동반 발전을 위한 정책 과제", 경제인문사회연구회 간, 제2권(제5장)

[19] 김진하, "제4차 산업혁명 시대 미래사회 변화에 대한 전략적 대응 방안", KISTEP [20] 김재인. "인공지능시대 인간을 다시 묻다". 동아시아(2017년) ISBN9788962621976

[21] 서동혁 외, 산업연구원(KIET), '4차 산업혁명 관련 산업분류체계 개선 및 지수개발', 2018.12. 24, 4 차산업혁명위원회 간행,

[22] 오진태 외, 한국전자통신연구원(2015), "인공지능 분야 국가경쟁력 제고 및 사업화 혁신 방안" 연구,, Proposal on National Competitiveness Elevation and Business Innovation Plan for Artificial Intelligence

[23] 임언, 안재영, 권희경(2017년), 인공지능(AI) 시대의 직업 환경과 직업교육, 한국직업능력개발원

[24] 특허청(2020년), A compartive study on IP5 patentabilty and examination caseregarding Artifcial Inteligence (AI) and Internet of Things (IoT) service inventions, 한남대학교 산학협력단 김관식 외

[25] 2020년 인공지능 기반교육 국외연수 결과보고서, (2020. 1), 미국 동부-뉴욕

[26] 소방청, 서원대학교 재난안전센타, "빅데이터를 이용한 과학적 예방정책 수립 연구", 2020. 07.

[27] 외교부, 2019년, 국민외교빅데이터 플랫폼 구축 타당성조사(위즈리앤컴패니)

[28] 이진휘, 이슈리포트 AI기술동향과 오픈소스, NIPASW산업본부 공개SW팀, 2020-제3호,

[29] 박재규, 제1회 IP저략포럼, "4차 산업혁명 대응 IP전략", 한양대학교, 2018년3월6일

[30] 제186회 한림원탁토론회 메타버스(Metaverse), 새로운 가상 융합 플랫폼의 미래가치, 우운택 KAIST 문회기술대학원장

[31] 엄위섭 외, 지능형 로봇의 발전 동향, 항공우주산업기술동향 11권1호 (2013) pp.150~160

[32] 김창화, "EU인공지능(AI) 윤리가이드라인 연구"논문, 한밭대학교(2019년)

[33] 과학기술정보통신부(2018년), "Human Resource Development Model for Promising Profession in the 4th Industrial Revolution", 한국과학기술기획평가원

[34] 김지우, "딥러닝의 시작; 파이썬(Python) 텐서플로우(TensorFlow), 중앙대학교. 정보산업공학과석·박사통합과정(Financial Engineering)

[35] 김종영, 구글 TensorFlow소개, 한국컴퓨터정보학회지 제23권 제2호, 한양대학교 컴퓨터공학과 박사과정

[36] 강재욱, 정효영, 김동현, 박선영(Contributors):파이썬+Tensorflow개발환경구축

[37] 장재호, 경운대SW학과, "Development of exercise posture training system using deep learning for human posture" recognition), 한국컴퓨터정보학회 논문집 제28권 제2호(2020. 7)

[39] 김형균외, 국민대학교 소프트웨어학부(2019년), "Fitness Measurement system using deep learning-based pose recognition)", 디지털융합연구 제18권 제12호

[40] 한국과학기술정보연구원(KISTI)온라인발간, "KISTI 마켓리포트 AI특집호",2020.1

[41] 김낙현 외, "인공지능인문학", 인문과교양출판사(2020년)

드리는 글

쉽게 AI 강의가 가능한 4차 산업혁명 핵심 "인공지능(AI)"교재로 강의 담당 교수께서는 출판사로 연락 주시면 교수용 참고자료를 제공해 드립니다. 그리고 저서가 나오기까지 격려해 주신 YUST/PUST 교수님들과 교정을 도와준 동기인 이재인 명예교수(전 진주교대 대학원장)와 출판이 되도록 격려해 주신 광문각출판사 및 인공지능 그랜드ICT연구센터 교수분에게도 감사드립니다.

"본 연구는 과학기술정보통신부 및 정보통신기획평가원의 지역지능화 혁신 인재 양성(Grand ICT연구센터)사업의 연구결과로 수행되었음" (IITP-2021-2020-0-01791)

"This research was supported by the MSIT(Ministry of Science and ICT), Korea, under the Grand Information Technology Research Center support program(IITP-2021-2020-0-01791) supervised by the IITP(Institutefor Information & communications Technology Planning & Evaluation)"

4차 산업혁명 핵심
인공지능 AI

| 2021년 | 10월 | 25일 | 1판 | 1쇄 | 인 쇄 |
| 2021년 | 10월 | 29일 | 1판 | 1쇄 | 발 행 |

지 은 이: 최 성
감   수: 정석찬
펴 낸 이: 박정태

펴 낸 곳: **광 문 각**

10881
경기도 파주시 파주출판문화도시 광인사길 161
광문각 B/D 4층
등   록: 1991. 5. 31 제12-484호
전 화(代): 031) 955-8787
팩   스: 031) 955-3730
E - mail: kwangmk7@hanmail.net
홈페이지: www.kwangmoonkag.co.kr

ISBN: 978-89-7093-585-0 93320

값: 26,000원

한국과학기술출판협회회원
KSPA